中国人民大学研究报告系列

国际知识产权发展报告

2020

STUDY ON GLOBAL INTELLECTUAL
PROPERTY DEVELOPMENTS

中国人民大学国际知识产权研究中心

主 编 张广良

中国人民大学出版社

· 北京 ·

总　序 ▶

陈雨露

当前中国的各类研究报告层出不穷，种类繁多，写法各异，成百舸争流、各领风骚之势。中国人民大学经过精心组织、整合设计，隆重推出由人大学者协同编撰的"研究报告系列"。这一系列主要是应用对策型研究报告，集中推出的本意在于，直面重大社会现实问题，开展动态分析和评估预测，建言献策于咨政与学术。

"学术领先，内容原创，关注时事，咨政助企"是中国人民大学"研究报告系列"的基本定位与功能。研究报告是一种科研成果载体，它承载了人大学者立足创新，致力于建设学术高地和咨询智库的学术责任和社会关怀；研究报告是一种研究模式，它以相关领域指标和统计数据为基础，评估现状，预测未来，推动人文社会科学研究成果的转化应用；研究报告还是一种学术品牌，它持续聚焦经济社会发展中的热点、焦点和重大战略问题，以扎实有力的研究成果服务于党和政府以及企业的计划、决策，服务于专门领域的研究，并以其专题性、周期性和翔实性赢得读者的识别与关注。

中国人民大学推出"研究报告系列"，有自己的学术积淀和学术思考。我校素以人文社会科学见长，注重学术研究咨政育人、服务社会的作用，曾陆续推出若干有影响力的研究报告。譬如自2002年始，我们组织跨学科课题组研究编写的《中国经济发展研究报告》、《中国社会发展研究报告》、《中国人文社会科学发展研究报告》，紧密联系和真实反映我国经济、社会和人文社会科学发展领域的重大现实问题，十年不辍，近年又推出《中国法律发展报告》等，与前三种合称为"四大报告"。此外还有一些散在的不同学科的专题研究报告，也连续多年在学界和社会上形成了一定的影响。这些研究报告都是观察分析、评估预测政治经济、社会文化等领域重大问题的专题研究，其中既有客观数据和事例，又有深度分析和战略预测，兼具实证性、前瞻性和学术性。我们把这些研究报告整合起来，与人民大学出版资源相结合，再做新的策划、征集、遴选，形成了这个"研究报告系列"，以期放大规模效应，扩展社会服务功能。这个系列是开放的，未来会依情势有所增减，使其动态成长。

中国人民大学推出"研究报告系列"，还具有关注学科建设、强化育人功能、推进协同创新等多重意义。作为连续性出版物，研究报告可以成为本学科学者展示、交流学术成果的平台。编写一部好的研究报告，通常需要集结力量，精诚携手，合作者随报告之连续而成为稳定团队，亦可增益学科实力。研究报告立足于丰厚素材，常常动员学生参与，可使他们在系统研究中得到学术训练，增长才干。此外，面向社会实践的研究报告必然要与政府、企业保持密切联系，关注社会的状况与需要，从而带动高校与行业企业、政府、学界以及国外科研机构之间的深度合作，收"协同创新"之效。

为适应信息化、数字化、网络化的发展趋势，中国人民大学的"研究报告系列"在出版纸质版本的同时将开发相应的文献数据库，形成丰富的数字资源，借助知识管理工具实现信息关联和知识挖掘，方便网络查询和跨专题检索，为广大读者提供方便适用的增值服务。

中国人民大学的"研究报告系列"是我们在整合科研力量，促进成果转化方面的新探索，我们将紧扣时代脉搏，敏锐捕捉经济社会发展的重点、热点、焦点问题，力争使每一种研究报告和整个系列都成为精品，都适应读者需要，从而铸造高质量的学术品牌、形成核心学术价值，更好地担当学术服务社会的职责。

前　言

知识产权制度于近代源起西方，渐次走向世界并成为国际社会普遍接受的财产权制度。《保护工业产权巴黎公约》、《保护文学艺术作品伯尔尼公约》、《建立世界知识产权组织公约》及《与贸易有关的知识产权协定》等数十个国际公约建构起国际知识产权制度基本框架，确立了知识产权保护最低标准，并赋予知识产权法律浓重的国际禀性。面临新技术、新业态带来的挑战，各国（地区）在遵循国际知识产权规则的基础上，探索应对之道，形成可资参酌的立法例与判例。

我国知识产权制度因应改革开放大潮，从稚嫩走向成熟，从纤弱走向强健，知识产权拥有量持续攀升，保护力度不断增强，国际影响力与日俱增。我国对知识产权制度的重视及推进，是实现质变的内因；国际知识产权发展对我国制度完善的推动和影响，则是不容忽视的外因。

知识产权制度的完善进程永无止境，立法者、实务工作者及理论研究者是其中不可或缺的参与者。参与者知识的积淀、能力的提升乃至全社会知识产权文化的养成，是此进程的助推器。知识是信息的获取与加工，能力是信息的吸收与运用，文化是信息的认同与传承。因此，信息尤其是国际知识产权发展信息成为我国知识产权制度完善的关键要素。

国际知识产权信息浩如烟海。撷取前沿、权威、重要信息，降低包括知识产权工作者在内的社会公众的信息搜索成本、助推我国知识产权制度的完善是本报告的撰写初衷。

本报告分为专利、商标、著作权以及反不正当竞争与反垄断等四章。每章大致涵盖立法、判例与动态三方面内容。

"法律悦纳衡平，渴求完美，规定正义"。本报告着力各法域知识产权立法的追踪与研究，包括国际条约的加入、新法的制定及法律修订。完美的法律、永恒的正义是人类的执着追求，其他法域立法例合理成分的借鉴，哪怕是点滴、零星的启发，均将有助于我国知识产权法律制度的进一步完善。

"判决是法律的格言"。本报告着力各法域判例的整理与研究。权利的客体、授（获）权性要件、权利内容、权利交易、侵权认定、抗辩与侵权救济，是判例选择与编排的逻辑。其他法域的判例，作为知识产权制度发展前沿的鲜活写照，或许可为我国执法、司法机关裁决类似案件提供一种不同甚至全新的视角。

动态是事物变化的情势，蕴含问题解决之道。本报告着力知识产权动态研究，涵盖各法域政策变化、有关团体法庭之友意见以及学术研究成果等领域。

本报告力图从知识产权工作者的视角，筛选、整理、研究报告年度内知识产权发展信息精华，为读者进一步研究其感兴趣的立法、判例及学术问题等提供线索。作为中国人民大学国际知识产权研究中心的核心出版物，本报告致力成为我国了解世界知识产权动态的重要窗口。

国际知识产权发展信息量大、问题复杂，加之研究时间有限、撰写经验不足，本报告必存在不足乃至谬误，恳请读者批评指正。

张广良

目 录 ▶

第1章　专利

1.1　立法及审查规则发展

1.1.1　国际组织

WIPO《专利合作条约实施细则》修改通过并生效

国际组织：世界知识产权组织

文件名称：《专利合作条约实施细则》（Regulations under the Patent Cooperation Treaty，TRT/PCT/016）

生效日期：2020 年 7 月 1 日

主要修改：该修正案于 2019 年 10 月 9 日被通过，于 2020 年 7 月 1 日生效。本次修改主要包括如下方面：

　　1. 明确了除了包含缺少项目和部分之外，对于错误地提交了项目和部分的情况，如果在较早的申请中包含正确的项目或部分，也可以通过引用将其包括进申请；并对于通过引用包括进来不成功或不适用的情况，提供了新的法律基础来用正确的项目或部分替换错误提交的项目或部分。详见《专利合作条约实施细则》（下称《细则》）第 4、12、20、48、51*bis*、55 和 82*ter* 条的修改，以及新增的第 20.5*bis* 和 40*bis* 条。

　　2. 允许主管局对由于该局所允许的电子通信方式不可用而导致的期限延误给予宽免，例如由于意外故障或者计划内的维护等原因。但不适用于优先权期限及进入国家阶段的时间限制。详见对《细则》第 82quater 条进行的修改。

3. 在国际阶段，在自优先权日起 16 个月的期限内，允许申请人通过向国际局提交通知来在请求书中更正或添加《细则》第 4.11 条中所述的说明，即关于申请人希望将 PCT 申请在指定国视为之前一项在先申请的继续申请或部分继续申请，或是将之在指定国作为增补专利、增补证书、增补发明人证书或者增补实用证书的申请。详见新增的《细则》第 26quater 条。

此外，对于通过国际局转账、要求国际初步审查单位复制文件等方面进行了一些修订和进一步明确。详见《细则》第 15、16、57、71、94、96 条。

2020 年 4 月 9 日，WIPO 发布了关于 PCT 实施细则有关期限延误宽免相关条款的解释和操作建议，明确新冠肺炎疫情属于自然灾害，当事人因疫情造成的相关期限延误可以得到宽限，并且不需要提交证据。

1.1.2 美国

《专利审查程序手册》修订

文件名称：Manual of Patent Examining Procedure（MPEP）

发布日期：2019 年 10 月 17 日

主要内容：美国专利商标局于 2020 年 6 月发布了第九版《专利审查程序手册》（2019 年 10 月修订版）的最新修订版，对几乎各章都进行了一些修订，包括：在第 300 章中进一步阐明有关分配的政策和程序，并增加有关所有权转移的最新判例法；在第 800 章中增加了新的 MPEP§804.05 节，讨论了专利期限延期对非法定重复授权（non-statutory double patenting）的影响，并增加了有关重复授权和最终免责声明的最新判例法和指南；在第 900 章中为审查员提供有关使用社交媒体网站作为现有技术搜索的一部分的指南；对第 1300 章进行了更新，包括抵触搜索的程序和指南的修订，以及对"快速路径信息披露声明试点计划"（QPIDS）的一些讨论；等等。

特别是，在第 2100 章中包括了《2019 年 10 月专利资格审查指南更新》①、《计算机实施的功能性权利要求限定审查，以符合美国专利法第112条》② 以及《2019年修订的专利主题适格性指南》③。后两者在2019年《国际知识产权发展报告》中进行过介绍。《2019年10月专利资格审查指南更新》进一步对美国专利商标局如何应用该指南做出解释和说明，主要包括：说明了如何确定一项权利要求是否"引用"抽象概念以及如何确定其在抽象概念例外中的分类；说明了审查员可用来识别"暂定抽象思想"的程序，并提供了更多信息，说明了审查员如何评估司法例外是否已整合到实际应用中；强调了审查员有责任在以不满足专利主题适格性为由拒绝授权时应向申请人提供充分通知的责任。除此之外，该更新还包括生命科学和数据处理领域的一些有用示例，以及2019年PEG所涉及问题的更新的实例索引和更新的判例法图表，其中列出了美国最高法院和美国联邦巡回上诉法院的一些涉及专利适格性问题的案例。

1.1.3 欧盟

2019年修改的《欧洲专利局审查指南》生效实施

文件名称：《欧洲专利局审查指南》（Guidelines for Examination in the European Patent Office）

生效日期：2019年11月1日

主要修改：2019年修改的《欧洲专利局审查指南》（下称《审查指南》）于2019年11月1日正式生效实施。此外，2021年1月25日通过了新一版指南，于2021年3月1日起生效。本报告以下集中介绍2019年版《审查指南》的主要修改。

　　2019年版《审查指南》结构不变，依然分为八部分：（A）形式审查指南；（B）检索指南；（C）实质审查程序方面的指南；（D）异议和限制/撤销程序指南；（E）一般程序问题指南；（F）欧洲专利申请；（G）可专利性；（H）修订和更正。2019年修订中对这八个部分都进行了一定的修改。包括对于欧洲专利局加入世界知识产权组织优

---

① October 2019 Patent Eligibility Guidance Update, 84 FR 55941（October 18, 2019）.

② Examining Computer-Implemented Functional Claim Limitations for Compliance with 35 U. S. C. 112, 84 FR 57（January 7, 2019）.

③ 2019 Revised Patent Subject Matter Eligibility Guidance, 84 FR 50（January 7, 2019）.

先权文件数字接入服务之后的具体办法、PCT申请相关的程序问题、超页费用的计算问题等。其中也包含如下关于审查规则的细化和修订：

1. 对权利要求的形式要求及解释的注意事项进行细化和修订

（1）第 F-Ⅳ-2.1节"技术特征"部分，原《审查指南》规定，权利要求不能包含任何指向商业上的先进性或其他非技术特征的陈述，此次修改将"非技术特征"改为"与'实施'发明无关的特征"，是为了与欧洲专利局将算法等特征视为非技术特征但允许存在于权利要求之中保持一致。

（2）第 F-Ⅳ-4.11节就参数（parameters）和不寻常参数（unusual parameters）进行了说明和规定。

《审查指南》指出，产品的特性可以通过与产品的物理结构有关的参数来确定，前提是这些参数可以通过本领域通常采用的客观程序明确而可靠地确定。如果产品的特性是通过参数之间的数学关系来定义的，则每个参数都需要明确而可靠地确定。

而不寻常参数是本发明领域中不常用的参数。主要包括：1）另一个在本发明领域中被普遍认可的参数的产品/工艺的属性；2）本发明领域以前未测量的产品/工艺的特性。

（3）第 F-Ⅳ-4.13节就"用于……的设备/产品"（apparatus for…/product for…）、"用于……的装置"（means for…）、"用于……的方法"（method for…）等表述的解释方法做出了说明。

第4.13.1节是关于诸如"用于……的设备/产品"的表达的解释，该小节基本沿用了2018年版《审查指南》的内容。

第4.13.2节则对"用于……的装置"的解释进行了修订。该部分说明，这类表述是功能性特征的一种，在欧洲专利局的一般性解释原则下，如果申请日前现有技术中有适合于实现该功能的装置，则该功能性特征包括了现有技术。但一个例外情况是，如果"装置加功能"的特征是由计算机或类似设备实现的，那么在这种情况下，"手段加功能"特征将被解释为被配置为实施有关步骤/功能的装置，而不是解释为仅仅适合于执行这些步骤/功能的装置就可以。该节以眼镜镜片研磨机为例，列举了两种相互等价的权利要求写法，从而说明为了预期该设备权利要求，现有技术文件必须披露实施所述步骤的眼镜镜片研磨机，而不仅仅是适合于实现所述步骤的设备。

第 4.13.3 节指出，在方法专利中可能存在两种不同的目的：1）该方法应用或使用的目的；2）定义该方法的步骤产生的效果并隐含其中的目的。是否存在第二种目的，关键在于所述目的是否定义了方法的特定运用，以及实现的技术效果是不是在实施方法步骤时固有或不可避免。

2. 生物技术领域发明的审查规则部分的修订

《审查指南》在第 G-Ⅱ-5.4 节就生物技术领域的发明进行了一些修订，指出要使生命物质获得专利保护，就必须能够以具有完全相同技术特征的方式复制它。

同时，第 G-Ⅶ-13 节也更新了关于生物技术领域的创造性判断的内容。在生物技术领域，显而易见不仅是在结果明显可预测的情况下，而且是在有合理的成功预期的情况下，为了使解决方案更加明显，有充分的证据表明，技术熟练的人会遵循现有技术的教学，并对成功抱有合理的期望。同样，仅仅根据最近的现有技术"尝试看看"的态度并不一定会使解决方案具有创造性。同时，"对成功的合理期望"不能与"希望成功"相混淆。如果研究人员在着手研究时意识到，为了获得技术解决方案，他们不仅需要有技术技能，而且还需要有在整个过程中做出正确且复杂（right non-trivial）的决定的能力，这就不能被视为"合理的成功预期"。

1.2　判例

1.2.1　专利的授权与确权

1.2.1.1　发明人适格性

a. 美国 20200427-专利商标局 DABUS 案（"创造性机器"是否具备发明人资质）

基本信息：涉案专利申请号为 16/524，350（美国专利商标局，2020 年 4 月 27 日）

案件事实：2019 年 7 月 29 日，申请人提交专利申请，在申请数据表中发明人处填写了唯一的发明人的名（given name）为"［DABUS］"，姓为"（人工智能产生的发明）"，申请人为"Stephen L. Thaler"。在"发明人声明"中介绍了该项发明是由一个名为"DABUS"的"创造性机器"构想出的，该机器应该被认定为发明人。2019年8月8日，美国专利商标局发出通知，认为该申请没有指明发明人姓名。申请人请求对通知进行审查。根据申请人的陈述，这一"创造性机器"被编程为一系列神经网络，并且该机器不是为了解决特定领域的问题而创造的，并没有使用发明所在领域的数据进行训练。因而，是机器而非人发现了所发明内容的新颖性和显著性。申请人认为，发明人不能局限于自然人，因此，申请中将DABUS作为发明人的名字并无不妥。2020年4月27日，美国专利商标局发布决定，否决了两项完全由人工智能开发的专利，理由是发明人只能是自然人。

主要争点： 申请专利时填写的发明人是否可以是机器。

裁判要点： 美国专利商标局认为：

首先，美国《专利法》第110条（a）款中对发明人的定义为："发明或发现该发明主题的个人（individual），或进行合作发明的所有个人。"美国《专利法》里面一致地将发明人界定为自然人，例如：第101条中陈述为"发明或发现任何新颖且实用程序、机器、制造品、物质的组成或上述各项新颖而适用的改进的任何人（whoever），可以按照本法所规定的条件和要求取得专利权"。第115条也使用"个人"（individual），并在使用代词时用了"他自身"（himself）和"她自身"（herself）的表述；做出声明的发明人也必须是"人"（person）。等等。

其次，美国联邦巡回上诉法院也解释过，专利法要求发明人必须是自然人。例如，在 Univ. of Utah v. Max-Planck-Gesellschaft zur Forderung der Wissenschaften e. V. 案（734 F. 3d 1315 (Fed. Cir. 2013)）中，该院指出，州不能成为发明人："构想（conception）是发明人的试金石……为了执行这种思想活动，发明人必须是自然人而不能是公司或国家。"类似地，在解释发明人与公司所有的专利的权利人之间区别时，联邦巡回上诉法院也在之前判决（Beech Aircraft Corp. v. EDO Corp. ，990 F. 2d 1237）中解释过，

"只有自然人可以成为'发明人'"。

此外，美国专利商标局基于对法律和判例法的理解，在《美国联邦法规》第 37 编（专利、商标、著作权编）中多处将发明人指定为"人"（person），反映了对发明人是自然人的要求。《专利审查程序手册》（MPEP）中也将"构想"作为发明人的判断标准。

美国商标局还指出，其并未针对关于是谁或什么实际创造了该专利申请中的发明进行任何的判断。

同时，针对申请人关于美国专利商标局颁发了关于 DABUS 机器的专利，因此隐含着将 DABUS 得到相关发明的过错合法化的主张，美国专利商标局认为，颁发关于覆盖了一个机器的专利，并不意味着《专利法》认可该专利可以在另一项专利申请中被列为发明人。

申请人也提出了许多支持机器可以作为发明人的政策性考虑，例如，允许机器作为发明人可以激励使用人工智能系统的创新，减少不适当地将没有进行发明的人认定为发明人的问题，明确告知公众实际发明人以支持公告功能，等等。但这些政策性考虑不能凌驾在法律和判例法的明白的表述之上。

评　　论：近年来，关于由人工智能生成的"创新成果"能否受到专利法的保护的问题得到了一定的讨论。比较典型的观点是：在当前阶段，可以将人工智能仅视为一种辅助创新的工具，即由人工智能生成的"创新成果"可以在现行《专利法》下进行同样的审查，并没有对专利制度提出实质问题。如果某一领域使用人工智能进行创新活动比较普遍，成为常规实验手段，并且可以证明得到的相关技术方案对于本领域普通技术人员而言是显而易见的，则相关技术方案不能够满足创造性的要求。但也有关于未来创新成果是否将仅聚集在拥有强大算法和算力的少数机构手中的担忧。美国专利商标局在本案中并未针对人工智能生产的"创新成果"的发明人应该是谁或是否为机器进行判断和论述，仅表示在现行法下，将发明人填写为"机器"是不能通过专利审查的。

涉案专利的申请者实际上也在欧洲专利局提交了申请，也基于相同的原因没有通过。

b. 欧洲专利局 20200127 - DABUS 案（机器是否具备发明人资质）

基本信息：涉案专利申请号为 EP 18275163 及 EP 18275174（欧洲专利局，2020 年 1 月 27 日）

案件事实：申请人向英国知识产权局递交了两件欧洲专利申请，2018 年 10 月 17 日到达了欧洲专利局。在申请书中，专利人处没有填写，也没有提交单独的发明人姓名。欧洲专利局通知其提交关于发明人姓名的补充文件。2019 年 7 月 24 日，申请人提交了补充文件，指明发明人姓名为 DABUS——一个机器。欧洲专利局基于申请中的发明人必须为自然人的理由，判定不授予专利权。

主要争点：申请专利时填写的发明人是否可以是机器。

裁判要点：申请人列举了一些理由以支持 DABUS 应该被认可为发明人并通过审查，主要包括：（1）《欧洲专利公约》中对于可专利性的要求均规定在第 52～57 条之中；（2）人工智能系统 DABUS 是发明的实际设计者，根据英国《专利法》的要求，申请时必须指明实际设计了发明的发明人，因而在机器做出发明的情况下，如果将一个自然人指定为发明人是与该要求相悖的；（3）机器不能拥有人身权或财产权并不能阻碍将机器认定为发明人；（4）不准确地将一个自然人列为发明人会误导公众；（5）接受人工智能作为发明人与专利法激励创新和促进发明公开的功能是一致的；等等。

欧洲专利局针对申请人的主张一一进行了分析，主要的一些主张包括：在发明人处指明机器的名字不符合《欧洲专利公约》第 19 条（1）款的要求，因为自然人的名字不仅仅有识别的功能，也使他们可以行使权利，并且构成了人格的一部分。发明人只能是自然人，这从立法历史中可以看到。对发明是自然人的要求与慕尼黑外交会议中给予发明人清晰且强有力的法律位置的意图是一致的。在《欧洲专利公约》中，发明人的位置是通过给予他们各种权利来保障的，包括发明人权利，在专利申请中的署名权，被通知署名的权利，等等。法人等法律拟制是通过法律创设或经过一致的司法实践发展出来的。法律和司法中均未将人工智能系统拟制为人。而发明人必须是自然人这一规范是一个国际上都接受的标准。欧洲专利局还指出，人工智能系统既不能被雇佣，也不能转让权利。

评　　论：在对待发明人能否为机器或人工智能的问题上，欧洲专利局与美国专利商标局形成了类似的论证和一致的结论。类似的情况在我国的专利审查中也应该会形成相同的结果。

1.2.1.2　专利适格性

a. 美国 20200731 - American Axle & Manufacturing，Inc. v. Neapco Holdings LLC 案（仅限定技术效果的权利要求之专利适格性）

基本信息：967 F. 3d 1285，stay & en banc denied，977 F. 3d 1379（Fed. Cir. 2020）（美国联邦巡回上诉法院，2020 年 7 月 31 日）

案件事实：原告美国轴承制造公司（American Axle & Manufacturing，Inc.）是一项有关传动轴动力传输减震制造方法的专利权人（美国专利号：7774911）。此项发明主要用于汽车车轮与引擎之间的传动系统。原告起诉被告 Neapco 有限责任控股集团侵权，被告则主张原告专利无效。联邦地区法院认为原告的专利不符合美国《专利法》第 101 条对于"专利性"（patentability，或"专利适格性"（patent eligibility））的要求，并径行判决撤销了原告的专利。原告不服提出了上诉。

主要争点：当权利要求并未援引任何的自然定律，而是直接指向所预期达到的结果时，上诉法院是否可以径行断定其背后的相关事实而后撤销。

裁判要点：联邦巡回上诉法院三人合议庭废弃了联邦地区法院对于一项权利要求的独立项的认定，认为不符合专利性的要求并发回重审；另维持了联邦地区法院判决的其他部分，认为其他权利要求均不具专利性。上诉法院法官另外以 6∶6 的平数拒绝召开全员联席审（en banc）。原告已向联邦最高法院请求再审。

联邦巡回上诉法院在本案的多数意见表示，美国《专利法》第 101 条对可受专利保护要件（可专利性（patent eligibility））与第 112 条关于可实施性（enablement）规定的区别在于"两个不同的'如何'（how）"。法院进一步阐述："权利要求本身……必须超越仅止于对一个功能的陈述；必须透过对权利要求范围的限制来建构某种程度的实体结构……或是具体的行动从而鉴别'如何'达成产生该功能的结果。"相对而言，"可实施性是适用于专利的说明书

（specification）而非权利要求："一旦在权利要求中明确了具体的物理结构或行动，说明书部分必须提供足够的信息以供相关技术领域中具有一般知识或技艺的人能做出和使用所主张的结构或执行所主张的行动"。多数意见认为原告专利权利要求连主张发现了一个先前所未知的自然法则都没有，就直接去定义一个其技术欲达成的结果。多数意见表示，原告权利要求欠缺对任何物理结构或步骤的描述来达到其所指称的结果。

Kimberly Moore 法官则提出了不同（反对）意见。她表示，多数意见事实上对于可专利性创设出了一个新的"不过如此"测试（"Nothing More" test）标准，亦即一项权利要求是否在表面上只是明显地援引了一个自然法则而已来达成所主张的结果，然后就骤下判断。毕竟每个机械性的发明都会应用到某种物理定律，不能仅仅因为必须符合自然定律的要求就径行认为是直接指向某个自然定律，从而不符合"专利性"的要求。如果权利要求与说明书都没有明确摘引物理学上关于弹性的胡克定律（Hooke's Law），那么权利要求究竟是否指向此自然定律应属于事实认定的范畴，从而不应该由上诉法院（或地区法院在给予径行判决时）做出裁判。Moore 法官另也对多数意见把可专利性与可实施性混为一谈表示难以认同，认为多数意见的顾虑其实并非自然定律对权利要求的先占或完全充斥（preemption of a natural law），而是权利要求没有对于该技术领域内的一般技艺人如何在不需试错的情况下给予如何调配传动轴的启示。

评　　论：本案原本从表面上看似平淡无奇，然而却因为 Moore 法官的不同（反对）意见书以及后来改写了原来的判决书，又以 6∶6 的平数拒绝给予全员联席审，引发了该上诉法院其他法官提出意见书，这就使法院内部对于究竟要如何看待《专利法》第 101 条"专利性"的分歧（甚至对立）浮上了台面，尤其是对于多数意见所创设的"不过如此"测试标准引发了极大的争议。传统上对于各巡回上诉法院彼此之间的分歧通常会引动联邦最高法院的关注，试图统一相关法律的见解；现在则是同一个法院的所有法官明显产生了相当大的分歧，而且牵涉到的整个专利保护体系当中最核心的问题。因此，本案能否获得联邦最高法院的青睐而进入再审，值得关注。

b. 澳大利亚 20190913 – Encompass Corporation Pty Ltd. v. InfoTrack Pty Ltd. 上诉案（计算机执行的商业方法或数据处理方法的专利保护客体）

基本信息： Encompass Corporation Pty Ltd. v. InfoTrack Pty Ltd.，［2019］FCAFC 161（澳大利亚联邦法院，2019 年 9 月 13 日）

案件事实： 涉案的两件澳大利亚革新专利（Australian Innovation Patent）的专利号分别为 AU2014101164（下称"164 专利"）和 AU2014101413（下称"413 专利"）。两个专利非常类似。以 164 专利为例，该专利是关于展示信息的方法和装置。该信息与"实体"（例如，"涉及业务或其他商业环境的个人、公司、企业、信托或任何其他方"）有关，以提供"商业情报"。作为背景技术，164 专利的完整说明书公开了许多包含实体信息的电子数据集合，包括"关于土地所有权的信息、公司实体间的关联、警察记录等"。该说明书指出，由于跨多个不同的存储库提供信息，识别和访问相关信息很困难，在执行搜索时可能会被忽略，因此有许多"联合搜索机制"（federated search mechanisms），用于跨多个数据源进行搜索并汇总这些搜索的结果。但通常这些机制不是用户友好的，并且"对于以不同格式存储的数据的能力有限，使得非熟练人员难以使用，并使它们不适合标识与业务相关的信息"。说明书还公开了跨多个数据源搜索时的一些其他困难。专利中主张的发明创造的典型过程如图 1-1 所示。

原告 Encompass 和 SAI 分别是涉案专利的专利权人和独占被许可人，他们起诉被告 InfoTrack 侵犯了 164 专利的权利要求 1～3，以及 413 专利的权利要求 1～4。被告承认如果权利要求有效，自己的行为构成了侵权；但其同时主张 164 专利的权利要求 1～4 以及 413 专利的权利要求 1～5 均无效，并列举了一系列理由。一审法院认为，两个专利都不是可授予专利权的发明，因为其均不是澳大利亚《专利法》意义上的制造方法，因此涉案专利无效（参见［2018］FCA 421）。原告提起上诉。澳大利亚联邦法院支持了一审法院的判决。

主要争点： 涉案发明创造是否为专利适格的对象。

裁判要点： 二审法院指出，说明书中对流程的描述在很大程度上与该方法的实现方式无关。因此，实体和关系可以是"任何适当的形式"，网络

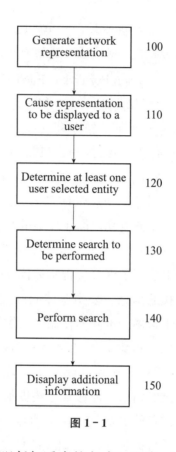

图 1－1

表示可以"以任何适当的方式"生成，可以"根据首选实现方式以多种方式确定"信息。对于步骤110，电子处理设备向用户显示的信息"可以以多种方式中的任何一种来实现"；对于步骤120，用户选择的节点"可以以任何适当的方式选择"；对于步骤130，确定搜索的过程"可以使用任何合适的机制来实现"或（就给定的示例而言）"使用任何其他合适的技术来实现"；对于步骤140，由电子处理设备执行的搜索"可以以任何合适的方式实现"；对于步骤150，附加信息的显示"可以以任何合适的方式实现"。权利要求1也并没有将执行该方法的电子处理设备作为特征。

二审法院首先援引 NRDC 的高等法院的论述来为问题的分析奠定起点。法院指出："制造（manufacture）一词在《专利法》中有一席之地，不是为了将可专利性问题简化为口头解释问题，而是作为《专利法》中所有类别的总称。"因此不应该问"这是一种制造方法或制造物吗？"而是应该问"根据为了适用《专利法》第六章而发展出来的原则,这是一个适合授予专利权的主题吗?"

在此前提下,二审法院分析了 Myriad 案和一系列其他案件中的法院的观点和体现的规则,并基于判例法中发展的规则,认为本案中涉案专利所主张的只是如何用通用计算机实现抽象思想(方法的步骤)的指令。尽管上诉人努力地将计算机功能归因于该方法,但法院认为该专利主张的方法只是可以将计算机作为实施方法步骤媒介的方法,而该方法本身是由并没有超出抽象思想或方法的方式来构造的。

在口头陈述中,上诉人力求充分利用以下事实(如果是事实):所主张的方法无法使用"通用软件"来实施。这一主张的困难在于,本发明的权利要求并不固定任何执行该方法的特定软件或程序。这完全由那些希望使用该方法来设计并实现该目的合适的计算机程序的人来决定。说明书所教导的全部就是对处理系统进行"适当的编程"。上诉人认为,所要求保护的方法是对计算机程序的高级别描述。该观点没有被法院采信。类似地,法院认为装置权利要求也只是抽象思想。

二审中也针对上诉人的主张,对一审法院就创造性问题的分析进行了回应。

评　论:本案最关键的焦点在于商业方法或数据处理方法的专利适格性判断问题。相关判断方法在世界范围内也仍在探讨之中。美国在 Myriad 案和 Alice 案中确定的两步骤判断法及后续美国专利商标局的细化梳理得到了世界范围内的关注。二审法院反复引用美国 Myriad 等案中的方法和论证,反映了美国司法实践对澳大利亚的深刻影响,实际上也反映了在澳大利亚申请相关专利时可以同时参考美国的审查方法。

欧洲专利局对计算机实施发明采用的"双关卡"测试法则与美国有一定的差异,其在适格性判断阶段采取了非常宽松的判断,而在创造性判断阶段,则针对是否具有"技术贡献"进行了审查安排,在创造性判断阶段对于与技术贡献无关的非技术特征不予考虑。我国在相关审查指南中确立的针对包含算法或商业方法特征的发明的"三关卡"测试法则仍旧与欧洲专利局具有较多的一致性。判断方法上的差异并不会导致巨大的审查结果差异,但确实也会存在不同国家和地区审查结果的不一致。合理的判断法及其解释还可以在各国经验的基础上继续发展。

1.2.1.3 实用性、新颖性、创造性、充分公开

a. 欧洲专利局 20200220–T0072/16 "管段及其生产方法"案（向公众公开的判断）

基本信息： T0072/16–3.2.05（欧洲专利局上诉委员会，2020 年 2 月 20 日）

案件事实： 本案所涉专利为"管段及其生产方法"（Pipe Section and Method for Its Production）。提起无效宣告的反对者认为，在专利申请日之前，被申请人（专利权人）Aspen Aerogels, Inc.（下称"Aspen 公司"）制造了 48 个包含该专利技术的管段并将其出售和移交给 Technip 公司，因此构成了向公众公开，即该专利申请丧失新颖性。Aspen 公司主张，Technip 公司具有保密义务。复审委员会最终裁定，上述管段买卖方之间具有隐含的保密义务，该销售不构成支持专利无效的理由。

主要争点： 如何认定管段买卖双方之间是否具有保密义务。

裁判要点： 根据上诉委员会的判例，为确定现有技术中是否包含所谓的先前使用，有必要确定指称的先前使用发生的日期、确切使用的内容以及向公众提供的有关情况。

异议部门的结论是：根据存档证据和证人 Krajewski 先生的证词，Aspen 公司于 2005 年 1 月 27 日向 Technip 公司发运了 48 件制造的管段，Technip 公司在不受保密约束的情况下接收和使用了这些管段。证人 Krajewski 是这 48 件管段制造团队的成员。他并不知晓 Technip 公司有保密义务，但他知道 Aspen 公司团队去 Technip 公司参观时是有保密义务的。对此，异议部门认为，Aspen 公司的保密义务是为了使 Aspen 公司团队不能公开在参观中看到的新技术，并不意味着反过来 Technip 公司也有保密义务；Krajewski 想起了这个保密义务问题清晰地显示了对于参与生产的人员而言，商业实践中经常会让他们来签署保密协议或告知他们具有保密义务。由于 Krajewski 并不知道明确的保密协议，则异议部门由此确信，不存在明确的保密协议。异议部门也没有看到任何隐含的保密协议。

上诉委员会对异议部门所述事实无异议，但是认为在口头审理的过程中，有关证据令人信服地表明，在 2005 年 1 月 27 日进行的交易中，Technip 公司并不是一个普通的顾客。证据显示，Aspen 公司和 Technip 公司作为合作者参加了一项产品开发项目，双方都认为该项目具有商业敏感性和秘密性。如果是这样，则双方都不能成为"公众"的一部分。委员会详细分析了几项证据，指出在运送管段到 Technip 公司之时，Aspen 公司和 Technip 公司合作的项目仍然在进行之中，无法证明该管段是公开出售的终端产品。证据 D13（Aspen 公司的产品组装说明）中则有明确的保密要求。根据证人的陈述，证据 D11（Aspen 公司的展示视频）是与 D13 同步开放的，起到对 D13 中的说明的补充解释的作用，是要在一起分发的。因此 D11 也具有 D13 中的保密要求。同时，证人作为一名工程师而非知识产权专家，不了解别的公司所担负的所有保密要求并不奇怪，不能据此推定 Technip 公司不存在保密义务。此外，证人关于自己不知道是否存在保密协议的陈述，与 D13 中存在保密要求的事实是相悖的。相比于文件中的证据，证人的回忆在这方面缺少说服力。如果 Technip 公司只是一个顾客，则无法解释保密协议的存在，毕竟购买开架商品的顾客通常不会签署保密协议。

在举证责任方面，上诉委员会仍然坚持无须采用比"概率平衡"（balance of probability）更严格的标准。上诉人（反对者）应当提供事实和证据证明本案中涉及的 48 个管段已经被出售和移交给买方，并因此向公众公开。上诉委员会认为（并且按照大多数缔约国的判例法确立的原则也是如此），依据 EPC 第 54 条第 2 款规定，一次销售足以使所售物品向公众公开，但前提是买方不受保密义务的约束。异议部门的有关结论认为 Aspen 公司和 Technip 公司之间的销售可视为向公众公开，然而上诉委员会认为，如前所述，在本案中有关证据表明 Technip 公司不仅仅是一名顾客，相反，两个公司是作为同一个产品开发项目（"Dalia 项目"）的合作伙伴参与其中，它们的合作至少存在一份隐含的保密协议的约束。上诉人未能证明不存在保密协议。

根据上诉委员会的判例，两家公司之间签订合同，开发并交付用于测试目的的原型和产品的关系，不能被视为经销商和客户之间的关系，通常情况下适用保密义务。并且根据文档 D13，该文件的内容不仅对公众是保密的，甚至对合伙人的雇员也是保密的。上诉委员会认为，依据这些事实和答辩人在口头审理陈述中所提及的佐证，足以证明在本案中买方受保密义务的约束。因此，上诉委员会认为举证责任已转移至上诉人，以确认没有保密协议。但是，上诉人未提出任何可能客观地质疑保密协议存在的事实或证据，进而无法证明所涉专利已向公众公开并构成现有技术的一部分。

综上，上诉委员会驳回了上诉。

评　　论：两家公司之间签订合同，开发并交付用于测试目的的原型和产品的关系，不能等同于经销商和客户之间的关系。在此情况下，按照常规做法，合作公司对所涉产品均负有保密义务。在依据 EPC 第 54 条第 2 款判断"向公众公开"时，应明确购买者是否负有保密义务，具体而言是否存在明确或隐含的保密协议。相关判断应建立在对证据和商业惯例进行仔细分析的基础上，包括二者是否有项目合作，产品运送之时合作是否结束，相关文档中是否有保密条款，产品在此次运送之后是否基于反馈进行了修改，等等。当能够合理证明买方受保密义务约束时，则反对者需举证反驳保密协议的存在，或存在其他公开行为。

b. 英国 20200624 - Regeneron v. Kymab 案（充分公开的判定）

基本信息：Regeneron Pharmaceuticals，Inc.（Respondent）v. Kymab Ltd.（Appellant），［2020］UKSC 27.（英国最高法院，2020 年 6 月 24 日）

案件事实：被上诉人 Regeneron Pharmaceuticals 拥有涉及培育一系列转基因小鼠的两项专利（'287 专利和 '163 专利，其中 '163 专利是 '287 专利的分案）。Regeneron Pharmaceuticals 诉称，Kymab Ltd. 向医药行业提供的 "Kymouse" 侵犯其 '163 专利的权利要求 1 和 '287 专利的权利要求 5 和 6。初审法院认为确实存在侵权，但同时所有三项权利要求均因公开不充分而无效。而二审法院认为涉案专利所要求保护的发明属于具有新颖性和创造性的一般原理，因此判定专利充分公开。本上诉案旨在挑战两项专利的有效性。

在涉案专利优先权日之前，已经公认可以通过增加或者替代患者自身免疫系统产生的抗体来治疗人类疾病。产生抗体是哺乳动物共有的一个自然过程，但是利用人体作为抗体产生的平台面临伦理问题，因此人们利用小鼠来产生可治疗人类疾病的抗体，并且在优先权日之前已经存在这种做法。而将小鼠用于这一目的面临两种限制性因素：一是人体往往抗拒小鼠抗体；二是如果人类抗体基因移植到小鼠，使小鼠产生由这些基因编码的人类抗体，那么小鼠自身的免疫反应会降低，从而产生响应抗原的合适抗体的能力也降低，这会影响小鼠用作抗体产生的平台的效用。

针对以上问题的解决方案是涉案专利的核心创新点，即，开发一种包括部分人类基因和部分小鼠基因的混合（嵌合）抗体基因结构，其通过插入小鼠基因组而形成。这种包括小鼠恒定区和部分或全部人类可变区的混合基因结构被称为"反向嵌合基因座"（reverse chimeric locus），一旦在小鼠基因组中产生，即作为各种混合抗体产生的代码，在包含相关代码的 B 细胞被隔离和去除时，小鼠恒定区被移除并由人类恒定区取代，之后批量产生并用于治疗人类疾病。初审法院和二审法院的相关调查均认定，该混合基因结构被设计为将小鼠恒定区与任何或全体人类可变区结合在一个抗体基因结构内，这正是涉案专利所教导的内容。

初审法院认为，本领域普通技术人员要实现这样一个混合基因结构面临巨大困难，而利用现有公知常识并结合专利教导并不能克服这种巨大困难。二审法院则认为，结合现有知识和专利公开内容，可以克服这一困难，虽然这样产生的混合基因结构仅包括可变区内 125 个人类 V 片段中的一小部分（上诉人估计为 6 到 10 个 V 片段），以及数目不详的人类 D 和 J 片段，不涉及整个保护范围的所有类型；但由于所有具有特定特征的小鼠都会表现出本发明旨在实现的特定有益效果，由这些特定特征构成的发明因此能够在权利要求的整个范围内充分实施，并且与发明公开的内容对技术的贡献相符，因此专利满足充分公开的要求。Kymab Ltd. 就此向英国最高法院提起了上诉。

英国最高法院对 '163 专利的权利要求 1 进行了解释，分析了充分公开的基本要求和原则，并参考解读了欧洲和英国相关判例，最后以多数法官意见认定 '163 专利的权利要求 1 未充分公开。同时，由于 '287 专利的权利要求 5 和 6 的有效性取决于 '163 专利的权利要求 1 的有效性，上诉人的上诉请求最终获得了完全支持。

主要争点：如果一件产品专利仅能够使本领域技术人员制造权利要求范围内的部分而非全部类型的产品，该产品专利是否满足充分公开的要求。

裁判要点：根据英国的《专利法》以及《欧洲专利公约》的基本要求，专利权人必须能够证明，根据专利教导的内容并结合优先权日之前的公知常识，本领域技术人员无须进行额外的实验或者发挥创造性，即能够制造出该专利产品。这种要求称为充分公开。根据这一要求，基于专利所教导的内容，发明必须能够实施。

如果一项专利要求保护的是一系列产品，充分公开意味着发明能够在权利要求所涵盖的整个系列的产品中得以实施。在本案中，初审法院和二审法院根据特定说明，均将相关权利要求解释为涉及一整个系列的产品（转基因小鼠）。初审法院认定，根据专利的教导无法培育该系列内任何类型的小鼠，更不用说整个相关范围内的小鼠。相反，二审法院则认为，根据本专利的教导并结合优先权日之前可获得的公知常识，能够培育出该系列内的某些类型的小鼠，而非整个系列中所有类型的小鼠。但是，二审法院认为本专利满足了公开充分性的要求，原因在于所要求保护的发明属于具有新颖性和创造性的一般原理，因此具有该发明的特定特征的每种类型的小鼠均将表现出该发明旨在达到的特定优点，而该特定范围外的任何类型的小鼠均不具有这些优点，由这些特定特征构成的发明因此能够在权利要求的整个范围内充分实施，并且与发明公开的内容对现有技术的贡献相符。

最高法院在本案中面临的问题是，如果根据一项产品专利，本领域技术人员仅能够制造出权利要求范围内的部分而非全部类型的产品，那么该产品专利是否可以被认为符合公开充分性的要求。

本案中，双方对插入小鼠基因组的人类可变区基因片段数目是否与充分公开问题相关存在很大分歧。最高法院认为，这个问题应从权利要求1本身找到答案。该权利要求涉及的是能够产生具有多种人类可变区段的抗体的小鼠，而公开内容更概括地表明产生的该等抗体最终是为了治疗人类疾病。诚然，反向嵌合基因座这一发明所实现的突破性贡献是提供了一种预防（或大大降低）鼠类免疫学疾病的手段，而嵌入的人类可变区段基因的范围与此无直接关系。但是，鼠类的免疫系统健康本身不是本发明的目的；就实现产生多种可用于治疗人类疾病的具有人类可变区段的抗体而言，插入小鼠基因组的人类可变区基因片段的数目必然应该是考量充分公开问题的相关因素。

最高法院同时认为，在优先权日当时，本领域技术人员面临的问题是，即使基于专利的教导以及公知常识，也无法实现将超过人类可变区基因座的极小部分在同一杂交基因结构中与内源性鼠类恒定区基因座结合。即，在优先权日，本发明并未能创设出一系列具有涉及整个人类可变区段所有组合的反向嵌合基因座，而只能实现权利要求 1 所要求保护范围内的一小部分。

最高法院总结分析了欧洲和英国的相关判例，认定权利要求 1 不符合充分公开的要求。在优先权日，这两项专利的公开内容结合公知常识，并不能"制造"出具有"超过极小部分"的具有所有人类可变区段所有组合的反向嵌合基因座的转基因老鼠。在优先权日当时，杂交抗体基因结构能在多大程度上包含人类抗体基因结构的可变区段，被理解为是影响使用转基因小鼠获得或"发现"有用抗体的多样性的一个非常重要的因素。因此，这个范围从充分公开的角度来考虑是一个相关范围，尽管它并不影响转基因小鼠的免疫健康。因此，正是因为利用专利中的公开内容无法制造出该权利要求范围中价值较高的这部分小鼠，专利对整个范围的垄断要求远远超出了该产品在优先权日对技术的贡献。

因此，最高法院的多数法官认为 '163 专利的权利要求 1 未充分公开。基于同样的理由，'287 专利的权利要求 5 和 6 也被认定为未获得充分公开。

评　　论：专利法的基石是公开换保护，专利法中关于充分公开的判断，毫无疑问是专利法的核心原则之一。按照英国的《专利法》以及《欧洲专利公约》的基本要求，如果要授予一项产品专利权，那么在受到质疑时，专利权人必须能够证明，根据专利教导的内容并结合优先权日之前的公知常识，本领域技术人员无须进行额外的实验或者发挥创造性，即能够制造出该专利产品，以确保专利所赋予的垄断程度与其对技术的贡献程度相适应。本案中，英国最高法院澄清了产品权利要求对技术的贡献范围，在于本领域技术人员可以依据现有技术和专利所公开的内容完整得到发明所要保护的产品，而不是发明构思本身。如果一项专利要求保护的是一系列产品，充分公开要求意味着本领域技术人员能够获得权利要求所涵盖的整个系列的产品。此外，英国最高法院在本案中明确，判断专利是否满足"充分公开"要求时，需要考虑的是与发明相关的因素，要判断的是对该因素的公开是否满足公开的要求。

c. 德国 20200421 - 环境调节方法（Konditionierverfahren）案（新颖性判断：在先使用是否公开）

基本信息：BGH，Urteil vom 21. April 2020 - X ZR 75/18，Konditionierverfahren（德国联邦最高法院，2020 年 4 月 21 日）

案件事实：涉案专利优先权日为 2002 年 4 月 15 日，涉及一种在洁净室中调节半导体晶圆温湿度的方法及对应装置的具体内部管路结构。专利权人于 2000 年底向一家客户出售并交付了一个实现了独立权利要求全部技术特征的设备。

一审法院认为该行为导致在先公开使用，依此否定了新颖性。一审法院认定专利权人与客户之间没有通过明示或暗示成立保密合同，认为该销售不属于权利人与该客户共同研发项目的一部分。一审法院认为由于权利人也曾将同样的设备出售给其他人，前述客户也没有进行保密的经济上的动机。考虑到权利人将设备可以进行-40℃的制冷作为产品重要特征进行销售，故一审法院认为虽然能够获得设备结构知识的检查需要拆除保温层并部分拆解设备，但这样的检查不仅有理论上的可能性，而是有"不只是极小的"可能性，故而不影响其公开。例如由于设备已经销售，竞争对手的专家可以不受限制地进行检查，特别是不受设备运转和洁净室要求的限制。

主要争点：该在先使用是否构成公开。

裁判要点：德国联邦最高法院在 2020 年 4 月 21 日做出的判决中，认为一审法院认定的事实不足以得出在先公开使用的结论。联邦最高法院与一审法院同样否认权利人与客户间成立了保密合同。最高法院同意一审法院意见，认为虽然原则上共同研发，甚至是购买合同范围内的共同研发行为可能导致默示或者是基于民法诚信原则带来的保密义务，但认同一审法院认定本案客户与权利人的销售行为不属于其共同研发项目的一部分这个结论。不过最高法院认为本案不满足"不仅是理论上的，而是有不只是极小的公开可能性"这一标准。

最高法院详细地从各个角度分析了是否有不只是极小的公开可能性。这些角度包括：客户的员工是否需要维修或者维护设备，并在过程中是否有可能接触设备内部构造；第三方是否可以检查该设备；客户是否有动机容忍第三方进行这类检查；客户是否因为想自行销售或生产该设备而有动机对设备进行研究；客户是否有动机允许竞争对手进行破坏式拆解研究以获得更低价的设备；客户是否有可能在优先权日前再次销售该设备；等等。最终最高法院得出结论，认为只存在理论上或者极小的公开可能性，认定没有构成在先公开使用，维持了涉诉专利。

评　　论：完整充分证明在先公开使用一贯是专利无效案件的一大难题。本案的意义主要在于对最高法院现有对于在先公开使用认定标准的进一步发展，明确了如果没有保密义务，产品销售和交付虽然原则上构成在先公开使用，但仍然需要具有"不仅是理论上的，而是有不只是极小的公开可能性"。一方面，本案警示从业者在先使用公开证明的困难程度和详尽收集并及时递交所有有利证据的重要性；另一方面，本案也是"法律的生命不在于逻辑，而在于经验"这一论述的注脚。

此外，实践中销售数量较少的复杂高技术设备时，由于技术细节较多，专利布局受成本影响未必全面，可考虑与客户签订保密合同，甚至带有保密条款的共用研发合同，作为专利保护的补充手段。

d. 德国 20200114 - 旋转菜单案（软件界面创造性问题）

基本信息：BGH，Urteil vom 14. Januar 2020 - X ZR 144/17，Rotierendes Menü（德国联邦最高法院，2020 年 1 月 14 日）

案件事实：本无效案件中涉案专利权利人为荷兰飞利浦公司，其在欧洲、日本、韩国、美国均获得发明专利授权。该专利涉及"一种电子设备，包括至少一个显示器、一个控制器，其布置成使显示器显示包括多个菜单选项的旋转菜单，该菜单在显示器的中央偏心布置，使得任何时刻均可将至少一个选项旋转出显示器，从而不需更改菜单格式即可将任意数量的选项加入到菜单中"。此外在最后讨论的修改的权利要求中还加入了如下技术特征："在一个角度显示所述菜单，该角度下所述菜单看起来在与所述屏幕不平行的视平面中，此外该角度是通过对于菜单项形状或大小变化获得的"。其中一个实施例附图如图1-2所示。

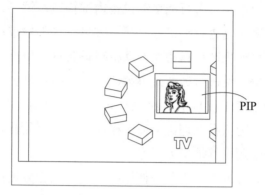

图 1-2

主要争点：可以对创造性产生贡献的技术特征。

裁判要点：德国联邦最高法院在本判决中认定，菜单的"旋转"以及通过修改加入的技术特征不属于用于解决技术问题的技术手段，不能对创造性产生贡献，在判定创造性时不予考虑。对于其他技术特征，法院指出，对信息的显示不属于可授予专利权的客体，故依据人类习惯或人类理解能力的、传递某些信息的教导，不具有技术性。但根据最高法院判例法，即使教导涉及信息显示，如果不以特定方式或者传递特定内容为中心，而是考虑人类信息感知和理解的物理特点，用某种方式改善、赋能或者合理化，则是使用技术手段解决技术问题，并应当在判定创造性时予以考虑。本案中其他技术特征要解决的技术问题是如何使用受限的显示区域，显示由于数量或格式无法同时进行显示的信息。

评　　论：软件界面特征是否能够对创造性产生贡献是一个较难把握的问题。最高法院结合这个案例对现有的判例法进行了总结。

e. 日本20200617-人用结膜肥大细胞稳定剂案（创造性判断）

基本信息：令和元年（ケ）第10118号（日本知识产权高等法院第2部，2020年6月17日）

案件事实：本案是专利无效纠纷案件，历经多次专利无效行政程序和专利确权诉讼程序审理。本判决是日本最高法院将该案发回重审后，知识产

权高等法院做出的判决。涉案发明是"用于治疗过敏性眼疾的包含
噁庚因衍生物的局部治疗点眼剂"（特许第 3068858 号）。噁庚因衍
生物（下称"化合物"），是一种已知的化合物，用于稳定人类结膜
肥大细胞，可以抑制组胺从结膜肥大细胞中释放出来。该专利基于
优先权，1996 年 5 月 3 日在日本提交申请，2000 年 5 月 19 日完成
专利登记。

2011 年 2 月 3 日，本案原告向日本特许厅提出专利无效审查请
求（无效 2011 - 800018 号），被告①提出修改，即订正请求②（下称
"第 1 次订正"），特许厅 2011 年 12 月 26 日批准了第 1 次订正请求，
同时做出无效决定（下称"第 1 次审决"）。2012 年 4 月 24 日，被
告提出撤销第 1 次审决的诉讼（知识产权高等法院，平成 24 年
（ケ）第 10145 号），知识产权高等法院 2012 年 7 月 11 日撤销了第
1 次审决。特许厅对该专利无效案件再次审理，2012 年 8 月 10 日
被告提出订正请求（下称"第 2 次订正"）。特许厅 2013 年 1 月 22
日批准第 2 次订正，以涉案发明欠缺创造性的无效理由不成立为
由，做出无效请求不成立的审查决定（下称"第 2 次审决"）。原告
2013 年 3 月 1 日提起撤销第 2 次审决的诉讼（知识产权高等法院平
成 25 年（ケ）第 10058 号）。2014 年 7 月 30 日，知识产权高等法
院做出判决取消第 2 次审决（下称"前诉判决"）。前诉判决后，特
许厅再次审理该案，被告再次提出订正请求，2016 年 12 月，特许
厅做出无效理由不成立的决定（下称"本案审决"），2017 年 1 月 6
日，原告提起撤销本案审决的诉讼（知识产权高等法院，平成 29
年（ケ）第 10003 号）。2017 年 11 月，知识产权高等法院做出取消
本案审决的判决（下称"原审判决"）。被告就原审判决向最高法院
提出上诉，2019 年 8 月 27 日，最高法院做出判决（平成 30 年
（匕）第 69 号）推翻了知识产权高等法院的判决。

主要争点： 修改后的权利要求是否具有创造性，是否具有"无法预测的显著效

---

① 在我国专利无效行政纠纷是当事人与国家专利行政机关之间的行政诉讼，在日本专利复审程序分为查定
系和当事人系，专利授权后的无效纠纷属于当事人系，本案的被告是专利权人。相关法律参见日本《专利法》第
178～184 条。

② 订正即修改，日本《专利法》设置了授权后的订正程序，我国《专利法》没有此程序，但在无效宣告程
序中允许修改。关于专利复审制度的种类设定问题，可参见范晓宇《宣告专利权无效决定的本质及其效力限定：
兼评我国专利复审制度的改革》，载于《中外法学》2016 年第 3 期。

果"。

裁判要点：日本《专利法》第 29 条第 2 项规定，在发明专利申请提出前，该发明所属技术领域技术人员根据已经记载的发明内容容易做出的发明，不能被授权。根据日本《专利审查基准》第Ⅲ部分第 2 章第 2 节的规定，进行创造性判断时，是否取得了无法预测的显著效果是发明是否具有创造性的肯定性参考因素，即与现有技术相比较，请求保护的发明具有显著效果并超过了技术水平可预测的范围。知识产权高等法院在前诉判决中认为：在尝试使用对比技术 1 作为过敏性眼疾滴眼液时，就已经确认了对比技术 1 相关的化合物具有稳定人类结膜肥大细胞的作用，所以涉案发明作为人类结膜肥大细胞安定剂的用途是容易想到的，从而否定了涉案发明的创造性。特许厅在本案审决中则认为：与对比技术 1 和对比技术 2 比较以及根据该发明所属技术领域技术人员优先权日当时的技术常识判断，涉案发明具有无法预测的特别显著的效果。但知识产权高等法院在原审判决中认为：根据优先权日当时的技术水平，除了涉案发明外，还有多种其他化合物通过注入预定浓度的眼药水也具有 70% 到 90% 的高组胺释放抑制率，其中在 2.5 倍到 10 倍的浓度范围内保持高组胺释放抑制作用的化合物是已知的。考虑到上述情况，对本领域技术人员而言，根据当时的技术水平，不能得出含有涉案专利说明书中所记载的人类结膜肥大细胞稳定剂的相关化合物抑制组胺释放取得了超过可预测的范围的特别显著的效果。

上诉审中，最高法院的判决认为：不能直接根据优先权日当时存在与涉案发明具有同等效果的其他化合物是已知的，就得出本领域技术人员对涉案发明所取得效果是可以预测的结果。这里涉案发明的效果与该化合物的医药用途相关，仅以优先权日当时存在与涉案发明的化合物具有相同作用但结构不同的化合物是已知的，就否定涉案发明的效果超出了本领域普通技术人员可预测的范围，这一判断是无法做出的。最高法院认为原审判决对法律的解释适用是错误的，没有充分考虑优先权日当时本领域技术人员是否无法预测涉案发明的效果，尤其是所取得的效果的程度是不是特别显著的效果。原审以涉案发明应用到本领域是容易想到的为前提，仅以优先权日当时知道具有与涉案发明作用相同的其他化合物存在，就直接否定涉案发明的效果是无法预测的显著效果而撤销本案审决是错误的。发回重审后，知识产权高等法院根据最高法院的判决，判决涉案发明取得了无法预测的显著效果。

评　　论：本案是日本最高法院在创造性判断中就发明是否具有"无法预测的显著效果"的判断方法做出的首个判决，具有指导意义。在创造性判断中考虑"无法预测的显著效果"是专利审查标准中创造性判断的参考因素，最高裁在判决中没有否定在创造性判断中对该参考因素的考虑，本案发回重审针对的是显著性效果的判断，说明司法并不排斥在创造性判断中考虑"无法预测的显著效果"这一因素。但本案并未明确如果存在"无法预测的显著效果"，是否就可以直接对创造性予以确认。在日本，对创造性判断方法的认识并不统一，对于"无法预测的显著效果"在创造性判断中的地位存在"独立要件说""二次考虑说"等学说[①]。对于具体的比较判断方法存在"主引用发明比较说"、"对象发明比较说"以及"技术水平比较说"等学说[②]。对于发明的效果的判断，仍然是实务中的难点。

1.2.1.4　其他

a. 美国 20200204 – Samsung Electronics America，Inc. v. Prisua Engineering Corporation 案（多方复审范围的限定）

基本信息：948 F. 3d 1342（Fed. Cir. 2020）（美国联邦巡回上诉法院，2020 年 2 月 4 日）

案件事实：申诉人三星电子（美国）公司向美国专利复审委员会请求无效专利权人 Prisua 工程公司的一个关于影视流媒体的专利（美国专利号：8650591）。专利复审委员会一开始决定审查涉案专利的第 11 项权利要求，但以内容含混不明（indefinite）为由拒绝审理第 1～4 项以及第 8 项权利要求，因为复审委合议庭认为，第 1 项权利要求中所陈述的"数字处理单位"（digital processing unit）构成"手段加功能"（means plus function）主张却没有提出相对应的结构，而且

---

① 愛知靖之：「進歩性判断に置ける「予測できない顕著な効果」の判断手法」，NBL1160 号，第 8 – 15 页，2019 年 12 月 25 日。

② 大寄麻代：「最高裁重要判例解説（ヒト結膜肥満細胞安定化剤事件）」，L&T，87 号，第 106 – 113 页，2020 年 4 月。

依据联邦上诉法院之前的判例，专利权人的权利要求显然试图在同一个独立项当中同时涵盖两个装置以及使用该装置的方法，因此会让公众无从预期如何或构成侵权，也就表示权利要求属于含混不明（通称为 IPXL 类型问题，以案名作为代表①）。

之后联邦最高法院对 SAS Institute, Inc. v. Iancu 案的判决出台，要求专利复审委员会在进行多方复审时必须对申诉人所异议的所有权利要求予以审查②。于是专利复审委员会便对针对该专利权的所有权利要求都做了审查，依然裁判第 1～4 项以及第 8 项权利要求构成含混不明，并以此为由表示无法与各种现有技术进行比对。最后裁判三星公司未能成功举证涉案专利不符合美国《专利法》第 102 条（新颖性或预期性）和第 103 条（非显而易见或创造性）的要求，但裁决第 11 项权利要求构成显而易见。三星公司不服提出了上诉。

主要争点：专利复审委员会进行多方复审的范围究竟为何。纵使无法直接以含混不明作为基础启动多方复审程序并撤销一项权利要求，但如有其他依法授权作为基础，可否依然以含混不明予以撤销。

裁判要点：联邦巡回上诉法院联邦巡回院部分维持、部分推翻了专利复审委员会的裁决并就推翻的部分发回重审。法院明确了专利复审委员会在多方复审程序中不得以权利要求含混不明为由裁决专利无效的法则，因此实质上把申诉人可以主张无效的事由局限在显而易见性与新颖性（或可预期性（anticipation））两项。

上诉法院表示，依据美国《发明法》的立法设计，专利复审委员会在多方复审程序中对于涉及含混不明的问题没有管辖权。如果采纳三星公司的主张，借由适用其他条款来间接达到同样的目的，只会导致对于法规解读的不一致。由此自然会产生的问题是：究竟专利复审委员会应当如何做呢？对此，法院进一步表示，如果专利复审委员会为了评估是否具有专利性却无法在合理的程度内明确一个权利要求的范围，就应该拒绝启动多方复审程序；或是当含混不明的问题只是影响到部分的权利要求时，裁决依据《专利法》第

---

① IPXL Holdings, LLC v. Amazon. com, Inc., , 430 F. 3d 1377, 1384 (Fed. Cir. 2005).
② SAS Institute, Inc. v. Iancu, 138 S. Ct. 1348 (2018).

102 条或第 103 条对申诉人是否已经对该部分的权利要求建立不具专利性的问题无法做出认定。

法院继而表示，"数字处理单位"完全不是"手段加功能"的权利要求主张。法院引据了该院在 2015 年的一个全员联席审判决，表示只要是权利要求当中没有使用"手段"（means）的文字时，就应该推定该名称或用语不应以"手段加功能"的方式来对待①。法院认为权利人的这个用语无非就是作为"一般用途的计算机"或一个"中央处理系统"的代称而已，而这正是可被了解为对于结构的指向，不仅仅是可以从事某种功能的任何装置。因此涉案的权利要求并不构成含混不明。

上诉法院另外指出，对本案的判决只纯粹适用于 IPXL 类型的问题（亦即把装置设备和操作方法混同在权利要求之中，导致其主张含混不明，无从检视何时发生侵权），并不及于其他类型的含混不明。IPXL 类型问题与其他的含混不明至少有一点相当不同，即，纵使发生了这个类型的问题，专利复审委员会还是可以用该权利要求与先前技术从事比对。但是在其他的类型，"一项权利要求不能既是含混不明又同时可被预期（不具备新颖性）的"②。上诉法院因此认为，既然本案的关键权利要求并不构成"手段加功能"的主张，而且 IPXL 类型问题也不至于阻却专利复审委员会对新颖性和创造性的审查，因此将部分案件发回，要求专利复审委员会重审关于第 1～4 项以及第 8 项权利要求。至于第 11 项权利要求，上诉法院维持了原裁决，认为该权利要求构成显而易见性（欠缺创造性），因此无效。

评　　论：本案最大的影响是，上诉法院指明了如果想要对任何专利的权利要求以内容含混不明对其有效性提出挑战，异议人今后在策略上绝对不能试图透过多方复审程序来处理，否则必然会遭到不利的裁决。异议人还是可以透过直接向法院起诉（诸如确认不侵权之诉）等手段来达到想要达到的目的，不过其中自然寓含了不一样的风险考量与成本计算。无论如何，本案判决已经实质上把多方复审程序的管

---

① Williamson v. Citrix Online, LLC, 792 F. 3d 1339 (Fed. Cir. 2015) (en banc).

② Enzo Biochem, Inc. v. Applera Corporation, 599 F. 3d 1325, 1332 (Fed. Cir. 2010).

辖范围局限在对于新颖性和非显而易见性的认定上。

b. 美国 20200213 - Acoustic v. Itron 案（专利权人在重审程序中放弃对申请人适格的异议之法律后果）

基本信息：Acoustic Technology，Inc. v. Itron Networked Solutions，Inc.，949 F. 3d 1366（Fed. Cir. 2020）（美国联邦巡回上诉法院，2020 年 2 月 13 日）

案件事实：专利权人 Acoustic 起诉 Itron 侵犯自己的专利权，案件以 Itron 向 Acoustic 获得专利实施许可而调解结案。后 Acoustic 又起诉了 Silver Spring 侵犯自己的专利权，后者不服，申请专利审查与上诉委员会进行专利复审。在此期间，Silver Spring 启动了与 Itron 的企业合并，但直到复审结果公布才正式完成此次合并。专利审查与上诉委员会最终判令 Acoustic 的专利权无效，Acoustic 不服提起上诉，声称依据《专利法》第 315（b）条款，申请人或其利益相关方受到侵权指控的一年之内必须提出专利复审请求，否则复审程序不予启动。尽管 Silver Spring 提出复审申请的时间在其被起诉的时间的一年之内，但是由于 Silver Spring 与 Itron 在 Itron 被起诉侵权时已经启动了合并，其一直未完成合并程序是出于规避第 315（b）条款适用的目的，因此作为利益相关方，其必须在 Itron 被诉之日起一年之内提出复审申请。由于 Acoustic 的申请日晚于法定期限，故复审程序应不予启动。联邦巡回上诉法院判决驳回 Acoustic 的诉讼请求，认为当事人对适格复审程序申请人异议的隐瞒，将导致其放弃程序性权。基于 Acoustic 放弃了在重审程序之中提出申请人是否适格的异议，第 315（b）条款对复审程序启动期间的时间限制不受影响，因此法院判决维持裁决效力。

主要争点：《专利法》第 315（b）条款的申请人的利益相关方，是否包括拟兼并但尚未完成兼并的企业；当事人对申请人适格性异议的放弃是否会导致其丧失后续抗辩裁决有效性的权利。

裁判要点：联邦巡回上诉法院经审理认为，Acoustic 在专利审查与上诉委员会公布裁决之前的数月就知道合并事宜，却并未将该信息告知委员会，而是在得到不利于自己的最终裁决之后才企图驳斥委员会的管辖权，如果法院允许这样的理由成立，会助长双方当事人对裁决者的信息隐瞒。同时，法院不认为委员会具有提前审查申请人是否为利益相关方的义务，如果双方当事人选择不予告知，那么不能因为委员会未就此问题进行讨论而认为裁决无效。

评　　论：近几年在美国，专利重审程序里有关适格申请人的时间限制条款已经成了诉讼双方的重要策略，它关系到专利审查与上诉委员会是否应当受理申请，是专利权本身是否有效的前序性问题。时间限制条款的程序法属性，也让法院对其审查时，自然地考虑到程序正义与审理效率的因素。在本案中，如果法院判决专利审查与上诉委员会因未对当事人适格与否进行充分审查，而需要重新做出裁决，那么不仅增加了委员会的例行工作量，也会助长双方当事人策略性地隐瞒证据和信息，对裁决的公正性不利。联邦巡回上诉法院对 Acoustic 隐瞒即弃权的认定，具有推动复审效率、促进实质公平的意义。

c. 美国 20200409 - Nike，Inc. v. Adidas AG 案（多方复审中权利要求的修改）

基本信息：955 F. 3d 45（Fed. Cir. 2020）（美国联邦巡回上诉法院，2020 年 4 月 9 日）

案件事实：申诉人（异议人）阿迪达斯有限责任公司（Adidas AG）请求专利复审委员会启动多方复审程序审理耐克公司（Nike，Inc.）一项关于使用多种不同经纬针织方式制作的运动鞋上层鞋垫发明专利的有效性（美国专利号：7347011）。在审理过程中耐克公司试图修改其专利的第 47～50 项权利要求但未获同意。专利复审委员会以与三项现有技术相抵触为由而裁决该四项权利要求无效。耐克公司不服而起诉。联邦巡回上诉法院以专利复审委员会未依循其自身之前一项裁决所设定的标准而将案件发回，要求专利复审委员会重审耐克公司对其权利要求的修改以及与非显而易见（创造性）检验有关的"长期感到的需求"（long-felt need）部分举证[1]。

　　专利复审委员会重审后仍以第 47～50 项权利要求属于显而易见（不具备创造性）为由裁决无效。不过，在做此裁决时，专利复审委员会援引了一本关于针织技术的参考书作为权利要求当中以跳针织纺形成缝隙实为公知技术的依据[2]。虽然在诉讼记录当中提到

---

① Idle Free Systems, Inc. v. Bergstrom, No. IPR2012 - 00027, 2013 WL 5947697（P. T. A. B. June 11, 2013）.

② David J. Spencer. Knitting technology: a comprehensive handbook and practical guide. 3rd ed. Cambridge: Woodhead Publishing Limited, 2001.

了这本著作，但是从来没有经过任何一方当事人的讨论。于是耐克公司再次提出了上诉。

主要争点：专利复审委员会在多方复审程序中对于专利权人提请作为修改或替代的权利要求拟议是否可以依职权主动（sua sponte）指出其中涉及专利性（专利适格）的争点问题（亦即不适用不告不理）并从现有技术的相关记录当中提取新事证作为裁决的依据。如果答案为肯定，对此是否必须依据并符合联邦《行政程序法》（Administrative Procedure Act）事前通知的相关规定[①]。

裁判要点：上诉法院废弃了专利复审委员会针对第 49 项权利要求的替代拟议认为构成显而易见（不具创造性）因此应为无效的裁决，并发回重审。专利复审委员会对于其他涉诉的权利要求应予无效的裁决则获得维持。

联邦巡回上诉法院联邦巡回院认为，依据该院之前在一个全员联席审案件的判决，专利复审委员会在裁决关于修正的权利要求是否符合专利性（专利适格）时，不能仅根据专利权人的申请表象做判断，而应从整个多方复审的案卷记录予以审视[②]。但是法院在该案中明确表示不对专利复审委员会可否主动提出关于专利性的问题予以裁判。

本案则让法院必须进一步对此问题表态。上诉法院表示，专利复审委员会在多方复审程序中审理专利权人经修正过的权利要求时，可以依职权主动从相关的案卷记录中识别是否有专利性的问题并依据本身的推理论据裁决特定的权利要求是否无效或其专利是否应予以撤销，不需受限于申诉人所主张的事由或主张。此外，专利复审委员会应依据联邦《行政程序法》的要求给予事前通知，以便双方当事人能有机会回应。

评　　论：调研显示，自多方复审程序于 2013 年施行以来，已有大批专利权的有效性受到了挑战：早期约有 83% 的发明专利会遭到异议并进入多方复审程序，2020 年比例虽已降至约 50%，但显然还是相当高。一旦进入这一程序，只有非常少的专利权能被维持有效。统计表

---

① 5 U. S. C. § 554 (b) (3); 35 U. S. C. § 318 (a).

② Aqua Products, Inc. v. Matal, 872 F. 3d 1290 (Fed. Cir. 2017) (en banc).

明，从施行迄今，约有 63% 的专利全部无效，18% 的专利部分权利要求被无效或撤销，只有约 22% 的专利全部维持有效[①]。因此，对于专利权人而言，首要的目标自然就是要尽一切力量、运用一切可用的法规工具设法阻止整个复审程序的启动；如果阻止不了，而且预期将有某个或若干关键性的权利要求难以维持，就只能退而求其次，设法修改其内容。因此，当事人对于多方复审程序中的每个环节就难免会计较，尤其对于复审委员会可否自行、主动提出对新颖性或创造性的理由和证据是否要受制于"不告不理"的约束更是敏感。

本案判决一方面扩充了专利复审委员会的裁量权限，另一方面也给予专利权人抗辩的机会，判决专利复审委员会在做出裁判前必须先行通知专利权人。此判决意味着今后专利权人如要对其权利要求进行修改（通常是为了避免专利被判无效），除了申请人（被指控侵权人或第三方）可以提出应予无效的理由或主张外，专利复审委员会也可以自由裁量，径行增加其他无效的事由。

除了本案判决，联邦巡回上诉法院联邦巡回院后来在 Uniloc 2017 LLC v. Hulu，LLC 案中进一步强化了上述的观点[②]。法院表示，专利复审委员会在审查权利人所提出的权利要求修改时，其范围并不局限于新颖性或创造性，亦即不必局限于法定的多方复审范围，可以依据《专利法》的其他规定（如专利性、"手段加功能"等等）一并审查。换句话说，一旦在多方复审的程序中涉及对于权利要求的修改，法院形同赋予了专利复审委员会直接担任和扮演专利审查官角色的权利。

d. 美国 20200313 - Kaken v. USPTO 专利审查与上诉委员会案（专利权利要求解释）

基本信息： Kaken Pharmaceutical Co. and Bausch Health Companies Inc.，appellant v. The Patent Trial and Appeal Board of the Patent and Trademark Office（美国联邦巡回上诉法院，2020 年 3 月 13 日）

案件事实： 上诉人 Kaken Pharmaceutical Co. 和 Bausch Health Companies Inc.

---

① Clark A. Jablon. Is the sky falling in the US patent industry？. 36 Information Display 37（May-June 2020）. https://onlinelibrary. wiley. com/doi/full/10. 1002/msid. 1116.

② Uniloc 2017 LLC v. Hulu，LLC，966 F. 3d 1295（Fed. Cir. 2020）.

（以下合称"Kaken"）为专利 US 7214506（'506 专利）的专利权人。'506 专利要求保护用于局部治疗人类指甲真菌感染的方法，具体为治疗甲癣的方法。涉案专利的核心发明点涉及一种可以轻松渗透甲板中坚硬的角蛋白的局部治疗方法。

2016 年 11 月，针对'506 专利的权利要求 1 和 2，Acrux Limited 和 Acrux DDS Pty. Ltd.（以下合称"Acrux"）向美国专利商标局专利审查与上诉委员会（PTAB）提出多方复审（inter partes review，IPR）请求。在该 IPR 请求中，Acrux 引用了两组对比文件，认为第一组对比文件中的每一对比文件均独立教导了利用各种唑类化合物局部治疗甲癣的方法，并且两组对比文件均公开了 KP‑103 作为有效的抗真菌剂。Acrux 认为'506 专利的两项权利要求显而易见，不具有可专利性。

在 IPR 程序中，Kaken 提出，"治疗患有甲癣的患者"这一表达意指"至少治疗主要发生于角化的指甲板和底层的甲床中的感染"。PTAB 认为 Kaken 对权利要求的解读过于限缩，并得出结论"甲癣的具体定义包括浅表霉菌病，因此将甲癣明确定义为一种发生于皮肤或者可见黏膜的疾病"；同时，PTAB 还认为"指甲包括指甲板、指甲床和指甲基质周围的组织或皮肤"这一具体定义也非常重要。由此，PTAB 得出如下结论："治疗甲癣"包括治疗"涉及皮肤疾病或者可见黏膜疾病的浅表霉菌病"。根据这种解释，PTAB 认定本领域技术人员有动机结合所引用的对比文件，最终判定'506 专利的所有权利要求是显而易见的，不具有可专利性。

Kaken 不认同 PTAB 对"治疗患有甲癣的患者"这一特征的上述解释并提起了上诉。美国联邦巡回上诉法院认可 Kaken 的主要辩论点，即 PTAB 对权利要求进行了错误解释，撤销了 PTAB 的决定并将案件发回重审。

主要争点：对专利的权利要求做出最宽合理解释的标准。

裁判要点：经过重新审查，结合涉案专利的说明书及审查历史，美国联邦巡回上诉法院认为 PTAB 所做的权利要求解释并不合理。美国联邦巡回上诉法院认为，解释权利要求须坚持最宽合理解释标准，而坚持这一标准，应该：（1）结合专利说明书中的相关特征描述及对发明目的的说明；（2）参考相关的专利审查历史。

本案中，对于特征"治疗患有甲癣的患者"的最宽合理解释应为"渗透指甲板从而治疗指甲板内或者指甲板下面的指甲床内的真菌感染"，这与 Kaken 的解释是一致的。

首先，'506 专利的说明书中对一系列术语进行了定义及特征描述，包括"甲癣""皮肤""指甲""浅表性真菌病"等。根据说明书的定义和描述以及权利要求的限定，均无法得出如下结论：发生于指甲任何结构的感染都属于甲癣，或者甲癣不限于指甲，或者所有类型的浅表性真菌病影响所有类型的皮肤结构。因此，PTAB 的权利要求解释并不合理。

其次，说明书中解释了涉案专利的发明目的，而考察发明目的有助于权利要求术语的适当解释，包括最宽合理解释。根据'506 专利说明书的记载，有效的局部治疗必须具有"良好的渗透性、保持力以及在指甲板中持久的高活性"，而单单治疗指甲板周围的皮肤感染无须具备以上所有特性，包括"在指甲板中的高活性"。

考察'506 专利的审查历史也可知，所争论的权利要求特征被限定为"渗透指甲板治疗指甲板内部或下面的感染"。专利的审查历史能够展示发明人如何理解其发明以及在审查过程中发明人是否对发明进行了限缩，从而能够明确权利要求语言的含义。在适用最宽合理解释标准时，审查历史具有重要的参考作用。具体到本案来说，Kaken 在专利审查过程中提交的答复意见和申请文件修改，以及随后审查员给出的解释说明，清楚地说明了 Kaken 对于权利要求的理解。其中，Kaken 修改了权利要求，指出"甲癣是一种具体感染指甲板的疾病"，以及"本发明展示了 azolylamine 衍生物具有渗透并保持在指甲内的这一难以预料的特性"。审查员认可了 Kaken 的意见陈述并认定"发明所要求保护的方法可以治疗甲癣，因为直接施用于指甲的药物可以渗透指甲板，消除感染"。因此，'506 专利的权利要求中的"治疗甲癣"特征应解释为需要药物渗透指甲板从而治疗指甲板内部或者指甲板下面的指甲床内的感染。

评　　论：USPTO 在专利审查及 PTAB 无效程序中，对权利要求的解释采用最宽合理解释标准。这一标准是指专利审查员在专利审查程序中对权利要求进行解释时，应当对权利要求的术语尽可能地做出宽泛的解释。但是，无效过程中权利要求的解释采用最宽合理解释标准，容易导致权利要求范围被解释得过于宽泛，使得专利的有效性过于轻易被挑战。与此相对，美国联邦法院诉讼程序采用的权利要求解释方法，要求必须要基于权利要求书、说明书及审查历史来解释权利要求，对权利要求解释的范围要窄得多。在本案中，美国联邦巡回上诉法院通过强调 PTAB 适用最宽合理解释必须坚持合理标准，必须考虑发明目的和相关的审查历史，实质性地给所谓的"最宽合理解释"标准做了一个明确限制。

1.2.2　专利权的限制和例外

美国 20190711 - Automotive Body Parts Ass'n v. Ford Global Techs，LLC 案（美学功能性判定）

基本信息：Automotive Body Parts Ass'n v. Ford Global Techs.，LLC，930 F. 3d 1314（Fed. Cir. 2019）（美国联邦巡回上诉法院，2019 年 7 月 11 日）

案件事实：美国福特公司拥有一项应用在 F - 150 皮卡上的引擎盖的外观设计专利及一项应用于同款皮卡的车头大灯的外观设计专利。原告 Automotive Body Parts 系机动车组件销售商，经营中也销售适配福特 F - 150 皮卡的引擎盖和车头大灯组件。它向法院提出福特的外观设计专利的无效宣告请求，理由是该项专利具有在外观上匹配特定车型的美学功能性；同时提出销售该专利产品的确认不侵权之诉，理由是专利的权利穷尽原则和因权利穷尽所产生的"维修规则"。地区法院以简易判决一审驳回全部诉讼请求[①]。原告不服提起上诉，联邦巡回上诉法院经审理，判决维持原判[②]。原告提请联邦最高法院审理，2020 年 3 月联邦最高法院经审查，拒绝受理。

主要争点：注册外观设计专利所要求的非功能性是否包含美学功能性；汽车组件的外观设计专利是否适用权利穷尽理论。

裁判要点：联邦巡回上诉法院的二审判决指出，外观设计专利保护具有装饰美感的设计，同时，法律容忍具有装饰美感的设计拥有一些功能性，

---

① Auto. Body Parts Ass'n v. Ford Glob. Techs.，LLC，293 F. Supp. 3d 690，694（E. D. Mich. 2018）.

② Auto. Body Parts Ass'n v. Ford Glob. Techs.，LLC，No. 2018 - 1613，（Fed. Cir. July 11，2019）.

工业设计品都在一定程度上具有实用性，美感和功能的并存并不矛盾。不过依照 L. A. Gear 案所确立的规则，如若该种美感是实现功能所必不可少的，或者，功能性的部分占到设计的主要部分，那么该种设计不能注册成为外观设计专利①。法院表示，目前未有先例显示因组件与整体之适配所带来的功能性，构成了排除注册的理由。依照 Gorham 案件所确立的规则，单独意义上的吸引消费者不能构成法律上的功能性②。排除外观设计专利的功能性是指机械的或实用的功能，因而即使在本案中，消费者会因为外表适配而受到专利产品的吸引，但由于不存在机械的或实用的功能，专利产品对消费者的吸引不足以完成功能性的证成。随后，针对原告提出的商标法上的美学功能性规则，法院梳理了有关美学功能性的先例，发现并不具有适用于外观设计专利的可能性。同时，适配福特 F‑150 这款皮卡的引擎盖和车头大灯存在无数多种可能的设计方案，并且都能实现相同的功能。因此对一项外观设计进行保护，并不会造成对实用功能的保护。就权利穷尽的问题，法院依照 Aiken 案确立的规则，认为需要区分对待专利组件与整车，有关整车的外观设计专利权会随着车的销售而穷尽，但是这种穷尽不能延伸至未经授权的可替代专利组件的销售③。就本案而言，当享有外观设计专利权的车头大灯和引擎盖发生故障时，依照"维修规则"，引擎盖和大灯的维修行为不涉及侵权，而如果涉及的是对专利组件的替代换新，那么该行为就会被外观设计专利权覆盖，销售与替换构成对福特在组件上所享有的外观设计专利权的侵犯。

评　　论：功能性及权利穷尽原则的适用是外观设计专利案件中长期存在的理论难点。就功能性而言，著作权法中的实用艺术品，商标法中的非传统商标，以及专利法中的外观设计，都涉及功能性的排除，这种界定与权利对象的适格性判定密不可分，也同部门法的立法目的紧密关联。美学功能性诞生于美国《商标法》审判实践，是出于担忧商业主体通过可续展的商标来不合理地独占竞争中带来显著优势的

---

①　L. A. Gear, Inc. v. Thom McAn Shoe Co., 988 F. 2d 1117, 1123 (Fed. Cir. 1993).

②　Gorham Mfg. Co. v. White, 81 U. S. 511, 525 (1871).

③　Aiken v. Manchester Print Works, 1 F. Cas. 245 (C. C. D. N. H. 1865); Morgan Envelope Co. v. Albany Perforated Wrapping Paper Co., 152 U. S. 425, 435‑436 (1894).

符号而被创设的规则，而与商标制度不同，专利的保护期有限，并且审查标准不同，美学功能性的适用目的在外观设计专利领域并不存在。正如本案中法院所述，在专利产品上，功能性和美感本就相互交联，法律保护设计美感之时难以避免将功能性的部分一同纳入，但只要这种美感不是实现功能性的必要方式，并在侵权判定时将功能性部分剔除出比对范围，那么保护外观设计的美感就不会导致对功能的独占。就专利组件维修的权利用尽原则而言，多数国家在司法实践中都承认专利产品维修的正当性，因为维修行为旨在维持或恢复产品最初的使用状态，维持原有产品的功能，不涉及对专利的实施。然而，如果使用人以维修为名，实则是替换未经授权的新专利组件，该新专利组件上的销售权并未用尽，不宜认定该行为的合法性。该项判决对功能性的界定以及专利权利穷尽原则的规范适用提供了有益的素材。

1.2.3　侵权判定和救济

a. 美国 20200219 – Arctic Cat，Inc. v. Bombardier Recreational Products，Inc.，BRP U. S. Inc. 案（标记要求和通知要求）

基本信息：Arctic Cat，Inc. v. Bombardier Recreational Products，Inc. ，950 F. 3d 860（Fed. Cir. 2020）（美国联邦巡回上诉法院，2020 年 2 月 19 日）

案件事实：Arctic Cat 拥有在水上摩托艇上有关驾驶系统的多项专利，Arctic Cat 将两项专利独占许可给了 Honda 公司，自己停止了水上摩托艇的制造与销售。在合同初期版本中，Arctic Cat 要求 Honda 公司在其生产的摩托艇上标记 Arctic Cat 的专利号以履行专利标记要求，但这项协定未写入最终许可合同中。2014 年 10 月，Arctic Cat 向地区法院起诉 Bombardier 侵犯自己拥有的两项专利，法院一审认为 Bombardier 需要承担举证责任，以证明 Honda 实施了专利，由于 Bombardier 并没有完成举证责任，故判决其败诉。Bombardier 不服，上诉至联邦巡回上诉法院。法院经审理认为，Bombardier 的确存在主观意图上的故意和侵权行为，但一审法院将 Honda 实施专利的举证责任分配给 Bombardier 是不合适的，故发回重审。在地区法院的重审中，Bombardier 认为由于 Honda 并未依照《专利法》第 287 条（a）款标注专利号，所以自己不需要承担损害赔偿责任。第 287 条规定，当专利权人主动积极地生产和销售未标记专利号的专利产品时，被控侵权人可以不负担损害赔偿责任。Arctic Cat 认为，从自己在 2013 年 9 月积极要求 Honda 标记专利号开始，《专利法》第 287 条对自己便不适用，故而专利权人有权获得 2013 年 9 月至侵权诉讼期间的损害赔偿。而 Bombardier 认为，只有明确的产品上的专利号标识或者其他明确的公告，才能排除第 287 条的适用。由于专利权人 Arctic Cat 并未监督被许可人 Honda 标记专利号，因此损害赔偿的诉求不能成立。地区法院审理后判决 Arctic Cat 未履行积极标记义务，故无法获得赔偿。Arctic Cat 上诉至联邦巡回上诉法院，上诉法院经审理后维持一审原判。Arctic Cat 申请联邦最高法院调卷重审，未获通过。

主要争点： 专利权人通知独占许可人积极履行专利的标记和通知义务，是否可以构成对《专利法》第 287 条（a）款的排除适用。

裁判要点： 联邦巡回上诉法院审理认为，依照《专利法》第 287 条（a）款，专利权人仅在积极做出专利标记或侵权通知行为后才可主张损害赔偿。首先，专利权人不能因自己不再生产、销售而提出义务的免除[1]。其次，依照先例，该种标记、通知行为仅指专利权人的主动且确切的行为[2]，而 Arctic Cat 对 Honda 的提示并不构成该种主动且确切的行为，对被控侵权人不存在告知效力。此外，尽管 Bombardier 在本案中的确存在侵权意图和侵权行为，但被控侵权人对专利权的知晓，并不能排除专利权人的标记和通知义务[3]。综上，法院判决认为 Arctic Cat 并未履行《专利法》第 287 条（a）款所规定的标记和通知义务，因此不得主张该期间内的损害赔偿。

评　　论： 规范对专利产品的专利号标记具有三方面的重要意义：对权利人而言，能鼓励其对专利产品进行公告；对公众而言，能帮助公众知晓专利权范围；对不特定专利实施者而言，能帮助界定行为人的主观目的[4]。美国《专利法》设置了对专利权人标记专利号的激励，能

---

[1] Duncan v. Walker，533 U. S. 167，172（2001）.

[2] Dunlap v. Schofield，152 U. S. 244（1894）.

[3] Am. Med. Sys.，Inc.，6 F. 3d at 1537 n. 18.

[4] Nike, Inc. v. Wal-Mart Stores, Inc.，138 F. 3d 1437，1443（Fed. Cir. 1998）.

在一定意义上完善专利权的公示，让本就无体的权利对象，得以通过一串数字符码为公众和潜在专利实施者感知。

b. 美国20201005 - Centripetal v. Cisco 案（故意侵权的认定及侵权赔偿额的计算方式）

基本信息：Centripetal Networks，Inc.，Petitioner v. Cisco Systems，Inc.，Defendant，2：18cv94（美国弗吉尼亚东区地区法院，2020年10月5日）

案件事实：2018年2月13日，Centripetal诉Cisco侵害其多件美国专利的权利。在庭审中，Centripetal主张Cisco的交换机、路由器、防火墙、管理中心等多个型号的产品侵害其US 9917856、US 9500176、US 9686193、US 9203806和US 9137205等五件专利（涉及网络保护技术）的相关权利要求。

法庭于2020年10月5日做出判决，认定Cisco的产品对前四件专利构成字面侵权，而对第五件专利不构成侵权。在此基础上，法庭通过"假想谈判"方法（即"willing licensor-willing licensee"方法），基于在假想的许可谈判中双方可能达成的专利许可费计算出了赔偿数额。

具体地，法庭首先计算了Cisco侵权产品的总收入，然后其以各产品说明书中公开的"顶层功能"（top level function）中侵权点所占的百分比作为侵权分配系数来计算侵权收入，最后再以涉及相似技术的Keysight/Ixia案中认定的10%的许可费比例来最终计算原始赔偿数额，得到的原始赔偿数额为7.5亿美元（即，原始赔偿数额＝侵权产品的总收入×分配系数×10%）。进一步，法庭判定，由于在本案中Cisco构成故意侵权，因此需要适用原始赔偿数额2.5倍的赔偿额，加上利息后，共计19亿美元。

关于Centripetal提出的禁令救济请求，法庭认定，由于Cisco侵权产品涉及民用和军用网络的构件，判定停止侵权会对公众及国家的利益造成损失，因此未批准禁令救济请求，而是要求Cisco在以后的第一个三年内以侵权收入的约10%支付许可费，在第二个三年内以侵权收入的约5%支付许可费。

主要争点：侵权赔偿额的计算方式以及故意侵权的认定。

裁判要点：在判断被诉侵权产品是否落入五件专利保护范围时，法庭基本上使用了Cisco的相关产品技术文件（例如产品说明书）、宣传资料、所发布新闻以及 Cisco 专家证人的陈述作为证据，认定 Cisco 的交换机、路由器、防火墙、管理中心等多个型号的产品落入四件专利的保护范围。

在选择赔偿数额的计算方式时，法庭认为，基于相关案例法，由于 Centripetal 并未提供证据证明 Cisco 的侵权所得与 Centripetal 损失之间的因果关系，需要基于合理许可费来计算赔偿数额。

法庭引述了 Georgia-Pacific Corp. v. U. S. Plywood Corp.（318 F. Supp. 1116）案中认定的对许可费的 15 个影响因素，包括：（1）许可人将所涉及专利进行许可所收取的许可费。（2）被许可人获得与所涉及专利相当的其他专利的许可而支付的许可费。（3）许可的性质和范围，排他性还是非排他性，在地域或所制造的产品可以销售给谁方面受限制还是不受限制。（4）许可人为保持其自身的排他权而确定的商业政策和营销计划，通过不许可他人使用发明来排除他人使用专利发明，或仅在特殊条件下授予许可，从而保留该发明的排他性。（5）许可人与被许可人之间的商业关系，例如他们是否在同一地域同一商业领域中是竞争对手。（6）销售专利产品对促进被许可人其他销售的影响，所涉及的发明对许可人的其他非专利物品的销售已经实现的价值，以及此类平行销售的程度。（7）侵权专利的期限和许可期限。（8）专利产品的既定利润率，其商业上的成功，及其受欢迎程度。（9）相对于过去用于获得类似结果的老的方式或装置，专利发明的实用性和优势（如果有的话）。（10）专利发明的性质，其在由许可人拥有或生产的商业实施例中体现出来的特征，曾经使用过所述发明的人获得的收益。（11）侵权人使用所述发明的程度，和显示该使用的价值的任何证据。（12）特定领域中惯常的销售售价和利润比例，或可比的、允许使用所述发明或类似发明的领域中的惯常销售售价和利润比例。（13）由专利发明本身产生的利润部分比例以及由非专利的部分（例如制造过程，业务风险，或被指控的侵权人添加的重要特征或改进）产生的利润部分比例。（14）合格专家的相关意见。（15）如果许可人（例如 Centripetal）和被许可人（例如 Cisco）（在侵权开始时）已经合理和自愿尝试达成协议，双方应当已达成共识的许可费金额；也就是说，谨慎的被许可人作为商业提议提出的、希望在获得制造和销售实施专利发明的许可的同时仍能赚取合理的利润的、本来愿意为此支付的许可费金额，且该金额也应为有意愿许可的专利权人所接受。

基于所谓的"假定协商"或"假想谈判"理论，法庭以侵权开始日时为双方协商日，并参考 Centripetal 在涉及相同或相似技术的 Keysight/Ixia 案中所提交的可比许可协议，也是本案中法庭唯一可以参考的可比许可协议，认定本案中原被告构成了直接竞争关系，应以协议中约定的 10% 的许可费（适用于直接竞争产品）作为计算许可费的基准。在此基础上，法庭逐个评价了前述 Georgia-Pacific Corp. 案中列出的影响许可费的多个因素，认定其中存在一些积极因素，例如侵权产品的收益率非常高，其所具有的功能相对于老一代产品添加了非常显著的价值，等等；同时也存在一些消极因素，例如 Centripetal 存在将专利许可给他人的意愿等等。综合考虑下来，法庭认定相关积极因素和消极因素可以互相抵消，因此以 10% 的比例计算许可费较为合适。

关于用于计算许可费基数的分配系数，法庭认为，基于 Finjan，Inc. 案可以使用产品的说明书作为重要证据以支撑损害赔偿的计算，基于 Ericsson，Inc. 案可以基于专利特征和非专利特征分配被告的利润和专利权人的损失，因此，法院在本案中接受了 Centripetal 的主张，基于 Cisco 各侵权产品说明书中主张的顶层功能中侵权点所占的百分比（分配系数）作为侵权收入比例。关于是否故意侵权，法院认定故意侵权成立，原因在于：第一，Cisco 在诉讼前即知晓涉案专利，具体地，Centripetal 曾向 Cisco 展示过专利技术和专利产品（印有专利号）；第二，基于前述 Finjan，Inc. 案中提及的判定是否故意侵权的多个因素（例如故意抄袭、诉讼表现等），可以判定 Cisco 有侵权故意。

评　　论：关于证据收集，Centripetal 在本案中提供了 Cisco 大量的技术文件、宣传信息证明侵权是否成立和侵权赔偿额应当如何计算，为相关领域的专利侵权案件的证据收集和侵权主张提供了一些新的思路。关于惩罚性赔偿，美国法院可判定一至三倍的侵权赔偿额，在本案中即适用了 19 亿美元的高额赔偿。中国的专利侵权案件的赔偿额近年来虽然有所提高，但相对于美国仍较低。2021 年 6 月实施的《专利法》规定了一至五倍的侵权赔偿额，至于惩罚性赔偿是否能在中国落到实处，我们且拭目以待。

c. 英国 20200730 – BMW v. Premier Alloy Wheels & Ors 案（注册式共同体外观设计侵权判断标准）

基本信息：Case No.：HP – 2018 – 000010，［2020］EWHC 2094（Pat）（英国高等法院专利法庭，2020 年 7 月 30 日）

案件事实：宝马在英国高等法院提起诉讼，指控 Premier Alloy Wheels（下称"Premier"）、DGT Wheels and Tires Ltd.（下称"DGT"）等主体① 侵犯注册商标、假冒商标、侵犯注册式共同体外观设计（registered community designs，RCD），以及 Devon Thomson 违反合同。2014 年 9 月，针对 DGT 提供侵犯知识产权的合金车轮行为，宝马没有提起法律诉讼而是与其董事 Devon Thomson 达成和解协议，后者承诺不会侵犯宝马拥有的多项知识产权。然而，当 2018 年 6 月搜索令被执行后，宝马在 DGT 的仓库中检获了超过 1 600 个侵权的轮毂盖（wheel center caps）和包括 BMW 和 MINI 商标在内的宝马标志的证据。此外，被告（Premier、DGT 和 Devon Thomson）从包括中国欧毂实业公司在内的多家供应商购买了仿制合金车轮产品，其中一些带有 BMW 圆形图案，还从 Ark Nova 公司购买仿制 BMW 贴纸。继而在其零售处展销带有 BMW 圆形商标和 M 系列标志的非宝马车轮，还通过 eBay 渠道出售了类似商品。英国高等法院于 2020 年 7 月 30 日做出判决，支持了原告提出的商标侵权、假冒商标和违反合同的诉求。法院也支持原告提出的 RCD 侵权诉求，驳回了被告的无效反诉并认定其侵犯原告的 6 项 RCD。至于 RCD 有关的禁令救济，法院明确不能将禁令延伸至已证明的 RCD 侵权行为之外。

主要争点：RCD 侵权的判定标准；审判后的禁令是否可延伸到已证明的 RCD 侵权行为之外。

裁判要点：关于 RCD 的侵权判定标准，法院认为尽管在合金车轮外观设计的

---

① 本案的被告共有 5 个：第一被告 Premier Alloy Wheels 主要经营仓库和提供物流服务；第二被告 Devon Thomson 是第一被告的唯一董事及股东，也是第四被告的继父；第三被告 DGT Wheels and Tires Ltol 是一家贸易公司，有仓库、零售店和网站；第四被告 Jerome Layzell 是第三被告的唯一董事并拥有所有表决权的股份；第五被告 David Layzell 是第四被告的外祖父。有关第四被告和第五被告的连带责任问题，鉴于论述主题以及篇幅之限制，不予展开。Bayerische Motoren Werke AG v. Premier Alloy Wheels（UK）Ltd. & Ors［2020］EWHC 2094（Pat）（30 July 2020），paras. 51 – 56.

自由度上受到一些限制，例如车轮必须是圆形的，必须使用标准尺寸的轮胎和螺栓等，但是并不影响侵权行为的判定。侵权判定的重点在于辐条的数量和形状，中心结构的形状和轮辋设计的各种差异，进而判断被告产品会不会给使用者带来不同于原告设计的整体印象。原告指控被告侵犯其 73 项 RCD，其中 32 项有侵权证据。法院要求双方各选择 5 项 RCD 样本，通过比较辐条、中心结构和轮辋设计的各种不同之处，裁定原告选择的 5 项 RCD 样本均构成侵权，而被告选择的 5 项样本中，只有 1 项构成侵权。

关于禁令救济的范围，英国高等法院认为禁令救济仅限于已证明侵权的 6 项 RCD。判决理由如下：第一，被告行为不会普遍威胁到原告宝马的所有外观设计。原告宝马主张其他 4 项 RCD 可能被侵权，但没有提供侵权的具体证据。基于此，法院倾向于认定这些证据不存在。第二，原告针对其他 4 项 RCD 提出广泛救济（wide relief）诉求，理由在于"这些设计曾经（现在仍然）很受欢迎"，据此合理推定被告根据流行设计制造车轮并予以展示或销售。但是，如果宝马的外观设计如此流行且被告提供的范围十分广泛，原告本可以提供该 4 项 RCD 被侵权的具体证据。第三，原告主张的在先判例未必适用于 RCD。音乐电影行业中一些未经授权的音乐或电影的消费者也可能是其他未经授权的音乐或电影的消费者，特别是当这些音乐或电影都无须额外付费时。在这种情况下，给予未经许可的音乐或电影供应商广泛禁令（wide injunction）可能是合适的。与之不同的是，合金车轮的消费者更有可能购买一套具有相同设计的产品，尤其是消费者只有一辆车且考虑到购买全套车轮的成本。因此，针对未经许可提供特定外观设计的供应商无须授予广泛禁令。

评　　论：本案探讨的禁令救济的范围问题，主要是关于审判后的禁令是否可延伸至已证明的侵权行为之外。这既包括对权利人程序上的救济，也涉及权利人的实体性救济，故而对于禁令救济范围的探讨意义重大。

本案中，原告主张 6 项 RCD 的侵权事实可为权利人所享有的其他 RCD 提供禁令救济。换言之，经审判的侵权行为可合理推定被告具有侵犯原告其他知识产权的动机，故而有必要延伸禁令救济的效力。不过，英国高等法院认为侵权的可能性与消费者的购买方式有关。在音乐电影行业中，消费者会购买多种类别的电影或音乐。在此背景下，未经授权的电影音乐供应商有动机提供多种类别的受著作权保护的电影或音乐，故而应给予该供应商广泛禁令。但是，合金车轮的消费者只会购买一套具有相同设计的车轮，法院据此认为供应商缺乏提供多种不同外观设计的动机，故而无法从已证明的侵权行为中推定被告具有侵犯原告所有知识产权的意图。但是，上述逻辑存在不周延之处，即消费者的购买方式与供应商提供多种侵权产品的动机并无必然联系。根据法院的调查，DGT 的仓库中有超过 1 600 个侵权轮毂盖和包括 BMW 和 MINI 商标在内的宝马标志，并且多次从供应商处购买仿制合金车轮产品以及仿制 BMW 贴纸。另外，被告违反了知识产权侵权和解协议来实施上述侵权行为。在此情形下，理应认定被告具有侵犯原告所有知识产权的意图。

此外，在本案采用的样本审判方式下，非审判样本 RCD 的侵权救济问题亦有待解决。本案选择 10 项 RCD 作为审判样本。除此之外，还有 63 项 RCD，且有 26 项具有侵权证据，但是因审判的安排方式无法得到充分证明，故而不能得到法律救济。并且，由于本案对于广泛禁令的否定，原告非审判样本 RCD 也不能据此获得救济。

总而言之，当被告的侵权行为危及权利人的所有知识产权时，权利人可申请广泛禁令，从而将禁令的效力延伸至特定产品之外的类别。这需要原告提供整个类别范围内确实存在侵权可能性的证据，或证明被告以侵犯其知识产权为主业，或证明被告将继续实施侵权行为，等等，其关键在于证明经审判的侵权行为可合理推断出被告具有侵犯其他知识产权的动机。

d. 日本 20200228 - 美容器案（损害赔偿计算）

基本信息： 平成 31 年（ネ）第 10003 号（日本知识产权高等法院特别部，2020 年 2 月 28 日）

案件事实： 该案是侵犯专利权请求损害赔偿纠纷案件。涉案专利是两个美容装置发明（即专利权 1 和专利权 2）。一审原告认为被告生产、销售的 9 个类型的美容设备侵犯了涉案专利权，请求停止侵权，废弃侵权产品并根据日本《专利法》第 102 条第 1 项的规定赔偿损失 3 亿日元。一审法院认定被告销售的产品侵犯了专利 2，判决停止侵权、废弃侵权产品并赔偿损失，对于损害赔偿额的计算，一审支持了原告损害赔偿请求的一部分。一审法院认为，应根据日本《专利法》第 102 条第 1 项的规定，以专利产品单位数量的利润额乘以被告的销售数量推定为原告所受损失额来确定损害赔偿额，并根据该项但书的规定在数量上扣除原告不具备销售能力的部分，综合考虑获得专利的发明技术上的优势对消费者产品选择的贡献度进行计算。如果不存在这种情况，则以制造成本的比例为准，将与发明专利相对应的制造成本部分视为贡献度。据此，一审法院认定销售数量应扣除其中的 50%，贡献度为 10%，判定损害赔偿额为 1 亿 735 万日元。一审原告和被告均对该判决不服提出上诉①。二审法院维持了一审法院的侵权判定，二审中被告变更了损害赔偿请求额，法院最终认定赔偿额为 4 亿 4 006 万日元。

主要争点：专利侵权损失额的推定。

裁判要点：法院认为：（1）本案根据日本《专利法》第 102 条第 1 项、《民法》第 709 条的规定计算损害赔偿额，即因侵权行为导致销售数量减少，以侵权未发生时专利权人或独占实施权人（下称"权利人"）销售单位数量产品所获利润乘以侵权人的销售数量计算，但应当扣除权利人不具备能力销售的部分。（2）日本《专利法》第 102 条第 1 项所规定的"侵权未发生时，权利人能够销售的产品"，是指由于侵权行为销售数量受影响的专利产品，即侵权产品在市场上与专利产品具有竞争关系即可。（3）日本《专利法》第 102 条第 1 项所规定的"单位数量的利润额"是指从专利产品的销售额中扣除权利人因为制造销售产品直接相关的所需额外成本后的边际利润额，对此权利人负有举证责任。（4）"侵权未发生时，权利人销售单位数量产品所获利润额"确定时，在专利产品中，即使发明专利的特征部分只是一部分，也可以推定专利产品销售所获得的全部边际利润就是权利人的损失利润，但是并不能说它为所有利润做出了贡献，所以上述推定的一部分是不成立的，应当消除。综合考虑专利产品

---

① 大阪地方法院平成 28 年（ワ）第 5345 号判决（2018 年 11 月 29 日）。

中功能部件的地位、专利产品功能部件以外的功能以及对客户的吸引力等因素，不能被推定的部分约占全部利润的 60％，也就是贡献度是 40％。（5）日本《专利法》第 102 条第 1 项规定的"实施能力"证明有潜在的能力即可，通过委托生产等方法，可提供与侵权产品销售数量相当的产品的情况应当认定有实施能力，对此权利人负有举证责任。（6）日本《专利法》第 102 条第 1 项但书部分所规定的"权利人不具备销售能力"是指排除侵害行为和专利产品销售下降之间存在重大因果关系的情形。例如：权利人和侵权人的业务形式和价格存在差异，市场上存在其他竞争产品，侵权人的销售努力（品牌和广告的力量），侵权产品和专利产品的性能（机能、设计等专利发明以外的特征）并不相同等情形。本案中，这种情况占总量的 50％，对此侵权人负有举证责任。

综上，本案根据日本《专利法》第 102 条第 1 项的规定确定一审原告的损失额，等于单位数量的利润额乘以因侵权行为影响导致权利人不能销售的产品数量。本案中，因侵权行为影响导致权利人不能销售的产品数量等于从被告侵权产品销售总数 351 742 个里扣除 50％的权利人不具备销售能力的部分；单位数量的利润额等于扣除所有额外成本后的边际利润乘以 40％，两者相乘等于 3 亿9 006 万日元（5 545×40％×351 724×0.5）。此外，法院考虑案件难易程度、律师费用的数量、一审原告被支持的诉讼请求、律师费用与侵犯专利权 2 的因果关系等情况，判定原告的合理律师费用是5 000 万日元。因此，一审原告的损失总额为 4 亿 4 006 万日元。

评　　论：本案是日本知识产权高等法院对日本《专利法》第 102 条的适用做出的第二个大合议判决，标志着日本《专利法》第 102 条第 1 项适用规则的统一。此前，日本知识产权高等法院特别部在 2019 年 6月 7 日对"含二氧化碳的黏性成分"专利纠纷案做出大合议判决，明确了日本《专利法》第 102 条第 2 项（侵权人所获利润推定）和第 3 项（专利实施费推定）的适用规则[①]。在日本，关于《专利法》第 102 条第 1 项的适用存在各种学说，本案的意义在于对所涉及的

---

① 知识产权高等法院平成 30 年（ネ）第 10063 号判决，关于该案的介绍参见张广良主编的《国际知识产权发展报告》，中国人民大学出版社 2020 年版，第 38 页。

主要的争议点都做出了明确的解释（上文裁判要点之（2）至（6）），在对权利人损失额的推定中，本案基于销量下降厘定损失额，并未基于丧失产品交易机会计算损失额；在举证责任的分担上明确了权利人对边际利润的确定和实施能力的证明负有举证责任；对于产品部分实施专利的情形明确了贡献度确定的必要性；明确了对于权利人不具备销售能力的情形，侵权人负有举证责任，而存在重大因果关系的具体情形与"含二氧化碳的黏性成分"专利纠纷案中的标准一致[①]。

e. 日本 20190918－小鱼干制造方法案（违反专利许可协议）

基本信息：平成 31 年（ネ）第 10032 号（日本知识产权高等法院第 1 部，2019 年 9 月 18 日）

案件事实：本案是专利实施权设定合同的解释纠纷。当事人签订了专利实施许可协议，原告专利权人认为被告违反了专利实施许可合同上的实施义务和报告义务，以债务不履行为由请求损害赔偿。一审法院驳回了原告的诉讼请求，二审法院维持了原判。该协议并未明确约定具体的实施义务，根据该协议：（1）被上诉人获得专利独占实施许可权。（2）被上诉人应在每月最后一天，根据产品销售量按照 2％ 或 5％ 支付许可费。（3）被上诉人应在每月最后一天向上诉人提供记载了该产品销售的形式、单价、销售数量、销售总额、许可费以及消费税收的实施报告书。即使此间产品未能销售也要向上诉人提供报告书。（4）如果被上诉人违反该协议，无需任何通知，上诉人可以解除该协议。（5）双方达成合意，被上诉人违反该协议而遭受的损失金为 1 000 万日元。

主要争点：被上诉人是否违反了实施义务，包括两个问题：一是被上诉人是否违反涉案发明的产品制造的过程；二是被上诉人履行实施义务是否充分。

裁判要点：法院认为根据本案当事人之间的专利实施许可协议，被上诉人获得了涉案发明的独占实施许可权。据此，上诉人不仅自己不能实施该

---

① 本案评论可以参见田村善之「特許発明の特徴が侵害製品の一部に及ぶに止める場合の特許法 102 条 1 項の逸失利益の推定の覆滅の過程」，TKC ローライブラリ，2020 年 11 月 13 日，新・判決解説 Watch 知的財産法 No. 136，第 1－4 页；饭田圭「知財高裁大合議判決による特許法 102 条 1 項に係る裁判例の統一」，ジュリスト，2020 年 7 月，1547 号第 9 页。

专利，也不能许可被上诉人以外的人实施以获得许可费，还要负担专利维持费用。根据许可协议，如果被上诉人不能将实施该专利的产品出售给顾客，上诉人就无法获得专利许可费。法院认为根据当事人双方的法律地位，本案被许可人负有实施该专利的义务。但即使如此，本案履行义务的具体内容，即被上诉人应如何履行义务，或对不完全履行有何影响，在特定情况下并非唯一确定。

法院认为除了考虑合同目的以外，还应当对被上诉人在制造、销售专利产品时的态度进行全面审查，以确定本案根据违约认定损害赔偿是否合理。根据本案事实，法院认为不能认定被上诉人的产品制造过程违反了涉案发明的制造过程，也无法做出被上诉人产品的制造和销售行为不足以履行实施义务的评价。对于前者，法院认为被上诉人采用的冷却方法并非涉案发明所记载的方法禁止的，需进一步考察被上诉人的方法是否排除了涉案发明的目的。法院查明涉案发明在说明书中仅记载了小鱼煮沸后冷却熟化的方法，被上诉人所使用快速冷却方法是通行的技术常识。对于后者，法院认为被告是排他性被许可人，被允许实施专利，不允许其不实施或怠于实施专利，应当理解为在一定程度上负有实施专利的义务。由于履行该义务是出于诚信，对被告施加过多的义务是不合理的，应该考虑被上诉人实施专利的具体情况。本案被上诉人实施专利制造产品，但产品上市销售还需要依赖包装等其他环节，最终产品未能被消费者接受或者未能按期上市都是可能发生的情况。综合考虑上述情况，即使被上诉人有义务实施专利，也要根据实施专利的条件和当时的情况进行判断，为实施专利做出合理的努力就可以被认为充分履行了专利实施义务。

评　　论：本案的意义，其一在于被许可人专利实施义务的确定方法。即使专利实施许可协议未规定明确的实施义务，但依据诚信原则，并不能否认专利实施义务的存在，被许可人仍有义务为专利实施做出努力。其二在于专利实施义务履行程度的具体判断方法。除了综合考虑权利要求书、说明书的记载，也要考虑专利实施所要依赖的其他条件限制，对被许可人可能遭遇的履行障碍予以考虑，对当事人双方的权利义务做出合理解释。

1. 2. 4 标准必要专利

a. 美国 20191205 - TCL v. Ericsson 案（FRAND 许可费的确定）

基本信息：No. 2018 - 1363，2018 - 1732（美国联邦巡回上诉法院，2019 年 12 月 5 日）

案件事实：爱立信公司（下称"爱立信"）是欧洲电信标准协会（ETSI）的成员，该协会是负责制定 2G、3G 和 4G 标准的国际标准制定组织。为平衡标准必要专利（SEPs）权利人与实施标准人之间的利益，ETSI 对其成员施加了 FRAND 义务（FRAND obligation，"公平、合理、无歧视"义务，又称 FRAND 规则）。TCL 通讯科技控股有限公司（下称"TCL"）是实施 ETSI 标准的移动通信终端产品制造商，制造可以在移动通信环境中实现互操作性的设备。受与 ETSI 合同义务的约束，爱立信应依据 FRAND 条款向 TCL 许可其 SEPs，双方已就许可条款进行了十多年的谈判。2007 年，TCL 和爱立信签订了为期 7 年的 2G 牌照协议。2011 年，双方开始就 3G 牌照展开谈判。2012 年，在双方谈判期间，爱立信在六个不同的司法管辖区（法国、英国、巴西、俄罗斯、阿根廷和德国）对 TCL 发起了一系列诉讼，指控 TCL 侵犯了其 SEPs。至 2013 年，TCL 开始销售 4G 手机，双方开始就覆盖爱立信 4G SEPs 的许可进行谈判；同年，爱立信首次向 TCL 提供 4G 费率，但 TCL 认为爱立信的任何报价或还价均不符合 FRAND 条款。2014 年 3 月，在 TCL 与爱立信的 2G 牌照协议即将到期之前，TCL 以爱立信在移动通信标准必要专利组合的许可中违反 FRAND 义务，将后者诉至美国加州中区地方法院（下称"地区法院"），请求法院就爱立信 2G、3G、4G 标准必要专利组合裁定一个符合 FRAND 规则的费率。同年 6 月，爱立信在得州东区对 TCL 提起专利侵权之诉，请求法院认定爱立信遵守了 FRAND 义务，或判决并宣告它需要采取哪些步骤才能满足 FRAND 规则。2015 年 6 月，这两项诉讼合并，得州诉讼转移到加州（地区法院）；同时，地区法院批准了 TCL 的动议，要求爱立信在"在 FRAND 问题得到解决之前，不再就 TCL 任何侵犯其 2G、3G 和 4G 专利的行为起诉"。经过法庭审理，2018 年 3 月 9

日，地区法院发布了一份判决，认定爱立信在审判前提出的最终报价不符合 FRAND 规则，并采用其对 TCL 提出的"自上而下"（top-down）法的修改版本，结合可比许可协议法来计算预期和追溯性的 FRAND 费率，且为爱立信 2G、3G 和 4G 的 SEPs 的全球许可规定了有约束力的条款。爱立信不服，向美国联邦巡回上诉法院（下称"上诉法院"）提起上诉。爱立信指出地区法院审判的主要错误体现在两方面：其一，双方的部分争议应由陪审团审理，而不是仅由法官进行审理；其二，地区法院计算 FRAND 许可费率的方法是错误的。上诉法院认为，上诉的关键争议在于爱立信是否享有美国宪法第七修正案赋予的请求陪审团审理清偿费诉求的权利。经过审理，上诉法院认为，清偿费的实质是一种普通法救济，爱立信享有请求陪审团审理清偿费诉求的权利，且它没有放弃这项权利。是故，2019 年 12 月 5 日，上诉法院以地区法院剥夺爱立信申请由陪审团审理清偿费诉求的权利违宪为由，撤销地区法院有关清偿费和认定爱立信所提方案不符合 FRAND 规则的裁定，撤销地区法院对爱立信确定的预期 FRAND 费率的裁定，撤销对爱立信专利侵权之诉和 TCL 有关专利无效和不侵权的反诉的驳回，最终裁定发回重审。

主要争点：清偿费的性质；爱立信是否享有美国宪法第七修正案赋予的请求陪审团就清偿费问题进行审判的权利，且爱立信是否放弃这一权利。

裁判要点：上诉法院就爱立信主张的清偿费的性质、爱立信所享有的陪审团审判请求权等焦点问题进行分析，认定清偿费的实质是一种普通法救济，地区法院通过法官审理剥夺爱立信的陪审团审判请求权的做法违宪。其裁决理由如下：

（1）美国宪法第七修正案规定："普通法上的诉讼中，若争议的价值超过二十美元，则应保留由陪审团审判的权利。"美国联邦最高法院将"普通法上的诉讼"解释为"类似于"18 世纪在修正案通过之前在英国法院提起的诉讼[①]，这种被保留的权利不仅延伸到普通法诉讼，还包括国会认可的诉讼事由。在同时有"普通法和衡平法诉求"的案件中，若两种诉求涉及同一问题，法院必须让陪审

---

① Tull v. United States，481 U. S. 412，417（1987）.

团就"任何普通法问题进行审判；对任何法律问题，请求陪审团审判都是及时和适当的要求"①。正如不能通过拒绝陪审团审判的要求而直接剥夺在普通法诉讼中由陪审团审判的权利一样，"不能通过将普通法诉讼作为衡平法诉讼的附带案件来审理或通过法院审理共同问题来间接侵犯"这一权利②。

（2）清偿费为爱立信提供了普通法救济。TCL 辩称，清偿费是一种衡平法救济，属于对合同某一条款的具体履行，是在没有出现专利许可延迟情况下的对爱立信的追溯性弥补。法院认为，虽然清偿费以禁令形式被强制施加，但这并未使之成为衡平法救济③；且清偿费的金钱形式也并非普通法救济的绝对形式④。即使金钱救济可以被定义为赔偿，这并未解决问题的实质，因为恢复性损害赔偿既可以是普通法救济，也可以是衡平法救济。爱立信向 TCL 提出的诉求是"TCL 对过去未经许可销售其专利产品的赔偿"，法院一般视这种赔偿为侵犯专利权的损害赔偿⑤，这是典型的可由陪审团审理的对象。其实，无论从地区法院的法官审理中，还是从其2018 年 3 月 9 日所宣布的修正过的裁决中，地区法院均认为清偿费属于侵犯专利权的损害赔偿费用。TCL 辩解清偿费属于过去未经许可销售爱立信专利产品的获利，是站不住脚的，该辩解聚焦于救济的形式而忽视其实质。最高院指出，为了获得衡平法上的赔偿，诉讼通常不得寻求使被告承担个人责任，而是将被告所拥有的特定资金或财产归还给原告⑥。然而，当清偿费的基础是为 TCL 提供"利益"的"替代"救济时，那么爱立信的诉求就是普通法诉求。而本案中，清偿费的"基础"不是 TCL 所持有的可以由法院判决将之返还其"真正所有者"爱立信的"特定资金"。再者，TCL 并未对侵犯爱立信的 SEPs 提出异议，很难看出，TCL 因过去未经授权而使用销售爱立信专利产品所应支付的补偿与侵犯爱立信专利权

① Dairy Queen，369 U. S. at 472 – 473.

② Ross v. Bernhard，396 U. S. 531，537 – 538（1970）.

③ Great-West Life & Annuity Ins. Co. v. Knudson，534 U. S. 204，208，214（2002）.

④ Bowen v. Mas-sachusetts，487 U. S. 879，893（1988）.

⑤ C. Wright & A. Miller. Federal Practice and Procedure § 2312（3d ed. 2018）；Markman v. Westview Instruments，Inc.，517 U. S. 370，377（1996）.

⑥ Great-West Life & Annuity Ins. Co. v. Knudson，534 U. S.，at 214（2002）.

所应支付的赔偿在本质上有什么不同。且无论如何定义这两种金钱补救，它们都是普通法救济。是故，法院认为爱立信有权请求陪审团对有关清偿费的诉求进行审理。

（3）爱立信享有美国宪法赋予的陪审团审判请求权，也没有放弃这种请求权。TCL 辩称爱立信已放弃请求陪审团审理的权利，证据是 TCL 提到了爱立信在 2016 年 8 月 15 日回应 TCL 第九次质询时所做的一份声明："TCL 因过去未经许可销售 2G、3G 和 4G 设备而欠爱立信的赔偿金，将在诉讼结束时由法院决定"。法院认为，当将此单独的声明作为一个整体来解读时，不足以将之解释为爱立信对其宪法权利的放弃，而更合理的解读是将此声明视为以陪审团对爱立信的要约是否符合 FRAND 的初步裁决为条件。2015 年 1 月 20 日，双方提交了一份联合报告，同意两阶段的裁决程序：在第一阶段，陪审团将决定爱立信的报价是否符合 FRAND 规则；如果不符合，则在第二阶段，法院将遵守该提议的条件，使之符合 FRAND 规则。正如联合报告所解释的那样，陪审团必须审理第一项问题的原因是，该问题是本案所涉及的普通法（金钱补偿）和衡平法诉求的关键争议点。依据 Dairy Queen 先例，普通法和衡平法诉求的共同问题必须首先得到陪审团的审判。但 TCL 辩称，TCL 请求损害赔偿的诉求和认定不侵权的反诉（例如，侵犯自己的专利，违反合同等），在爱立信提交质询答复时已被驳回；由于当事人要求陪审团裁决的初衷已不复存在，TCL 认为法院以法官审理的方式符合规定计划的基本原理。法院不认同此观点，理由是，不能仅因为最初要求陪审团的基础消失了，就意味着爱立信放弃了基于其他基础所产生的请求陪审团审判的权利。事实上，在 2016 年 8 月 15 日，爱立信向法庭提交了一份"关于剩余索赔诉讼和请求陪审团审理的请求文件"，明确规定了将"清偿费"条款作为陪审团审判请求权的替代基础。再者，地区法院本身也没有认为爱立信已放弃这项权利。是故，法院驳回了 TCL 关于爱立信放弃陪审团审判请求权的主张。

评　　论：在本案中，上诉法院是围绕"地区法院是否剥夺爱立信请求陪审团审理的宪法权利"这一核心问题而展开审判；而该核心问题的基础在于，爱立信主张的"清偿费"的本质是什么，由此引申出普通法救济与衡平法救济的区别问题。但上诉法院并未就 FRAND 费率的计算问题进行回应，仅凭"违宪"这一理由裁定撤销部分内容并发回重审，故此案件的许可费率问题在将来或还有变数。上诉法院就地区法院如何计算 FRAND 费率的问题进行了详尽阐述，有助于我们了解法院和当事双方在 FRAND 费率计算中采用的方法、考量的因素和存在的争议，有助于我国企业未来在有关专利授权和许可的国际谈判中把握先机、趋利避害。

普通法和衡平法在救济方法上的区别是，普通法救济以损害赔偿为主，而衡平法救济更多元，还包括"强制履行、禁令"等①。本案中，TCL 以清偿费是对合同条款的具体履行为由，主张该费用是一种衡平法救济，是假定不出现专利许可延迟情况下的许可费给付。但在未经许可的情况下，TCL 使用爱立信的专利并销售其专利产品的行为实质是对爱立信专利权的侵犯。因此上诉法院认定爱立信有关清偿费的诉求属于普通法诉求，也就符合了美国宪法第七修正案的规定。

FRAND 规则的意义，是防止标准必要专利权人对标准实施者产生"劫持效应"②，维护市场健康竞争秩序并抑制垄断。FRAND 规则的关键就在于标准必要专利许可费（所谓 FRAND 费率）的确定上。虽然上诉法院没有给出 FRAND 费率计算法，但通过上诉法院对地区法院和双方当事人有关 FRAND 费率计算法的提议的分析，我们可理清 FRAND 费率计算法的取向及其问题。2017 年 2 月 14 日，地区法院开始了为期 10 天的法官审理。为了协助法院确定爱立信的替代报价是否符合 FRAND 义务，各方提出了计算 FRAND 费率的不同方法。TCL 提出"自上而下"计算法，即首先确定与给定标准（如 2G、3G、4G）对应的总许可费，然后再确定爱立信在该标准下的"蛋糕份额"。为确定分配给每种标准的许可费的最高总值，TCL 依据了爱立信给出的关于最高费率的公开声明。TCL 的自上而下法为每种爱立信 SEPs 组合的许可标准计算了不同 FRAND 费率。爱立信的比例份额是用爱立信拥有的 SEPs 的

---

① 沈宗灵 . 论普通法和衡平法的历史发展和现状 . 北京大学学报（哲学社会科学版），1986（3）：43－51.
② 张广良 . 标准必要专利 FRAND 规则在我国的适用研究 . 中国人民大学学报，2019（1）：114－121.

数量（分子）除以标准中 SEPs 的总数（分母）来计算的。然后根据各种因素（如"每个专利族的重要性和贡献"）调整比例份额，以说明爱立信的 SEPs 在特定标准下与其他 SEPs 相比的"相对实力"。爱立信没有给出自己计算 FRAND 费率的自上而下法版本，只是主张自己给予 TCL 的有关许可费率的报价符合 FRAND 规则。地区法院没有接受任何一方有关确定费率的提议，而是在 FRAND 规则指引下创设了自己设计的自上而下计算费率的方法。然后，地区法院将爱立信的提议与可比许可协议法进行比较，以确定其是否满足 FRAND 的"无歧视"原则。

虽然地区法院发现，TCL 对爱立信 SEPs 相对于相关标准中的其他 SEPs 的"重要性和贡献"的分析存在"致命缺陷"，但是该法院也发现了"技术分析的一些价值，特别是表明爱立信的专利组合肯定没有它声称的那么强大或必要的迹象"。因此，凭借其发现和推断，地区法院确定了自己认可而非专利专家认可的 FRAND 费率。因其所得费率与爱立信提议的明显居高的费率不相协调，故而认定爱立信的费率不符合"公平、合理"规则。在认定爱立信提议的费率是否符合"无歧视"原则时，法院只通过情况类似的许可证协议对之进行判断。首先，法院判定哪些被许可方与 TCL"处境相似"，使其许可将作为"可比"比较点。基于双方对"可比对象"有所争议，经法院审理，确定了这些可比对象——Apple，Samsung，LG，HTC，Huawei，ZTE。其次，根据专家的证据，法院对六种"情况相似"的许可证和爱立信提供的有效的每单位专利许可费进行了拆解，这样它们就可以在"共同的基础上"相互比较。在确定这一共同基础将采取何种形式时，该法院拒绝按每单位美元计算的许可费率，而支持没有上限或下限的纯"百分比许可费率"。最后，法院比较了可比许可证中未打包的有效许可费率和爱立信提议的费率，认为爱立信的提议具有歧视性，因为其最终报价与爱立信同意接受的与 TCL 处境相似的授权商的许可费率完全不同。

但爱立信在上诉状中指出地区法院在 FRAND 费率计算上有三点错误：第一，地区法院采用了一种"简单的计算方法"，假定爱立信的每个 SEPs 在一个标准中拥有与所有其他 SEPs 相同的价值，而不是衡量每个专利增加到标准中的价值；第二，法院采用了一种不可靠的方法来计算爱立信在各项标准下全部SEPs的最高许可费中所占的"比例"，导致对爱立信的赔偿不足；第三，法院在判定可比许可协议法时存在根本性的缺陷，因为它在无任何法律依据的情况下以具有"歧视性"而拒绝了按单位计算许可费率的方法。可见，爱立信不支持自上而下计算法，而支持与之相对的自下而上计算法，即先评估每项专利对产品价值的贡献（个体贡献）再累积确定整体数额的方法。显然，自上而下计算法更有利于标准实施者，而自下而上计算法更有利于标准必要专利权人。

在确定FRAND费率的问题上，自上而下计算法更具科学性，而自下而上计算法容易导致费率堆叠问题和私掠行为[①]。在此问题上，地区法院也指出，虽然自上而下法不一定能替代考虑可比许可协议法的基于市场的方法，但使用自上向下的方法有利于减轻SEPs许可环境中出现的两种主要风险：费率堆叠的风险（避免了被许可人被迫支付不合理总额的可能性）和专利权人拖延许可的风险（防止专利权人从其SEPs中榨取过高的价值）。有学者认为自上而下计算法的一大难点即"确定整体费率的信息不足"，因而建议以"事前联合谈判方式"来帮助确定整体费率[②]。针对通过可比许可协议法帮助确定FRAND费率的问题，有学者也指出，虽然该方法在可比许可协议的选定和拆解标准上还存在争议，但该方法以市场为导向，有重要的实践价值，且相关标准的确定随着实践的发展定能有所完善[③]。

综上所述，正如有学者所言："惠益公众是专利制度最终宗旨，而标准的制定及推广同样是为了社会福祉"[④]。在FRAND费率的确定上，既要兼顾公平合理，又要坚持市场价值原则，以维护健康的创新和竞争环境，从而促进社会整体的增益和发展。

---

① 郭禾，吕凌锐. 确定标准必要专利许可费率的Top-down方法研究：以TCL案为例. 知识产权，2019 (2)：58-68.

② 同①.

③ 郭禾，吕凌锐. 确定标准必要专利许可费率的可比协议法研究. 中国物价，2020 (1)：52-55.

④ 张广良. 标准必要专利FRAND规则在我国的适用研究. 中国人民大学学报，2019 (1)：114-121.

b. 英国 20201123 - Optis Cellular Technology LLC & Ors v. Apple Retail UK Ltd. & Ors 案（诉讼费用的承担）

基本信息：[2020] EWHC 3248（Pat）；Case No.：HP - 2019 - 000006（英格兰和威尔士高等法院（专利法院），2020 年 11 月 23 日）

案件事实：本案所涉专利在 Unwired Planet v. Huawei 诉讼中已被法院裁决有效并授予"专利有效性确认证书"（Certificate of Contested Validity）。本案中，英格兰和威尔士高等法院再次裁决奥普缔斯（Optis）公司的专利有效，苹果公司构成侵权。根据 1977 年英国《专利法》第 65 条，败诉方苹果公司需承担胜诉方奥普缔斯公司的诉讼费用。

主要争点：败诉方赔偿胜诉方诉讼费用的评定基础及诉讼费用的确定。

裁判要点：　1. 奥普缔斯公司诉讼费用的评定基础

奥普缔斯公司认为法院应在裁定中载明诉讼费用的评定基础，并主张采用"补偿评定"[①]，而苹果公司则认为本案应当适用"律师费用"[②] 为评定基础。在专利侵权诉讼中，根据 1977 年英国《专利法》第 65 条第 2 款的规定，当专利权人已被授予专利有效性确认证书，在后续诉讼中被控侵权人仍对专利有效性提出质疑，则在此种质疑被法院驳回后，败诉方需赔偿胜诉方的诉讼费用；此种赔偿基于胜诉方支付的律师费用予以评定。鉴于前述法律规定，法院认为奥普缔斯公司诉讼费用应以其支付的律师费用为评定基础。

2. 苹果公司赔偿奥普缔斯公司律师费用的扣除比例

在本案中，苹果公司认为存在如下情形，其赔偿奥普缔斯公司的律师费用应按一定比例予以扣除。

一是因奥普缔斯公司放弃针对 Ec/Io（所接收信号的强度和邻小区干扰水平的比值）与 RSRQ（信号接收质量）两项权利要求而应予扣除。在奥普缔斯公司提出的专利侵权诉讼中包括此两项权利要求，然而在后续诉讼中，奥普缔斯公司放弃了相应主张。法院认为，奥普缔斯公司支付的律师费用包括这两项权利要求，既然该司

---

　① 在英国一般民事诉讼中，胜诉方诉讼费用评定基础包括"标准评定"（standard assessment）和"补偿评定"（indemnity assessment）两种。标准评定，是指败诉方需向胜诉方支付诉讼请求金额一定比例的费用；补偿评定，是指败诉方应对胜诉方因诉讼而产生的合理费用予以补偿。

　② "律师费用"（the solicitor and own client basis），指客户向其律师团队支付的费用。

已经放弃此两项权利主张，故苹果公司赔偿的律师费用相应地应予扣除。对于具体应扣除的比例，奥普缔斯公司律师兰迪·史密斯为该司支出的诉讼费用制作了一个详细的表格，提出奥普缔斯公司在Ec/Io与RSRQ上花费的时间和精力占整体诉讼费用的2.5%。苹果公司律师对此不予认同，认为应该考虑托马斯博士的证言，主张律师费用的扣除比例为12%。

法院认为奥普缔斯公司本可更早提出放弃针对此两项权利要求的请求，如此可减少部分诉讼成本。基于此，法院将诉讼费用扣除比例酌定为8%。

二是苹果公司请求法院发挥自由裁量权，在其赔偿奥普缔斯公司律师费用方面予以额外扣除，其理由为：

第一，尽管诉争专利之前已在Unwired Planet v. Huawei案中被授予专利有效性确认证书，但当事人仍旧享有上诉机会。尽管此事实本身不足以支撑胜诉方诉讼费用应扣除请求，但可作为法院裁决时的考量因素。法院认为，在前案中，当事人虽可提起上诉，但这并不代表专利有效性确认证书本身存在问题，更不应成为其改变裁判规则的基础。

第二，苹果公司认为标准必要专利及其有效性问题事关公共利益，欧委会也承认无效的知识产权有损于公共利益，故对于标准必要专利有效性的质疑可促进公共福祉。奥普缔斯公司认为苹果公司对专利有效性的质疑仅出于私人利益而非公共利益。法院认为虽然无效的专利权有损于公共利益，但反过来讲，有效的专利权同样有益于社会福祉，权利人捍卫其专利权的行为也将进一步推动创新，故苹果公司的此项理由亦未被采信。

第三，苹果公司认为其在本次诉讼中将Losh专利作为现有技术挑战涉案专利的有效性，这与此前在Unwired Planet v. Huawei案中采用的现有技术并不相同，故根据裁判先例，法院在此情形下一般不应采用律师费用作为评定基础。法院认为苹果公司提及的裁判先例发生于100多年前，此后英国的民事诉讼法发生很大变化，故没有必要再遵循之前的裁判。法院认为其并非没有考虑新的现有技术的影响，但该影响不足以让其行使自由裁量权改变诉讼费用的评定基础。

第四，苹果公司认为本案中的权利要求 2 和 3 此前在 Unwired Planet v. Huawei 案中并未被提出，因此针对此部分权利要求不应该适用律师费用基础。对此，法院认为，专利有效性确认证书从 1949 年《民事诉讼法》到 1977 年《民事诉讼法》修订期间发生很大变化，其效力已经不是仅局限于某项权利要求，而是涵盖整个专利。因此，这一理由也无法成立。

三是奥普缔斯公司撤回要求苹果公司"公开侵权行为"（publicity order)① 的诉求。在诉讼中，奥普缔斯公司曾提出要求苹果公司在报刊上公开承认侵权行为。苹果公司就这一问题进行举证，阐述其无须这样做的理由，后奥普缔斯公司撤回了这一请求。苹果公司认为对其承担的奥普缔斯公司的诉讼费用应予一定扣除。

法院认为，奥普缔斯公司的做法确实导致苹果公司为此花费了额外的诉讼费用，理应获得补偿，故将苹果公司赔偿奥普缔斯公司诉讼费用的扣除比例确定为 9%。

3. 苹果公司赔偿奥普缔斯公司诉讼费用的最终比例

奥普缔斯公司认为，根据律师费用评定基础，苹果公司应当承担奥普缔斯公司 95% 的诉讼费用。奥普缔斯公司在本案中花费共计 210 万美元，故苹果公司最终应当承担的诉讼费用为 2 100 000×91%×95%＝1 815 450（美元）。

苹果公司认为 95% 比例过高，应当确定在 65%～95% 间较为合适。对此，法院综合考量了以下几点因素：

第一，关于庭前会议（case management conference）的费用问题。奥普缔斯公司认为本案的庭前会议涉及不同专利的数个案件，收费标准应当与其他专利案件一样；而苹果公司则认为，鉴于本案诉争专利之前已经面临过类似司法纠纷，所以应当降低本案庭前会议的收费。法院认为，庭前会议并未针对某一特定案件，故没有理由降低本案收费标准，苹果公司的主张不予支持。

第二，关于本次诉讼中法院发布的几个诉讼费用裁定（cost order），苹果公司认为前述裁定中法院并没有阐明其适用的评定基础，故应当依据《民事诉讼程序规则》第 44 条第 3 款第（4）项的

---

① 法庭要求侵权人公开其侵权行为的裁定。

规定，适用标准基础。法院认为，《专利法》已经明确规定在本案情形下应当适用律师费用基础，故《民事诉讼程序规则》相关规定不使用于本案。

第三，由于奥普缔斯公司也承认其在本次诉讼中支付的费用比在 Unwired Planet v. Huawei 案中减少 10%，故法院最终将苹果公司承担的比例确定为 85%。

综上，法院判决苹果公司承担的奥普缔斯公司诉讼费用为：2 100 000×91%×85%=1 624 350（美元）。

评　　论：在英国民事诉讼中，败诉方须承担胜诉方的诉讼费用，此为诉讼费用承担上的"英国规则"（British rule）。英国民事诉讼中所称的诉讼费用，基本上相当于诉讼成本的概念[①]。鉴于律师费用占诉讼成本中的主要部分，因此，英国诉讼费用的评定在某种程度上主要指核定当事人支付的律师费用[②]。

英国法院在本案裁定中详细阐释了苹果公司应赔偿奥普缔斯公司诉讼费用（即律师费用）的评定基础以及予以扣除的理由。本案中，虽然奥普缔斯公司是胜诉方，但其并非案件所有诉争点的胜诉方。例如，对于涉案专利的两个专利要求，由于奥普缔斯公司未能及时放弃，导致苹果公司为此额外支付了诉讼费用，法院认为应当从苹果公司赔偿的诉讼费用中予以扣除。再如，对于奥普缔斯公司主张苹果公司承担"公开侵权行为"的诉讼请求，亦因该司的放弃而被法院认定造成苹果公司的额外诉讼费用的支出，故对苹果公司承担奥普缔斯公司的诉讼费用予以一定比例的扣除。

英国法院关于败诉方应承担胜诉方的诉讼费用的裁判规则对我国具有一定的借鉴意义。在侵犯知识产权诉讼中，依据我国法律规定，侵权赔偿数额应当包括权利人为制止侵权行为所支付的合理开支，包括律师费。我国法律规定及实践存在如下不足：

一是缺少对控侵权人胜诉时的诉讼费用赔偿机制。在侵权诉讼中，即使被告胜诉，在此程序中被告方仍无权请求法院判令原告赔偿其合理诉讼开支。被控侵权人只有以知识产权人恶意提起知识产

---

① 徐昕. 英国民事诉讼费用制度. 司法改革论评，2002（2）：90-117.
② 同①.

权诉讼为由另行起诉，方有可能获得包括律师费在内的合理诉讼支出的赔偿。在侵犯知识产权诉讼中，若知识产权人提出高额索赔但仅有小部分获得支持，或者其若干诉讼请求未得以支持，而被控侵权人因此支付诉讼费用的，则其难以获得相应的诉讼费用的赔偿。由此看出，在我国现行法合理诉讼开支赔偿方面，权利人和被控侵权人享有的权利不对等。在此方面，英国法律规定及实践可兹我国借鉴。在侵犯知识产权诉讼中，若涉嫌侵权人主张权利人应赔偿其诉讼支出，则在其完全胜诉时，权利人应对被控侵权人的合理诉讼开支予以赔偿；在被控侵权人对某些争诉点胜诉时，则应从其向权利人赔偿的诉讼开支中扣除其胜诉部分的诉讼费用（如律师费）。由此将促使权利人慎重行使权利，并维护权利人与被控侵权人之间的利益平衡。

二是缺少对合理律师费用的评定规则。作为诉讼开支之一种，只有知识产权人合理的律师费方能得到侵权人的赔偿。但何谓合理的律师费，我国并无明确的评定标准。此外，不同法院对知识产权人主张赔偿律师费的证明标准有所不同，如有些法院要求权利人需提交代理合同、律师费发票等证据。在此方面，我国可借鉴英国的做法，以权利人向其律师团队实际支付的费用为评定基础，并考量侵权人承担权利人律师费用应予扣除的情形，如在权利人的全部诉讼请求（包括损害赔偿请求）被支持的情况下，自由裁量侵权人应赔偿权利人的诉讼费用数额。

c. 德国 2020 - Nokia v. Daimler、Conversant v. Daimler、Sharp v. Daimler 案（网联车领域标准必要专利 FRAND 费率及禁令）

基本信息：Nokia v. Daimler（杜塞尔多夫地区法院，2020 年 11 月 26 日）；Nokia v. Daimler（曼海姆地区法院，2020 年 8 月 18 日）；Sharp v. Daimler（慕尼黑地区法院，2020 年 9 月 10 日）；Conversant v. Daimler（慕尼黑地区法院，2020 年 9 月 23 日）；Nokia v. Daimler（慕尼黑地区法院，2020 年 11 月 3 日）

案件事实：此系列案件涉及通信领域标准必要专利在 IOT/网联车领域的 FRAND 许可争议。原告分别为诺基亚公司、夏普公司及康文森公司，被告均为戴姆勒公司。目前，一辆汽车最多可安装 30 000 个零部件，故对于汽车制造商而言，要检查其汽车上安装的以及由第三方提供的技术解决方案是否利用了第三方的知识产权将是一项巨大工程。因此，汽车制造商从供应商处获得无权利瑕疵的产品是行业通行的做法。在车载通信领域，汽车产业链目前可分三个层级。汽车制造商从其直接供应商（即第 1 级供应商）购得即装即用的 TCU（telematics control unit）。第 1 级供应商从其他供应商（即第 2 级供应商）获得制造 TCU 所需的 NAD（network access devices，即网络接入设备）。NAD 所需的芯片由第 2 级供应商从其他供应商（即第 3 级供应商）获得。每个层级都有责任确保自己开发的技术解决方案的法律合规性。一般而言，汽车零部件供应商获得零部件相关专利的授权许可，并和汽车制造商协商专利成本。

2016 年 3 月，诺基亚公司首次提请戴姆勒公司注意侵犯专利权的行为。戴姆勒公司在 2016 年 6 月 10 日回信答复。诺基亚公司分别于 2016 年 11 月 9 日和 2019 年 2 月 27 日向戴姆勒公司提供了本案专利许可条件要约，并于 2019 年 3 月提起专利侵权诉讼。戴姆勒公司在 2019 年 5 月 19 日和次年 6 月 10 日，向诺基亚公司发出了反要约。在 2020 年 9 月 3 日的庭前口审后，原告向第 1 级供应商 Continental、Bosch、Bury、TomTom、Peiker、Renault、Harman 和 Fico Mirrors 提出了进一步的许可要约（"汽车许可协议"，ALA 许可要约），用于为第 1 级供应商本身提供 TCU 生产和销售许可，并为汽车制造商客户和供应商的任何其他客户提供许可。诺基亚没有向寻求许可的第 2 级供应商 Sierra Wireless 提供许可。

与此同时，诺基亚、夏普、康文森等公司加入了 Avanci 专利池，将 2G/3G/4G 标准必要专利（SEP）授权该专利池向汽车终端厂商收取许可费。该专利池的许可政策为针对 3G（包括 2G）SEP 收取 9 美元/车，4G SEP 收取 15 美元/车。该专利池已且仅与三家汽车制造商签订了许可协议。戴姆勒公司及其零部件供应商大陆集团、法雷奥等公司均不同意该许可模式及费率，认为这破坏了汽车行业的商业惯例。2019 年 3 月，戴姆勒公司联合其供应商，向欧盟委员会投诉诺基亚，认为其涉嫌垄断。至 2019 年底，迫于欧盟委员会压力，诺基亚同意通过独立调解来解决技术许可纠纷。然而，诺基亚在调解谈判中未做任何让步，致使谈判未取得实质进展。夏普公司最早委托 Avanci 公司与戴姆勒公司接触，2019 年 5 月起也直接与戴姆勒公司接触，戴姆勒公司一直与这两家机构进行谈判。夏普、康文森也分别在德国的慕尼黑地区法院以不同的专利起诉戴姆勒公司。部分汽车零部件供应商作为第三人加入该系列诉讼。

其中，在诺基亚公司与戴姆勒公司案件中，诺基亚公司认为：（1）其作为标准必要专利权人可以自由决定在生产和供应链的哪个层级以 FRAND 条件授予许可，而没有义务向供应商授予许可。在选择被许可人时，必须考虑效率和技术因素在整车上的价值。（2）汽车领域市场实践就是整车许可，其已通过 Avanci 许可给多家整车厂商。这与《欧盟运行条约》第 102 条并不冲突。戴姆勒公司总是提及由其供应商获得许可，并没有许可意愿。

戴姆勒公司认为，根据《欧盟运行条约》第 102 条以及原告和专利权人向 ETSI 提交的 FRAND 声明，标准必要专利权人必须向任何寻求许可的人提供无限制的许可。优先向寻求许可的供应商授予许可，是符合汽车行业的标准做法。汽车制造商有权通过自己提出的和其供应商作为诉讼第三人提出的反垄断异议做出抗辩。

诉讼第三人认为，诺基亚公司违反了反垄断法规定的义务。诉讼第三人作为汽车供应商希望从专利权人处获得许可，并已与诺基亚公司联系，要求诺基亚公司提交 FRAND 许可要约。而诺基亚公司也未向大部分寻求许可的第 2 级供应商提供许可。戴姆勒公司有权根据反垄断法提出强制许可异议。如果诺基亚公司在拒绝向生产链上游的寻求许可人授予许可的同时，却向同一生产链末端的企业基于专利侵权提起以禁令为目标的诉讼，即构成《欧盟运行条约》第 102 条规定意义下的滥用。

德国各地区法院需基于上述案件事实做出是否适用反垄断抗辩而发放禁令的裁判。从判决内容看，德国三家地区法院的 FRAND 观点有所不同：杜塞尔多夫地区法院认定原告拒绝给供应商许可涉嫌滥用市场支配地位，并已将重点问题提交至欧盟最高法院（European Court of Justice，ECJ）请求做出指引。慕尼黑及曼海姆地区法院均认定原告具有市场支配地位，但认为被告 FRAND 抗辩不成立并下发禁令。

主要争点：网联车领域标准必要专利许可层级；FRAND 费率及禁令问题。

裁判要点：欧盟最高法院在华为诉中兴案判决中明确了 SEP 谈判的基本步骤和原则。即在如下情形下，向法院提出专利禁令和召回的诉讼请求不应被视为滥用市场支配地位。第一步，SEP 拥有者需要将 SEP 及侵权情况告知 SEP 实施者；第二步，SEP 实施者需表明其获得许可的意愿；第三步，SEP 拥有者需要向 SEP 实施者提供符合 FRAND 条件的许可要约；第四步，SEP 实施者若拒绝 SEP 拥有者的许可要约，应当提出符合 FRAND 条件的反要约；第五步，如果 SEP 拥有者拒绝该反要约，SEP 实施者应当提供担保。如果 SEP 拥有者在谈判中遵循了上述步骤和原则，则其寻求禁令的行为将不会被认为是滥用 SEP 垄断地位，否则，SEP 实施者可提出 FRAND 抗辩，抗辩成功的，则可免于禁令。

1. 就 FRAND 判断顺序而言，杜塞尔多夫地区法院认为需严格按照 ECJ 在华为诉中兴案所指示的步骤进行。曼海姆地区法院认为：在 SEP 拥有者通知 SEP 实施者侵权并提供许可要约后，需先判断 SEP 实施者的反要约是否 FRAND；若反要约不 FRAND，则 SEP 实施者无法触发 FRAND 抗辩（无论 SEP 拥有者的要约是否 FRAND）。慕尼黑地区法院则认为：只要 SEP 拥有者提供要约（只要该要约不是明显不 FRAND），SEP 实施者就需要提供反要约；若 SEP 实施者提供了反要约，则判断 SEP 拥有者的要约是否实质上符合 FRAND，若符合则可授予禁令。

2. 就车载许可层级问题，杜塞尔多夫地区法院认为，汽车的上游供应商获得许可是行业惯例，SEP 拥有者拒绝上游供应商许可请求的行为可能涉及滥用 SEP 垄断地位。基于此，杜塞尔多夫地区法院将许可层级的问题递交给欧盟最高法院初裁。相反，曼海姆地区法院和慕尼黑地区法院认为在最终产品层面许可是合理的。

3. 杜塞尔多夫地区法院在 Nokia v. Daimler 案中的判决要点：

（1）原告拒绝供应商许可，涉嫌构成滥用市场支配地位。供应商只有获得无限制的许可才能自由进入市场，汽车行业惯例是供应商获得许可，而汽车行业的上游供应商的数量少于汽车厂商，因此，从上游厂商许可效率更高。

（2）对 ECJ 在华为诉中兴案的谈判指引的适用。禁令的效果对汽车厂商与供应商具有相同的效应，即两者都无法再销售其产品。

原则上，可在诉讼过程中补救谈判的不足之处。需要对侵权人接受 FRAND 许可的基本意愿和接受符合 FRAND 的具体许可条件的意愿做出区分。对于收到侵权通知后，SEP 实施者应当表示出的基本意愿的要求不应过高，因为如果 SEP 拥有者发出的许可要约不 FRAND，SEP 实施者有无具体的许可意愿则并不重要。反之，如果 SEP 拥有者的许可要约符合 FRAND，那么 SEP 实施者的具体许可意愿就具有重要意义。当且仅当 SEP 实施者拒绝 SEP 拥有者的 FRAND 许可要约，或者没有对 FRAND 要约提出反要约时，才可认定其缺乏许可意愿。当且仅当专利权人对实施者提出的许可要约符合 FRAND，才能够考察实施者是否具备许可意愿。

（3）杜塞尔多夫地区法院决定提交给欧盟最高法院初裁的问题有两个。一是 SEP 拥有者是否有义务优先许可给供应商，具体包括：1）在供应链厂商愿意获得许可，但做出 FRAND 许可承诺的拥有者拒绝授予许可的情况下，供应链厂商是否有权提出滥用市场支配地位的抗辩？2）为避免反垄断法下的禁止滥用，是否要求供应商应当被授予不受限制的 FRAND 许可，从而使得下游厂商不再会因为使用相关产品而面临专利侵权诉讼？3）如果问题 1）的初步判决是否定的，欧盟反垄断法是否规定了定性、定量和/或其他要求的标准，从而明确拥有者可以决定针对潜在侵权的不同产业链厂商要求禁令救济？二是杜塞尔多夫地区法院就 2015 年 7 月华为诉中兴案的判决，希望欧盟最高法院给出更清晰的解释，具体包括：1）SEP 拥有者和实施者在诉讼发生前，应履行华为诉中兴案明确的许可义务，但诉讼双方履行上述许可义务能否在诉讼过程中进行弥补？2）是否应当全面完整地评估实施者在谈判中的行为，来确定实施者善意地愿意接受 FRAND 许可条件？

杜塞尔多夫地区法院认为，法院是否应当充分考虑实施者的反报价，以及拥有者的报价是否 FRAND，来判断实施者是否有意愿获得 FRAND 许可，而不同于慕尼黑地区法院和曼海姆地区法院所认为的仅基于实施者主观意愿进行判断。

4. 慕尼黑地区法院在 Nokia v. Daimler、Conversant v. Daimler 及 Sharp v. Daimler 三案中的判决要点：

（1）原告在 LTE 标准方面占据市场支配地位，是《欧盟运行条约》第102条的规制对象。是否具有市场支配地位并不因专利持有人的身份而自然产生，市场支配地位通常是由多种因素共同形成的，而若单独分析各个因素，其并不一定能单独产生支配地位。通常，许可市场是产品市场上游的一个独立市场，其要求：1）每项专利都是标准所必需的；2）与专利和标准相对应的技术构思不能被产品的其他技术方案所取代。在特殊情况下，SEP 拥有者也可能不占据市场支配地位。在本三案中，原告专利是标准必要专利，且没有现实可行的替代方案可以在车商实现 LTE 标准应用，原告拥有的标准必要专利包占据市场支配地位。本三案中，通过专利池进行专利许可并不能证明原告不占据市场主导地位。

（2）原告不因被告的 FRAND 抗辩而滥用市场支配地位。尽管欧盟最高法院在华为诉中兴案中对 SEP 拥有者、实施者的双方义务做出了指引，但这些义务仅适用于"真诚而不仅仅是声称"表示有意愿获得许可的专利实施者。因此，专利实施者必须遵守一定的义务以确认其具有获得许可的意愿，而不是意图采取任何拖延战术。对于"有意愿的被许可方"应基于 SEP 拥有者提供有关侵权情况和选择获得许可的完整信息进行判断。相应地，实施者必须清楚明确地声明其将依据 FRAND 条款与 SEP 拥有者签订许可协议，且建设性、有针对性地达成协议，不得采取拖延战术。本三案中，1）被告通过将原告推荐给其供应商，未表示被告有意愿无条件地获得 FRAND 许可。2）何时提出反要约是重要的判断依据，被告声明愿意获得许可或提出 FRAND 反要约的时间并无严格限制，但被告必须及时采取行动。3）法院采纳了 Birss 法官在 Unwired Planet 案中应用的自上而下法。在谈判和诉讼的后期阶段才提出反要约的专利实施者必须更加坚定且认真地提出反要约，以证明其愿意获得许可。被告提出的根据 TCU 的平均价格计算许可费率，不符合 FRAND 原则。标准必要专利的价值取决于能够与其产生的经济价值相匹配的费用。本三案中的经济价值在于，被告在其车辆中提供 LTE 功能，并且客户可以使用这些功能。而被告为提供 LTE 功能的通信模块支付的购买价格并不重要，重要的是客户赋予机动车中 LTE 功能的价值。

　　　　（3）原告不因供应商的 FRAND 抗辩而滥用市场支配地位。被告不能通过表达其供应商获得许可的意愿来代替自己获得许可的意愿，因为被告从未披露与 LTE 功能相关的组件的供应商。被告有义务以书面形式全面披露其在车辆中安装了哪些与车载 LTE 功能相关的组件，以及从哪些供应商处购买了这些组件。提供有关供应商的信息并不能免除被告应自行与 SEP 拥有者迅速订立许可协议的努力。但是，被告可以坚持要求在该许可协议中添加一个条款，以确保不会对已经在供应商级别获得许可的组件进行两次付款（"转嫁许可条款"）。原告仅向 OEM 授予许可并无不妥。如果原告最初只试图与最终产品的制造商签订许可协议，则原告的行为并未违法也不具有歧视性。拒绝在供应商级别授予许可并未违反反垄断法，也不适用 ECJ 对华为诉中兴案的指引，除非有针对供应商提起的诉讼。

评　　　论：上述 5 个案件是传统通信领域标准必要专利问题在 IOT/网联车领域的首次映射。该问题在传统移动通信 2G、3G、4G 时代就长期存在，部分标准必要专利权人拒绝给中间厂商许可的模式早已引发了各国反垄断机构的调查及系列诉讼案件。而在网联车领域，汽车产业链厂商已经意识到该问题，并在许可层级、许可费率、许可平台等问题上向部分专利权人发起挑战，认为专利权人拒绝给供应商许可的模式不符合行业惯例及竞争政策，FRAND 费率的计费基础应该审慎讨论，部分专利池针对 4G 专利收取 15 美元的许可费率定价过高。而前述问题的解决均将对 5G/IOT 关联产业的健康发展产生重大影响。经过系列案件的博弈，有关许可层级的实践现状已经有所改变。近来，夏普已经与其第 2 级供应商华为签署了一项无限制的许可协议，夏普撤销了对被告的诉讼。随后戴姆勒也与夏普签订了许可协议。目前，其他 Avanci 专利池成员也正在与不同的第 1 级和第 2 级供应商进行许可协议谈判。

　　　　前述判决仅代表了德国地区法院的倾向性，除了 Sharp v. Daimler 一案因和解结案外，其他案件目前都在上诉程序中，各上诉法院的观点是否跟地区法院一致，还有待观察。但是，上述 5 个判决已经反映了德国部分地区法院近年在禁令的考量标准上出现向橙皮书案回摆的趋势，增加了对标准实施者的义务。根据 2009

年的橙皮书案，实施者只有提出无条件的（unconditional）、真实的（genuine）、合理的（reasonable）和易于接受的（readily accepta-ble）要约才能进行禁令抗辩。而2015年ECJ对华为诉中兴案的指引，对专利权人和实施者双方的谈判义务都进行了更加平衡的规定，要求专利权人提出许可要求和侵权信息，同时实施者需要表达许可意愿并对专利权人的要约进行审慎回复。如果实施者遵守相关的谈判义务，则专利权人不能获得禁令救济。而上述案件以及2020年的Sisvel诉海尔案，德国慕尼黑、曼海姆地区法院均认为实施者在接到侵权通知时需清晰表达FRAND许可意愿，且不能为FRAND许可附加前提条件，该导向类似橙皮书案对实施者义务的要求。与慕尼黑、曼海姆地区法院不同的是，杜塞尔多夫地区法院已经将上述问题提交至欧盟最高法院寻求指引。该指引的后续走向将对德国SEP案件审理产生重大影响。

1.2.5 程序及管辖等问题

a. 美国20200420-Thryv，Inc. v. Click-To-Call Techs.，LP案（专利审查与上诉委员会的决定的可诉性）

基本信息：Thryv，Inc. v. Click-To-Call Technologies，LP，140 S. Ct. 1367（2020）（美国联邦最高法院，2020年4月20日）

案件事实：本案双方Thryv公司和Click-To-Call公司就专利重审制度但书条款的具体适用产生争议。Click-To-Call公司拥有一项匿名化电话号码的专利，其在2001年起诉Thryv公司侵犯专利权，但随后被法院驳回起诉。2013年，Thryv公司向专利审查与上诉委员会（PTAB）提出针对该项专利有效性的异议，而专利权人Click-To-Call公司反对称，美国的专利重审制度（IPR）允许第三人向专利审查与上诉委员会（PTAB）提出专利有效性的异议，但是《专利法》第315条（b）款规定，如果该第三人在受到专利侵权起诉一年之后才提出，那么专利重审制度不因申请而启动，而Thryv因为涉嫌侵犯专利权被起诉早已超过一年，故其已经丧失申请重审的权利。专利审查与上诉委员会不认同Click-To-Call的观点，认为315（b）的但书规定不适用于侵权指控被驳回的情形，侵权指控被驳回让权利状态恢复到了未发生诉讼之初，因而不受一年的时间限制。专利审查与上诉委员会依据异议人 Thryv 的申请启动了专利重审程序，裁定专利的 13 项权利要求无效。专利权人 Click-To-Call 不服专利重审决定，向联邦巡回上诉法院提起诉讼。《专利法》第 314（d）款规定，有关是否启动专利重审程序的决定是终局性的，不具有可诉性。联邦巡回上诉法院认为，专利机关依据对 315（b）的解释适用而做出的重审决定具有可诉性，并认定 Thryv 向专利审查与上诉委员会提出专利有效性异议的申请依然受到一年的时间限制。Thryv 不服，申请联邦最高法院就 314（d）是否能排除法院对 315（b）条款的审查进行解释。联邦最高法院以 7∶2 多数意见判决 314（d）能够排除法院对 315（b）的审查。

主要争点： 专利审查与上诉委员会对与有关专利重审程序启动与否的决定密切相关的法律依据做出的解释，是否具有可诉性。

裁判要点： 金斯伯格法官撰写了多数意见，援引联邦最高法院在 2016 年审理的 Cuozzo 案[①]——该案据与是否启动专利重审程序的理由紧密相关的法条，不具有可诉性——并解释专利审查与上诉委员会对于 315（b）申请人涉诉后需在一年之内启动专利重审的解释适用，与其是否启动专利重审程序的最终决定是密切相关的，因此其对 315（b）的适用与是否启动专利重审程序的决定一样，受到 314（d）的约束，不具备可诉性，保持了与 Cuozzo 案的一致性。金斯伯格还指出，《专利法》为了最大限度地筛除无益的专利，通过立法条款明确排除了特定情况下法院对行政决定的审查，法院认同这种立法目的。

评　　论： 在美国法中，专利审查与上诉委员会的部分决定被国会规定为不可诉，这是一种对效率的权衡与考量，为的是能将无益的权利要求更高效地筛查出去，让权利状态不至于陷入长久的不确定中。而追求效率时往往潜藏着让渡实质正义的风险，如重审决定本身不可诉，与重审决定相关的法律规定的解释权由行政机关独占，管理效率的提升是以救济路径的限缩为代价的。正如判决中反对意见所言，扩大解释不可诉的行政决定范围让专利行政机构可以在免于司法审查

---

① Cuozzo Speed Technologies，LLC v. Lee，136 S. Ct. 2131（2016）.

的情况下，拥有决定他人财产权利的权力，这不当扩张了一个政治化的行政机构对私权的控制力，让渡了司法对行政的监督和审查。对读本案的一审判决与 2018 年 Wifi One 案，在 Wifi One 案中，联邦巡回上诉法院判决认为专利审查与上诉委员会基于 315（b）做出的有关启动重审的决定，因 315（b）的不当适用，具有可诉性。尽管该判决因联邦最高法院的最新解释而不再具有约束效力，但我们能从彼此矛盾的观点和立场中管窥专利审查制度所折射出的行政权和司法权之间的紧张互动关系，亦能反思效率和公正在私权领域的最佳实现进路。

  b. 美国 20191031－Arthrex, Inc. v. Smith & Nephew, Inc. 案（专利行政法官的任命方式的合宪性）

  基本信息：Arthrex, Inc. v. Smith&Nephew, Inc.，941 F. 3d 1320（Fed. Cir. 2019）（美国联邦巡回上诉法院，2019 年 10 月 31 日）

  案件事实：专利权人 Arthrex 在专利审查与上诉委员会进行的专利重审程序中被 Smith & Nephew 挑战了专利权的有效性，Arthrex 转而诉诸宪法，以做出该裁决的专利行政法官（APJ）的任命违反了宪法的任命条款的规定为由，请求联邦巡回上诉法院判决原裁决无效。联邦巡回上诉法院经审理，认为专利行政法官属于宪法上的"主要官员"（principal officer），目前对专利行政法官的任命方式违反了宪法对任命主要官员的法律要求，因此任命违宪、裁决无效。案件的当事方 Arthrex、Smith & Nephew，以及非当事方美国专利商标局和美国政府均申请了联邦最高法院的重新审理，联邦最高法院通过了本案的调卷令申请，并将另外一起关于宪法任命条款的案件（Polaris Innovations v. Kingston Technology）同本案合并审理。2021 年 3 月庭前辩论结束，但是截至本书撰写时，判决尚未公布。

  主要争点：根据美国宪法的任命条款，专利商标局的专利行政法官是否属于需要由总统提名、参议院同意的主要官员，抑或属于"次要官员"（inferior officers），只需由所属部门的部长聘任即可。如果答案为前者，对于所出台的裁判效力影响为何，应如何补救。

  裁判要点：联邦巡回上诉法院认为，目前，专利商标局的专利行政法官由美国商务部的负责人同专利商标局的负责人协商后确定，这是次要官员的任命方式。然而，目前不存在能够审查、纠正和无效专利行政法官做出的裁决的其他主要官员，且任命专利行政法官的商务部负责人依照现行法无明确依据罢免他们中的任何一名。依照联邦最高法院在 Edmond v. United States 案中确立的判断一名行政官员是不是主要官员的规则，若任命方没有足够的权力审查、纠正和无效其任命官员所做出的决议，亦没有足够的权力监督其任命官员，且没有权力罢免其任命官员，那么这名官员就不是次要官员[①]。可见，不受商务部负责人领导、也不受 USPTO 负责人直接命令的专利行政法官不是次要官员，而属于外部约束有限的主要官员。而依据宪法的任命条款，美国政府的主要官员必须要由总统提名，并获得参议院的同意，而次要官员则可以由政府机构的负责人任命。故现行的专利行政法官的任命方式违反宪法规定，因而针对原告 Arthrex 的专利的裁决需要由新任命的专利行政法官在听取双方辩论意见后重新做出。此外，依据联邦最高法院既有的判例，仅将涉及违宪的法律条款（关于让专利行政法官撤职的规定）予以分离，从而让专利行政法官成为"次要官员"，足以弥补违反此一宪法聘任程序的问题，也避免因为此一聘任程序上的违宪问题对之前或后续的案件造成过度巨大的冲击。

评　　论：自从 2011 年美国《专利法》规定了专利重审程序，已多次有实践主体诉诸宪法以企图证明专利重审程序的违法性，其中绝大多数都以失败收尾，而本案很有可能成为一个例外。事实上，专利行政法官的任命问题由来已久。初期，作为专利商标局内设机构的官员，专利行政法官遵照宪法对次要官员的规定行事，由于次要官员的决定需要经过其上级的批准才能具有行政效力，而专利局涉及大量的审查案件，若所有案件都需要行政负责人批准，就会产生无必要性的程序负担。20 世纪 20 年代，国会为了缓解这种程序负担，让专利行政法官改由总统任命，同时，为了维系其在本质上依然从属于专利商标局的权力结构，国会发布若干文件解释任命方式的改变并未削弱专利商标局对专利行政法官的行政管理权力，而联邦巡回上诉法院在历史上的 Alappat 案中也判决，专利商标局行政负责人有

---

① Edmond v. United States，520 U. S. 651（1997）.

权组织专利重审委员会①。20 世纪 70 年代，国会为了将一系列行政服务去政治化，将专利行政法官从政治候选人变为公务员（civil servants），而这项改革也顺势让专利行政法官从主要官员变为实质意义上的次要官员，因而也造成了今天本案中的宪法争议。

c. 德国 20190806 - "降低蒸气压"案（强制执行的中止）

基本信息： BGH, Beschluss vom 06. August 2019 - X ZR 97/18（德国联邦最高法院，2019 年 8 月 6 日）

案件事实： 专利权人为一家除了涉诉专利以外仅有 5 万英镑资产及约 24 万英镑负债的空壳公司（专利主张实体——笔者注）。被该专利权人主张专利侵权后，无效诉讼原告向德国联邦专利法院提起无效诉讼。德国联邦专利法院一审判决专利无效，由专利权人承担诉讼费用及法律支出，在缴纳执行金额 120% 的担保后可临时强制执行。专利权人不服上诉。无效诉讼原告基于该判决，申请了总金额超过 95 万欧元的费用确定决定，并缴纳保证金后申请强制执行。专利权人向德国联邦最高法院提起异议，请求在无须缴纳保证金的前提下中止强制执行一审判决及费用确定决定，主张继续强制执行将对其产生异乎寻常的不利影响甚至导致其破产。

　　最终德国联邦最高法院认为中止强制执行的前提条件不成立，驳回该请求。

主要争点： 对于专利主张实体中止强制执行的条件。

裁判要点： 根据德国《民事诉讼法》，上诉法院可依申请决定中止一个被上诉的一审判决的强制执行，并决定是否需要缴纳保证金。不缴纳保证金即中止执行的前提条件是：被执行人无法缴纳保证金，且强制执行将带来无法弥补的损失。但即使满足条件，中止强制执行既不是必然的结果，也不是常规的选项。上诉法院应充分考虑申请执行人和被执行人的利益，并只有在充分评估了所有情况，且考虑到法律原则上允许执行人强制执行未最终生效判决的价值评价之后，仍认为被执行人应保护的利益超过申请执行人利益后，才能批准中止强制执行的申请。

　　原则上，危及被执行人经济存活基础的强制执行，可以被认为

---

① In re Alappat, 33 F. 3d 1256, 1534 (Fed. Cir. 1994).

是无法弥补的损失。问题是，考虑到本案被执行人已有的负债，强制执行和其存活基础的因果性存疑。不过因为本案中对双方利益的综合考虑对被执行人不利，故本案不需要就强制执行是否危及被执行人经济存活基础这个问题进行最终判断。

本案中被执行人的商业模式是许可收费且可供执行的有价值资产仅剩涉诉专利。通过中止强制执行来对这样的资产进行保护，而降低被执行人的风险，是不合理的。特别是被告承认，法院诉讼费用是通过第三方资助实现的。而原告追回其诉讼费用的利益应得到保护。根据最高法院判例，一般而言，如果一个专利权人诉讼是由第三方资助并以诉讼可能得到的利益作为担保，那么不应适用《专利法》第 144 条对于诉讼费承担减免的规定加重诉讼另一方的费用风险。根据这一判例精神，也不应剥夺本案中一审获胜的原告就已发生的诉讼费用强制执行的权利。

评　　论：为了防止滥诉，德国的法院诉讼官费与中国相比高很多，且需要由原告垫付。此外，在专利侵权、专利无效案件中，获胜一方可以获得败诉一方对于法院诉讼官费以及相当一部分的律师费的赔偿。为了保护经济上弱势的当事人的诉权，使其经济上能够承担诉讼费用，以司法途径维护自己的利益，还设置了法律协助、官费和减免需要赔偿的律师费等系列措施。近年来，不少专利主张实体设置空壳公司作为权利人起诉，由第三方以承担费用的形式进行"风险投资"，试图利用这些规定降低其诉讼成本，败诉后通过破产避免对原告进行赔偿。本案在以往系列判决的基础上，进一步限制了这一模式，但也没有最终解决原告败诉后通过破产逃避对被告侵权损失赔偿责任的问题。

随着我国国内程序中对律师费赔偿额度的提高，笔者猜测也难免会出现这类模式。在德国的诉讼实务中，不时会遇到空壳公司作为权利人的情况。这时，被告在胜诉后无法有效追偿包括诉讼费用、律师费等支出在内的损失。如何在保护经济上弱势的当事人的诉权和防止滥用、保护被告合理利益之间进行平衡，笔者相信还有很长的路要探索。

d. 德国 20200609-穿透计案（共同发明人收入分配中账目信息公开问题）

基本信息：BGH, Urteile vom 9. Juni 2020 - X ZR 142/18, Penetrometer（德

国联邦最高法院，2020 年 6 月 9 日）

案件事实：本案原告是被告的员工，并与另一员工（后称"第二发明人"）曾做出多项发明。本案原告主张，因本案被告就其中一项发明没有及时按照当时的德国《雇员发明法》行使其作为雇主的权利，本案原告及第二发明人作为共同发明人共有发明所有权。自 2006 年起，本案原告和第二发明人也自行在多个国家申请并获得了多项专利。二审审理过程中，被告出示了被告与第二发明人于 2017 年签订的协议，主张根据该协议，第二发明人将其所有的专利部分所有权转让给被告，并准许其以往对发明的使用。原告主张协议无效，并主张即使协议有效，要求被告提供相关账簿信息和单据，并请求法院判决被告就申请阶段支付奖励、就专利授权后至被告与第二发明人签订协议之间的时间赔偿侵权损害，以及就签订协议后的使用按共有比例支付补偿金。

主要争点：共同发明人收入分配中账目信息公开问题。

裁判要点：德国联邦最高法院同意原告主张，确认因本案被告就其中一项发明没有及时按照当时的德国《雇员发明法》行使其作为雇主的权利，本案原告及第二发明人作为共同发明人共有发明所有权。此外最高法院也确认，在第二发明人将其部分所有权转让给被告之前的时间段，被告侵犯了原告和第二发明人共有的专利权，并判决被告提供信息、公开账簿和单据以便确认侵权损害赔偿数额。此外最高法院认为，第二发明人准许被告以往对发明的使用以不当方式影响了原告利益，故该条款无效。最高法院认为，对该条款的解释必须仍然允许共有发明人能够获得其应得的部分利益，例如可以解释为，使用补偿款应支付给共同发明人集体，使得每个共同发明人可以获得其份额。此外，二审法院认为 2017 年之前，要求被告公开账簿等方面的请求权是原告和第二发明人共有。最高法院也不同意这个决定。最高法院认为，基于对第二发明人和被告的协议目的，应当超越其协议文本意义将其解释为第二发明人已经将其涉及专利的全部权利，而不仅是涉及发明的权利，无论过去还是未来，均转让给了被告，从而也就不能认定其还和原告共有要求被告公开账簿等方面的请求权，故原告可以独立主张要求被告提供相关账簿信息和单据。

评　　论：从本案中，笔者认为，一方面可以看到德国对于民事司法程序中诚
实信用氛围的长期培养，以及对伪证的严格处罚，相当程度上减少
了"倒签协议"等做法，对于实现司法公正起到了重要作用，值得
借鉴；另一方面，德国专利侵权案件通过先认定侵权与否，然后要
求侵权人提供相关账簿信息和单据的做法，较好地解决了侵权赔偿
数额举证难的问题，且与对隐瞒、伪造证据的处罚结合，在与英美
法系开示程序相比成本较低的前提下取得了较好的效果。

就本案本身，如果认定第二发明人和被告协议完全有效，则原
告无法单独要求作为共有人、具有使用权的被告赔偿侵权损害和公
开账簿，最多可能可以主张补偿款；如果认定该协议完全无效，则
原告与第二发明人共有专利，无法单独起诉。两者均无法取得较好
的社会效果。最高法院采取的认定部分条款无效，并灵活解释协议
的做法，得出了合理的结论，保护了发明人的权利，并取得了良好
的社会效果。

e. 德国 20201103 - 窗框（Fensterflügel）案（专利侵权诉讼的集中原则适用）

基本信息：BGH，Urteil vom 03. November 2020 - X ZR 85/19，Fensterflügel
（德国联邦最高法院，2020 年 11 月 3 日）

案件事实：本发明专利侵权案涉诉专利涉及一种窗框部件，该窗框部件具有一
种特定的、可以涂上黏结剂粘贴窗户玻璃的定位条。被告生产并销
售窗框部件。其客户使用窗框部件粘结玻璃以生产窗户。双方多年
以来一直进行侵权诉讼。诉讼过程中，被告更新了其产品的生产指
南和系统说明，其中指出涉诉专利保护了将黏结剂涂在定位条上的
技术方案，故要求确保生产过程中黏结剂不接触产品中心定位条。
在先前一起案件中，被告反诉原告要求确认其产品在更新了生产指
南和系统说明后不构成侵权。原告在该案开庭审理时明确，该诉讼
只针对黏结剂接触中心定位条的产品。随后法院驳回被告反诉。该
案中，被告因过去的侵权行为被认定间接侵犯专利权，被禁止生产
销售涉诉专利权利要求 1 所述的黏结剂接触定位条的产品。

本案中，原告再次起诉被告，主张根据其新生产指南和系统说
明，虽然黏结剂不接触中心定位条，但在其他位置仍然接触了其他
的定位条，故构成间接侵权。一审法院驳回起诉，二审法院驳回诉
讼请求。

主要争点：德国《专利法》第 145 条专利侵权诉讼的集中原则适用。

裁判要点：最高法院综合考虑了一事不再理原则、德国《专利法》第 145 条对于专利侵权诉讼的集中原则和德国《民法典》诚实信用原则，确认了二审法院的结论，即起诉符合法律规定，但对诉讼请求依法不予保护。

评　　论：目前我国国内司法实践中出现权利人同时在多地、不同法院，针对基本相同的侵权行为基于多件专利提起多件专利侵权诉讼的现象。该做法一方面在各个法院标准不一、法定侵权赔偿数额有限、侵权赔偿损失举证难的背景下，有其不得已之处。但另一方面，这样的做法并不利于节省司法资源，也容易让经济上或者法务能力上处于弱势的被告在多个法院之间疲于奔命。在法院判决侵权损害赔偿数额逐步增加的背景下，未来可以考虑借鉴德国《专利法》第 145 条专利侵权诉讼的集中原则，要求权利人集中起诉。但从本案中也可知，如进行借鉴，对集中起诉不宜把握过严、要求过高。此外，德国对于间接侵权的系统性立法和判例法，也值得借鉴，以鼓励溯源保护知识产权，进一步节约司法资源。

1.3　动态

1.3.1　国际动态

1.3.1.1　新冠专题

a. WIPO 前总干事弗朗西斯·高锐《关于知识产权、创新、获取和 COVID - 19 的几点思考》

主要内容：世界知识产权组织前总干事弗朗西斯·高锐（Francis Gurry，于 2008 年 10 月 1 日至 2020 年 9 月 30 日之间任 WIPO 总干事）于 2020 年 4 月 20 日在 WIPO 网站上发表了《关于知识产权、创新、获取和 COVID - 19 的几点思考》，认为："目前的主要挑战不是获得 COVID - 19 的疫苗、治疗方法或治愈方法，而是缺乏获得批准的任何疫苗、治疗方法或治愈方法。因此，政府在现阶段的政策重点应放在支持科学和创新上，以生产疫苗、研究治疗方法或疗法。在这方面，首要任务是确定获取的障碍。存在许多获取障碍，例如缺乏重要医疗用品或设备的制造能力，对此类用品和设备越境转移、进口关税方面存在障碍，缺乏内部运输和交付机制以及缺乏适当的卫生系统和基础设施，等等。这些障碍需要政府解决。如果创新产生了有效的结果，并且各国无法以适当且可承受的价格获得创新，知识产权（IP）也可能构成获取的障碍。在这方面，在国家和国际两级都有规定，以在知识产权成为障碍的情况下促进获取。这些规定的应用应有针对性且有时间限制，换句话说，应与在COV-ID-19大流行过程中已证明的IP访问障碍明确相关，并牢记如果没有创新，就没有任何获取机会。"该文还陈述了15项声明，包括对知识产权重要意义的重申，对政府能采取措施的说明，对WIPO为贡献于创新挑战而采取的措施，等等。

附链接：https://www.wipo.int/about-wipo/en/dg _ gurry/news/2020/news _ 0025.html

b. 美国专利商标局宣布为小型和微型实体提供COVID-19优先审查试点计划

主要内容：2020年5月8日，美国专利商标局宣布了一项为小型和微型实体提供COVID-19优先审查的试点计划。在该试点计划中，对于满足小型或微型条件的实体，美国专利商标局可以支持其优先审查申请，且不需要该实体支付其他优先审查所伴随的典型费用。此外，如果申请人对美国专利商标局的沟通迅速做出回应，美国专利商标局将努力在六个月内最终解决该计划中的申请。为了符合新计划的资格，申请的权利要求必须涵盖需获得美国食品药品监督管理局（FDA）批准后方能用于预防和/或治疗COVID-19的产品或过程。

美国知识产权商务部副部长兼美国专利商标局局长安德烈·伊安库（Andrei Iancu）表示："在最前沿的创新和经济增长方面，独立的发明家和小型企业通常是创造差异者。在应对大流行病的过程中，他们也最需要帮助。加快对COVID-19相关专利申请的审查，而无须支付额外费用，将使这些创新者能够更快地将重要的并可能挽救生命的疗法推向市场。"

附链接：https://www.uspto.gov/about-us/news-updates/uspto-announces-covid-19-prioritized-examination-pilot-program-small-and

1.3.1.2 其他动态

a. 美国专利商标局等机构联合发布《关于自愿进行合理非歧视承诺的标准必要专利救济的政策声明》

主要内容：2019 年 12 月 19 日，美国专利商标局、美国国家标准技术研究院（National Institute of Standards and Technology，NIST）和美国司法部反垄断局发布了一份关于标准必要专利禁令的联合政策声明：《关于自愿进行合理非歧视承诺的标准必要专利救济的政策声明》。该声明取代了美国司法部和美国专利商标局共同发布的 2013 年关于 SEP 补救措施的政策声明。一方面，声明指出鼓励标准必要专利权人与专利使用者进行诚信的许可谈判将有利于促进技术创新、增加消费者的选择、保障产业竞争性。当许可谈判失败时，标准必要专利权人应该能够获得适当的救济以保持竞争，对创新的激励以及对自愿的、基于合意的标准制定活动的持续参与。另一方面，声明也指出，对于救济进行限制的规则同样适用于标准必要专利。例如 eBay 案中美国最高法院明确的对于是否颁发禁令的规则。

附链接：https://www.justice.gov/atr/page/file/1228016/download

b. 美国专利商标局发布 Alice 案专利审查影响报告

主要内容：2020 年 4 月 23 日，美国专利商标局发布了一份由其首席经济学家撰写的报告，标题为《适应 Alice：在 Alice Corp. v. CLS Bank International 案之后美国专利商标局的专利审查结果》（"Adjusting to Alice：USPTO Patent Examination Outcomes after Alice Corp. v. CLS Bank International"）。该报告强调了美国专利商标局最近采取的行动如何为受影响最大的技术领域的专利适格性提供了更大的可预测性和确定性。

报告指出，在美国最高法院对 Alice 案做出判决后的 18 个月里，在 33 个受到 Alice 案影响的技术领域中，因为不符合专利适格性而被拒绝授予专利的可能性增加了 31%，而专利审查中的不确定性增加了 26%。而在美国专利商标局发布其 2019 年 1 月修订的《专利主题适格性指南》（2019 PEG）一年后，受 Alice 案影响的技术由于不符合专利适格性而被拒绝的可能性降低了 25%，在发布

2019 PEG 之后的 12 个月中，受 Alice 案影响的技术的专利审查不确定性降低了 44％。由此，报告认为证据表明，2019 PEG 为决策过程提供了清晰性和结构性，从而降低了在主题适格性判断中审查员之间观察的差异程度。对于专利申请人而言，这一发现表明审查过程更加一致和可预测。

附链接：https：//www. uspto. gov/sites/default/files/documents/OCE-DH _ AdjustingtoAlice. pdf

c. 欧洲公平标准联盟公布《标准必要专利许可的核心原则和方法》

主要内容：2019 年 7 月 29 日，欧洲公平标准联盟（The Fair Standards Alliance）发布并在线公开了《标准必要专利许可的核心原则和方法》（"Core Principles and Approaches for Licensing of Standard Essential Patents"，又称 CWA2）。文件在德国标准化研究所（Deutsche Institut für Normung，DIN）的支持下，由来自不同行业的 56 个机构以及数百个行业协会共同制定，将有助于企业、个人和政策制定者对标准必要专利的专业评估。该文件引起欧盟以及多种行业协会等的广泛关注。

CWA2 主要包括导言、六节和两个附件，具体如下：

导言简要概述了所讨论的行业问题，以及标准和标准必要专利对欧洲和国际经济的重要的经济影响和商业影响。

第 1 节确定文件的范围，并确定委员会处理的领域。第 2 节概述了 CWA[①]，列明 CWA 参与者已确定并同意的 SEP 授权的核心原则。第 3 节提供了 SEP "最佳做法"的实用摘要，这些做法体现并支持核心原则，同时有助于推进 FRAND 过程，促使进行双边谈判。第 4 节提供了市场背景，以及相关竞争法应当考虑的因素的总结，对于理解和适用 FRAND 原则具有重要意义。第 5 节对 FRAND 原则进行了更详细的法律回顾和分析，包括广泛引用适用的法律，作为对文中列明的 SEP 许可的六个核心原则的解释和支持。第 6 节对 CWA 进行了简短的总结。

附件 A 列明了常见问题，并提供了可能对从事标准基本专利许

---

① CWA 是欧洲标准化协会（CEN/CENELEC）讨论并通过的研讨会协议，反映了对其内容负责的个人和组织的共识。该 CWA2 项目是在 CWA 的框架下开展的。

可的各方有一定帮助的回答。附件 B 列出了谈判各方可随时获取的材料，这有助于提高透明度，并促进基于共同信息和事实的 SEP 许可（的获得）。

CWA2 确定了 6 项核心原则：

1. FRAND SEP 持有人不得威胁、寻求或强制执行禁令（或类似的事实上的排斥程序），除非在特殊情况下且仅在无法通过裁决解决 FRAND 赔偿的情况下，例如缺乏管辖权或破产。各方应寻求在没有与禁令或其他事实上的市场排斥过程相关的任何不公平的"挟持"杠杆下来谈判 FRAND 条款。

2. 任何希望实施相关标准的人都应该获得 FRAND 许可。拒绝对某些实施者进行许可是违背 FRAND 许可承诺的。在许多情况下，上游许可可以创造显著的效率，从而使专利持有人、被许可人和整个行业受益。

3. SEP 的评估应基于其自身的技术优缺点和范围，而不是基于下游价值或用途。在许多情况下，这将涉及直接或间接侵犯 SEP 的最小组件，而不是结合了其他技术的最终产品。正如欧洲委员会所指出的那样，SEP 估价"不应包括因将技术纳入标准的决定而得到的任何元素"。此外，"在定义 FRAND 值时，各方需要考虑该标准的合理合计率"。

4. 尽管在某些情况下，当事方可能会相互自愿达成组合许可（portfolio license）（甚至包括一些可能存在分歧的专利），但任何一方均不得基于对专利组合中的其他专利有分歧而对被认为必不可少的专利拒绝给予 FRAND 许可。这种方法可以使当事方在存在分歧领域的情况下在专利组合中确定具有共识的领域。对于未达成共识的专利，任何一方均不得被迫获得组合许可，如果某些专利存在争议，则 SEP 持有人必须对相关内容承担举证责任（例如，确定所称的 SEP 被侵权并需要付款，确定 FRAND 费率）。

5. FRAND 谈判的任何一方都不应试图强迫另一方进行过于宽泛的保密安排。一些信息，例如专利列表、识别相关产品的权利要求图、FRAND 许可条款、先前许可历史的各个方面等，对于评估潜在的 FRAND 条款很重要，这些材料的公开可用有助于一致且公平地适用 FRAND 原则。专利权人不应试图利用其与专利或先前许可有关的信息优势来干扰潜在被许可人有效谈判的能力。

6. 即使在有专利转让的情况下，FRAND 义务仍然不受干扰，并且专利销售交易中应包括与此相关的明示语言。同样，专利转让不应改变对特定专利寻求或获得的价值。如果拆分了 SEP 组合，则拆散部分（以及专利组合的其余部分）收取的许可费总额不应超过该专利组合由单个所有者保留的情况下被认定为 FRAND 的许可费，或之前的所有者收取过的许可费；或者由原始所有者收取。并且专利转让不应被用来阻挠潜在被许可人的专利使用费"抵消"或类似的互惠权利。

随着欧洲和全球工业界针对所谓的"物联网"和"5G"应用开发新的标准，确保对这些标准化技术必不可少的专利授权的平衡系统变得越来越重要。这些许可对于创造一个公平的竞争环境具有深刻意义，无论大小公司，都可以依靠它们来开发创新产品和服务，从而使欧盟和全球消费者受益。这也是 CWA2 阐述政策原则和实践中最佳做法的重要意义。

附链接：ftp://ftp.cencenelec.eu/EN/News/WS/2019/CWA_SEP/CWA 95000.pdf

d. 欧洲专利局和中国国家知识产权局发布《关于计算机实施发明/软件相关发明的比较研究报告》

主要内容：2019 年 11 月 12 日，欧洲专利局和中国国家知识产权局发布了《关于计算机实施发明/软件相关发明的比较研究报告》（"Comparative Study on Computer Implemented Inventions/Software Related Inventions"），旨在针对计算机实施的发明快速增长的情况，通过比较分析帮助创新者在申请专利时能够对规制和实践有更好的了解。

报告主要包括三个部分：

第一章为引言，介绍了比较研究的背景和意义。

第二章对法律法规和审查指南进行了比较。主要包括：（1）"技术性"/技术效果的要求；（2）新颖性；（3）包含技术特征和非技术特征的权利要求的创造性；（4）审查实践比较。其中比较值得注意的一些方面包括：《欧洲专利公约》没有对"发明"进行定义，但认为隐含着"技术性"要求，中国《专利法》则明确将发明定义为"技术方案"；欧洲专利局认为技术性的判断不应该与现有技术相比较；计算机程序特征也可能有技术性，欧洲专利局支持计算机程序权利要求，但要求其具有进一步的技术效果；欧洲专利局采用两步骤判断法，中国国家知识产权局采用三步骤判断法；等等。

第三章对9个审查示例进行了比较分析。可以看到，由于欧洲专利局在适格性判断阶段采用包含技术手段就通过的宽松判断方法，因而比较多的示例是在创造性判断阶段予以否定。相比而言，我国则在适格性判断阶段进行了更加严格的审查。

需要注意的是，该比较研究是在2019年底国知局第343号公告（对审查指南进行修改，增加一小节关于包含算法特征或商业规则和方法特征的发明专利申请审查相关规定）发布和实施之前完成的，我国的审查规则虽然仍然是三关卡判断，但相较之前有了一定改变。在研究相应案例分析时需要结合目前的审查规则进行理解。

附链接：http://documents. epo. org/projects/babylon/eponot. nsf/0/979CF38758D25C2CC12584AC004618D9/ $ File/comparative _ study _ on _ computer _ implemented _ inventions _ software _ related _ inventions _ EPO _ CNIPA _ en. pdf

1.3.2　学术动态

a. 美欧可专利主题的判断标准

Rebecca A. Lindhorst 在《两只小鼠的故事：美国和欧盟对可专利主题的判断标准及启示》[①] 中提出，20 世纪 80 年代，美国对生物技术专利授权采取了较为开放及宽松的政策，美国最高法院在 Chakrabaty 案判决中提出的"太阳下任何人造之物都属于可专利主题"的观点，打开了基因技术专利的大门，促进了生物科技产业在美国的蓬勃发展。同时期的欧盟，依据《欧洲保护公约》对可专利主题采取了限制性措施，导致生物技术的专利申请困难重重。"哈佛鼠"在美国和欧盟专利申请的命运恰恰体现了两专利制度下专利主题资格判断方法的差异。

欧盟对可专利主题的严格限制阻碍了欧洲生物技术的发展。认识到问题所在，1998 年欧盟实施了《关于生物技术发明的法律保护指令》，采取与美国同水平的可专利主题判断方法，旨在扩大可专利主题的范围。然而，在欧盟放开可专利主题范

---

　① Rebecca A. Lindhorst. A tale of two mice：insights on the divergent treatment of patent-eligible subject matter in the United States and the European Union. Texas intellectual property law journal，2019，28（1）.

围之时，美国转而采用更严格的 Mayo/Alice 两步判断法。因此，欧盟和美国在此问题上再次产生分歧。在 BRCA 案中，美国最高法院认为从人体中分离提纯后得到的基因片段不属于可专利主题；而欧洲专利局认为 BRCA 基因相关专利是通过技术过程获得的、独立于人体的物质，属于可专利主题。

美国和欧盟的专利制度在生物技术发明的可专利主题判断方法上存在反复，不利于全球性专利体系的构建，因此，美国和欧盟应统一可专利主题标准，以促进国际专利标准的建立及增强专利全球性保护。

b. 基因专利与伦理问题

Aisling McMahon 在《基因专利与伦理问题的边缘化》[①] 一文中探讨了基因专利的伦理问题。该文的主要观点是：美国和澳大利亚对生物技术专利未做专门立法规定。2013 年，美国分子病理学协会出于基因专利对医学研究限制的担忧，对 BRCA 基因专利发起挑战。美国最高法院在该案判决中对专利无效的说明仅局限于狭隘的技术标准，即"自然产物不是可专利主题"，而未回应其中更深远的伦理问题。2015 年，澳大利亚高等法院同样驳回了 BRCA 基因的可专利性，但判决中也未涉及人们关切的基因专利对公共健康的影响。

欧盟针对生物技术专门制定了《关于生物技术发明的法律保护指令》，旨在澄清生物技术发明的可专利性，同时载有涉及道德问题的具体条款。但在实践中，与美国和澳大利亚的情况相似，欧洲专利局侧重于对专利法技术要素的评价，淡化了道德条款的影响力。由此可见，尽管伦理问题引发了基因可专利性的争议，但法院在专利案件中对伦理道德的考量普遍缺失。美国、澳大利亚及欧盟的专利制度未对生物技术专利所涉及的广泛伦理问题提供处理思路。

加拿大在专利法之外寻求上述问题的解决途径。在 CHEO（The Children's Hospital of Eastern Ontario）案中，双方当事人达成了许可协议，CHEO 可以以非营利目的提供基因检测的公共卫生服务。公共卫生许可证制度为解决基因专利带来的相关问题提供了有用的经验。

与专利诉讼路径相比，许可协议制度是解决基因专利问题的一种更快、更具成本效益的方案。在各国未对专利制度做出根本性改变的情况下，效仿加拿大建立公共卫生许可证制度是短期内可取的解决方案。

---

① Aisling McMahon. Gene patents and the marginalisation of ethical issues. European intellectual property review，2019，41（10）.

c. 关于德国专利禁令制度的研究

Peter Georg Picht 在《德国专利禁令制度：法律框架与最新发展》① 一文中指出，根据德国《专利法》，任何侵犯专利权的行为都可能触发禁令救济。禁令种类主要有最终禁令和初步禁令，其中初步禁令因会严重损害被控侵权者的利益，其适用条件更加严苛。德国专利诉讼是"二分的"（bifurcated），即为了提高案件审理的效率，专利无效和专利侵权分开审理。这一形式存在的弊端是，可能出现一方面授予禁令，另一方面宣布专利无效的矛盾结果。为解决此问题，德国法院允许被诉侵权人在证明专利很可能被无效的情况下中止专利侵权诉讼。

标准必要专利禁令救济问题属于专利侵权禁令救济规则的一个分支。欧洲法院在华为诉中兴案中从自由竞争的角度，阐释了对做出 FRAND 许可声明的专利权人寻求禁令救济限制的必要性，并说明了如何在竞争法框架下处理标准必要专利禁令救济问题，修正了过去法院在橙皮书案、摩托罗拉案做出相关决定的偏颇之处。

目前，德国专利禁令救济规则有新的发展。一方面，建议在专利禁令规则中引入比例原则。因为随着技术发展，现代产品往往包含越来越多的专利技术和强制性技术，若所涉具体专利仅涉及一个微小的功能细节，而针对整个产品颁布禁令，这对侵权人造成的损害与争议专利的价值不成比例。另一方面，如果立即执行禁令会给侵权人造成不成比例的损害，建议采用"使用期限"（use-by periods）原则或以金钱补偿代替禁令的方式，以增加禁令救济规则的灵活性。

d. 关于 TRIPs 协定的国内法转化

Evan H. Tallmadge 在《TRIPs 协定的国内法转化：以不可授予专利的客体为视角》② 一文中提出，TRIPs 协定第 27 条规定了专利授权标准中的积极要件和消极要件，但由于 TRIPs 协定只为成员方提供最低限度的保护，成员方可根据自身情况制定更高的可专利性标准，因此，国际社会对不可专利的主题的界定并不统一。

经比较不同国家和地区专利法中"排除专利性"的规定，存在较大争议的问题包括：首先，如何理解"适于工业应用"？美国、加拿大等国家认为"适于工业应用"是指发明需要有具体、实质性的效用，而日本和韩国则将其理解为发明必须能够商业化才能被授予专利，后者的适用标准更为严格。其次，就动植物品种的保护而言，成员方在采取何种植物品种保护体系，以及是否授予动物、多细胞生物等高

---

① Peter Georg Picht. German law on patent injunctions：legal framework and recent developments. Chicago-Kent journal of intellectual property，2020，19（1）.

② Evan H. Tallmadge. Nationalizing TRIPs：an examination through exceptions. John Marshall review of intellectual property law，2019，18（3）.

级生命形式专利的问题上也存在分歧。最后，成员方是否可以超出 TRIPs 的框架规定非专利主题？印度是唯一一个明确将农业方法排除在可专利范围之外的国家，这似乎与 TRIPs 协定第 27 条第 1 款的要求相矛盾。

为促进国际专利制度统一，TRIPs 条款应进行修改和细化来协调上述争议问题。例如，"适于工业应用"的定义需细化解释，以符合大多数成员方的实践情况。再如，考虑到转基因动物的研究具有极大价值，应给予非人类高等生命形式专利保护。就印度排除农业方法专利性的问题，此规定有碍农业知识的传播，国际社会应当要求印度遵守 TRIPs 协定的义务，授予农业方法专利。

e. 关于统一专利法院与欧洲专利制度变革

Aurora Plomer 在《统一专利法院与欧洲专利制度的变革》[①] 中指出，统一欧洲专利制度一直是欧盟追求的目标。由于历史遗留问题和法律制度等原因，欧洲统一专利法院（The Unified Patent Court，UPC）的设立过程困难重重：首先，《统一专利法院协定》（"Unified Patent Court Agreement"，UPCA）极为复杂，其跨越了国际、欧盟和国家法律，创建了一个前所未有的"国际"法院。作为欧盟之外的自治国际组织，UPC 在其法律框架中存在灰色地带是不可避免的，例如 UPCA 未明确成员国脱欧后继续参与的条件及适用法律。其次，欧洲专利制度整合的目的是促进单一市场的建立，而 UPCA 割裂了 25 个参与国和非参与国之间的欧盟市场，违背上述目的。再次，UPCA 制度框架能否为基本权利提供充分的保护令人怀疑，知识产权执法措施对公共健康、隐私和个人权利有深远的影响，但 UPCA 仅在序言提及《宪章》，未涉及《欧洲人权公约》内容，不足以体现其对基本权利保护的重视。最后，UPCA 没有整合现有的专利司法制度，而是在现有格局之外重新建立一套独立的专利司法机构，加重了欧盟专利司法制度的碎片化。

简化欧洲专利制度的难点在于如何设计一个精简的法院结构，在鼓励创新的同时，确保专利权人得到充分救济。基于前文的分析，UPC 难以成为这样的法院。恐怕在 UPCA 框架下最终受益者会是欧洲以外的跨国公司，而不是处于欧洲创新前沿的欧洲中小企业。

---

① Aurora Plomer. The Unified Patent Court and the transformation of the European patent system. IIC, 2020, 51 (7).

第 2 章　商标

2.1　立法

2.1.1　国家立法

a. 美国

《2020 年美国商标现代化法》（"Trademark Modernization Act of 2020"，下称《现代化法》）2020 年 12 月 27 日经美国总统签署成为法律。该法旨在推动美国商标审查程序的现代化，解决商标囤积，尤其是外国人在美国注册商标的囤积问题。主要内容包括但不限于：

1. 明确商标侵权案件中禁令的举证责任。禁令要求有"不可弥补的损失"。自最高院 eBay 案判决（eBay Inc. v. MercExchange，547 U. S. 388（2006））后，各上诉法院对禁令条件的适用宽严不一。《现代化法》规定，能认定侵权，或能确定有胜诉的可能，就可做出可撤销的推定"存在不可弥补的损失"，进而可颁发禁令。

2. 修改商标确权程序。根据《现代化法》，第三方可通过提交抗议函（letters of protest）来阻止商标的注册，该函必须要附法律依据和证据材料，专利商标局会在 2 个月内进行审查，并收取费用 50 美元/函件。专利商标局有权设定不少于 60 天的官文答复期间（以前是 6 个月）。申请人可要求延期，但最长是 6 个月，延期次数、时间和相关费用由局长决定。

3. 完善不使用商标的撤销机制。《现代化法》第 16A 条的撤销程序中规定，对没有商业使用的商标，在商标注册 3 年后 10 年前，任何人可提请删除（expunge-

ment)。第 16B 条对基于实际使用或意图使用而申请的商标，规定如果"商标在有关的注册日前"没有商业使用，任何人可以请求专利商标局删除（reexamination）。这里的有关日期存在多种情形，比如基于实际使用申请商标的申请日期，基于使用申请商标的意图使用修正声明的提交日期，等等。这种撤销需在商标注册后 5 年内提起。专利商标局局长在事实清楚的情况下，也可依职权发动这两种程序。

4. 增加了授权专利商标局局长可以对商标复审委员会（Trademark Trial and Appeals Board，TTAB）的裁定进行复议的条款，以此回应联邦巡回上诉法院联邦巡回院对 Arthrex Inc. v. Smith & Nephew Inc. 案的判决。该案中上诉法院认为凡是没有经过总统提名、参议院同意任命程序的行政法官即构成违宪，也就是聘任不适格，因此连带造成所给出的裁判亦无效力。联邦最高法院已经接受该案的上诉申请，并将三个相关的案件合并审理。这个案子是对于商标复审委员会的行政法官是否在程序上应经由总统提名并经参议院同意任命才具有审判资格的争议。美国专利商标局的立场是，无论该案如何判决都不会影响到商标复审委员会，但为了避免争议和不确定性，便在此处先做了修改。

b. 英国

2020 年 1 月 31 日，英国正式脱离欧盟，进入过渡期（2020 年 2 月 1 日至 2020 年 12 月 31 日）。过渡期内，欧盟注册商标仍可在英国境内受到保护。过渡期结束：（1）在欧盟已注册的商标，官方将自动为申请人创建相应的英国商标和英国注册号（不产生费用且无须重新审查），但随后商标到期续展，需分别针对欧盟商标和英国商标进行办理。（2）待审中或异议中的欧盟商标申请，过渡期截止日（2020 年 12 月 31 日）起 9 个月内可提交转换为英国商标申请，申请日及商标基本信息与欧盟商标信息一致，但会产生相应的费用。（3）英国商标权利人无权针对欧盟公告商标提出异议，反之亦然。（4）在商标不使用撤销案件中，仅有英国的使用证据不能证明欧盟商标的使用；仅有欧盟的使用证据也不能证明英国商标的使用。

c. 欧盟各国

《欧盟商标指令》（2015/2436）2016 年初生效，并要求成员国在 3 年内（2019 年 1 月 14 日前）对部分条文完成国内法转化，在 7 年内完成商标无效程序的国内法转化。欧盟国家都立足本国的国情，对转化做了积极推进。目前已经完成了第一阶段的转化。2019 年初至今，商标方面的立法动作较少。

德国：2018 年 11 月公布德国《商标现代化法》，大部分内容已经在 2019 年 1 月 14 日生效；撤销、无效程序的转化也在 2020 年 5 月 1 日生效。最大的变化就是，现在基于在先权利提起撤销或无效，除了在普通法院（集体和证明商标例外）提起，还可以向德国专利局提起，且专利局程序的费用更低，对当事人住所等方面限制更少。但两程序只能二选一，向专利局提起商标撤销/无效请求后，就不能再向地方法院提起撤销/无效诉讼；反之亦然。针对德国专利局的裁定不服提起的上诉，向德国联邦法院提起。另外在证据、程序、听证、担保、费用等问题上，也有新的变化。

其他欧盟国家也在继续推进转化：罗马尼亚关于商标和地理标志的第84/1998号法的修正案（2020年7月8日第112号法）2020年7月9日公布，2020年7月13日生效；冰岛2020年9月1日正式实施第71/2020号《商标法修正案》，第850/2020号《商标补充条例》也取代原第310/1997号《商标条例》，与《商标法修正案》同步实施；保加利亚为落实指令以及《欧盟委员会关于农产品和食品质量计划的1151/2012号条例》修改了其商标及地理标志法，于2019年12月17日生效；塞浦路斯2020年《商标法（修正案）》（2020年第63（Ⅰ）号法）也于2020年6月12日生效，以落实指令。

d. 挪威

挪威虽然不是欧盟成员，但其加入了"欧盟经济区"，而后者2020年2月把《欧盟商标指令》（2015/2436）的内容并入其中，挪威议会也对此内容进行了批准，并在随后对其《商标法》进行了相应的改革，以落实指令的要求。

e. 塞尔维亚

塞尔维亚《商标法》2020年1月24日通过，2020年2月1日生效，引入商标异议制度、代理人抢注制度，明确了商标许可人的诉权范围，在有关侵权判定的几个问题上值得关注。比如将此前的商标权国家用尽制度以国际用尽原则代替；对侵权人在侵权过程中使用的服务提供商追究中介方责任；规定比较性广告违法使用商标构成商标侵权；扩大商标注册人限制侵权商品进口和出口的权利，通过塞尔维亚转运侵权商品也在限制之内；等等。

f. 白俄罗斯

白俄罗斯《地理标志法修正案》2020年8月29日生效；修订了地理标志的定义，细化了地理标志保护的程序。对指明商品来源于国外某地理区域的地理标志，只要其在原产国获得注册，就可以在白俄罗斯注册。但是，除非国际条约另有规定，非白俄罗斯居民必须由白俄罗斯的专利和商标律师代理申请。

g. 韩国

韩国《商标法》草案于2020年12月1日在韩国国会审议通过，2020年12月

22日公布。新《商标法》引入2020年12月10日施行的新《特许法》中有关损失额算定方法的内容，在赔偿问题上的规定更有利于权利人。

根据原《特许法》，损失额可根据没有专利侵权时的可预期利益计算，具体计算方式是用侵权产品的销售量乘以专利权人单位产品利润。根据旧法，损失额限于"专利权人的生产能力范围之内"的销量，侵权人生产能力大的情况，对权利人就非常不利。新《特许法》在"权利人生产能力范围内的销售数量"上仍适用原《特许法》的规定，而对于"超出专利权人生产能力销售数量的部分"则可以向侵权人索赔与合理许可实施费相当的损失。

h. 泰国

2019年9月10日，泰国香烟包装新标准实施。虽然在过渡期（2019年9月10日至12月8日）内，旧包装香烟还可以出售，但是过渡期后如果继续出售，将被处以最高4万泰铢的罚款。新版烟盒对警示语、图片、颜色和商标有统一的规制，主要是为了降低烟草产品吸引力，尽量消除广告功效，凸显健康警告。旧款烟盒虽然也有警示图片和警示语，但设计不统一。泰国是第11个也是亚洲首个立法强制使用"平装"烟盒的国家。

i. 柬埔寨

2019年11月2日，柬埔寨《电子商务法》和《消费者保护法》经国王批准生效。还有后续的配套立法。其中，《消费者保护法》由11章51条组成，其目标是为企业创造一个公平的竞争环境，并通过减少不道德和非法的零售和促销活动来保护消费者。它还旨在授权当局打击假冒商品、误导消费者的广告或对消费者构成健康风险的产品。《电子商务法》由12章67条组成，旨在促进通过电子手段进行的贸易，并涉及电子签名等关键议题。电子签名被视为提高电子交易安全性的重要工具。在《电子商务法》实施之前，政府需要6个月的时间对利益相关者进行立法教育，并准备必要的文件。

j. 墨西哥

墨西哥《联邦知识产权保护法》2020年11月5日正式生效，商标方面值得注意的变化有：（1）规定商标有效期为十年，从注册之日起算（之前有效期是从申请日起算）；（2）描述性语言、单一颜色、字母和数字可注册为商标，前提是申请人可以说明其所具有的含义；（3）同意注册证明或共存协议可被接受用以对抗驳回。此外，在使用声明提交、许可协议效力、无效绝对理由以及举证责任方面也参考了国际先进经验。

2.1.2 国际立法

a. 中美贸易第一阶段经贸协议

美东时间 2020 年 1 月 15 日，中美在白宫签署第一阶段经贸协议。协议内容分为知识产权、技术转让、食物和农产品贸易、金融服务、宏观经济政策和汇率、扩大贸易、双边评估和争端解决、最后条款等八个章节。其中知识产权方面，涉及与商业秘密、制药相关的知识产权、地理标志、商标以及对盗版和假冒商品的执法等领域相关知识产权保护规定，同时，特别规定了司法处罚机制。此外，中美将在未来谈判中解决包括药品数据保护、电影未经授权的摄录和体育赛事广播版权保护等问题。

b. 《中欧投资协定》

经过 7 年 35 轮谈判，中欧领导人终于在 2020 年 12 月 30 日如期完成了《中欧投资协定》（"Comprehensive Agreement on Investment"）谈判。协定生效后，将取代中国与欧盟成员国之间现行有效的 26 个双边投资协定，为中欧双向投资带来"更大的市场准入、更高水平的营商环境、更有力的制度保障、更光明的合作前景"。谈判成果主要包括市场准入承诺、公平竞争规则、可持续发展议题，以及争端解决机制四方面内容。其中，知识产权是重点内容之一，在知识产权保护方面，明确禁止强迫技术转移，不干扰技术许可的合同自由度，保护商业秘密。

c. 《中欧地理标志协定》

2020 年 9 月 14 日，中欧正式签署《中欧地理标志协定》（全称为《中华人民共和国政府与欧洲联盟地理标志保护与合作协定》）。协定文本共 14 条，对地理标志设定了保护规则，附录中纳入双方各 275 项具有各自地区特色的地理标志产品。

d. 《区域全面经济伙伴关系协定》（RCEP）

2020 年 11 月 15 日，中国、日本、韩国、澳大利亚、新西兰和东盟 10 国在第四次 RCEP 领导人会议上共同签署了《区域全面经济伙伴关系协定》，达成世界上最大的自由贸易协定。RCEP 正文包括 20 个章节，涉及货物贸易、服务贸易、原产地规则、电子商务、竞争、争端解决等诸多方面。

RCEP 第十一章为"知识产权"。该章确认了 WTO《与贸易有关的知识产权协定》的地位，但是提供了超出《与贸易有关的知识产权协定》中规定的知识产权保护水平的保护。例如，该章确认各成员国利用《与贸易有关的知识产权协定》的灵活性来解决或保护公众健康问题的权利，建立适当的组织对著作权及相关权利进行集体管理，提供充分的法律保护和有效的法律救济以防止规避有效技术措施，保护权利管理电子信息，确认商标包括集体商标和证明商标，强化保护地理标志的国内行政程序，扩大可授予专利的客体，提高专利制度的质量和效率，精简主管机关的审查程序，在互联网上向公众提供在先技术的信息，有效防范不正当竞争，等等。此外，该章规定了知识产权权利人在权利受到侵害时的民事救济程序，要求成员国为权利人提供公平和合理的救济程序，并对停止侵权行为、损害赔偿、诉讼费用及律师费用、临时补救措施等做出规定。该章包括两个附件。附件一为考虑到各成员国不同的知识产权保护水平而制定的特定缔约方过渡期。附件二是为帮助相关成员国实现本章节项下的知识产权保护而设立的技术援助请求清单。

2.2　判例

2.2.1　商标获权

2.2.1.1　形式要件

a. 欧盟 20200923T－Seven 商标续展案（不能以许可合同约定不明对抗商标续展期限计算）

基本信息：T－557/19（欧盟普通法院，2020 年 9 月 23 日）

案件事实：Seven 公司注册有第 591206 号欧盟商标。2005 年涉案商标在第 25 类的注册转让给 Seven 许可公司，Seven 公司从后者得到许可使用；2013 年再次转让，Seven 公司仍是被许可人。2016 年，欧盟知识产权局通知现商标所有人续展，指出该商标的保护期限将于 2017 年 7 月 22 日结束，可以从 2017 年 1 月 23 日至 2017 年 7 月 24 日提交续展请求，如果支付延期费的额外费用，最后期限将延长至 2018 年 1 月 22 日。但现商标所有人没有续展。2018 年 2 月 2 日，欧盟知识产权局通知称商标 2017 年 7 月 22 日已到期。

作为涉案商标被许可人的 Seven 公司申请恢复程序，称该商标的所有人未履行合同义务，没有通知它自己不打算续展涉案商标，从而导致 Seven 公司也没有去续展。欧盟知识产权局执行部（Operation Dept）不支持，随后上诉委员会也不支持。Seven 公司上诉。

主要争点： 许可合同约定不明是否可以对抗商标续展期限计算，并进而影响涉案商标的有效性。

裁判要点： 欧盟普通法院驳回 Seven 公司上诉，明确指出商标续展应由商标所有人或其明确授权的人通过缴费完成。而 Seven 公司 2018 年 7 月 17 日，也就是商标已经到期后才拿到授权，即使其提出是因为合同约定不明，也不能阻止续展期限的计算。因此，Seven 公司恢复程序的申请不能得到支持。

评　　论： 需要维持权利的商标所有人需要在商标到期前进行续展。可以自行为之，也可以授权他人完成。这是权利义务对等原则在续展环节的体现。欧盟法律对续展的时限规定十分严格，即使去主张因难以预见的原因或是不可抗力而导致没能按时续展，也得证明是基于善意并尽到了足够的注意义务。对于那种自己没有及时续展的商标权利人，想通过"不明确"地授权第三方而规避续展时限的严格要求，更是不能得到支持。

b. 欧盟 20191128T－BERGSTEIGER 异议复审诉讼案（申请异议人提交真实使用证据有无形式要求）

基本信息： T－736/18（欧盟普通法院，2019 年 11 月 28 日）

案件事实： 2016 年 2 月，Runnebaum 公司的前身申请注册了"BERGSTEIGER"欧盟文字商标，使用于第 12 类的车辆、陆上运动设备以及第 35 类的车辆及陆上运动设备零售、广告、商业管理等服务。Berg 公司提起异议。Runnebaum 公司回应异议时，要求对方提交引证商标的使用证据，但它只是简单地写了个小标题"不使用"，其下文字是"此外，我们基于不使用提出反对意见"。涉案三个引证商标，只有一件比荷卢商标涉及提交使用证据的问题，其他商标注册时间都不满五年。异议处要求异议人提交涉案比荷卢商标使用证据，后经审查驳回全部异议。Berg 公司上诉，上诉委员会认为 Runnebaum 公司要求对方提交在先商标使用证据的申请不符合《欧盟商标条例》（2017/1001）第 47 条（2）和（3）的条件，未列明细节，应视为未要求提交使用证据。由此，经进一步审查，上诉委员会支持了在"车辆、陆上运动设备以及车辆及陆上运动设备的零售服务"上的异议。Runnebaum 公司上诉。

主要争点： 异议程序中，被异议人如果申请异议人提交引证商标的使用证据，是否有特别的形式要求；被异议商标与引证商标是否有混淆可能。

裁判要点： 2019 年 11 月 28 日，欧盟普通法院对此做出 T‑736/18 号判决。案件涉及多个法律问题，其中对于申请异议人提交使用证据事宜，普通法院认为，在异议程序中，要求提交使用证据的申请，只要清晰明确，就应当准予。欧盟知识产权局上诉委员会没有审查相关的涉及真实使用的证据，且当事人对这些证据还有实质争议，因此，这部分上诉理由应予支持。

评　　论： 欧盟对异议程序中申请异议人提交真实使用证据形式要求不高，只需清晰表达出意图即可。

c. 英国 20191212 ‑ 红色奶酪球立体商标注册案（对商标颜色的表述以能使商标产生识别力为准）

基本信息： [2019] EWHC 3454（Ch）（英格兰及威尔士高等法院，2019 年 12 月 12 日）

案件事实： FBSA 公司（Fromageries Bel SA）1996 年将涉案的标志在第 29 类上注册为商标（第 2060882 号），该标志被描述为"圆形的蜡封，颜色限定为红色，形状、大小如图示"（见图 2‑1）。J Sainsbury 公司认为涉案商标表述不明，并且还具有功能性，提起无效。

英国知识产权局 2019 年 2 月 13 日做出 O/086/19 号裁定，驳回了无效申请人有关功能性的无效理由，但支持了对颜色部分表述不清的无效理由。知识产权局认为"红色"描述不够充分，潘通色以"红色"命名的颜色有很多种，只说"红色"不足以清晰地表达出到底是哪种颜色。FBSA 公司上诉，提出红色不是涉案商标唯一的特征，因此没必要描述得那么精确。

主要争点： 涉案商标是否可以注册。

裁判要点： 英格兰及威尔士高等法院没有支持 FBSA 公司的红色奶酪球立体商标注册。法院认为，如果标志中含有颜色，但是又不仅仅是颜色，其描述应精确到什么程度，取决于颜色之外的其他特征能赋予标志多大的识别力。就本案而言，要使整体标志有识别力，涉案的红色必须要特定唯一。FBSA 公司还认为"红色"已经被其提交的图样所限定。法院认为商标的描述与图示应清晰、"一致"，不能说文字没有描述清楚，附个图就可以解决问题。至于 FBSA 公司提出的，能不能根据英国《商标法》第 13 条（1）（b）将涉案红色限定为"潘通色号 193C"，法院认为，为避免侵权而对商标进行限定，和对商标本身的描述进行限定，是两个不同的问题。

评　　论：由此看来，对含有颜色要素的标记中"颜色"的表述，英国高等法院认为要"能使商标产生识别力"才可以。但这是否将标志的明确性判断和显著性判断混为一谈，有待商榷。

图 2-1

2.2.1.2　实质要件

2.2.1.2.1　合法性

a. 欧盟 20200227C-Fack Ju Göhte 商标驳回复审诉讼案（需要结合相关公众的感受判断是否违反公序良俗）

基本信息：C-240/18 P（欧盟法院，2020 年 2 月 27 日）

案件事实：2015 年 4 月，曾经出品知名电影 *Fack Ju Göhte*（《该死的歌德》）的 Constantin 电影公司申请注册欧盟商标"Fack Ju Göhte"，使用于若干商品和服务。该商标被以违反《欧盟商标条例》（207/2009）第 7 条（1）（f）规定的"公序良俗"为由驳回。申请人上诉，被驳回。上诉委员会认为本案相关公众是德语语种消费者（德国及奥地利），某些注册用商品还是针对儿童和青少年；"Fack Ju"和英文的"Fuck you"发音一致，后面再加上"Göhte"，也有辱著名的文学家歌德（Johann Wolfgang von Goethe）；虽然 Fack Ju Göhte 也是一部喜剧电影的名字，但这并不意味着其中的用词被社会公众所接受，也不意味着它可以逾越《欧盟商标条例》的公序良俗要求。随后，欧盟普通法院判决（T-69/17）维持上诉委员会的认定。申请人继续上诉。

主要争点：涉案商标是否有悖公序良俗，并进而不能注册。

裁判要点：欧盟法院判决认为涉案商标虽然含有不雅的词语，但是实质内容无害公序良俗，可以获得注册。法院指出：要适用《欧盟商标条例》第 7 条（1）（f），仅仅标志品味不雅不端是不够的，是否违反公序良俗，要看具有一般敏感度和容忍度的理性人如何看待和反应；不能仅抽象地审查标志本身，而要在具体的情境下去看相关公众对标志的具体反应。普通法院并没有从公众具体认知的角度去分析，其审查囿于涉案商标中的"Fack Ju"文字本身的粗俗意味。而且，对普通法院有关"与文艺创作需要有表达自由不同，商标领域并不存在这种自由"的观点，欧盟法院并不认同。欧盟法院认为适用《欧盟商标条例》第 7 条（1）（f）要考虑表达自由，前言第 21 条也提到保护基本的人权和自由，其中就包括表达的自由。随后，欧盟法院对涉案标志进行审查，认为尽管有含义不雅的"Fack Ju"字样，但是与涉案商标同名的喜剧电影并没有扰乱视听，甚至还在学校放映，得到很多组织的资助，且被歌德研究所基于教育目的而使用。而且，与之前上诉委员会不同，欧盟法院认为同名喜剧片的成功，尤其考虑到其名字并无争议，是可以用来证明涉案标志未被相关公众认为是有悖公序良俗。基于此，欧盟法院判决支持涉案商标的注册。

评　　论：商标注册绝对理由之一"公序良俗"，经常会与某种表达相联系。与美国法院差不多同一时期的 Fuct 案相同，欧盟法院最终也支持了不雅词语的注册，但相比美国法院用"言论自由"来合法化不雅词语的判理，欧盟的这个判决还是基于"公序良俗"的商标法意义去解读涉案不雅词语的性质，认为语言文学角度的不雅，不能等同于法律意义上伤风败俗的"不雅"，是否有悖公序良俗，要看实际的社会影响。

b. 欧盟 20200129C-SKY 商标无效案（单独的"无使用意图"还不足以导致恶意；商品描述不清晰也不能直接导致无效）

基本信息：C-371/18（欧盟法院，2020 年 1 月 29 日）

案件事实：原告 Sky 公共公司等主要从事卫星和数字电视广播业务。原告起诉被告 SkyKick 公司等侵犯了其若干欧盟注册及英国注册的包含 SKY 文字的商标。各引证商标均涉及多个类别，但原告主要引证了第 9 类和第 38 类相关商品/服务上的注册，包括：计算机软件、互联网提供的计算机软件、用于连接数据库和互联网的计算机软件和电信设备、数据存储等（第 9 类），通信服务、电邮服务和通过计算机或计算机网络访问和检索信息/数据的计算机服务等（第 38 类）。对于原告的侵权指控，被告并无抗辩，但提起反诉，要求认定原告的引证商标部分无效，理由是其商标：（1）注册用商品/服务不明确；（2）没有使用意图，属于恶意注册。于是，本案关键就在于引证商标有效与否。

主要争点：英国高等法院就本案中涉及的若干可能影响案件定性的问题提请欧盟法院解释：（1）已经注册的国内商标或欧盟商标能否因商品/服务描述不清，而不能使主管当局或第三方据以确定其保护范围，就被全部或部分无效？（2）如果是，像本案"计算机软件"这种词语，是不是太过笼统，其所指称的商品太过富于变化，以至于不能发挥商标的功能，不能让主管机关或是第三方仅凭这个词语就判定商标的保护范围？（3）如果申请商标却没有将其使用在特定商品和服务上的意图，仅凭此一点是否就可认定恶意？（4）如果是，商标申请有没有可能分别认定，在无使用意图的部分构成恶意，而在有使用意图的商品/服务上构成善意？（5）英国《商标法》（1994）第 32 条（3）是不是与欧盟法律相一致？

裁判要点：欧盟法院初裁指出，《欧盟商标指令》及《欧盟商标条例》对无效理由做了穷尽列举，但"商品/服务描述不清"并不在其中，而且《欧盟商标指令》及《欧盟商标条例》中所谓"有损公共利益"并不是针对商标申请本身，比如描述是不是清晰准确，因此"商品/服务描述不清"也不属于有损公共利益。基于这个分析，欧盟法院认为，对欧盟商标或各国国内商标，不能仅因说明商品或服务的词语不明确就被全部或部分无效；商标申请人申请注册商标但无意将商标使用在指定的商品和服务上，如果申请人怀有违反诚信惯例损害他人利益的意图，或是虽然不针对特定的第三人，但是其获得商标专用权却不是为了实现商标的基本功能，就构成恶意，如果没有按照商标基本功能使用商标仅涉及某些商品或服务，那恶意仅在这一部分商品或服务上成立；《欧盟商标指令》并不排斥各国国内立法规定商标申请人必须说明其商标正使用在所注册的商品或服务上，或是其将会善意地进行前述使用，违反这个义务本身并不构成无效该商标的理由。

评　　论：欧盟法院初裁指出"不明确"或"无使用目的而申请注册"本身不是无效商标的理由。但欧盟法院明确了一点：自己无意使用，而意图违背诚信阻止他人使用，那恶意就可以成立，无效理由也就可以成立。由此我们也可以看出，"使用"是商标的灵魂，没有使用的支撑，商标可能根本不能注册（例如美国），注册后不使用还会被撤销（各国通例），自己无意使用还注册下来挡住他人正当使用的，即使注册了也会被无效。

2020 年 4 月 29 日，英国高等法院就本案做出实体判决（〔2020〕EWHC 990 (Ch)），一方面认定了被告侵犯了原告商标在"电邮服务"上的注册，另一方面，也适用初裁的法律精神，认定了原告部分商标是恶意注册，应予无效。然而，2021 年 7 月，英国上诉法院判决（〔2021〕EWCA Civ 1121）又推翻了高等法院的认定，认为原告的宽泛注册并不是恶意。

c. 欧盟 20191113C‒Outsource2India 商标无效案（申请注册的标志有描述性不影响恶意成立）

基本信息：C‒528/18 P（欧盟法院，2019 年 11 月 13 日）

案件事实：2007 年 6 月 25 日，德国的 Outsource2India 公司申请注册涉案商标（见图 2‒2），2008 年，该商标在第 35、36 及 41 类的有关服务上获得注册。

2013 年，印度的 Flatworld 公司根据《欧盟商标条例》（207/2009）第 52 条（1）（b）对该商标提起无效申请，并得到支持，理由是涉案标志为恶意申请，因为其中的"outsource2india"元素 Flatworld 公司在欧盟有在先使用。

Outsource2India 公司上诉，得到上诉委员会的支持。上诉委员会认为，无明显证据证明 Outsource2India 公司有恶意。Outsource2India 公司曾有意与 Flatworld 公司建立商业关系，以帮助德国或其他国家的企业将其服务外包给印度。但并无证据显示它有盗用 Outsource2India 的意图，因为这个词组对于向印度外包服务有描述性，大家都可以用，使用它并不违反诚信。即使 Outsource2India 公司已经知晓 Flatworld 公司在先使用并随后申请注册的商标（见图 2‑3），也不表明它有恶意，因为两个标志的图形部分存在差异。而且，上诉委员会认为 Flatworld 公司的在先使用证据也过于薄弱。

Flatworld 公司仅针对恶意的部分上诉。普通法院做出 T‑340/16 号判决，认为在欧盟，商标的注册遵循申请在先原则，仅仅有在先使用并不能必然对抗他人的注册，除非能证明后者有恶意。普通法院引用 Lindt & Sprüngli 案（C‑529/07）的判决认为，在后申请人是否知晓他人已在欧盟成员国使用涉案商标，在后申请人是否有意阻止在先使用人的使用，以及在先使用人的标志所受保护的程度等，都是判断恶意时需要考虑的。具体到本案，普通法院认为涉案商标的注册具有恶意。

Outsource2India 公司上诉。

主要争点：混淆以及标志本身有描述性是否影响恶意的认定；涉案商标是否恶意注册并应予无效。

裁判要点：欧盟法院判决维持一审，认为恶意不以涉案标志之间存在混淆可能为条件。至于 Outsource2India 具有描述性的问题，法院认为，如果当事人申请商标怀有侵害他人利益且有损诚实信用的意图，那么不管涉案标志是否有描述性，也不管是否有混淆的可能，都是恶意。Outsource2India 公司对涉案标志系统化的使用，是为了表明自己已经成功地与 Flatworld 公司建立合作，而实际上该合作并不存在。

评　　论：本案是 Koton 案之后的一起有关恶意的典型案例。它贯彻了 Koton 案的原则，并更推进一步，明确指出即使标志本身有描述性，也不能否定其主观上恶意。描述性是标志本身的问题，恶意是申请注册怀有何种意图的问题，是并行的两条线。当然，对于本案来讲，会存在一种可能性，就是标志虽然有描述性，但是通过使用可以获得显著性并进而获得注册，但是如果主观有恶意，则必然阻断其注册的可能。

图 2 - 2

图 2 - 3

d. 欧盟 20190912C－Koton 商标无效案（恶意不以混淆为条件）

基本信息：C－104/18 P（欧盟法院，2019 年 9 月 12 日）

案件事实：土耳其 Koton 公司拥有时装品牌 KOTON，该品牌创建于 1988 年，后声誉渐强，现以土耳其、德国、俄罗斯为主要市场。Nadal Es-teban（自然人）2004 年前曾是 Koton 公司的分销商。2011 年，Nadal 申请注册欧盟商标"Stylo&Koton"（见图 2 - 4），指定使用于第 25、35 和 39 类的相关商品/服务。Koton 公司引用在先的马耳他商标和国际注册指定在欧盟若干国家保护的商标（见图 2 - 5）提起异议。异议仅阻止了涉案申请在第 25、35 类上的注册。对于第 39 类，异议处和上诉委员会都认为商品/服务不类似，不会混淆。涉案商标在第 39 类上注册后，Koton 公司以恶意注册为由提起无效，但撤销处和上诉委员会都没有支持。2017 年，欧盟普通法院也判决（T－687/16）驳回 Koton 公司上诉，认为上诉委员会根据 Chocoladefabriken Lindt & Sprüngli 案（C－529/07）认为恶意的成立要求所涉商品/服务相同或近似，且存在混淆可能，并无不妥，鉴于 Nadal 在第 39 类的注册与引证商标使用的商品相差较远，即使双方曾有合作，也只能证明 Nadal 知道 Koton 公司的商标，而不能证明其不诚信。Koton 公司继续上诉。

主要争点：涉案商标是否恶意注册并应予以无效。

裁判要点：欧盟法院判决指出，如果申请商标不是出于正当竞争的目的，而是出于以践踏商业诚信的方式损害他人利益的目的，或是怀着获取——甚至没有针对明确的第三方——与商标功能（尤其是商标标明商品来源的功能）相左的专有权的意图，就可适用《欧盟商标条例》（207/2009）第 52 条（1）（b）有关恶意的规定。C－529/07 案中，欧盟法院针对提请法院基于特定案情（也即申请争议商标时，多家生产商在内部市场上使用相同或相似的标志表示相同或相似的产品，在已有混淆的情况下还坚持申请是不是有恶意）的请示回复认为，"混淆"是认定恶意的考虑因素之一。但这不等于必须混淆才能构成恶意。恶意应全面审查。即使没有混淆可能，甚至所涉及的商标都没有使用，同样有可能构成恶意。普通法院虽然意识到了要根据"商业逻辑以及时间和事件背景"全面审查，但具体审查时却未能贯彻这个原则。判断 Nadal 公司申请涉案商标的意图，应综合考虑各种情况，包括其在第 25、35 类的申请（即使这部分在本案并无争议），还有 Nadal 曾是 Koton 公司代理商并由此对后者的商标十分了解等事实。从这些具体的情况看，Nadal 存在恶意，Koton 公司的上诉应予支持。

评　　论：Koton 案之前，欧盟曾有两起有关恶意判断的重要案例，其一是前述的巧克力兔案（C-529/07），另外还有养乐多案（C-320/12）。

在巧克力兔案中，法院明确，判断申请人是否"恶意"，要全面考察其提交商标申请时的具体案情，尤其是申请人是否知道或者应当知道他人在至少一个成员国在相同或近似的商品上使用相同或者可能引起混淆的近似标志；申请人是否有阻止他人在市场上销售产品的意图；他人的标志与商标申请人的商标所获得法律保护的程度。我们可以看到，欧盟法院在巧克力兔案中，对于恶意判断需考虑的因素做了一个不穷尽的列举。

如果我们理顺本案中欧盟法院的逻辑，就会发现，它要求判断恶意要"全面考虑"加"重点考察"，但并没有说"重点考察"的内容"必须成立"才能成就恶意。这一点在 Koton 案中得到进一步澄清。

巧克力兔案确立的标准和逻辑在随后的养乐多案也有体现。养乐多案中，法院认为如果申请人知道或应当知道他人正在相同或类似商品上使用相同或近似标志，也不足以得出申请人是"恶意"的结论，还是要综合考虑。也就是说巧克力兔案中第一个"重点考察"的内容并不是恶意的充分条件或是必要条件等，它只是一个考虑因素。

Koton 案的可贵之处不仅在于它呼应了养乐多案，明确指出混淆只是判断恶意的一个考虑因素，不一定有混淆才能构成恶意，即使没有混淆可能，甚至所涉及的商标都没有实际使用过，同样有可能构成恶意；还在于它不再局限于用列举方式，而是用更接近"实质定义"的方式给出了恶意的判断标准，使该标准更加完整，也容易在司法实践中进行操作。

图 2-4

图 2-5

e. 日本 20200729 - TAKAHIROMIYASHITATheSoloist 商标驳回案（含有姓名的商标注册受严格限制）

基本信息：No. Reiwa2（Gyo-ke）10006（日本知识产权高等法院，2020 年 7 月 29 日）

案件事实：涉案商标"TAKAHIROMIYASHITATheSoloist"（见图 2-6）于 2017 年 9 月 21 日申请，使用于第 14、18 和 25 类的有关商品，被日本专利局驳回，理由是其包含了自然人全名"Takahiro Miyashita"，使用这个名字的日本自然人显然不止一人。随后，专利局上诉委员会以相同理由维持了审查员的驳回决定。商标申请人上诉到日本知识产权高等法院。

涉案商标申请人 Kabushiki Kaisha Soloist 由日本时尚设计师 Takahiro Miyashita 创立。2010 年，也即申请人创立后不久，Takahiro Miyashita 就推出新品牌"TAKAHIROMIYASHITATheSoloist"，使用在其自己设计的服装、凉鞋、太阳镜等多种商品上。Takahiro Miyashita 称涉案商标享有声名，相关消费者和商家把它与设计师建立了联系。

主要争点：涉案包含人名的商标是否可以注册。

裁判要点：法院审理认为，日本《商标法》禁止将任何人的姓名、知名的化名、艺名、笔名或是著名的简称注册为商标。当然，如果征得了有关自然人的同意，也可注册。日本商标审查手册也有相关条款对此进一步明确，认为这一规定不仅适用于自然人（包括外国人）和公司，也适用于非营利的组织。就本案而言，即使涉案商标包括与人的姓名无关的文字要素（TheSoloist），前述规定仍然适用，因为相关消费者还是会把 TAKAHIROMIYASHITA 当作自然人姓名；多个日本人叫这个名字；申请人并没有获得这些人的同意；"申请人的创立人有名，所以消费者不会把该名称与其他人联系起来"与 4（1）（viii）的适用无关。

评　　论：拟在日本申请商标的权利人，要注意日本《商标法》对将人名注册为商标的限制相对于其他的国家更严格，即使是用自己的姓名，没有相关人（通常是同名的人）的同意，也很可能被驳回。

TAKAHIROMIYASHITATheSoloist.

图 2-6

f. 俄罗斯 20201215-"黄金比例"商标注册案（同一主体注册高度近似的标志有损公共利益）

基本信息：No. 300-ES20-12050（俄罗斯最高院，2020 年 12 月 15 日）

案件事实：俄罗斯自然人 Ibatullin 在多个商品和服务类别上申请注册俄文商标（见图 2-7），申请号为 2015728911，该俄文的含义是"黄金比例"。

2017 年，俄罗斯商标局驳回绝大部分商品/服务的申请，理由是与多个在先商标近似。随后，申请人获得了引证商标之一的第 3110660 号注册商标（见图 2-8），该商标实际上就是将图 2-7 里的商标分成两行，只是字体略有不同。2018 年，商标局修改驳回决定，撤销了基于与在先商标近似的理由，但指出至少在与第 3110660 号相同的商品/服务上，申请商标不能注册。商标局认为，申请人不能拥有两件"相同"的商标，否则，根据俄罗斯《民法典》第 1483 条（3）（2），属于有损公共利益。申请人上诉。

知识产权法院一审支持申请人，认为商标并不"相同"，只是近似，如果不允许注册，商标权利人就无法注册系列商标，而且还会阻碍企业进行品牌重塑。

俄罗斯商标局随后上诉。

主要争点：同一主体是不是可以申请注册高度近似的商标。

裁判要点：2020 年 12 月 15 日，最高院判决支持俄罗斯商标局。最高院认为，同一主体在相同或是有重叠的商品上申请相同的商标，与商标专用权的本意相悖。根据现有的法律，不能为同一个标志设定多个商标专用权。以一般的视角看，涉案商标可读部分有关字体和空间排布虽有不同，但法律意义上无甚差别，对俄罗斯消费者的影响极其微小。案件被发回重审。

评　　论：俄罗斯最高院基于"公共利益"的考虑，站在绝对理由的角度去禁止申请注册相同或是高度近似的商标注册，即使是同一主体也不例外。这几乎是关上了防御性注册的大门。在中国，虽然不禁止同一主体的这类申请，但是为了避免混乱，我们规定在转让的时候应一并转让。

ЗОЛОТОЕ СЕЧЕНИЕ

图 2-7

ЗОЛОТОЕ СЕЧЕНИЕ

图 2-8

2.2.1.2.2　显著性

a. 美国 20201215 - Glossier 内粉盒子位置商标注册案（通过使用获得显著性的证据）

基本信息：Reg. No. 6219366（美国专利商标局，2020 年 12 月 15 日）

案件事实：2020 年 12 月 15 日，Glossier 公司内部为粉色的盒子位置商标获得注册（注册号 6219366）。该商标于 2019 年 5 月提出申请，过程中对文字描述修改为"粉色用于盒子内部，与盒子其他部分的颜色形成对比，使用于商品的包装"（见图 2-9）。盒子的形状和大小不在保护范围内。

主要争点：涉案商标是否通过使用获得了显著性。

裁判要点：美国专利商标局对本申请非常谨慎，2019 年 8 月曾发布通知，认为粉色用于盒子内部有装饰性和功能性之虞。消费者不习惯把该粉色认为是商品来源。Glossier 公司的顾问回应美国专利商标局的通知时指出，本案的盒子如同 Christian Louboutin 红底鞋，其界定非常具体，是可以获得显著性的标志。盒子内部使用粉色，没有赋予盒子特别的价值；该商标经过使用，已经有大量的证据显示消费者会将其视为商品的来源。而且对于消费者自己在社交媒体上发布的 Glossier 粉盒子图片，该品牌也表示，这不只说明消费者已经把该标志和 Glossier 品牌建立了联系，还引导其他的消费者加强了这种联系。

评　　论：本案中在通过使用获得显著性的证据采纳上有亮点，尤其是消费者个人的社交媒体的信息，不仅被视为可以证明消费者自己的认知，还起到了帮助品牌扩大影响的作用。当然，这仅仅表明专商局的观点，今后涉案商标实际维权时，也不排除会有类似红底鞋案的遭遇。

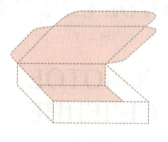

图 2-9

b. 美国 20200630 - BOOKING.COM 商标驳回复审诉讼案（通用名称加".com"未必没有显著性）

基本信息：591 U. S. _____ （2020），No. 19-46（美国最高院，2020 年 6 月 30 日）

案件事实：本案中，Booking.com 公司在美国申请涉案 BOOKING.COM 商标，用于第 43 类的服务，包括网上酒店预订。其先是被专商局认为是通用名称；即使不是也有描述性，且未证明有第二含义。总之不能获得注册。商标审查与上诉委员会维持了该认定。但随后，弗吉尼亚东区法院、第四巡回上诉法院都支持注册，认为"BOOK-

ING"是通用名称，但"BOOKING.COM"整体则未必没有显著性。专商局一路上诉。2020年5月4日，最高院在美国有线卫星公共事务电视网（C-SPAN）通过电话及广播审理了本案，得到业内人士广泛关注。

主要争点： 涉案标志（一般性词语加".com"）是否具有显著性。

裁判要点： 美国最高院以8∶1压倒票数支持了涉案商标的注册。最高院并没有因为某个词语是通用词语，就认为其后增加".com"必然没有显著性，而是将其作为一个新的整体，基于消费者的认知，判断是否具有显著性。专商局更希望一概否定，以绝后患，即使也曾有提到可能是描述性标志，但实际对使用获得显著性的证据要求可能会很高。

评　　论： 最高院并没有当然否定这种词语的显著性，而是更侧重消费者具体的认知。不过，法院也认为涉案商标即使可以注册，也是个弱商标，保护时要受到限制。有业内人士表示忧虑，认为完全依赖消费者的认知去判断此类标志是否有显著性会带来一系列问题。随后专商局在新发布的指南中，也相应做出了改变，对这类标志的驳回，理由不再是"通用性"，而是"描述性"。不过，这种标志要获得注册，仍需达到通过使用获得显著性这个标准。

c. 美国 20200408 - 橙黄黑颜色组合商标驳回复审诉讼案（用于包装的颜色可能具有天然显著性）

基本信息： No. 2019 - 1073（美国联邦巡回上诉法院，2020年4月8日）

案件事实： Forney 公司申请注册颜色组合商标（见图2-10），该商标被描述为"红色渐变为黄色，顶部有一条黑色，用作商品的包装"，"周围的虚线仅仅表示使用时该标志在包装垫纸上的样态"。商标拟使用在五金件及金属焊接设备上。

审查员认为涉案商标缺乏天然显著性，也没有通过使用获得显著性，不能获得注册。审查与上诉委员会认为：首先，颜色用于包装或是商品本身，在分析显著性时没有什么区别；其次，虽然"包装"的商业外观有时会具有天然显著性，但既往判例（Qualitex案）已经否定了单一颜色包装的天然显著性；再次，如果没有其他的图形或设计元素，多颜色组合和单一颜色并没有本质的区别，它同样缺乏天然显著性，Forney公司的多颜色标志并没有其他的设计性元素，因此不具有天然显著性，Forney 公司也没有证明其通过使用获得显著性，不应获得注册。Forney 公司继续上诉。

主要争点： 涉案颜色组合是否有显著性。

裁判要点： 2020 年 4 月 8 日，美国联邦巡回上诉法院做出判决（No. 2019 - 1073），撤销了审查与上诉委员会的裁定，要求其重新做出裁定。联邦巡回上诉法院认为委员会过度解读了最高院的相关案例，也即 Two Pesos, Inc. v. Taco Cabana, Inc. , 505 U. S. 763（1992）、Qualitex Co . v. Jacobson Prods. Co. , 514 U. S. 159（1995）以及 Wal-Mart Stores, Inc. v. Samara Bros. , Inc. , 529 U. S. 205（2000）。联邦巡回上诉法院认为，Two Pesos 案中，法院未经判定直接就认为饭店的含有颜色要素的商业外观有显著性，实际是肯定了商业外观可以具有天然显著性；Qualitex 案判决中的法官附带意见虽隐晦地表达（单一）颜色标志"只有获得第二含义才能获得注册"，但判文本身对此并未明确；Wal-Mart 案虽然出现了"颜色本身天然没有显著性"这样的说法，但联系上下文，最高院其实分了两种情况，认为使用在商品上没有天然显著性，但使用在包装上有可能有天然显著性。在这些案件中，最高院并不曾排除颜色组合用在包装上天然具有显著性的可能。

联邦巡回上诉法院认为，委员会错误地否定了颜色组合天然具有显著性的可能。颜色组合用在包装上是不是有显著性，不是法律问题，而是事实问题。不能不加分析地否定颜色的天然显著性，有无天然显著性，最终的检测标准仍是能否起到标明商品来源的作用。经审查，联邦巡回上诉法院认为涉案的标志是可以被消费者识别为商品来源的标志。对于委员会认定 Forney 公司的涉案注册只有伴随着一定的形状和边界使用才可能有显著性，法院认为这种观点并没有合理的解释和案例支持。

评　　论： 法院明确了颜色组合用在包装上，不排除天然具有显著性。到底有没有显著性，要具体案件具体分析，不能从法律层面一概否定。

图 2 - 10

　　d. 欧盟 20201008C - 红橙白车身喷涂服务商标注册案（以商品为媒介的服务商标的显著性应以相关公众认知考量）

　　基本信息：C - 456/19（欧盟法院，2020 年 10 月 8 日）

　　案件事实：Aktiebolaget Östgötatrafiken 在瑞典注册有三件服务商标（见图 2 - 11、图 2 - 12、图 2 - 13），使用于第 39 类的车辆及运输服务。商标申请时明确描述为"车辆喷涂为如图所示的红、白和橙色"。商标申请被驳回，专商局认为只有装饰性，不会被识别为商标。

　　　　　　　　Aktiebolaget Östgötatrafiken 上诉，特别指出所申请的商标是"位置标志"，由不同大小的几个椭圆组成，颜色为红色、橙色和白色，以特定的大小放在提供运输服务的公共汽车和火车的特定位置上。上诉人提供三个商标在车辆上使用的图片（见图 2 - 14、图 2 - 15、图 2 - 16），用虚线画出车辆的轮廓，并明确该轮廓不在保护的范围内。2018 年 3 月，专利及市场法院驳回其上诉，认为涉案的标志与其他企业对车辆的装饰达不到一定程度的区分，相关公众不会将其视为商业来源标志。

　　主要争点：Aktiebolaget Östgötatrafiken 继续上诉到瑞典斯韦亚上诉法院专利及市场上诉庭，后者认为本案涉及对《欧盟商标指令》（下称《指令》）有关规定的理解，遂请示欧盟法院做出回复：如果用来申请服务商标的标志被放在特定位置，且该商标大面积覆盖了提供服务的实际物体，是不是必须判断商标是否独立于有关物体的外观？如果独立，那该标志要有显著性，是否必须与有关经济部门的惯常形式显著区分？

裁判要点：欧盟法院初裁指出：本案应适用《指令》（2008/95），根据《指令》第3条（1）（b），拟注册在服务上的商标，如果由彩色图案组成，并且打算以特定的方式专门且系统地使用在提供服务的商品上，那么，该服务商标是否有显著性，要看相关公众如何看待在这些商品上有关标志的"贴附"。虽然商标并不指定使用在该商品上，但是该商品毕竟是相关公众认知有关服务的专有媒介。如果在车辆上的使用，能够让消费者把申请人和其他运输服务提供商区分开来，那就是有显著性。如果标志没有天然显著性，也不排除可以通过使用获得显著性。但是没必要审查这个标志是不是与有关经济部门的惯常形式有显著区别，因为在先判例（Henkel案，C-456/01 P 和 C-457/01 P，以及其他案件）确认的这个"显著区分"的标准一般适用于"商品形状"的立体商标，也适用于提供商品的实体店面（Apple案，C-421/13）构成的标志，本案把标志使用在提供服务的"商品"上，这个标志不代表这个商品的形状或包装，也不是为了标明这个商品的来源。

评　　论：提供服务经常伴随商品的使用，比如旅游服务要用旅游大客车，餐饮服务会涉及桌椅碗筷，判断服务商标是否有显著性，就是要审查相关公众能否通过这些商品上的标志，识别出服务的提供人。

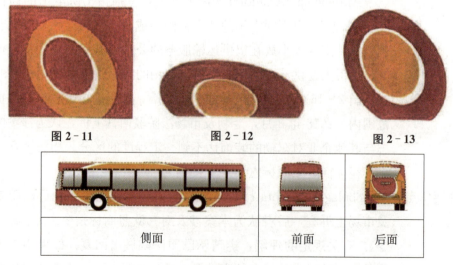

图2-11　　　　　图2-12　　　　　图2-13

图2-14

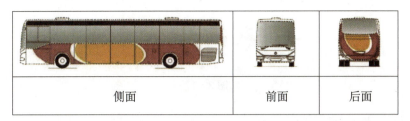

| 侧面 | 前面 | 后面 |

图 2 - 15

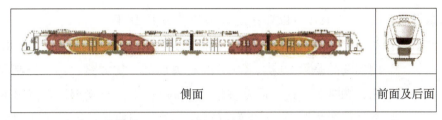

| 侧面 | 前面及后面 |

图 2 - 16

e. 欧盟 20200903C - achtung！商标驳回复审诉讼案（仅传达广告信息不指示来源的标志没有商标所需的显著性）

基本信息： C - 214/19 P（欧盟法院，2020 年 9 月 3 日）

案件事实： 德国广告商 achtung！公司申请将涉案国际注册商标（见图 2 - 17）（achtung 德文含义为"注意"）指定保护到欧盟，涉及的商品是计算机软件、文具以及广告和电信服务等。审查员、上诉委员会以及普通法院（T - 832/17）都认为没有显著性，不支持延伸保护。achtung！公司继续上诉到欧盟法院。

主要争点： 涉案标志是否具有显著性。

裁判要点： 欧盟法院维持一审判决，认为"achtung"有提请注意的意思，加个叹号，德语种消费者会理解为是吸引他们购买价廉物美的商品的推广信息；再加上标志中也没有其他足够显著的部分，所以商标缺乏显著性。至于这个词是不是还有其他的意思，与此无关。即使欧盟知识产权局之前有类似的案例允许注册，对本案也没有约束力。

评　　论： 标志能引人注意，不必然说明它在发挥商标的功能，可能它是在发挥广告的功能，或是有艺术的吸引力。能否作为商标来注册，要考察的是它能否指示商品的来源。

图 2-17

f. 欧盟 20200618C-PLOMBIR 商标无效案（根据语言确定公众范围时不应仅考虑官方语言）

基本信息： C-142/19 P（欧盟法院，2020 年 6 月 18 日）

案件事实： 2011 年欧盟知识产权局核准注册第 9171695 号商标 PLOMBIR，使用的商品是第 29 类、30 类的有关商品，比如蛋、奶、奶制品、糖霜、咖啡等。这个词是俄语"Пломбир"的英文翻译，俄语的意思是"冰激凌"。2014 年商标被提无效，理由是德国以及波罗的海国家的消费者懂俄语，商标会被理解为有描述性。撤销处支持无效。但是上诉委员会认为德国消费者懂俄语的证据不足，上诉委员会没提及波罗的海国家。接着，普通法院又推翻上诉委员会的裁定，认为商标具有描述性。

主要争点： 涉案商标是否具有描述性。

裁判要点： 欧盟法院维持了普通法院的判决，认为上诉委员会没有审查波罗的海国家，而这些国家有相当大部分懂俄语的人口，其次，"懂俄语"的认定也不应局限于官方语言包括俄语的情况。

评　　论： 欧盟是多语种的地区，因为语言不同而引起的对商标含义理解问题非常普遍。《欧盟商标审查指南》B 部分第 14 章第 4 条有关"通过使用获得显著性"的规定中，明确了因语言问题被认为没有显著性而会被驳回的标志，要在什么范围证明通过使用获得了显著性，这个"范围"从性质上来讲，就是"因语言问题认为标志没有显著性"的公众的范围。需要注意的是，此时需要考虑的不仅是官方语言，还有为某成员国相关公众所理解的另一国的官方语言，以及至少欧盟某一部分的相关公众中"不可忽视的"组成部分所能理解的某种语言。

g. 欧盟 20190912C-♯darferdas? 案（商标审查应考虑实践中有可能的重要使用形式）

基本信息： C-541/18（欧盟法院，2020 年 9 月 12 日）

案件事实：本案中，AS 申请注册"♯darferdas?"（德语"Darf er das?"意为"他可以吗?"），使用于第 25 类的有关商品。德国专利局认为这只是个简单的问句，遂以缺乏显著性为由予以驳回。AS 上诉到德国联邦专利法院。法院维持了专利局的认定。AS 继续上诉到德国联邦法院。

主要争点：联邦法院遂就有关问题请示欧盟法院做出解释：某标志被当作商品来源标志使用，即使不是最有可能的使用情况，但在实践中也是重要且合理的情况，此时能据以认定标志具有显著性特征吗？

裁判要点：欧盟法院初裁指出，带有"♯"并不必然地就缺乏显著性，还是要具体分析。申请人在申请时不需要指明，甚至也不知道注册以后具体会把商标做怎样的使用。审查机关因此可能会以一般消费者的认知去评判商标的使用可能。那些在实践中不太重要的使用就被视为无关，一般情况下不常见的使用，可能因为申请人提交了具体的证据证明，会被认为是更可能这样使用。欧盟法院最后初裁认为，根据《欧盟商标指令》（2008/95/EC）第 3 条（1）（b）审查显著性，所有事实和情况都应考虑，包括所有可能的使用。所有可能的使用是指相关经济领域的消费者认为的实践中的重要使用。

评　　论：在欧盟申请商标并不以使用为前提，但这不等于申请的环节不考虑今后使用。但使用毕竟还未实际发生，应在什么程度上予以考虑就是一个问题。本案对此做出了明确。此前 Deichmann 案（C-307/11 P）认为需要考虑的是"最有可能的使用"，本案则放宽了对"可能使用"的考察，认为"实践中有可能发生的重要使用形式"都要予以考虑。

h. 欧盟 20200909T-紫色用在呼吸器案（调研证据缺乏说服力不能证明通过使用获得显著性）

基本信息：T-187/19（欧盟普通法院，2020 年 9 月 9 日）

案件事实：涉案商标（见图 2-18）是潘通色号 2587C 的紫色。因为缺乏显著性被审查员发函后，Glaxo 公司提交了通过使用获得显著性的证据，并得到认可。商标得以公告，之后遭遇异议。与之前的审查意见不同，异议案的审查员认为商标缺乏天然显著性，也没有通过使用获得显著性。上诉委员会也支持异议处的认定。Glaxo 公司继续上诉。

主要争点：涉案商标是否具有显著性。

裁判要点：欧盟普通法院认可涉案商标完全没有天然显著性的认定；对于通过使用获得显著性，法院也没有支持 Glaxo，主要原因之一是它的调研证据不充分。其调研针对 15 个成员国的全科医生、药剂师及患者，但每个成员国只有不到 1% 的专业人士参加，仅在 10 个成员国中进行了患者调查，每个成员国仅采访了 50 至 200 名患者。与 Glaxo 的高销量、高营业额和市场份额相比，法院认为前述数字过低，且调研没有指定潘通颜色代码，个别调研给出的形状也与其他调研不同。总体而言，法院认为该调研证据不足以证明涉案商标通过使用获得显著性。

评　　论：调研证据只有符合一定的质和量的要求，才能有效地证明待证事实。本案对于调研证据的准备很有指导意义：必须要根据待证事实设定问题，问题的范围不能过大或过小，在调研对象的选取上，也要尽量准确，有代表性，不能遗漏相关公众中重要的组成部分。

图 2－18

i. 欧盟 20200610T－LV 棋盘格商标无效案（不能片面审查通过使用获得显著性的证据）

基本信息：T－105/19（欧盟普通法院，2020 年 6 月 10 日）

案件事实：2008 年，LV 获得涉案商标的国际注册，使用在第 18 类的箱包等商品上。该商标指定欧盟保护，且随后得到批准。2015 年，该商标被他人提起无效，理由之一是缺乏显著性，只是一个普通的棋盘图案。2016 年，撤销处以缺乏显著性为由无效了涉案商标。上诉委员会随后维持了撤销处的认定。LV 公司上诉。

主要争点：涉案商标是否具有显著性。

裁判要点：欧盟普通法院撤销了欧盟知识产权局上诉委员会的裁定，认为 LV 公司涉案的棋盘格连续图案商标（见图 2－19）不应无效。法院认为，涉案商标确实没有天然显著性；但上诉委员会没有全面审查 LV 公司提供的使用证据，其裁定应予撤销。上诉委员会把欧盟国家分成三组来审查涉案商标是否通过使用获得显著性，但在没有说明理由的情况下，只对 68 份证据中的 8 份进行了审查，这 8 份证据涉及的是第三组国家，对涉及另外两组的证据基本上没有审查。即使这 8 份证据审查也不充分，比如，因为这些国家没有实体店就否认消费者可以通过网络或社交媒体去了解和熟悉该涉案商标，在审查网络证据时也未能与其他证据相结合就认定证据不能证明这部分地区涉案商标使用获得显著性。

评　　论：对于证据的审查，虽然不需要一一分析论证，但是不能遗漏，不单独论证的前提是，已经将有关证据归于一类，而对于这一类已经做出分析论证。尤其是对于欧盟这种涉及多个成员国的地区，这一点尤为重要。

图 2 - 19

j. 英国 20200803 - 路虎 Defender 车型立体标志异议案（通过使用获得显著性的证明）

基本信息：[2020] EWHC 2130 (Ch)（英国高等法院，2020 年 8 月 3 日）

案件事实：路虎公司 2016 年在英国申请注册四个形状为商标，形状分别为有或者没有备胎的路虎 Defender 90 和路虎 Defender 110 车型（见图 2 - 20），使用在包括第 9 类、14 类、28 类和 37 类的商品和服务上。涉案商标以通过使用获得显著性过了审查这一关，但随后被 Ineos 公司提起异议，理由主要是缺乏显著性等。路虎公司提交专家报告，指出涉案车型设计与一般车型明显不同，此外，还提交了通过使用获得显著性的调研等其他证据。

　　2019 年 10 月，英国知识产权局裁定支持异议，驳回了大部分商品上的注册。知产局认为，即使路虎涉案车型的设计有不寻常之处，但对消费者并没有那么重要，不能让消费者据以与其他车型区分开来。路虎公司上诉，提出知产局对证据的审查和采纳存在问题。

主要争点：涉案商标是否具有显著性。

裁判要点：英国高等法院认为知产局没有以路虎提交的机车专家或发烧友的看法为准，而是以一般的消费者为准，认定路虎涉案车型的设计上的变化（后车窗的设计）对消费者影响不大，没有和其他载客用车的车型明显区分，因此缺乏显著性特征，该认定并无偏颇。针对通过使用获得显著性问题，法院认为知产局对于路虎公司的调研证据的审查没有问题，调研证据显示有20%～40%的调查对象能将涉案标志识别为路虎Defender车型，这个比例虽然不小，但尚不足以认定其通过使用获得显著性。而且，调研只能说明形状和路虎有些关联，但是不能说明被调研者把这些形状当作商标来识别。

评　论：本案凸显了使用商品形状（或形状的一部分）申请立体商标的难度。形状与有关商品的常规形状不能仅仅是"不同"，而应显著"拉开距离"。通过使用获得显著性的调研证据要能证明足够"量"的消费者认知，还要能证明这些认知是把形状当作商品来源标志，而不只是"该形状与商品有联系"。

3164283(DEFENDER 90)

3168947(DEFENDER 90 SPARE WHEEL)

3164282(DEFENDER 110)

3158948(DEFENDER 110 SPARE WHEEL)

图2-20

k. 德国20200730-瑞士莲兔子巧克力的金色商标侵权案（无商品识别作用的标志不能主张商标权利）

基本信息：29 U 6389/19（慕尼黑高等法院，2020年7月30日）

案件事实：原告瑞士莲公司（Lindt & Sprüngli）1952年就开始使用金箔纸销售复活节兔子巧克力；1994年使用涉案金色的巧克力开始在德国

出售。瑞士莲公司一直没能如愿将其金兔子巧克力（见图2-21）注册为立体商标。这次它改变策略，从颜色商标入手，主张涉案金色（CIELAB色系86.17，1.56，41.82）经广泛使用获得显著性，并以此为由请求法院禁止被告使用这种金色。慕尼黑地区法院判决（33 O 13884/18）认可它是商标使用。

主要争点：瑞士莲公司使用在巧克力上的金色是否有显著性，并进而对抗他人的使用。

裁判要点：慕尼黑高等法院认为瑞士莲巧克力的金色本身不能获得商标保护。慕尼黑高等法院指出，根据德国的判例，抽象的颜色要作为商标，应该是企业色彩（corporate color）。而本案原告只把颜色用于其复活节金兔子巧克力，这只是原告巧克力众多产品中的一种。即使消费者能认出金兔子巧克力来自原告，也不是因为金色本身。而且，本案被告的兔子巧克力虽然也使用金色，但形状完全不同，消费者不会将其识别为瑞士莲的金兔子巧克力。

评　　论：瑞士莲曾在欧盟寻求注册兔子巧克力的立体商标（包括兔形、金箔、红丝带和铃铛等要素），但是其显著性没有得到支持。慕尼黑高等法院的这一判决也令其处境更为尴尬。所幸的是，2021年7月29日，德国最高法院判决（I ZR 139/20）推翻了慕尼黑高等法院判决，瑞士莲复活节兔子巧克力使用的金色终于可以作为未注册商标得到保护。

图2-21

1. 日本20200623-单一橙色商标驳回复审诉讼（调查问题设置不当会减损调研证据的效力）

基本信息：2019（Gyo Ke）10147（日本知识产权高等法院，2020年6月23日）

案件事实：涉案商标（见图 2-22，孟塞尔色号：0.5YR5.6/11.2）于 2015 年由 Hitachi 公司申请，使用于第 7 类的液压挖掘机等商品。2019 年 9 月，日本知识产权局上诉委员会以商标缺乏显著性为由不支持注册。Hitachi 公司上诉到法院，称自己 1974 年就开始把涉案颜色用于液压挖掘机；过去四十多年，该颜色的液压挖掘机在日本液压挖掘机市场占有相当大的份额。并提供了调研证据证明，虽然也有竞争对手使用类似橙色，但 95.9% 被调研的商家会把这个颜色和 Hitachi 公司联系在一起。

主要争点：颜色商标是否具有显著性。

裁判要点：日本知识产权高等法院审理认为，该颜色很常见，且橙色本身也有安全警示作用，使用在指定商品上没有天然显著性。Hitachi 公司在使用该橙色时也有使用其"Hitachi"商标，标明来源的作用是"组合"所产生的，并没有充分的证据证明这个颜色本身通过使用获得了显著性。法院尤其质疑了 Hitachi 公司的调研证据，认为调研的提问方式不妥，比如直接问调研对象"请回答哪一款液压挖掘机是 Hitachi 公司生产的"。

评　　论：为证明通过使用获得了显著性，或是其他的事实，调研证据经常被采用，但是在准备调研证据时一定要注意问题本身的设置，不能过宽，也不能太窄。明显有引导性的问题会导致调研证据证明力削弱甚至丧失。

图 2-22

2.2.1.2.3　非功能性

a. 美国 20201008-棒状饼干商业外观侵权案（功能性应理解为有用性而不是必要性）

基本信息：No. 19-3010（美国第三巡回上诉法院，2020 年 10 月 8 日）

案件事实：日本的 Ezaki Glico 公司的 Pocky 饼干卖了半个世纪，这种细棒饼于 1978 年进入美国市场，还注册了商标、专利和两个商品形状的商业外观。1983 年，另一家糖果公司 Lotte 开始出售相似形状的 Pepero 饼干。在 1993 年到 1995 年，Ezaki Glico 公司曾通知 Lotte 公司自己有注册商标，要求对方停止在美国销售 Pepero 饼干。Lotte 承诺双方争议解决前不再销售，其实仍继续销售。Ezaki Glico 公司随后也没有采取什么措施，直到 2015 年，Ezaki Glico 公司作为原告在美国起诉被告 Lotte 公司。区法院做出简易判决，认为原告的涉案商品形状具有功能性。原告上诉。

主要争点：原告的涉案商品形状是否有功能性，被告是否侵权。

裁判要点：第三巡回上诉法院认为，本案的关键就是涉案的商业外观是不是有功能性。商业外观的保护，并不是为了创造专利一般的权利，功能性是两者的区别。原告认为功能性应被界定为"必不可少的"特征。法院则认为，根据《兰哈姆法》以及既往判例（TrafFix Devices，Inc. v. Mktg. Displays，Inc.），产品因为有用才具有功能性，功能性主要体现在"有用性"上。原告要求作为两款商业外观保护（见图 2-23）的设计一是"部分覆盖着巧克力的细长条饼干等"，第二个设计与其基本相同，但是巧克力（或奶油）上有杏仁。法院认为这个设计是为了提升原告商品的有用性，其每个特征都和抓握、食用、分享或包装该商品有关。比如，一端有一端没有巧克力或奶油的设计，使得商品很好拿，不会弄脏手指。而且比较细，不用张大嘴吃，这个形状不是任意的或装饰性的形状，而是用来吸引消费者的特征。原告自己的广告也称"方便不脏手"，印证了这一结论。即使有其他的形状选择，也不能说明这个商业外观就不是"有用的"。基于此，同时也考虑到本案的其他因素，上诉法院维持了区法院的认定。

评　论：有用就是功能，即使有其他的替代做法，也不能排除功能性。

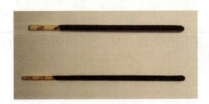

图 2-23

b. 美国 20200625 – 椅子商业外观侵权案（消费者购买时实际获得益处的特征
不一定具有功能性；适用淡化要求达到家喻户晓）

基本信息：No. 18 – 56471 以及 No. 18 – 56493（美国第九巡回上诉法院，2020
年 6 月 25 日）

案件事实：2013 年，Herman Miller 公司起诉 Office Star Products（OSP）未
经其许可出售的两款椅子侵犯并淡化了它 Eames（见图 2 – 24）及
Aeron（见图 2 – 25）两款椅子的注册和未注册商业外观。一审认定
被告对 Eames 椅子构成故意侵权，且对原告的权利确有淡化，法院
遂颁发禁令，并对被告处以 650 万美元的赔偿；但原告的 Aeron 椅
子有功能性，不能得到保护。双方均上诉。

主要争点：被告是否侵犯了原告的商业外观。

裁判要点：第九巡回上诉法院审理后，于 2020 年 6 月 25 日做出联合判决
（18 – 56471 号以及 18 – 56493 号）认为，Eames 椅子的外观来自
设计中非功能性的部分，应当得到保护；而对于 Aeron 椅子，上
诉法院认为一审法院在指导陪审员进行事实审查时所指出的"如
果一个设计特征是消费者购买时实际获得的益处，那么该特征就
具有功能性"，这与现行的判例法不符，设计特征是消费者购买
时实际获得的益处，并不能证明这部分有功能性。因为要判断是
不是有实用功能性，需要依据在先的 Disc Golf 案（158 F. 3d at
1006）确认的标准，比如是不是产生了功能优势，有没有可替代
设计，是否广告在宣传该功能优势，制作的方法是不是相对简
单便宜等，而是不是有美学功能性要看它整体是不是无法起到
标示来源的作用等。对于这一部分，需要重新审理。此外，上
诉法院以多数意见推翻了一审法院对于有关淡化的部分认定。
上诉法院认为根据 2006 年《联邦反淡化法》，适用反淡化的规
定时，要求标志被美国相关公众广泛认知，达到"家喻户晓"
的程度。

评　　论：有功能性则不能受到商标或是商业外观的保护，本案明确了功能性
的考虑因素。

Thin Pad　　　Soft Pad

图 2 - 24

图 2 - 25

c. 欧盟 20200423C - Gömböc 立体标志注册案（"明显超出图示"判断功能性时不必考虑消费者认知）

基本信息： C - 237/19（欧盟法院，2020 年 4 月 23 日）

案件事实： Gömböc 公司在匈牙利申请注册立体商标（见图 2 - 26），使用在第 14 类的装饰物，第 21 类的玻璃、陶瓷装饰物以及第 28 类的玩具等商品上。"Gömböc"是申请人的产品，是世界上首个只有一个稳定平衡点和一个非稳定平衡点的均质物体，最大的特点是无论以何种角度将其放置在水平面上，都可以自行回到其稳定点。

　　匈牙利知识产权局认为，对于第 14、21 类的商品，涉案形状属于赋予商品实质价值的形状，对于第 28 类的玩具，则属于有技术性功能的形状，因此都不能获得注册。申请人提起上诉，但在一、二审都没有得到支持。

主要争点： 案件最终上诉到匈牙利最高法院，最高法院中止审理程序，就有关问题提请欧盟法院做出回复：（1）对于立体标志，判断其是否仅由为获得一定技术效果而必需的形状构成时，是仅依申请图示判断，还是也应考虑相关公众的认知？（2）对于立体标志，判断其是否赋予商品实质价值的形状时，应否考虑实际商品的购买者的认知？（3）对于立体标志，如果该形状因其独特性已作为注册外观设计获得保护，或者该形状的美学外观赋予了商品某种价值，那么能否以该形状赋予了商品实质价值而拒绝注册？

裁判要点： 欧盟法院回复指出：

　　《欧盟商标指令》（2008/95/EC）第 3 条（1）（e）（ii）应理解为，判断标志是否仅由为获得某种技术效果所需的形状所构成，不应局限于该标志的图示，图示之外的其他信息也可考虑，以识别有关标志的基本特征，比如相关公众的认知。但是，如非图示中显而易见的信息，要考虑的话，就必须保证其来源客观且可靠，此时，相关公众的看法不必考虑。根据该规定，判断形状是否赋予商品实质价值，应考虑实际商品的购买者的认知。如果依客观、可靠的证据可明显看出，消费者的购买决定在很大程度上取决于该特性，该条即可适用。

标志受外观方面的法律保护，并不意味着它不能受商标方面的保护；标志仅由装饰物的形状组成，也不意味着赋予商品实质价值的就一定是这个形状，也可能是创造的故事或工艺等。这两种情况，都不能直接套用第 3 条（1）（e）（iii）的理由驳回。

评　　论：在审查标志（是否有功能性）是否可以注册时，要根据申请标志的图示，并考虑相关公众的认知。图示之外的因素，就必须要客观且有可靠的依据，而且这个依据就不能是相关公众的看法了。

图 2 - 26

d. 欧盟 20200326T－台灯座立体标志驳回复审诉讼案（功能性也适用于商品的重要组成部分）

基本信息：T－752/18（欧盟普通法院，2020 年 3 月 26 日）

案件事实：2016 年 1 月 13 日，Tecnodidattica 公司申请注册涉案立体商标（见图 2－27）。使用于第 11 类的台灯座等商品，以及第 16 类的地球仪、地图、书、地图册等商品。该申请在灯座和地球仪上的注册被驳回。申请人上诉。上诉委员会认为涉案商标使用于被驳回的商品为获技术功能所必需的形状。申请人继续上诉。

主要争点：涉案标志是否有功能性。

裁判要点：欧盟普通法院在解读《欧盟商标条例》第 7 条（1）（e）（ii）时特别提到，该规定是基于普遍利益的考虑，不仅适用于仅由获得技术成果所需的"产品"的形状组成的标志，也适用于产品的"重要组成部分"具有技术功能性的情况。本案就属于这种情况，在第 11 类灯座上的注册涉及产品的形状，在第 16 类地球仪等商品的注册涉及产品的重要组成部分。法院审查认为该形状使用在涉案商品上，其底座中空，没有弧线，轴杆直接放在圆环上而不是中心部位，且有一定倾斜，这是为了支撑或保证产品（如地球仪）旋转的功能所必需，而不是纯装饰性的元素，具有功能性，不能获得注册。

评　　论：法院明确了形状是否有功能性判断的两种情况：一是作为产品本身的形状，二是产品重要组成部分的形状。

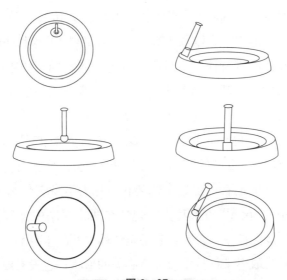

图 2－27

e. 德国 20200723－Ritter Sport 方形巧克力立体商标无效诉讼案（排除功能性维持注册）

基本事实：Ⅰ ZB 42/19 以及 Ⅰ ZB 43/19（德国最高院，2020 年 7 月 23 日）

案件事实：涉案商标包括大小两款，形状均如图（见图 2－28），使用的商品是巧克力条，Ritter Sport 公司将其具体使用于"Ritter Sport"和"Ritter Sport Minis"两款巧克力。在 1995 年和 1998 年基于通过使用获得显著性获准注册。后商标他人申请撤销，专利局并未支持，但随后联邦专利法院认为，涉案形状仅由一个包装构成，该包装的形状由商品本身的形状所决定，允许其注册就会造成垄断（联邦专利法院判决 25 W（pat）78/14 以及 25 W（pat）79/14）。

随后，2017 年 10 月 18 日，最高院判决（I ZB 105/16 以及 I ZB 106/16）推翻了专利法院的前述判决，指出这个形状不是商品性质决定的形状；而且，对于消费者来说，涉案形状（包装）以及其相应的作用没有什么明确关系，因此涉案商标不能以功能性为由排除注册。至于涉案标志是不是决定商品实质价值的形状，法院把案件发回联邦专利法院审查。

主要争点：涉案形状是否有功能性。

裁判要点：专利法院审查后，认为涉案巧克力的方块形状并不是赋予商品实质价值的形状。撤销申请人再次上诉。2020 年 7 月 23 日，德国最高院对 Ritter Sport 公司两款方形巧克力包装立体商标撤销案做出判决（I ZB 42/19 以及 I ZB 43/19），维持了专利法院的判决，认为涉案商标应维持注册。最高院认为，涉案标志的唯一的主要特征就是方块形状。基于这个认定，不能当然就认为消费者在市面上购买方形巧克力就是因为这个方形赋予了巧克力实质的价值。涉案的形状没有美学价值，也没有因此拉开与同类产品的价格差距。Ritter Sport 公司自己的广告虽然有助于这个标志成为商品的来源标志，但是从中也看不出这个包装和巧克力本身有什么关联。

评　　论："Ritter Sport"方形巧克力包装在两轮程序中突破重围获得注册。三种功能性被一一否定：它不是纯粹由商品本身的性质决定的形状，也不是为取得某种技术效果所必需的形状，也没有赋予商品实质价值。

图 2－28

2.2.1.2.4 在先性

a. 美国 20200727 – NAKED 商标无效纠纷案（无效他人商标并不要求自己对有关标志享有所有权）

基本信息：No. 2019 – 1567（美国联邦巡回上诉法院，2020 年 7 月 27 日）

案件事实：Australian 公司 2000 年初就在澳大利亚避孕套商品上使用 NAKED 标志，2003 年 4 月开始通过网络进入美国市场。Naked 公司的前身于 2003 年 9 月在美国申请注册 NAKED 商标，并获准注册，使用商品是避孕套。Australian 公司曾和 Naked 公司联系并就该商标进行过协商，Naked 公司声称双方联络的邮件表明 Australian 公司要在美国停止使用 NAKED 标志，并且同意 Naked 公司使用。但 Australian 公司对此表示否认。

在协商过程中，Australian 公司向美国专利商标局申请撤销涉案商标，理由是欺诈、混淆以及虚假表示，有违诚信，等等。商标审查与上诉委员会认为，基于双方邮件，Naked 公司有合理的理由认为 Australian 公司已经放弃了涉案商标，因此，Australian 公司对于所撤销商标没有实际的利益，因而也没有合理的理由认为自己遭受了损失。Australian 公司不服，提起上诉。

主要争点：Australian 公司是否有权提起撤销。

裁判要点：美国联邦巡回上诉法院认为，根据《兰哈姆法》的有关规定（美国《民法典》第 15 章第 1064 条），申请撤销注册商标，只要"认为其正在或将要遭受损失"即可。不管是该制定法还是既往判例都没有要求申请人对相关的商标有所有权。即使申请人通过合同让渡了它的权利，仍然可以申请撤销。如果确实有协议，要求赔偿可能是个问题，但是根据第 1064 条申请撤销只要求"认为有损失"即可。专商局驳回 Australian 两次注册，延期处理最近的一次申请，中止撤销程序，这一番操作也说明 Australian 公司对自己权利是否受损是有担心和顾虑的。虽然 Naked 公司认为 Australian 已经放弃了第一次申请，随后又再次申请，纯是徒劳，但法院认为，放弃过程不等于放弃实体权利。Australian 公司 2003 年 4 月就在美国销售 NA-KED 避孕套并有广告，而且还有未决的商标注册案件，这表明它有实际的利益，并且会有合理的理由认为自己会因为涉案商标的注册受到损失。

评　　论：本案涉及申请撤销（本案的情况应当是无效）的主体的要求。根据法院的判决，是以利益受损为标准，这个利益，未必是"注册商标的所有权"。

b. 欧盟 20201217C–莫尔比耶奶酪案（模仿原产地名称产品的外观也会构成对原产地名称的侵犯）

基本信息：C–490/19（欧盟法院，2020 年 12 月 17 日）

案件事实："Morbier"（莫尔比耶奶酪）是产于法国侏罗山区的一种奶酪，2000 年 12 月 22 日获得原产地名称保护。受原产地名称保护的莫尔比耶奶酪的特征是有条黑线把奶酪水平地分成两部分（见图 2–29）。这条黑线，正如在原产地名称保护所描述的，以前是用某种灰烬，现在使用植物炭黑色素制成。

　　Livradois 从 1979 年开始就生产莫尔比耶奶酪，但是它本身并不在这种奶酪保护的地区。过渡期终止后，它就开始在自己的奶酪上使用"Montboissié du Haut Livradois"标志。

　　2013 年，莫尔比耶奶酪保护联盟（下称"联盟"）在巴黎地区法院起诉 Livradois，认为被告的奶酪在外观上模仿了受原产地名称保护的莫尔比耶奶酪，尤其是那条黑线。区法院没有支持原告。随后，巴黎上诉法院 2017 年判决维持了一审判决，认为原产地名称保护的是名称，不是外部形状（外观）。原告继续上诉。法国最高院就有关问题请示欧盟法院初裁。

主要争点：原产地名称产品的外观能否得到保护。

裁判要点：欧盟法院初裁认为，欧盟理事会《关于保护农产品和食品地理标志和原产地名称的欧共体条例》（第 510/2006 号），以及《关于农产品和食品的质量规划条例》（第 1151/2012 号）第 13 条（1）（a）至（c）没有明确列出外观上的模仿，但（d）项（"可能使消费者对产品的真实来源产生误认的其他行为"）是包含这个意思的。

评　　论：欧盟法院明确了对原产地名称的侵犯，其行为方式不限于对"名称"的使用，而是使消费者对产品的真实来源产生误认的各种使用。

图 2 - 29

c. 欧盟 20201113C - Wallapop 商标异议复审诉讼案（在线交易平台服务与零售服务类似）

基本信息： C - 763/18 P（欧盟法院，2020 年 11 月 13 日）

案件事实： Wallapop 公司申请注册欧盟商标"Wallapop"（见图 2 - 30），使用于多种第 35 类的与网络市场运营有关的在线交易服务。鞋产品零售商 Unipreus 公司引证西班牙图文商标（见图 2 - 31）提起异议。异议处和上诉委员会均认为涉案服务不类似，异议不成立。普通法院判决（T - 186/17）支持 Unipreus 公司，认为涉案标志有较低程度的近似，涉案服务存在至少最低程度的类似，申请商标不应予以注册。

主要争点： 与网络市场运营有关的在线交易服务与零售服务是否类似。

裁判要点： 2020 年 6 月 25 日，欧盟法院总法务官对 C - 763/18 P 案件发表意见，认为在线市场运作有关的在线交易服务与零售服务有一定类似。2020 年 11 月 13 日，法务官的意见被欧盟法院采纳。欧知局的上诉最终被驳回。

本案涉及诸多问题，但关键是涉案服务，也即与网络市场运营有关的在线交易服务与零售服务是否类似。对此，总法务官基本上认同了普通法院的判断，并建议驳回上诉。总法务官认为：第一，零售服务既包括实体店销售，也包括在线销售，即使如 Wallapop 公司所称，它本身不从事零售，只提供网络交易服务，消费者在寻找运动鞋的时候，还是有可能在它们各自的网站上去查询，即使在 Wallapop 公司的网站上卖东西的是第三方。也就是说，双方的服务在渠道上有类似之处。第二，就服务本身的性质而言，法务官认同普通法院的观点，认为 Wallapop 公司商标涉及的服务不仅有在线销售服务和电子商务服务，而且还为买卖双方提供在线市场的中介或管理服务，而所有这些服务最终都具有诱导消费者向其销售产品的目的。也就是从这个意义上说，涉案服务也存在类似。第三，Wallapop 公司一直强调它在线中介服务的性质有别于零售服务，认为两种服务的目的不同。但总法务官认为，涉案服务的主观目的不会影响其带有的零售服务方面的性质，而且公众也认为其服务是为销售而提供商业信息的服务。第四，Wallapop 公司申请商标涉及的服务与 Unipreus 公司在先商标涉及的服务是存在竞争的。在线购买或是实体店购买，两者之间是可以互相取代的。

评　　论：如何从关联性的角度去界定服务的类似。网络时代电子商务的发展，拉近了零售服务和市场运营的关系，在进行类似判断时，这种关系必须要考虑进来。

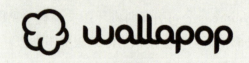

图 2 - 30

图 2 - 31

d. 欧盟 20201111C - MINERAL MAGIC 商标异议复审诉讼案（代理人抢注的规制范围包括相似商标）

基本信息：C - 809/18 P（欧盟法院，2020 年 11 月 11 日）

案件事实：2013 年 9 月 18 日，John Mills 公司申请注册欧盟商标"MINERAL MAGIC"，使用于第 3 类的化妆品等商品。Jerome Alexander 咨询公司提起异议，引证商标是其 2013 年 1 月 15 日在美国注册的"MAGIC MINERALS BY JEROME ALEXANDER"，法律依据是《欧盟商标条例》（207/2009）第 8 条（3）有关代理人抢注的规定。该异议先是被驳回，后又被上诉委员会支持。上诉委员会认为第 8 条（3）的代理关系应做广义理解，申请人和异议人曾签订协议，约定申请人在欧盟独家销售异议人的产品，在涉案商标申请时，双方存在第 8 条（3）的代理人关系；涉案商品构成相同或近似商品，涉案标志本身构成近似，申请商标不应获得注册。申请人上诉，但普通法院判决（T－7/17）推翻了上诉委员会的前述认定，认为第 8 条（3）只适用于商标相同的情况，而本案标志是近似。欧盟知识产权局遂提起上诉。

主要争点：代理人抢注是否仅限于商标相同的情况。

裁判要点：欧盟法院推翻一审，指出《欧盟商标条例》第 8 条（3）应结合《巴黎公约》第 6 条之七，以及法条的上下文综合理解。《巴黎公约》第 6 条之七对于代理人抢注的规制，涵盖标志近似的情况。因此，《欧盟商标条例》第 8 条（3）没有明确排除近似时，不能认为该规定仅适用于标志相同的情况。第 8 条（3）旨在防止代理人/代表人凭借其身份滥用对商标的知情权并获得不正当的利益。这种滥用并不限于标志相同的情况。如果将其理解为只包括标志相同的情况，就会产生一些问题，一旦争议商标获得注册，反倒能对权利人在后的近似商标提起异议。并且，除了标志本身，商品/服务近似的情况也可适用本条。此外，代理人/代表人应做广义的理解，具有合同或商业合作关系的双方，可以形成一种信赖关系，据此也可以产生本条所指的代理人/代表人。

评　　论：本案明确了两个层面的关系，不仅给予"代理关系"一个比较宽泛的解读，而且认为标志不限于相同的标志。在这个意义上，其与中国的立法和实践是相同的。2013 年中国《商标法》的修改，正式加入了亲密关系抢注。中国最高院在龟博士案（（2015）行提字第 3 号）中也明确，抢注的标志不要求必须是相同的商标，近似的也可以适用。

e. 欧盟 20200917C－Messi 姓名商标异议复审诉讼案（在后申请的知名度也会影响公众认知）

基本信息：C－449/18 P（欧盟法院，2020 年 9 月 17 日）

案件事实：2011 年 8 月，著名的足球运动员里奥·梅西申请注册商标（见图 2-32），使用的商品包括运动服、运动鞋、运动器械等。该申请被他人引证在先文字商标"MASSI"提起异议，并得到欧盟知识产权局支持。梅西提起上诉，被上诉委员会驳回。2018 年，欧盟普通法院以 T－554/14 号判决支持梅西，认为大部分的相关公众会把申请商标与著名运动员梅西相联系，涉案标志的近似程度还不足以让相关公众对商品的来源产生混淆误认。

主要争点：涉案商标是否会导致混淆误认。

裁判要点：欧盟法院认为，即使在视觉和发音上有相当的近似，梅西的涉案商标仍可注册。理由大概有三：第一，与在先商标的声誉相同，申请将其姓名注册为商标的自然人的知名度也是判断混淆可能性的有关因素之一。这个知名度可能会影响相关公众对该商标的认知。第二，梅西极富声望，这是众所周知的事实，必须予以考虑。第三，在先判例 Picasso 案（C－361／04 P）确立的规则不仅适用于在先商标享有声誉的情况，也适用于申请商标具有声誉的情况。

评　　论：本案梅西在后申请的标志的声誉得到了肯定，是其得以注册的关键。而中国最高院曾在（2018）最高法行再 100 号禧六福案判决中排除了"近似认定"阶段在后商标知名度的考虑。但是这与欧盟的案件倒也不矛盾，因为禧六福案中在后商标知名度的获得存有恶意，法院不予保护符合法律上的正义。但究竟不予考虑是因为申请"在后"，还是因为"恶意"，仍有待明确。

图 2－32

f. 欧盟 20200611C－CCB 商标异议复审诉讼案（在判断标志近似时不应考虑在先商标的知名度）

基本信息：C－115/19 P（欧盟法院，2020 年 6 月 11 日）

案件事实：2014 年 10 月 14 日，中国建设银行（下称"建设银行"）在欧盟申请注册图文商标（见图 2－33），使用在第 36 类的银行服务、金融服务等多种服务上。2015 年，法国 CB 银行卡集团引证多项权利提起异议，其中包括 1999 年注册，也使用在第 36 类保险和金融等服务上的商标（见图 2－34）。该异议先后得到异议处和上诉委员会的支持。建设银行向欧盟普通法院上诉，被驳回（T－665/17），遂继续上诉到欧盟法院，理由主要是：（1）普通法院在审查标志近似和判断混淆时可能在两个阶段重复考虑了在先商标的知名度；（2）错误地扩大了在先商标有知名度的服务范围；（3）歪曲了证据和事实，没有考虑在先商标中的图形要素；等等。

主要争点：申请商标和引证商标是否有混淆可能。

裁判要点：欧盟法院推翻了一审判决，支持了建设银行的涉案商标注册，并回应了建设银行的上诉理由。欧盟法院认为，《欧盟商标条例》第 8 条（1）（b）要求全面审查混淆的可能性，包括标志近似度、商品类似度，以及在先商标知名度和显著性等。在先商标知名度和显著性是对在先商标单方面的审查，和比较商标近似与否是两个不同的问题，知名度高不能必然得出近似的结论；判断标志近似时不应考虑知名度，而普通法院却考虑了，还错误地认为知名度会让消费者把在先商标的要部识别为文字"CB"，并忽略图形因素，以此"CB"文字与申请商标比较，进而得出近似的结论，这失之偏颇。此外，建设银行虽然不反对在先商标在某些服务上的知名度和显著性高，但认为这并不等于该商标在其注册的所有服务上都是如此，而普通法院则把在先商标在银行卡交易系统的知名度和显著性，不加审查分析地适用到了金融、货币和银行服务上，导致了知名度判断的错误。

评　　论：法院在判决中指出近似与否的判断不考虑知名度。这也就是说，近似与否应是基于标志本身情况做客观的判断。知名度不在这个阶段考虑，而是在判断混淆与否的阶段再考虑。

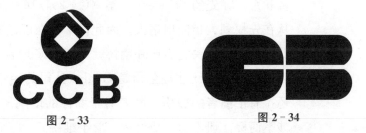

图 2 - 33　　　　　　　　　　　　图 2 - 34

g. 欧盟 20200423C - Gugler 商标无效诉讼案（应从实质上考量是否有经济关联）

基本信息：C - 736/18 P（欧盟法院，2020 年 4 月 23 日）

案件事实：2003 年 8 月，Gugler 公司申请注册欧盟商标（见图 2 - 35），使用于第 6、17、19、22 等类别的商品/服务；2005 年 8 月，该商标获准注册；2008 年，该商标转让给本案的当事人 Alexander Gugler；2010 年，Gugler 法国公司针对该商标所有类别的商品和服务提起无效，理由是涉案商标的注册有恶意，且侵犯其在法国的在先企业的名称权；2011 年，该无效申请得到支持。但随后第四上诉委员会维持了注册，认为 Gugler 公司申请时已经用这个标志生产经营多年，申请行为没有恶意，反倒是 Gugler 法国公司未能证明自己有可以阻挡注册的在先权利。而后，普通法院（T－674/13）支持 Gugler 法国公司上诉，撤销了第四上诉委员会的裁定，认为说理不充分，发回重审。后第一上诉委员会审查后认为，涉案商标应予无效。

2017 年，Alexander Gugler 上诉。普通法院判决（T－238/17）认为，第一上诉委员会错误地认为涉案标志之间存在混淆可能，因为 Gugler 法国公司曾经是 Gugler 公司的经销商；2002 年起，Gugler 公司还持有 Gugler 法国公司的股份；在商标申请之日，二者之间的这种经济联系不会让人对标志指向的商品来源产生混淆，至于公众是否知道实际产源，普通法院引用 Riojavina 案判决（T－138/09）指出这不重要。

主要争点：涉案商标申请时是否侵犯了 Gugler 法国公司的在先权利。

裁判要点：Gugler 法国公司上诉。2020 年 4 月 23 日，欧盟法院审理做出 C－736/18 P 号判决，欧盟法院指出，《欧盟商标指令》（2008/95）所指的"经济联系"，应是一种实质的联系，不一定非要是许可关系或是母公司子公司等关系，只要有对商标使用的共同控制就算有经济联系。在先的 Schweppes 案（C－291/16）并没有说混淆只能是从在先权利人指向申请人。因此，不存在混淆的顺序问题，只需有共同控制点来决定生产和销售就不存在彼此混淆的问题。本案商标申请时，Gugler 法国公司是 Gugler 公司的经销商，2002 年，后者还持有了前者的股份。两者对于商标的使用形成了共同的控制点。涉案商标注册不会造成混淆，应予维持。

评　　论：本案对于混淆所要达到的程度给予了明确：首先混淆没有方向，分不出商品/服务是 A 还是 B 的就是混淆，不一定要把 A 认成 B，或是把 B 认成 A；其次，A 和 B 所属的不同主体如果存在一定的关系，就可以排除混淆，欧盟法院把这个关系的门槛描述为"只需有共同控制点来决定生产和销售"。如此一来，一些存在经济关系的企业之间就不能认定混淆。在企业间因商标许可使用等方式的经济/品牌合作行为逐渐增多的情况下，这样做可以减少有关讼事。

图 2-35

h. 欧盟 20200305C-HALLOUMI 商标驳回案（集体商标显著性和混淆的判断标准与个体商标并无不同）

基本信息： C-766/18 P（欧盟法院，2020 年 3 月 5 日）

案件事实： 2014 年 7 月，M. J. Dairies EOOD 申请欧盟商标（见图 2-36），指定使用在第 29、30、43 类的奶酪等商品和服务上。塞浦路斯传统干酪哈罗米保护基金会（下称"基金会"）引证其 2000 年在第 29 类的奶酪上的集体商标"HALLOUMI"提起异议，未获支持。上诉委员会继而也认为，引证商标是特定奶酪名，显著性弱，尽管商品/服务相同或类似，且标志视觉有较低程度的近似，但并无混淆可能。基金会上诉，被普通法院驳回，但是法院肯定音、形、义都有低程度近似，只是因为引证商标自身显著性弱，所以不会混淆。

　　基金会继续上诉，指出引证商标是集体商标，其显著性的判断和个体商标不同，在混淆可能性的判断上，也不同于个体商标。上诉委员会和普通法院在这两个问题上都将两者混为一谈，否定了引证商标的显著性，并在混淆问题上做出错误判断。

主要争点： 涉案申请商标是否与引证的集体商标存在混淆可能性，并进而不能获得注册。

裁判要点： 欧盟法院认为：混淆判断确实要考虑集体商标的基本功能，但适用混淆判定标准时，集体商标和个体商标并无不同；如果《欧盟商标条例》第 67~74 条没有相反规定，《欧盟商标条例》第 7 条（1）（b）和第 7 条（3）有关显著性的规定同样适用于集体商标，第 66 条（2）不能被解读为允许没有显著性标志注册；普通法院对引证商标的显著性判断没有错误，它基于对证据的分析，客观地认定其显著性较弱，而并没有否认其显著性。

但是，在混淆可能的判定上，法院认为普通法院只是很笼统地说因为音、形、义的近似度低，再加上在先商标显著性低的程度，因此不足以造成混淆，这是不够的，它遗漏了商品/服务这个因素，没有提到商品/服务的较高近似度与标志本身的低近似度会怎样抵充，因此没有贯彻全面比较的原则。案件发回普通法院审理。普通法院在 2021 年 1 月 20 日做出 T－328/17 RENV 重审判决，认定没有混淆。

评　　论：混淆的可能性，应对两商标标志本身以及与商品/服务的结合进行比较。即使对于在先商标显著性比较低的情况，这个比较的过程也不能省略的。同时，法院也明确了集体商标和个体商标在混淆近似判断时适用标准应当统一。

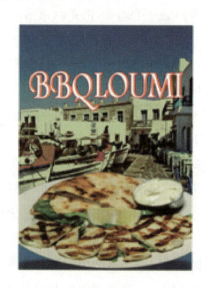

图 2－36

i. 欧盟 20200304C－Black Label 商标异议复审诉讼案（标志近似判断应限于标志本身）

基本信息：C－328/18 P（欧盟法院，2020 年 3 月 4 日）

案件事实：2014 年 12 月 16 日，Equivalenza 制造公司申请注册欧盟商标（见图 2－37），使用于第 3 类的商品香水。该申请被异议，引证标志是在先的国际注册第 1079410 号商标（见图 2－38），使用在古龙香水、个人用除臭剂（香水）等商品上，指定比利时、保加利亚、捷克等多个欧盟国家延伸保护。异议处和上诉委员会都支持异议，认为存在混淆可能。

Equivalenza 制造公司上诉到欧盟普通法院。法院审查后，考虑到标志的音、形、义，并结合有关商品在市场上的使用，认为涉案商标不属于《欧盟商标条例》第 8 条（1）（b）的情况，遂撤销上诉委员会的裁定。

欧盟知识产权局随后上诉，并特别提到，在比较标志是否近似的阶段，普通法院不应该考虑使用涉案标志的商品在市场上的消费者的购买习惯等因素，并以此来抵消标志本身的近似。

主要争点：涉案标志是否存在混淆可能。

裁判要点：欧盟法院指出，在审查阶段判断近似，是否要考虑有关商品在市场上投放的情况，既往判例有分歧，此处需做出明确。虽然市场情况是适用第 8 条（1）（b）时的相关考虑因素，但它们应该是判断混淆时要考虑的，而不是判断标志近似时考虑的。正如本案总法务官的意见所述，标志比较时的全面审查，应当是基于标志本身的特征。普通法院在比较标志近似时把市场的情况优先于标志本身的性质去考虑，失之偏颇。

随后，通过对标志的审查，欧盟法院认为涉案商标都有五个白色大写字母，但各自呈现方式有别，视觉上一般近似；两标志文字构成多处不同，发音上也有一般程度的近似；在含义上，在先商标无英文含义，而申请商标中的"BLACK"意为黑色，"BY EQUIVALENZA"会被认为是标明来源，两标志含义有差别。Equivalenza 制造公司认为含义上的不同可以抵消前两者的近似。但欧盟法院认为，根据既往判例（C‐16/06 P 等），要抵消，至少其中一个商标应当有清晰、明确的含义，能让相关公众立即识别出来，本案情况并不符合。因此，本案标志本身构成近似。此外，考虑到本案涉案商品相同，在先商标具有一般程度的显著性，相关公众对于有关商品也有一般程度的注意力，涉案商标的后注册与在先商标存在混淆的可能。

评　　论：欧盟法院通过本案澄清了适用《欧盟商标条例》第 8 条（1）（b）时，标志近似只是混淆判断的步骤之一，在这一步骤中，近似判断仅需比较标志本身。

图 2‐37   图 2‐38

j. 欧盟 20200304C‐BURLINGTON 商标异议复审诉讼案（"吸引力受损"不能成为判断侵权的标准）

基本信息：C‐155/18 P 至 C‐158/18 P（欧盟法院，2020 年 3 月 4 日）

案件事实：2008 年，Burlington Fashion 在欧盟申请注册 BURLINGTON 文字商标和多个图文商标（见图 2‐39、图 2‐40、图 2‐41），使用在第 3、14、18、25 类的商品上。Tulliallan 引证其在先商标（见图 2‐42）以及普通法权利，针对第 3、14、18 类的注册提起异议，得到异议处支持。但上诉委员会随后推翻了异议处的认定。Tulliallan 上诉，被普通法院驳回。对于异议涉及《欧盟商标条例》（207/2009）第 8 条（5）的部分，普通法院判决（T‐120/16 等）指出，虽然在先商标的知名度并没有争议，但是 Tulliallan 没有明确证据证明在后商标会有损在先商标的吸引力。

Tulliallan 针对第 8 条（5）的适用提起上诉，指出相关公众会把涉案商标的注册和它的在先商标联系起来，并有损其商标的声誉，但普通法院对此并没有审查，还错误地认为自己没有举证证明在先商标"吸引力受损"。

主要争点：《欧盟商标条例》（207/2009）第 8 条（5）的适用是否要求在后商标有损在先商标的吸引力。

裁判要点：2020 年 3 月 4 日，欧盟法院对一系列相关案件做出联合判决（C‐155/18 P 至 C‐158/18 P），推翻了普通法院以及上诉委员会之前的有关认定。欧盟法院基本支持了 Tulliallan 的上诉，认为普通法院不仅没有去审查有关是否存在第 8 条（5）中规定的有损在先权利的证据，反倒执着于审查申请商标是不是对在先商标的吸引力有损害，而后者并不是第 8 条（5）的适用标准，尤其是普通法院关于他人使用有关标志是不是会损害商标所指地产的商业吸引力更是与此毫无关联。

评　　论：欧盟法院纠正了普通法院的措辞以及相应的论理。第 8 条（5）的
　　　　　　适用，针对的是对在先商标的显著性和声誉有损害，而不是吸引
　　　　　　力。虽然吸引力和显著性及声誉有关，但是这个措辞的偏差会扭曲
　　　　　　判断标准。

图 2 - 39　　　　　图 2 - 40　　　　　图 2 - 41　　　　　图 2 - 42

k. 欧盟 20191204C - 地理标志 Aceto Balsamico di Modena 侵权案（地理标志产
品中"非地理名称"部分不能单独保护）

基本信息：C - 432/18（欧盟法院，2019 年 12 月 4 日）

案件事实：原告是地理标志"Aceto Balsamico di Modena"（根据欧盟地理标志
　　　　　　保护 1151/2012 号条例获得保护）的权利人。被告在德国使用
　　　　　　"Balsamico"（"黑醋"）和"Deutscher Balsamico"（"德国黑醋"）
　　　　　　生产和销售醋产品。原告在德国起诉被告侵犯其涉案地理标志，案
　　　　　　件最终诉至德国最高院。

主要争点：最高院中止程序，请示欧盟法院对本案的关键问题之一做出回复：对
　　　　　　于整个地理标志"Aceto Balsamico di Modena"的保护，是否延及其中
　　　　　　的非地理名称的部分（"Aceto"、"Balsamico"或"Aceto Balsamico"）。

裁判要点：2019 年 7 月，欧盟法院总法务官曾发表意见给予否定。欧盟法院初
　　　　　　裁基本采纳了总法务官的观点。欧盟法院参考 Chiciak 案（C - 129/
　　　　　　97 和 C - 130/97），认为通用性的词语不能保护，即使含有通用词
　　　　　　语的标志整体获得注册了，这一部分也不能保护；而且，涉案地理
　　　　　　标志注册的第 583/2009 号条例序言第 8 条这个名称是基于其整体
　　　　　　的声誉获得注册；考虑到德国、希腊等国的反对，第 583/2009 号
　　　　　　条例在序言第 10 条也明确指出，对于涉案的地理标志"Aceto Bal-
　　　　　　samico di Modena"的保护是针对其"整体"；欧盟法院还认为
　　　　　　"aceto"是醋的意思，是通用术语，"balsamico"是苦甜味的意思，
　　　　　　也是通用术语，它们不能单独获得保护。

评　　论：地理标志本身是一个整体（地名＋商品/服务通用词），注册后获得
　　　　　　保护的也是这个整体，是这个整体具有法律所保护的特殊意义。不

管把地名还是后面的商品/服务名单独拿出来，都不能获得保护。

l. 欧盟 20201209T－JC JEAN CALL CHAMPAGNE ROSÉ 商标异议复审诉讼案（商标非要部在判断近似时不必然排除）

基本信息：T620/19（欧盟普通法院，2020 年 12 月 9 日）

案件事实：涉案立体商标 JC JEAN CALL CHAMPAGNE ROSÉ（见图 2-43）于 2017 年 3 月申请，使用于第 33 类的香槟，瓶身的玫瑰色和瓶口的黑色也要求保护。Ace of Spades 公司引证多件第 33 类注册的在先立体商标以及位置商标（见图 2-44 至图 2-48）提起异议。异议处驳回异议，认为没有混淆的可能。异议人上诉。上诉委员会也认为并不近似，且未证明引证商标知名度，因此也不能适用《欧盟商标条例》第 8 条（5）进行保护。

异议人继续上诉到欧盟普通法院。认为上诉委员会有关混淆可能的判断有误，而且，也没有考虑引证商标的知名度。对于申请商标与位置引证商标不近似，这一点异议人没有意见。

主要争点：涉案标志是否有混淆可能。

裁判要点：欧盟普通法院支持了异议人的第一个上诉理由，驳回了第二个理由。普通法院认为判断混淆可能应当对标志的视觉、发音和含义三方面进行审查。此处要把标志看作一个整体，虽然不排除某些情况下标志给相关公众的印象由某些要部所控制，但在判断近似时，不能只考虑标志的要部，除非其他的组成部分确实可以忽略。上诉委员会在比较近似时，认为引证商标的瓶子形状、颜色以及瓶口的黑色箔纸都是对引证商标的整体形象影响甚微的元素，可以忽略；对于这些要素的结合，上诉委员会也没考虑。普通法院认为，这些要素结合起来其实是可以产生显著性的，不能将其排除在近似比较考虑的要素之外。法院进一步指出，正是因为忽略了这些要素，上诉委员会没有看到申请商标与引证商标的视觉上的近似，并进而排除了混淆的可能，其认定失之偏颇。法院驳回异议人的第二个上诉理由，理由是证据不足以证明其知名度，因而无法依据《欧盟商标条例》第 8 条（5）进行保护。

评　　论：标志近似、混淆判断，始终都要坚持整体审查。虽然在分析标志的时候，我们会把标志分解为要部和非要部，但是这都是基于它们对于商标的音、形、义所起的作用而言，这不意味着任何一部分可以

直接舍弃而忽略不计。也许它单独拿出来不能保护，但是它在整体
中发挥的作用不能无视。

图 2 - 43　　　图 2 - 44　　　图 2 - 45　　　图 2 - 46　　　图 2 - 47　　　图 2 - 48

　　m. 欧盟 20200610T - PHILIBON 商标无效纠纷案（未注册驰名商标与声誉商标的判断标准有别但趋同）

基本信息： T - 717/18（欧盟普通法院，2020 年 6 月 10 日）

案件事实： 本案中，法国 B. D. 公司 2011 年 1 月申请，并于同年 7 月获准注册欧盟文字商标 PHILIBON，核定使用的商品是第 29、31、32 类的水果制品、水果饮料等。

　　　　　　2015 年，保加利亚 Philicon - 97 AD 公司对该商标申请无效，主要引证了图文商标 PHILICON 以及文字商标 PHILICON。引证商标并未注册。Philicon - 97 AD 主张，在保加利亚，引证商标在第 29 类的罐头水果、蔬菜等，以及第 32 类的天然果汁等商品上驰名。撤销处支持 Philicon - 97 AD 的驰名主张，并进而认为争议商标和引证商标有混淆可能。随后，上诉委员会也认为引证商标符合《巴黎公约》第六条之二有关驰名商标的规定，并维持了撤销处的决定。B. D. 公司上诉，对引证商标与争议商标近似比较本身没有异议，但提出上诉委员会错误地适用了《欧盟商标条例》（2017/1001）第 8 条（2）（c），在案证据不能证明引证商标在争议商标申请时已驰名。

主要争点： 涉案引证商标是否驰名，并因此对抗争议商标。

裁判要点： 欧盟普通法院驳回了 B. D. 公司的上诉，并在判决中明确了未注册驰名商标的判断及保护问题。由《巴黎公约》第六条之二规定的"驰名商标"（不论注册与否），可以根据《欧盟商标条例》第 8 条（2）（c）作为在先商标得到保护。对于未注册驰名商标的审查标准，欧盟法院曾在 Nieto Nuño 案（C - 328/06）中指出，"未注册

驰名商标"类似于《欧盟商标条例》第 8 条（5）中的"声誉商标"；还曾在 Chevy 案（C－375/97）中使用与《关于驰名商标保护规定的联合建议》（保护工业产权巴黎联盟和世界知识产权组织联合制定）相同的标准，如标志使用的频度、地理范围、持续时间、投资范围等去判断商标的"知名度"。虽然适用标准基本一致，但驰名所要达到的程度要略高于"有知名度"（T－420/03），然而，对于要怎样"高"，欧盟的法院始终没有确切的标准。从 Nieto Nuño 案和 Chevy 案来看，驰名商标的证明在地域上没有更高的要求，两者的判断适用同样的地域标准。因此本案中普通法院只需要看 Philicon－97 AD 公司的引证商标是否在争议商标申请日前在保加利亚的相关公众中达到了驰名程度。虽然欧盟法院没有要求明确的百分比的公众知晓，但是普通法院认为品牌认知度是一个很重要的商业成就的衡量标准。1 000 人的抽样调查显示有 40% 的人知晓引证商标至少五年，再加上销售量等其他的证据，普通法院认为争议商标达到驰名，可以对抗本案的争议商标。

评　　论：普通法院实际上把未注册驰名商标与声誉商标的判断标准趋同。当然，两者的效力还是有区别的，前者既能对抗相同、类似商品的注册，也能对抗非类似商品的注册，保护的前提是"可能有联想"；而后者对抗的是相同、类似商品的注册，保护的前提是"可能有混淆"。

n.　日本 20200916－Bull Pulu 及图标志注册案（无混淆不能对抗他人的在后注册）

基本信息：No. Reiwa1（Gyo-ke）10170（日本知识产权高等法院，2020 年 9 月 16 日）

案件事实：某日本企业申请注册涉案商标 BULL PULU TAPIOKA（见图 2－49），使用于第 29 类、30 类以及 43 类的商品和服务，其中包括珍珠奶咖等等，并且在 2016 年获得注册。星巴克公司提起无效，认为与其注册在有关类别的在先商标近似（见图 2－50）。专商局认为标志不近似，消费者不会混淆。星巴克上诉，提出根据对 552 名 20～69 岁的消费者进行调研，有 70% 以上把涉案的绿圈（见图 2－51）与星巴克联系起来，但是专商局却错误地认定两者不近似。

主要争点：涉案商标是否近似。

裁判要点：日本知识产权高等法院维持了专商局的裁定，认为星巴克引证的标志整体在争议商标申请时确实曾非常有名，其中的绿色圈也在标志中起到很重要的作用。但这不能说明里面的"双绿圈"和文字也驰名。争议商标和引证商标有共同点，但绿色圈里的文字是要部，这部分差异很大，将两标志区分开来。对于调研证据，法院认为被调研的对象已经被事先告知，涉案的标志中间有图案，圈内文字代表着这个企业的名字，这种提示是有误导性的。基于此，考虑案件的其他因素，法院认定不近似。

评　　论：法院认为权利商标整体驰名，其中的组成部分不一定驰名，这本身没有问题。需要注意的是，即使其中的组成部分不驰名，也只是说单凭"组成部分"不能直接对抗争议商标，是否近似，还是要进行下一步比较。显然，日本知识产权高等法院接下去的一步判断更集中于文字的差别。

图 2 - 49　　　　　　　　图 2 - 50　　　　　　　图 2 - 51

2.2.2　撤销

a. 欧盟 20201217C - 喷灌机立体颜色商标侵权案（在反诉中要求以连续五年不使用撤销欧盟商标，要以提出反诉的时间为准）

基本信息：C - 607/19（欧盟法院，2020 年 12 月 17 日）

案件事实：原告 Husqvarna 公司享有第 456244 号欧盟商标的所有权。该立体商标 1997 年 1 月申请，2000 年 1 月 26 日获得注册，使用的颜色是橘红、灰和浅灰（见图 2 - 52），使用的商品是喷灌机。2015 年 2 月，原告在德国起诉被告 Lidl 公司，理由是被告在网上销售的水软管喷头（见图 2 - 53，由螺旋软管、洒水喷头和连接套组成）侵犯了其前述立体商标。

　　2015 年 9 月，被告在诉讼中提出反诉，认为涉案欧盟商标连续五年不使用应予撤销。杜塞尔多夫地区法院审理后支持原告，驳回被告反诉；被告上诉，杜塞尔多夫地区高等法院认为原告商标因不使用应在 2017 年 5 月 31 日撤销。对此，高等法院认为不使用撤销的判断，不应该以被告提起反诉的时间（2015 年 9 月）为准，而应该以法院的最后一次审理的时间（2017 年 10 月 24 日）为准。而原告受保护的立体商标所使用的商品在 2012 年 5 月后就没有再出售，相关的商标使用行为遂停止。也就是说，2017 年 5 月 31 日，商标的保护期满。2017 年 10 月 24 日本案最后一次审理时引证商标已经期满无效，不能据以对抗他人的使用。

主要争点：原告上诉。德国最高院就本案中涉及的问题请示欧盟法院做出回复：如果反诉欧盟商标连续五年不使用应予撤销，但反诉提起时商标尚未期满，是否应适用《欧盟商标条例》（207/2009）第 51 条（1）（a）？如果是，应以反诉提起的时间还是最后一次审理的时间去判断五年是否期满？德国法院认为《欧盟商标条例》并没有直接的规定，如果适用德国《民事诉讼法》，应当以最后一次审理的时间为准。这一问题的判断，直接影响到案件的审理结果。

裁判要点：2020 年 12 月 17 日，欧盟法院做出 C－607/19 号初裁，明确指出：《欧盟商标条例》（207/2009）第 51 条（1）（a）应当理解为，在反诉中要求以连续五年不使用为由撤销欧盟商标，要以提出反诉的时间为准。也就是说，要看反诉提起前五年商标是否有使用，并进而判断其效力。虽然《欧盟商标条例》对此没有直接的规定，但是根据第 55 条（1），商标权利人在他人提起反诉，要撤销其商标之前，可以通过使用商标做出补救，但是一旦他人提起了反诉，就没有了补救的机会。而且，如果用最后一次审理的时间来判断，就有可能导致商标反诉时五年尚未期满，但到了最后一次审理时就期满的情况。就本案而言，欧盟法院的初裁对原告比较有利。

评　　论：不管是在诉或是反诉中主张他人的商标因不使用应予撤销的，应当在诉/反诉之时去判断涉案商标的效力，因为从法理上来讲，你不能起诉一个仍然有效的商标。商标起诉时有效，权利人的起诉或是应诉行为，本身也属于商标权利的积极维护。

图 2‒52　　　　　　　　　　　　　　图 2‒53

b. 欧盟 20201022C‒Testarossa 商标不使用撤销诉讼案（二手商品出售就意味着上面的商标在使用）

基本信息： C‒720/18 和 C‒721/18（欧盟法院，2020 年 10 月 22 日）

案件事实： 本案中，法拉利公司是涉案商标（见图 2‒54）的所有人，该商标 1987 年获得国际注册，1990 年在德国获得注册，核定商品是第 12 类的车辆及车辆配件等。杜塞尔多夫地区法院以连续五年不使用为由，判决支持撤销涉案两商标。法拉利公司上诉。

　　本案的情况是，法拉利公司在 1984 年至 1991 年曾用 Testarossa 标志销售赛车，1996 年后续推出 512 TR 和 F512 M 车型；2014 年推出 Ferrari F12 TRS 车型，一次性只生产了一台。在本案涉及的判断真实使用的时段内，法拉利公司有把涉案商标使用在之前已经售出的豪华赛车的替换件和配件上。而且，法拉利公司称，它还出售带有涉案标志的二手车，并提供涉案车型的配件的更换以及汽车的维修保养服务，这都是对商标的使用。

主要争点： 豪华车销量不会太高，倒在情理之中，但法拉利公司的商标注册使用的商品是车辆及车辆配件，而并不只是高端车。这种情况下应在什么商品和市场范围去判断商标的使用？就此，连同二手商品出售等其他涉及商标使用判断的一揽子问题，杜塞尔多夫高等法院请示欧盟法院做出回复。

裁判要点： 欧盟法院初裁回复指出：根据《欧盟商标指令》（2008/95）第 12 条（1）和第 13 条，如果商标注册在某类商品及其替换零件上，其使用应该视为所注册的全部的商品及配件的"真实使用"，如果标志只被用于部分注册的商品（比如本案商标，注册在车辆及车辆配件上，但使用在高端豪华赛车及配件上），只有消费者能够将这部分商品识别为独立的子类，使用才只及于这部分商品。至于本案，法院认为仅"价格高"，或仅是"赛车"，或"豪华"，都不足以成为独立子类。即使销售量不大，法院仍认为涉案商标的使用发挥了商标实质功能，并不是象征性的使用，而是真实使用。对于二手商品的销售，法院认为，二手商品在出售，上面贴附的商标就在使用，如果销售者是商标权利人本身，那这个商标就仍是在标明权利人的身份及其对商品的保障，就是真实使用。如果商标权利人为其之前售出的带有某商标的商品提供服务，只要提供服务也是使用该商标，就可以认为是这个商标的使用。

评　　论：本案初裁肯定了高价豪华商品即使销量不大也不妨碍其发挥商标的功能。二手商品上的商标也继续发挥着商标的作用，此时商标的具体使用人就是销售者，销售者可能是商标权利人本人，也可能是其他销售者。如果是本人，仍成立商标使用。

testarossa

图 2－54

c. 欧盟 20200716C－tigha 商标异议复审诉讼案（商标在部分商品上使用时使用证据的作用范围）

基本信息：C－714/18 P（欧盟法院，2020 年 7 月 16 日）

案件事实：本案中，德国 ACTC 公司申请注册欧盟商标"tigha"，使用于第 18 类的某些商品，以及第 25 类的衣服、鞋、帽等数十种商品。瑞典 Taiga 公司认为涉案申请有可能与其在先欧盟注册商标"TAIGA"混淆，遂针对全部商品的注册申请提起异议。引证商标核定在包括第 25 类的服装、户外服装等多个类别的多种商品上。

异议处没有支持异议。但上诉委员会部分撤销了异议处的裁定，认为在先商标在第 25 类的核定商品上进行了使用，与申请商标的相关商品类似，再考虑到标志本身的近似情况，虽然没有支持第 18 类的异议，但支持了第 25 类上的异议。

ACTC 公司上诉，主要的理由就是 Taiga 公司引证商标具体注册的第 25 类的商品是"服装；外衣；内衣；鞋；帽；工作鞋、靴；

工作服；手套；腰带和袜子"，为证明第 25 类的使用 Taiga 公司提交的证据是防风、雨和防寒之类的衣服，ACTC 公司认为这些商品不能证明其他第 25 类商品的使用。但普通法院判决（T－94/17）认为，根据《欧盟商标条例》第 15 条（1）和第 42 条（2），商标如果只在其注册的部分商品/服务上进行了使用，在异议审查时，仅在这部分商品/服务上将其视为注册商标来保护；但"部分商品/服务"不是类似商品/服务的所有商业变体，而仅是足以区分构成有内在关联的类别或子类别的商品或服务。某商品/服务的使用证据，及于其所属的子类。本案的使用证据涉及的商品，与在先商标第 25 类和核定的商品在使用上的目的相同，都是为了遮盖、装饰或是保护身体不受外界的侵害。因此这些证据可以证明涉案商标在第 25 类核定商品上的使用。ACTC 公司继续上诉。

主要争点：商标在部分核定商品上的使用可及于多大的范围，并进而影响标志的保护范围。

裁判要点：2020 年 7 月 16 日，欧盟法院做出判决（C－714/18 P），明确了商标在部分商品上使用时使用证据的作用范围。欧盟法院认为，如果商标注册的商品范围比较广，那么可能会分成若干子类。具体到本案，就是在先商标第 25 类核定的商品是不是有这样的子类；欧盟法院认为，核定商品没有什么本质区别，没有子类可以划分出来，在先商标的使用证据可以证明其在第 25 类核定商品上的使用。

评　　论：商标的使用程度不仅会影响它本身的存续，还会影响其对抗在后商标的注册范围。但是商标注册后，因为经营本身或市场的原因，往往不会很全面且精确地按照注册核定的商品进行使用。在这种情况下，应当怎样从法律角度去界定部分商品上的使用就很关键。本案中，法院的基本态度就是，看它所注册的商品根据性质、用途等等是否能分出子类。也就是说分得出，商标在某种商品上的使用就代表它所属子类的商品上的使用；分不出，就代表它核定的全部商品上的使用。

d. 欧盟 20191212C－DGP 集体商标不使用撤销诉讼案（集体商标的使用判断）

基本信息：C－143/19 P（欧盟法院，2019 年 12 月 12 日）

案件事实：本案中，DGP 公司（Der Grüne Punkt－Duales System Deutschland GmbH）申请并获准注册欧盟集体商标（见图 2－55），使用于第

1~34 类的相关商品以及多个类别的服务。该商标是为了使消费者和商家能够识别 DGP 回收系统中的包装以及使用这种包装的商品，并将它们与其他包装和商品区分开来。

该商标在第 1~34 类所有商品上的注册被他人以不使用为由提起撤销。撤销处支持撤销，只维持了商品本身就是包装的注册。DGP 公司上诉，被上诉委员会驳回。上诉委员会认为消费者不会将有争议的商标视为商品来源的标志，而是把它看作包装可回收利用的符号。DGP 公司继续上诉，认为该商标的使用人并不是包装的生产商，而是涉案商品的生产商或销售商，这个商标标明的内容就是涉案商品的生产商或销售商参与了 DGP 回收系统，这会被相关公众认为是环保的良好行为，从而给相关商品赋予一种"无形的特征"。但欧盟普通法院判决（T-253/17）也没有支持 DGP 公司。

主要争点：涉案商标是否构成商标的真实使用。

裁判要点：欧盟法院经过审查，推翻了普通法院的判决。法院首先指出，与个体商标不同，集体商标表明该商品/服务来源于作为商标所有人的集体的成员，而不是该集体之外的其他人，集体商标向消费者表明的并不是产品来源者的身份，标明具体来源者是个体商标才有的功能。在判断集体商标的使用时，与个体商标相同，也要看其是不是发挥了指示商品来源的基本功能，能创造或是维持相关商品或服务的市场影响。这需要考虑各种有关的因素，尤其是这种使用是不是相关经济部门对使用该商标创造或维持相关商品或服务市场份额的一种保证，以及商品或服务的性质、相关市场特征和商标使用的规模及频率等。某些相关经济部门，比如食品、饮料等经常会产生包装垃圾，其生产商或销售商是否参与环保回收，也可能影响消费者的购买，并进而影响使用该商标创造或维持相关商品或服务的市场份额。而普通法院并没有就此进行审查。

评　　论：欧盟法院通过本案对集体商标的使用问题进行了明确。根本上是要看其是不是发挥了商标的识别功能，还要看商品或服务的有关消费者或其他相关公众的认知。在认知的程度上，集体商标只需要能区分集体成员和非成员即可，不要求具体指向特定的商品/服务来源。

图 2 - 55

e. 欧盟 20190712T－mobile. ro 商标无效诉讼案（不改变显著特征的使用可视为商标的真实使用）

基本信息： T－412/18（欧盟普通法院，2019 年 7 月 12 日）

案件事实： 德国 Mobile. de 公司申请注册 mobile. ro 图文组合商标（见图 2－56），使用在第 35 类和第 42 类的相关服务上。2010 年，商标获准注册。2013 年，保加利亚的 Rezon 公司引证其 2005 年注册的使用于有关类别的国内商标（见图 2－57）提起无效。撤销处认为涉案服务不类似，因此没有混淆的可能，驳回无效申请。Rezon 公司上诉。上诉委员会推翻了撤销处的决定，认为申请商标和引证商标构成近似。上诉委员会特别指出 Rezon 公司提交的证明其在先商标实际使用的证据（见图 2－58 和图 2－59，左侧均有蓝色条，图 2－58 在 "mobile" 和 "bg" 之间有蓝色圆点，图 2－59 "mobile" 后有蓝色的字母 "n"；图 2－58 本身也是 Rezon 公司的注册商标），虽然和引证商标有区别，但并未改变其显著特征，可视为引证商标的使用。Mobile. de 公司上诉，矛头主要指向 Rezon 公司的使用证据，认为其不能证明引证商标的真实使用。

主要争点： 引证商标是否真实使用，并由此可以对抗在后的申请。

裁判要点： 法院指出，根据《欧盟商标条例》（2017/1001）第 18 条（1），实际使用的标志形态与注册商标的形态差别只要没有改变注册商标的显著特征，就可以看作注册商标的使用。虽然本案的引证商标是成员国国内商标，亦应适用这一规定。在是否改变显著性特征这一点上，法院基本认可上诉委员会的观点。对于图 2－58，法院认为所增加的 ".bg"（保加利亚的顶级域名）只是细微变化，未改变整个商标结构，不足以改变引证商标的显著性；即使图 2－58 本身也是个注册商标，也不妨碍适用第 18 条（1）；对于左侧的蓝色条，以及 "mobile" 和 "bg" 之间的蓝色圆点，也只是不改变显著性的微小的变化。对于 Mobile. de 公司提到的，在网络上搜索 "mobile"、"mobile. bg" 和 "mobile. de" 会出现不同结果，法院认为这是个网络技术功能问题，不影响根据第 18 条（1）判断是否有显著性的变化。综合考虑，法院认为图 2－58 的使用可以视为引证商标的使用。对于图 2－59，法院也进行了类似的分析，指出虽然增加了 "n"，但也没有改变引证商标的显著特征。基于此，考虑到本案的其他情形，法院最终驳回了 Mobile. de 公司的上诉。

评　　论：本案涉及究竟什么样的使用算是没有改变商标显著性特征的使用，透露出加上域名后缀不会改变显著性的意思，与美国最高院在 booking. com 中表达的意思完全不同。

图 2－56

图 2－57

图 2－58

图 2－59

f. 欧盟 20190731－麦当劳 MC 系列商标撤销案（家族商标的显著性）

基本信息：No. 14787 C（欧盟知识产权局，2019 年 7 月 31 日）

案件事实：2012 年 3 月 15 日，麦当劳注册了涉案的 "MC" 文字商标，使用于第 29、30、32 类的商品以及第 43 类的餐馆服务。2017 年 4 月 11 日，Supermac's 提起五年不使用撤销。

主要争点：麦当劳的涉案商标 "MC" 是否真实使用。

裁判要点：欧盟知识产权局撤销处综合考虑本案的证据，于 2019 年 7 月 31 日做出决定（No. 14787 C），部分支持了撤销申请。撤销处认为麦当劳并没有足够的证据证明这个商标单独作为商标进行了真实使用，证据只是显示它作为一个前缀与其他的标志在一起使用；麦当劳确实拥有一系列脱胎于 McDONALD'S 商标的家族商标，但 "MC" 并不等于 McDONALD'S，后者不能视为前者的使用。此外，对于麦当劳主张的自己的"BIG MAC"标志的使用也可以作为"MC"商标的使用证据，撤销处认为前者改变了后者的显著性特征，不能视为后者的使用。而对于表 2-1（3）至（9）的标志，"MC"添加了一些词，这些词对于商品或是原料有一些描述，比如（rib-排骨、muffin-松糕等），对于添加这一部分，因为构成对商品的描述，所以并没有改变"MC"商标的显著性，可以视为其使用；但是（10）（"麦旋风"）后面的"FLURRY"并没有描述性，因此，整个词不能视为"MC"的使用。

　　基于前述分析，并考虑到涉案商标核定使用的商品及服务，撤销处撤销了"MC"在第 32 类和 43 类的注册，保留了其第 29 类和 30 类的注册。

表 2-1

注册商标	使用证据中的标志
MC	（1）McDonald's
	（2）BIG MAC
	（3）McRIB
	（4）McMUFFIN
	（5）McTOAST
	（6）McFISH
	（7）McWRAP
	（8）McNUGGETS
	（9）McCHICKEN
	（10）McFLURRY

评　　论：商标真实使用有个大的前提，就是它被作为商标使用。本案这种某商标和其他的元素一起用的情况比较常见。如果其他元素的添加不妨碍该标志被识别为商标，则可以看作该标志的使用；如果紧密结合形成了新标志，则不能因为其中包括该标志，就认为新标志的使用是该标志的使用。

g. 英国 20191213-Aiwa 商标异议案（二手商品销售不能看作原商标的使用）

基本信息：［2019］EWHC 3468（Ch）（英格兰及威尔士高等法院，2019 年 12 月 13 日）

案件事实：Aiwa（爱华）是 1951 年创立并曾闻名世界的音响设备品牌。20 世纪 90 年代末，该品牌盈利水平下降，2003 年被索尼公司收购，其后状况仍不理想，虽仍在配件和二手商品上使用商标，但是从 2008 年起就没有任何新产品投放市场。2017 年，一家名为 Towada Audio 的日本公司收购了索尼的 Aiwa 商标，自己也更名为 Aiwa 公司（下称"日本 Aiwa 公司"），拟对该品牌进行重建。

2016 年，Hale 公司在美国获准注册 Aiwa 商标并更名为 Aiwa 公司，使用 Aiwa 商标销售扬声器等商品。

2017 年，Aiwa 公司在英国申请注册 Aiwa 商标，日本 Aiwa 公司就引证自己的 Aiwa 商标提起异议。Aiwa 公司则提出引证商标连续五年不使用应予撤销。本案涉及的商品是二手销售的商品，所以问题的关键是在市面上销售 Aiwa 的二手商品算不算商标的使用。审查员认为，未经商标权利人同意的使用就不能算作使用。因此日本 Aiwa 公司的商标没有真实使用，应予无效，因而也驳回了其异议。

主要争点： 涉案商标是否真实使用。

裁判要点： 英格兰及威尔士高等法院判决明确商标使用要看该使用行为是否有助于建立和保持使用商标的商品或服务的市场份额，二手商品上的商标确实还在起标识来源的作用，但已经不再是为了维持市场份额了，因此不是真实使用。

评　　论： 本案对于在英国进行品牌收购有参考价值。尤其对于曾经辉煌，但在相当长的时间没有活跃的生产和销售的已经沉寂的品牌，在收购前一定要做好审查核评估。收购时有效的注册，收购后不一定能有效地对抗他人。

h. 日本 20190902 - Tuché 商标驳回复审诉讼案（注册防御商标的"被公众所熟知"要件）

基本信息： No. 2019［Gyo-ke］10166（日本知识产权高等法院，2019 年 9 月 2 日）

案件事实： 申请人基于在先商标"Tuché"（使用于第 25 类的有关商品）申请防御商标"Tuché"，被驳回后申请人提出上诉，没有得到支持，随即向法院提起诉讼。

主要争点： 涉案防御商标能否注册。

裁判要点： 不支持涉案防御商标的注册。法院认为，防御商标的注册要以基础商标驰名为前提，而本案的基础商标在防御商标申请之时，从消费者的地域范围和认知程度来看，达不到驰名。

评　　论：防御商标的注册，毕竟会阻碍他人的注册和使用，所以，一定要有限制。日本的这种做法，相当于从注册环节给了驰名商标扩大保护。

2.2.3　商标用权

澳大利亚 20200414 - 花生酱商业外观侵权案（商业外观随营业一同转让）

基本信息：［2020］FCAFC65（澳大利亚联邦法院全席法庭，2020 年 4 月 14 日）

案件事实：本案中，卡夫品牌公司（Kraft Foods Group Brand LLC）等在澳大利亚起诉 Bega 公司（Bega Cheese Limited）侵犯其商业外观。一审（［2019］FCA 593）及二审（［2020］FCAFC 65）都没有支持原告。理由是 2017 年中 Bega 公司从 Mondelez 公司购买涉案的花生酱业务时，该外观已经随之受让。

卡夫品牌公司搬出卡夫重组的历史，认为重组后花生酱产品线的品牌都归它管理，涉案商业外观跟随相应品牌也应归其所有。但二审法院明确指出，卡夫重组后的 Mondelez 澳大利亚公司一直在澳大利亚经营涉案花生酱业务，直至转让给 Bega 公司。根据澳大利亚法律，商业外观是与相关业务不可分离的。当 Bega 公司购买其花生酱业务时，相应地获得了商业外观、有关资产以及与花生酱业务有关的商誉。

主要争点：涉案商业外观属于哪一方。

裁判要点：2020 年 11 月 13 日，卡夫品牌公司继续上诉，被驳回，卡夫花生酱案最终落下帷幕。

评　　论：卡夫品牌公司在本案败诉，会对其在澳大利亚和新西兰的有关商标注册产生不利影响，但是也明确了在澳大利亚未注册商标或者商业外观归属的判断标准。这一点，需要提醒企业注意。

2.2.4　商标侵权

2.2.4.1　构成

a. *美国 20201001 - EYE DEW 商标假冒之诉案（混淆的可能是假冒的必要条件）*

基本信息：No. 19 - 55586（美国第九巡回上诉法院，2020 年 10 月 1 日）

案件事实：原告 Arcona 使用注册商标 EYE DEW 在美国销售眼霜，因为被告 Farmacy Beauty 在护肤品上使用 eye dew 标志，原告提起假冒之诉。区法院认为包装不近似，标志也不近似，不可能有混淆，对这一部分做出了不利于原告的简易判决。原告上诉。

主要争点：被告的行为是否构成假冒。

裁判要点：美国第九巡回上诉法院明确表示，商标假冒的成立，必须要有"混淆的可能"，因为《兰哈姆法》明确规定混淆的可能是认定假冒的必要条件。即使是标志相同，也不能就直接推定消费者会有混淆。本案中，证据表明，双方都用了涉案标志，但是它们的产品在包装上差别很大。原告的眼霜是长的圆柱体银色瓶，装在纤细的纸盒里；而被告的商品是矮宽的白罐，装在方形的盒子里。双方的产品上还使用了各自的主商标。当事人的眼霜产品有相同的市场，但认定假冒要考虑双方商品的整体情况。现有证据表明这两种产品之间存在显著差异，且各自使用主商标，消费者根本不会混淆。没有混淆的可能，假冒也就不能成立。

评　　论：法院认为有混淆可能才能认定假冒，这与我国的法律规定和司法实践不同。我国《商标法》规定，假冒是商标法意义上的标志相同，商品相同，出现双同，不需要看是否有混淆的可能。而且，第九巡回上诉法院在判断商标假冒时，认为不同包装可以区分商品，从而可以否定混淆，似乎也有误入歧途之嫌。

b. 美国 20200817－"Tiffany 式镶嵌"钻戒商标侵权案（无故意且无混淆不侵权）

基本信息：No. 17－2798（美国第二巡回上诉法院，2020 年 8 月 17 日）

案件事实：2012 年，有消费者向 Tiffany 公司举报，称 Costco 出售的订婚钻戒使用了"Tiffany setting"、"Tiffany set"和"Tiffany style"，有时还单独使用"Tiffany"。该消费者看到戒指上有"Platinum Tiffany"字样，误认为 Costco 出售的是 Tiffany 的戒指。

2013 年，Tiffany 公司起诉 Costco 商标侵权。Costco 一边抗辩认为自己只是将"Tiffany"作为款式名称使用，一边提起反诉，认为 Tiffany 戒指是某种爪式戒指镶嵌（pronged ring setting）的通用名称，具有描述性。法院 2015 年 9 月做出简易判决（针对本案部分问题，不包括赔偿数额问题），认为涉案商标不是通用名称，被告的行为会造成混淆，是对原告商标的淡化，其行为"非常明显"，

"大胆且故意"，构成侵权，且符合适用惩罚性赔偿的条件。在接下来的审判中，法院详细审查了案情，2017 年 8 月，法院判决确定了前述赔偿数额。

主要争点：Costco 是否构成侵权。

裁判要点：2020 年 8 月 17 日，美国第二巡回上诉法院推翻了一审法院认定 Costco 构成商标侵权的判决，认为 Costco 不应承担侵权责任。此前，美国纽约南区法院支持了 Tiffany 公司起诉批发商 Costco 商标侵权的诉求，判处 Costco 赔偿 Tiffany 公司 1 110 万美元，并处以惩罚性赔偿 825 万美元，另包括相应利息，共计 2 100 万美元。

上诉阶段，第二巡回上诉法院却认为 Costco 构成正当使用。法院认为 Costco 提交的专家报告指出 Tiffany 公司的调研证据展示给调查对象的只是给出一个隔离状态的标志，剔除了其他一起使用的标志，因此调研证据存在问题。Costco 的这一抗辩在一审没有得到支持，但是上诉法院认为应予支持。而且，对于是否有混淆的问题，上诉法院也支持 Costco 的抗辩，认为在 3 350 多名购买者中找出 6 名做证说有混淆，并不足以证明消费者会认为 Costco 出售的戒指来自 Tiffany 或是与 Tiffany 有隶属关系的公司。对于恶意的问题，巡回法院认为，是否善意的问题不应该是简易判决处理的。法院认为，实体的证据表明 Costco 并没有制造混淆的意图，它的戒指都打着其合作的第三方供货商的标志，而且包装盒上没有标志，也没有模仿 Tiffany 经典的蓝色，出售时附有 Costco 的销售文件及退货政策等。至于消费者的认知，法院认为，陪审团有理由认为相关消费者能够识别涉案的戒指和 Tiffany 公司并无关系。

评　　论：该案二审的反转在业内引发过不小的争议。其实对于这种把他人的商标用作款式名称的案件，不同国家、不同法院的处理确实也有所不同。中国有把他人驰名商标用作口味名称被认定为淡化的案例，也有把他人的商标用作风格、工艺名称，被认定为有将他人的商标通用化之虞，构成商标侵权的。

c. 美国 20200109 - CALVIN KLEIN 香水除码销售被诉侵权案（将他人真品香水除码销售构成假冒）

基本信息：18 - cv - 11145（美国纽约南区法院，2020 年 1 月 9 日）

案件事实：原告 Coty 等多家公司等以商标侵权、假冒等为由起诉被告 Cosmopolitan 公司。

　　Coty 生产和销售使用自有品牌或是独占许可的其他品牌（包括 CALVIN KLEIN、HUGO BOSS 以及 MARC JACOBS）的香料产品。Coty 公司称，自己生产的产品使用了"产品编码"，用于质量控制以及出于产品修正目的的召回等。被告并不是原告的授权经销商，却将原告的产品去除或是遮盖编码之后进行销售。遂产生本案诉讼。

主要争点：被告销售涉案除码真品是否构成商标侵权。

裁判要点：法院支持原告，认为除非根据"首次销售原则"销售真品，不允许未经商标权利人许可进行销售。当然，"首次销售原则"也有限制，如果干扰到了商标权利人的质量控制，则不能适用。原告认为，如果商品的再次销售让商标权利人无法进行质量控制，商品就不能算是"真品"。正如第二巡回上诉法院曾在判决中明确的，要确定产品不符合商标权利人的质量控制标准而不是正品，必须证明商标权利人"（i）已经建立了合法的、实质性的、并非托辞的（non-pre-textual）质量控制流程；（ii）自身遵守这些流程；（iii）不合规的销售行为会削弱商标价值"。这些条件本案都符合。被告辩称，质量控制是 Coty 公司实施的，并不是商标权利人。法院驳回了这种抗辩，指出第二巡回上诉法院已经确认过进行质量控制的被许可人也可以主张侵权。

　　此外，如果商品已经和被授权的商品存在实质的差别，不会被视为真品，也不适用"首次销售原则"。原告诉称，很多情况下，去除标志已经损坏了商品的包装。第二巡回上诉法院也曾表态，对于奢侈品的外包装造成毁损就是对商品的毁损。法院对此表示认可，认为被告的行为已经实质地损害了涉案产品的包装。但是法院并不认为缺少商品编码会影响消费者的购买决定。

　　原告称，产品上存在其商标，而被告的销售行为未经授权，不仅如此，被告采用了故意欺诈的方式，诱使消费者相信该商品即使与真品有差别，仍属真品，这构成《兰哈姆法》第 45 条规定的假冒。法院认为原告该项主张是合理的。

评　　论：本案对于解决平行进口真品除码销售涉及的一些商标问题有指导意义。对于商品质量控制码的移除或遮盖，也许不一定构成对商品的实质改变，但是如果干扰了商标权利人对商品的质量控制，依然可以构成商标侵权。

d. 欧盟 20200702C‑MBK RECHTSANWÄLTE 商标侵权案（行为人对其无直接或间接控制的行为不承担侵权责任）

基本信息： C‑684/19（欧盟法院，2020 年 7 月 2 日）

案件事实： 本案中，原告 MBK Rechtsanwälte 律师事务所拥有注册商标 MBK RECHTSANWÄLTE，使用在法律服务上。被告律所与原告位置临近，也以 mbk rechtsanwälte 命名。原告对被告采取措施，并得到法院的支持，要求被告改名为 mk advokaten。改名后的被告联系删除了安排投放在 Das Örtliche 在线名录上的广告。但还是有其他的网站，比如 www.kleve-niederrhein-stadtbranchenbuch.com，曾经复制过前述广告，因此，即使 Das Örtliche 上的广告删除了，还是存在着含有 "mbk rechtsanwälte" 字样的被告广告。因此，诉争再起。被告辩称它已经删除了 Das Örtliche 上的广告，其他网站的广告并不是它主动投放的。一审支持原告。被告上诉。杜塞尔多夫上诉法院提请欧盟法院对涉案问题做出回复。

主要争点： 被告是否侵权。

裁判要点： 欧盟法院做出初裁，与之前的 Daimler 案（C‑179/15）相呼应，指出不受行为人直接或间接控制的行为不能追究行为人的侵权责任。欧盟法院认为，根据《欧盟商标指令》第 5 条（1），认定商标侵权，标志需 "在商业中使用"。结合 Daimler 案，法院进一步指出，自然人或公司对与之没有直接或间接交易的其他经营者的独立行为，或这些经营者的代理人/代表人的行为，或听从这些经营者的命令而实施行为的人的行为，是不需要承担责任的；如果其他行为人没有得到其同意就使用了有关的标志，不能仅仅因为该自然人或公司从中有获益就把这种行为当作其商标使用行为。本案中，尚不明确 mk advokaten 是否与其他的网站有联络，杜塞尔多夫上诉法院应进一步审查 mk advokaten 与涉案网站经营者有无直接或是间接的关系，如果没有，原告的请求就不能得到支持。虽然本案和 Daimler 案有所区别，Daimler 案中被告的广告投放最初得到过原告的同意，而本案被告从未得到过原告的同意，但是欧盟法院认为这不影响前述规则的适用。此外，法院还指出，原告可以另行针对这些独立的经营者采取法律措施。

评　　论：如果自始至终行为人对于涉案的行为都没有直接或间接控制，也就是说它的意志没有参与到行为当中，从主观上剥离了与涉案行为的关系，让它去承担该行为导致的责任有失公允。

e. 欧盟 20200430C‐INA 商标侵权案（从交易的数量、频率以及性质上超出了私人活动的范围等方面去界定是否商业活动）

基本信息：C‐772/18（欧盟法院，2020 年 4 月 30 日）

案件事实：2011 年 4 月 4 日，某居住在芬兰的自然人 B 收到 150 个来自中国的滚珠轴承，总重 710 千克，这种轴承是传动机构、发电机、发动机以及桥梁和电车道的零件。轴承以 B 的名义清关后就在 B 的家中保存，几周后又运给第三方用以出口到俄罗斯。B 的报酬只有一盒烟和一瓶白兰地。涉案货物使用了 A 的商标"INA"，该商标使用的商品包括轴承等。随后，B 因该行为被诉至赫尔辛基一审法院，面临刑事责任，A 因为具有民事权益也加入了诉讼。一审法院判令 B 停止涉案行为并对 A 进行赔偿。B 上诉。上诉法院参考 TOP Logistics 案（C‐379/14），认为 B 只是存储和转运，不以获利为目的，且非基于经济活动中对于商品的利用取得报酬，而是替第三方保存了一下货物，不构成对涉案标志的商业使用。

A 上诉到芬兰最高院，最高院中止程序，对相关问题提请欧盟法院，其中主要提到获取报酬的数量在判断是否商业使用时所起到的作用。如果不以商业活动为业，只是在成员国内运送，使货物自由流通，或明显不为私用而持有来自另一国家的货物，而货物上未经权利人的同意使用了其商标，是否能看作"在商业活动中使用商标"。欧盟法院对 TOP Logistics 案是否适用本案并不确定，在本案中，TOP Logistics 公司本身经营海关仓储，它为客户仓储了被诉侵犯他人商标的货物，但其仓储行为本身未被认定为商标使用。

主要争点：被告的存储和转运行为是否属于商标使用，并因而构成侵权。

裁判要点：2020 年 4 月 30 日，欧盟法院初裁，虽未直接提及 TOP Logistics 案对本案的可适性，而是从交易的数量、频率以及性质上超出了私人活动的范围等方面去界定是否商业活动，并认为本案中 710 千克用于重工业的轴承从性质和数量上都已经超出了私人使用的范围，且 B 以其自己的地址作为收货地，自己或委托代理去清关，使这些货物能自由流通，属于《欧盟商标指令》第 5 条（3）（c）规定的进口行为。至于谁是商品的所有人，以及随后该商品又有怎样的交易都不重要。该进口人获得多少报酬也与此无关。既然属于进口行为，当然也会受到《欧盟商标指令》第 5 条（1）的规制。根据欧盟法院的这一观点，B 的行为无法免责。

评　　论：该初裁对于划分私人活动与商业活动给出了相应的标准，从涉及的商品的性质上、数量上以及与其他相关行为的联系上，去界定一个自然人个体发出的行为是否具有商业属性，并进而影响其是否构成商标侵权的判断，这尤其对于打击个人参与进口假冒货物是有积极作用的。

f. 欧盟 20200402C - DAVIDOFF 商标侵权案（不以销售或许诺销售为目的而仓储侵权货物的电商平台不构成侵权）

基本信息：C - 567/18（欧盟法院，2020 年 4 月 2 日）

案件事实："DAVIDOFF"的独占被许可人 Coty 公司发现有人在亚马逊网站上出售"DAVIDOFF HOT WATER" 60 毫升装的香水，并选择了亚马逊物流（Fulfilment by Amazon）来拣选、包装及运输货物。Coty 公司在德国起诉亚马逊公司，但一、二审法院都认为亚马逊只是为他人进行仓储或运输，而且对商标是不是已经权利用尽并不知情，不能认定侵权。Coty 公司继续上诉。德国最高院就有关问题请示欧盟法院：如果仓储方对货物是否侵权并不知情，而是为他人向市场提供或投放货物实施仓储行为，是否属于《欧盟商标条例》（207/2009）第 9 条（2）项（b）（对应 2017/1001 第 9 条（3）项（b））的情形？

主要争点：亚马逊的行为是否构成侵权。

裁判要点：2019 年 11 月 28 日，欧盟法院总法务官曾发表意见，认为在涉案在线销售的过程中，亚马逊处于积极的控制地位，实际扮演着销售者的角色，直接或间接地控制着商标使用。如果货物侵权，亚马逊难辞其咎。但是，欧盟法院 2020 年 4 月 2 日做出 C - 567/18 号初裁，并未认同总法务官的前述观点。法院指出，《欧盟商标条例》第 9 条（1）禁止他人未经其同意"使用"与其商标相同或近似的标志行为；第 9 条（2）不穷尽地列举了若干侵权行为的方式，其中（b）是销售或是许诺销售，或是以此为目的仓储侵权商品的行为。

很显然，亚马逊只有仓储行为，没有销售或许诺销售涉案商品，其仓储也不是以销售或许诺销售涉案商品为目的。法院引证既往判例指出第9条（1）的"使用"包括积极行为以及对该行为直接或间接的控制，只有能对该行为进行控制，才属于该条规制的范围（Daimler，C-179/15）。而且，这里的"使用"者应当是把标志用于自己的商业交流活动的主体。法院引用在先判例指出，在电子商务情况下，有关商标的使用人并不是电商平台的经营者，而是其客户（L'Oréal案，C-324/09）；某经营活动主体以销售为目的把侵犯他人商标权货物进口到或是发送到仓储方，构成侵权的"使用"，不能说仓储方构成这种"使用"（TOP Logistics案，C-379/14）。具体到本案，法院认为，"使用"侵权标志的人并不是亚马逊，而是亚马逊的商户；亚马逊本身的行为不构成第9条（1）的"使用"，不应认定侵权。

评　　论：法务官认为亚马逊平台在整个货物销售流程中起到了较大的作用，对于商标也起着较多的控制。但欧盟法院最后并没有采纳法务官的意见，对亚马逊的行为还是定性为单纯的"仓储"。在电子商务愈加发达的今天，哪种观点能最终成为趋势，还要在实践中不断检验。

g. 德国 20201015－Vorwerk 等商标侵权案（仅造成销售商身份误导不构成商标侵权）

基本信息：I ZR 210/18（德国最高院，2020 年 10 月 15 日）

案件事实：本案原告及其分支机构销售真空吸尘器及零配件，并在相关类别上拥有很多商标，比如图文商标"Vorwerk"以及文字商标"Kobold"和"Tiger"等。被告亚马逊经营商务平台，平台上可以找到原告商品的零配件。被告本身提供搜索服务，还在其他的搜索引擎订购了有关关键词，其中就包括在必应（Bing）上购买的"Vorwerk"、"Kobold"和"Tiger"。如果搜 Vorwerk 公司的商标，就会出现一些链接，链接指向亚马逊上的有关商品。搜索结果列表会显示"Vorwerk at Amazon"或是"Vorwerk Kobold at Amazon"等。但这些链接其实都不是 Vorwerk 公司，要么是卖 Vorwerk 公司二手商品的商家，要么货物来自第三方生产商。Vorwerk 公司因此起诉亚马逊未经其许可使用其商标，侵犯其商标权。

上诉法院支持原告，认为一般消费者会以为这是 Vorwerk 公司在打广告说自己在亚马逊销售商品，但实际并非如此，商标指示商品来源的功能受到了损害。Vorwerk 公司并没有在亚马逊上销售，其产品只是在自己的网店销售。亚马逊上使用其标志未获许可，不是为了描述或指示，也不属于权利用尽。

主要争点： 被告亚马逊使用原告的商标建立搜索是否构成侵权。

裁判要点： 德国最高院否认了商标侵权，认为即使被诉行为会误导公众认为 Vorwerk 公司自己在亚马逊销售，也没有损害商标识别商品来源的作用（货是真货）。只有导致了商品来源的误认才是商标侵权。如果仅对销售方的身份有误导，不能认定为商标侵权。在亚马逊上销售原告的商品，即使是第三方的销售（不是 Vorwerk 公司本身），也没有让消费者对商品来源产生误认，Vorwerk 公司的产品还是被识别为 Vorwerk 公司的产品。

评　　论： 如果没有造成商品/服务的混淆，不能认定商标侵权。但如果确实有其他的损害，不妨碍依据反不正当竞争法提出诉讼请求。

h. 德国 2020 - Polzar 网络关键词被诉侵犯他人商号案（网络推广关键词如使人误解两者具有实际并不存在的经济联系可构成侵权）

基本信息： BeckRS 2019，2487 - Polzar（德国法兰克福高等法院，2020 年）

案件事实： 本案原告使用商号 Polzar 从事正畸治疗服务。被告经营着一个名为 Invisalign 的正畸治疗师的网络，帮助正畸治疗师开展业务。被告使用关键字 Polzar 在 Google 做推广。广告本身没有提到 Polzar，也没有指向原告。广告含有的名称以及所使用的网址都是被告经营的 Invisalign。广告称其推广的正畸治疗仅由该网络提供。原告认为被告侵犯其商号权并要求禁令。法兰克福区法院没有支持原告的诉请。原告上诉，得到法兰克福高等法院支持。

德国最高院曾经参考欧盟法院的 Interflora 案（C - 323/09），在多个涉及关键词的案件（Fleurop 案等）中表示，关键词广告中使用他人商标或商号，如满足下面的条件就不是侵权：首先，广告在广告区出现，且该区域和搜索区域能明确区分；其次，广告本身不含有他人的商标或是商号，也不指向他人的商品和服务。

本案中，虽然这两条是满足的，但是高等法院还是支持了原告。因为被告经营正畸治疗服务网络，公众会认为原告也是这个网络的一部分。因此，被告应该标明自己和原告之间没有经济上的联系，但它并没有标出。高等法院引用了欧盟法院的 Interflora 案，在该案中，法院认为，如果广告词对于有关的商品或服务表示过于含混，会让人不能从这个广告判断出该广告发布人和商标所有人是不是有经济上的联系，那就是对来源判断的不利影响。欧盟法院还提到如果商标权利人控制这一个包括众多零售商的销售网络，那就非常不容易判断出广告发布人是不是也在这个网络当中。

欧盟的 Interflora 案以及德国的 Fleurop 案，原告对抗的虚假陈述是被告称自己属于原告网络，本案原告要对抗的虚假陈述是它会被理解为是被告网络的成员。不管是哪一种情况，高等法院都认为，公众会认为原、被告有经济联系（实际上并没有），即使被告广告没有显示原告名称和网址。如果公众误认为两个不同的公司之间有经济联系，即使它们使用不同字号经营，拥有不同的网站，也不足以消除公众的误解。

主要争点：被告用他人的商号做网络关键词进行推广的行为是否构成侵权。

裁判要点：法兰克福高等法院判决，只要会使公众误认为当事人之间有合同或是隶属的关系，不管是把被告误认为原告，还是把原告误认为被告，都属于对它们之间的经济关系产生误解，都会构成对商标或是商号的侵犯。

评　　论：本案是商号的案子。身份混淆，构成侵权，但不是商标侵权。

i. 德国 20190725 - ORTLIEB 商标侵权案（将他人商标用作搜索引擎广告可构成商标侵权）

基本信息：I ZR29/18（德国最高院，2019 年 7 月 25 日）

案件事实：本案原告是德国及欧盟商标"ORTLIEB"的独占被许可人，其防水自行车篮筐等非常有名。原告本身并不在亚马逊销售商品。被告亚马逊在 Google 做链接推广，若人们在 Google 搜索引擎中输入"Ortlieb Fahradtasche"（Ortlieb 骑行包），搜索结果就会显示为图 2 - 60。下面的链接直接指向亚马逊网站，网站界面不仅有"ORT-LIEB"产品，还有其竞争对手的产品。原告遂在慕尼黑地区法院起诉被告，并获得胜诉。后高等法院维持了一审判决。

主要争点：亚马逊平台使用他人商标做搜索关键词的行为是否构成商标侵权。

裁判要点：亚马逊继续上诉。2019 年 7 月 25 日，德国最高院判决（I ZR 29/

18）认为，将他人商标用作搜索引擎广告，如搜索结果的链接指向的不仅包括权利人的品牌，还包括第三方的品牌，会构成商标侵权。

各级法院均认为，亚马逊在链接中使用的"ORTLIEB"有误导性。公众看到广告中的链接通常会认为其指向的只是"ORTLIEB"的商品。这和消费者看到某产品的广告而去百货公司寻找和购买是不同的。公众进行网络搜索，并不希望去到亚马逊界面，而是期望直接进入所寻产品的界面。法院认为"ORTLIEB"并未权利用尽。涉案标志指向了第三方的商品，损害了商标标识商品来源的功能。虽然亚马逊抗辩认为，商标并不能用来禁止他人与权利人竞争，但法院并不认为这种将特定品牌的产品的广告与一系列商家相联系，其中还包含该品牌竞争者的行为是正当的竞争。

评　　论：法院认为使用权利人的商标做 Google 搜索关键词，如果对应的链接不是唯一指向权利人的相应的商品就是商标侵权，因为商标和商品的关系已经断裂了。

Ortlieb Fahradtasche
www.amazon.de/ortlieb+fahradtasche ▾
3.5　　　　　Bewertung für amazon.de
Riesige Auswahl an Sportartikeln.
Kostenlose Liefrung möglich

图 2-60

j. 奥地利 20200728-红牛商标侵权案（饮料驰名商标对抗他人在汽车保养商品上的使用）

基本信息： 1 R 140/19v（奥地利维也纳高等法院，2020 年 7 月 28 日）

案件事实： 世界最大的功能饮料生产商 Red Bull 公司在第 32 类功能饮料等商品以及第 41 类娱乐、文体活动上注册有欧盟商标（见图 2-61），并在相关类别上拥有牛图形（见图 2-62）等多个奥地利商标。韩国的 Bullsone 公司早在 2001 年就开始出售汽车养护产品，占据韩国 90% 的市场。经营中，Bullsone 公司曾使用 Bullsone 文字和牛图形（见图 2-63、图 2-64、图 2-65）；2011 年 5 月换标，现使用包括文字（见图 2-66），以及向左或向右的牛图形（见图 2-67、图 2-68）。

双方争讼多年。2017 年，Bullsone 公司准备在奥地利拓展业务时，Red Bull 公司向维也纳商业法院提起本案诉讼，认为被告损害其在功能饮料和娱乐、文体活动上驰名商标的显著性和声誉，要求 Bullsone 公司在全欧盟境内停止在汽车配件或养护品上使用目前的标志或类似标志。Bullsone 抗辩认为根本没有混淆，也没有不正当利用原告驰名商标，涉案商品差异很大，没人会把两者建立联系。一审判决被告侵权。被告上诉。2020 年 7 月 28 日，维也纳高等法院判决（1 R 140/19v）驳回上诉，维持原判。

原告认为自己的涉案商标不仅在功能饮料上驰名，而且自己还发起和组织了多项赛事，包括机车运动方面的赛事，还组建了自己的"Red Bull"车队，不仅在机车比赛使用涉案商标，还许可他人在汽车零配件、养护品、与汽车有关的工具，甚至限量版的汽车上使用涉案商标，通过这些活动，其商标在第 41 类上也达到驰名。这一点得到了一、二审法院的支持。

主要争点： Bullsone 的行为是否侵害了 Red Bull 的商标权利。

裁判要点： 维也纳高等法院引证在先欧盟判例 General Motors 案（C‑375/97）、Adidas 案（C‑408/01）以及 L'Oréal 案（C‑487/07）指出，驰名商标的保护并不要求该商标在所保护的那类商品上有使用，但驰名商标与被诉侵权的标志要有一定的近似，这个近似不一定达到混淆的程度，但是要能够使相关公众产生联想。本案中，双方的图形标志近似，都是红色，都是盾牌或太阳前跃起的牛；文字的标志也近似，都是红色，都含有"Bull"。一般公众会把被告的标志与原告的涉案商标建立联系。此外，法院还认为，被告在原告刚进入韩国市场不久，就改旧标为与原告驰名商标相似的标志，也难谓善意。综合考虑，法院认定被告侵犯了原告的驰名商标。

评　论： 驰名商标可以获得扩大的保护，不要求一定要混淆，能使相关公众产生对两者之间的关系产生联想即可。当然，后者也要求一定的近似，但是程度低　些。

图 2‑61

图 2‑62

图 2‑63

图 2‑64

| 图 2-65 | 图 2-66 | 图 2-67 | 图 2-68 |

k. 加拿大 20201015-R&R 牛仔服侵权案（对有意干扰独家经销的平行进口人施以惩罚性赔偿）

基本信息： 2020 QCCA 1331（加拿大魁北克上诉法院，2020 年 10 月 15 日）

案件事实： 本案被告 Simms Sigal 公司是加拿大专门从事高端服装进口和经销的公司。2006 年，它与美国生产商 R&R 公司签订了在加拿大独家经销 R&R 牛仔服的协议。这些高端牛仔服经 Simms Sigal 公司手工拣选后，以 250 到 325 加元的价格出售给加拿大顶级零售商场和服装店。

2009 年，一家 R&R 的美国销售商以折扣价向 Costco 加拿大公司提供 R&R 牛仔服，后者在当年 11 月开始以 98.99 加元的价格销售。

Simms Sigal 公司很快就收到了它的零售商的投诉，遂向 Costco 公司发出律师函，称自己是涉案商品的独家经销商，要求后者停止销售涉案牛仔服。Simms Sigal 公司强调，Costco 销售的牛仔服上的加拿大编码（根据《纺织品标签法》在衣物上贴附的编码）是属于 Simms Sigal 公司的。Costco 回复指出自己的商品来自平行进口，自己也没有义务去除前述编码。Simms Sigal 公司则指出，不去除编码，消费者会认为该商品是 Simms Sigal 公司提供给 Costco 销售的。

但是，Costco 未予理会，继续订购并销售涉案牛仔服。Simms Sigal 公司再次发出律师函。随后，诉至法院要求 600 万加元的赔偿，以及 50 万加元的惩罚性赔偿。

主要争点： Costco 不去除编码销售平行进口的真品是否构成商标侵权。

裁判要点： 魁北克高等法院一审认为，Costco 的行为干扰了他人的经济关系。它使用的这种"寻宝"销售策略，在其卖场以很大的折扣在出售高端货，从而吸引消费者。因为原告与被告并没有合同关系，所以没有合同的约束。高等法院主要分析 Costco 的行为是不是干涉了

Simms Sigal 公司和 R&R 之间的合同关系。这就要看合同双方之外的第三方是否：知道合同关系的存在；鼓励或是参与了破坏合同关系；出于恶意或是无视对他人利益的损害。Costco 明知 Simms Sigal 公司和 R&R 有独家经销的合同关系，也知道自己出售的涉案商品有 Simms Sigal 公司的编码，以其专业程度，当然知道自己的行为会给 Simms Sigal 公司带来巨大的损害，在收到律师函后仍继续原有的行为，故意无视这种损害，还拒绝提供货源。因此，法院支持原告的诉讼请求。

Costco 上诉。上诉法院判决维持一审认定。上诉法院认为被告有义务不干涉他人的合同权利和经济利益，Costco 的存有恶意且粗暴的行为应当苟以惩罚性赔偿。需要注意的是，一、二审法院都是引用魁北克《民法典》解决本案纠纷的。

评　　论：因为本案的法域是魁北克省，所以其法律依据和论理都比较特殊，法院并不是基于商标侵权，而从民法中的合同关系出发，认为被告干扰了他人的合同关系。这也不失为一种思路。

2.2.4.2　抗辩

a. 美国 20200331 - Jack Daniel 狗玩具侵权案（戏仿可作为表达性作品得到保护）

基本信息：No. 18 - 16012（美国第九巡回上诉法院，2020 年 3 月 31 日）

案件事实：VIP 公司销售"Bad Spaniels Silly Squeaker"狗玩具（见图 2 - 69），这款玩具和 Jack Daniel 公司的威士忌酒瓶（见图 2 - 70）十分相似。比如，Jack Daniel 公司的威士忌酒瓶上的"Old. No. 7"字样被换成"Old No. 2"，下面的文字"Tennessee Sour Mash Whiskey"（田纳西酸麦芽威士忌）被换成"On Your Tennessee Carpet"（在你的田纳西毯上）；"40% ALC. BY VOL.（80 PROOF）"（酒精 40 度）被改为"43% POO BY VOLUME and 100% SMELLY"（大便 43 度，恶臭百分百）。后面还标注了该商品与 Jack Daniel 公司没有隶属关系。

Jack Daniel 在 VIP 这种狗玩具投放市场不久，就发函要求对方停止销售，而 VIP 公司则提起确认不侵权之诉，同时也指出 Jack

Daniel 的涉案商业外观及酒瓶的设计不能作为商标进行保护，要撤销它的商业外观注册。Jack Daniel 反诉，认为原告侵犯其商标及商业外观。

双方都申请简易判决。区法院驳回了 VIP 公司的请求，认为它的指示性合理使用抗辩不成立，因为 VIP 并没有使用相同的商标或商业外观；宪法第一修正案中提到的表达自由抗辩也不成立，因为 VIP 的商品是非表达性商品，表达自由一般用于电影、演出、图书等。法院支持 Jack Daniel 的请求，认为其商业外观和酒瓶设计具有显著性，可以保护，并永久性地禁止 VIP 公司出售涉案玩具，因为这构成对原告商标的丑化。VIP 公司上诉。

主要争点：被告把原告的商业外观做成狗玩具是否侵权。

裁判要点：2020 年 3 月 31 日，美国第九巡回上诉法院在 VIP Products 公司诉 Jack Daniel's Properties 公司一案（No. 18 - 16012）中，撤销了区法院的侵权（淡化）判决，认为被告以幽默的形式使用原告威士忌酒瓶设计不违法，而是受到宪法保护的表达性作品。

第九巡回上诉法院维持了一审有关 Jack Daniel 的商标和商业外观有效性的认定，没有支持 VIP 公司要求无效的请求，也没有支持 VIP 指示性使用的抗辩。但是，巡回上诉法院认为 VIP 公司戏仿方式的使用属于受宪法第一修正案保护的表达性作品。法院认为，不能仅因它被商业化出售就认为它不是表达性作品。狗玩具上把 Jack Daniel 酒瓶上严肃的说辞进行了搞笑的处理这也是一种表达。表达性的作品并不在《兰哈姆法》有关混淆可能性的规制范围内，除非被告产品和涉案的作品并无艺术方面的关联，或明显会使消费者对商品来源产生误认。巡回上诉法院还推翻了有关丑化的认定，认为第一修正案允许幽默形式的表达，且该表达本身不是为了商业交易，不是商业形式的商标使用。

评　　论：近年来，美国在多个商标案件中适用宪法第一修正案中有关表达自由的规定，维持了一些在表达上"欠妥"的标志（如小眯眯眼案、Fuct 案）。相比之下，本案的幽默表达也取道宪法得以支持。滑稽模仿反倒没有在判决中被谈及。

图 2 - 69　　　　　　　　　　　　图 2 - 70

b. 英国 20201002 - Pliteq 商标侵权案（权利用尽认定中需要考虑实际情况以确定是否存在"诱导转向"的销售）

基本信息：［2020］EWHC 2564（IPEC）（英国知识产权企业法院，2020 年 10 月 2 日）

案件事实：原告 Pliteq 公司授权被告 iKoustic 公司作为其英国的分销商，允许被告在自身的 iKoustic 线上平台销售原告的隔音产品 GENIECLIP 和 GENIEMAT，同时被告也在 iKoustic 线上平台销售其他相关产品。被告成为原告的分销商后，原告将不少客户介绍给被告，原被告双方都承认原告的广告至少在某些程度上间接使被告的 iKoustic 线上平台受益，但双方之间并未就此达成任何书面协议。此外，被告在英国并非原告隔音产品的独家分销商，其他分销商（例如 Travis Perkins）也会直接在英国向客户提供相同的隔音产品。同样，双方之间也没有达成明确的书面协议，即被告的 iKoustic 线上平台不应库存和销售与原告的隔音产品竞争的其他相关产品。

2018 年 3 月或 4 月开始，被告决定制造并在自己的 iKoustic 线上平台销售 GENIECLIP 和 GENIEMAT 的替代隔音产品，并为这些产品取名为 MuteMat 和 MuteClip。2018 年 10 月左右，被告正式向现有的客户提供 MuteMat 和 MuteClip 产品。与此同时，在 2018 年 11 月下旬，被告向原告至少下了一份订单，而当时被告的 iKoustic 线上平台仍持有一定数量的 GENIEMAT 和 GENIECLIP 产品。

2019 年 2 月 1 日，被告公司的唯一董事和股东帕森斯先生致电原告公司的常务董事琼斯先生表明其正在推出新产品，尽管如此仍然很乐意销售原告的产品，但是否能够继续销售由原告决定。接到消息后，起初原告没有任何异议，认为没有理由完全切断双方之间的联系。但是，在双方展开进一步讨论之后，原告公司的唯一注册董事唐尼先生要求原告公司的英国全国销售总监约翰逊先生向被告公司发送电子邮件表明异议，并要求必须停止对商标的所有使用，包括在 iKoustic 网站上使用。同时，原告也明确表明他们不会收回 iKoustic 平台上剩余隔音产品的库存。

2019 年 2 月 8 日，被告首次通过电子邮件向原告提出将 GE-NIECLIP 和 GENIEMAT 隔音产品退回原告，随后原被告双方一直在进行信函往来协商，协商内容包括被告于 5 月 1 日提出以成本价归还原告隔音产品并停止使用原告所有商标，但最终未达成协议。因此，被告仍然持有原告剩余的隔音产品，并继续通过 iKoustic 线上平台出售原告隔音产品的库存，且于 2019 年 11 月售出了最后一台 GENIECLIP 产品，12 月售出了最后一台 GENIEMAT 产品。因此，大约有一年的时间（从 2018 年下半年到 2019 年 12 月），被告通过自身的 iKoustic 线上平台同时出售双方的产品，而从 2019 年 2 月开始，这种销售未经原告的同意。

原告诉称，被告为了将原告的商标用于销售自己的隔音产品，在原告商品库存较少的情况下，仍在 iKoustic 平台同时出售双方的产品，并且在 iKoustic 线上平台的网站页面以及 Google 关键字和赞助广告中以各种各样的方式使用原告的商标，以将消费者的兴趣吸引到自己的隔音产品上。原告认为被告的上述行为构成对其商标权利的侵犯，同时这些行为也构成了仿冒。而被告抗辩称原告的商标权利已经用尽。

主要争点：被告是否构成诱导转向销售类型的侵权；原告商标权是否已经用尽。

裁判要点：判定被告是否构成"诱导转向销售"型侵权，法院认为需要考量以下两个因素，即：（1）消费者发生混淆的可能性应仅限于被告销售商品之时；（2）被告在销售之时根本没有相关商品。

在对第一个因素进行考量时，根据双方提交的证据，法院认为消费者基于被告网站里原告商标的关键词和 Google 自动抓取生成的广告而点击访问 iKoustic 线上平台后，会遇到原告商品无法在线购买的页面；若消费者仍想通过 iKoustic 线上平台购买，则需要与被告进行联系以确定消费者所需的具体数量。当消费者所需数量远远多于被告的库存时，被告会向消费者表明其库存不够，询问客户是否对替代产品感兴趣并表明可以提供其他替代品，这些信息能够使普通的英国消费者清晰地认识到被告向他们提供的是替代品。因此，在消费者通过被告购买隔音产品时，被告的言论不会使消费者对原被告双方的产品发生任何混淆。

在对第二个因素进行考量时，法院基于双方提交的证据明确指出，iKoustic 持有的原告产品库存量虽然在 2019 年 3 月至 7 月期间显著减少，且在 2020 年底全部降至 0，但是减少量没有任何异常，并且任何一条产品线的库存都没有低于原告所要求的最低数量，被告确实拥有相关商品供出售，诉争商标也切实使用于商标权利人商品上，而非只是为了激发客户对其网站内与诉争商标的商品类似的其他竞争产品的兴趣。是以，被告在获得合法授权销售原告商品并使用原告商标时，自始至终持有原告商品一定数量的库存，其没有任何诱导转向销售的故意和行为。被告对原告商标的使用并不构成对商标权利人合法权益的侵犯。

在判定商标权利用尽是否成立方面，法院认为根据《欧盟商标条例》第 15 条，需要考量两个因素，即：（1）被告是否始终将商标 GENIECLIP 和 GENIEMAT 使用于原告或经其同意在欧洲经济区投放的相关商品；（2）如果是，那么原告是否有正当理由反对被告将这些商品进一步商业化。

在对第一个因素进行考量时，法院认为被告始终将 GENIECLIP 和 GENIEMAT 使用于原告商品或经其同意后投放在被告线上平台的有关商品上。由于 Google 提供的广告服务是通过分析 iKoustic 网站的内容和其他参数（包括搜索者的浏览历史记录）生成的动态广告，并且 Google 搜索引擎抓取的网站内容并非实时更新，因此当 iKoustic 平台缺少原告隔音商品库存时，即使被告已及时从其网站上删除了相关产品的页面，Google 动态广告服务也早已从被告已删除的页面中抓取原告的商标使用进而生成广告，这导致被告在缺少库存时仍在 Google 广告中显示使用原告商标。换言之，此时被告对原告商标的使用并非因为被告仍在线上平台使用原告商标来宣传自身产品，而是因为 Google 动态广告的更新延迟。此外，针对"被告在其缺少库存时仍在网站页面使用原告商标"的指控，法院认为被告已将大多数产品页面更改为"该产品无法在线购买"，少部分页面的保留也添加了"请与 iKoustic 进行联系后购买"的话语，因此被告能够确保其持有的原告商品库存足以满足客户的需求。

针对第二个因素，法院认为被告进一步将原告的商品商业化不会损害原告商标的声誉，也不会有损原告商标的标志来源、广告宣传和投资功能，更无任何对原告商标进行不正当利用的行为。首先，被告并没有通过不适当的销售渠道或其他有可能损害商标声誉的方式销售原告的隔音产品，而是作为事先批准的分销商进行销售的。其次，法院根据双方提交的证据指出，客户在购买被告隔音产品之时就已经清晰意识到他们购买的产品与原告商品的生产方不同，而向明确知晓所购商品为替代产品的消费者提供竞争产品不会影响商标标志来源的功能；法院也不认可被告使用原告商标会影响该商标的广告功能，因为没有证据表明被告使用商标会影响原告将商标用作促销手段的商业策略，商标权利人所拥有的权益不能保证其免受任何公平竞争；至于投资功能，法院指出，被告在自己的隔音产品上使用原告的商标可能会严重干扰原告对商标的使用，因为原告必须花费更高的代价来维护声誉。然而，本案中被告的广告是在尚有原告商品库存时 Google 自动生成的，尽管受该广告吸引点击前往 iKoustic 线上平台的消费者最终可能会转而选择被告的隔音产品，但这一公平竞争的商业事实也不会损害原告商标的投资功能。再次，被告自始至终都在销售与原告商品具有直接竞争关系的第三方隔音产品，双方从未达成针对原告隔音产品的独家销售协议，被告也从未将原告商标用于非原告的产品上，加之在起初原告同意双方隔音产品并行销售时，被告也从未出现通过向基于原告商标咨询原告商品的客户提供竞争性商品，进而利用原告商标不正当优势的行为。因此，原告不存在正当理由反对被告进一步将原告的商品商业化，被告可以适用商标权利用尽的抗辩。

评　　论：在对被告是否能适用商标权利用尽的抗辩进行考量时，本案法院只将以下两个因素纳入考虑范围内：（1）被告是否将商标使用于商标所有人已经投放或经其同意后投放至市场的相关商品；（2）商标权利人是否有正当理由反对被告对前述商品进一步商业化。

关于诱导转向销售，本案原告认为被告存在利用原告商标实现诱导转向销售的侵权行为，并由此指控被告不符合商标权利用尽的适用条件。为了明确被告是否存在诱导转向销售的侵权行为，法院将本案与其早前审判的化妆品武士有限公司诉亚马逊网站一案进行对比，以确定利用他人商标实现诱导转向销售侵权的构成要件。

在化妆品武士有限公司诉亚马逊网站一案中，被告亚马逊网站购买关键词"LUSH"，使得消费者在搜索"LUSH"相关关键词时被引导到亚马逊网站，并且在亚马逊网站内将"LUSH"在其他商品页面使用。然而，亚马逊网站并没有实际销售 LUSH 产品，甚至从来没有库存过该商品。针对此案，法院明确指出诱导转向销售的侵权判断基准如下：（1）被告在使用原告商标进行广告宣传时，其没有也从来没有任何原告商品的库存；（2）被告在利用原告商标的声誉吸引到消费者注意力后，在没有进一步表明此类产品不存在的情况下，向消费者提供其他类似的竞争产品；（3）被告正在将原告的商标作为一类商品的通用名称使用，这种行为直接攻击了原告商标标志来源、广告宣传和投资功能。

本案的判决中，法院指出本案被告 iKoustic 与前案被告亚马逊网站的差异之处在于：（1）被告一直是原告公司合法授权的英国国内非独家经销商，且一直库存并销售着一定数量的原告产品。（2）被告在运营中确实将原告的商标仅使用于原告的产品上，其使用原告商标的目的是将自身库存中原告不愿意以成本价购回的产品售尽。（3）原告提交的证据无法证明被告除了将原告商标用于销售原告隔音产品外，还将其使用于出售被告自己的隔音产品。由此，法院得出与前述判决完全相反的结论，断定被告不存在利用原告商标实现诱导转向销售的侵权行为，进而在认定原告没有正当理由反对被告将商品进一步商业化后，肯定了被告适用商标权利用尽进行的抗辩。

本案的判决结果进一步展示了英国知识产权企业法院对于商标权利用尽抗辩的态度，即在被告合法拥有的原告商品锐减但仍有一定库存的情况下，商标权利用尽的抗辩应当得以适用，否则就是在法律以外大大增加了被告适用商标权侵权免责抗辩的阻碍，有违知识产权法律平衡权利人与公众利益的公共政策要求。

c. 英国 20191004 - Glaxo 紫色呼吸器仿冒之诉（不能起到标明商品来源作用的标志不能作为仿冒之诉的权利基础）

基本信息：［2019］EWHC 2545（Ch）（英国高等法院，2019 年 10 月 4 日）

案件事实：本案中，原告出售用于治疗哮喘和慢性阻塞性肺疾病的 Seretide Accuhaler 干粉吸入器（见图 2 - 71），其商品和包装一直使用涉案的紫色。原告发现被告出售的 AirFluSal Forspiro 吸入器（见图 2 - 72），虽然操作方式不同，形状也有区别，但商品和包装主要使用的也是紫色。原告之前曾提起商标侵权之诉（［2016］EWHC 1537（Ch）），但其商标因为缺乏确定性而被无效，导致侵权之诉败诉，所以这次提起的是仿冒之诉。

主要争点：被告行为是否构成仿冒。

裁判要点：英国高等法院没有支持原告 Glaxo 公司。法院审查认为，原告需要证明 2015 年 11 月被告开始在市面上销售 AirFluSal Forspiro 吸入器时，涉案紫色已经是其 Seretide Accuhaler 干粉吸入器的主要特征，并且能起到标明产品来源的作用，但现有证据并不足以证明这一点；至于原告主张被告有"虚假陈述"，法院认为，考虑到原告自 1999 年开始销售其产品及其销量，如果消费者有混淆，应该会体现出一定的变化，但原告没有证据反映这种变化；不仅如此，根据现有证据，虽然活性成分是一样的，但是在处方中，吸入器经常是按照品牌开具，所以认为处方开具人会混淆也缺乏证据支持；此外，即使与原告有业务往来的证人也表示，他们不会根据颜色来辨认吸入器来自哪家厂商。综合考虑各种因素，法院认为被告不仅没有故意虚假陈述，也没有疏忽大意的过失，它对涉案颜色的使用是合法的使用。

评　　论：原告的注册和保护都受挫，都是因为没有证明引证的紫色被作为商品的来源标志，其应该适当调整自己的品牌策略。

图 2 - 71

图 2 - 72

d. 比荷卢 20191004 - 作品使用他人商标被诉侵权案（仅为艺术创作使用他人驰名商标不构成侵权）

基本信息：A 2018/1/8（比荷卢法院，2019 年 10 月 4 日）

案件事实：比利时艺术家 Cedric Peers 在其诸多作品中都使用了他人的驰名商标。涉案的系列作品是个衣着暴露的女人拎着 Dom Pérignon 的香槟酒瓶，酒瓶的轮廓及有关的商标有时只是简单勾勒，该系列作品被 Cedric Peers 命名为"Dom Pérignon 系列"。此外，Cedric Peers 还把创作的图案印在服装上进行出售。

        Dom Pérignon 商标的所有人在布鲁塞尔商业法庭起诉 Cedric Peers 侵犯其商标权。

主要争点：被告在自己的艺术作品中使用他人的驰名商标是否构成对他人商标权利的侵犯。

裁判要点：比荷卢法院判决指出，仅为艺术创作，而不是指示商品来源而使用他人驰名商标不构成侵权。法院肯定了原告商标的知名度，也认定其出售带有相关图案的服装构成侵权，但是就使用原告商标进行艺术创作本身，法院认为并不是为了区分商品来源，是否允许，要看是否有正当理由，或是否给原告商标带来损害。

        因为缺乏在先判例，布鲁塞尔法院提请比荷卢法院解释：（1）艺术表达是不是可以构成对商标使用的正当理由？（2）如果是，需要满足什么条件？比荷卢法院回复指出，如果艺术表达是创意过程的原始结果，而并没有损害商标或是商标权利人的意图，符合工商业的诚信惯例，使用他人的标志不是为了区分商品或服务的来源，这种使用是允许的。

评　　论：本案用诚信原则去解读权利冲突的问题，并没有绝对地排除在其他权利形式中使用商标，但是大的前提就是不作为商标使用（商标法角度的限制），且使用为诚信且善意（反不正当竞争法角度的限制）。

e. 韩国 20200130 - 高端手表刑事案（被许可人违反许可合同销售限制条款不能排除首次销售原则的适用）

基本信息：2018Do14446（韩国最高院，2020 年 1 月 30 日）

案件事实：本案中，许可人授权被许可人在高端专营店、百货公司以及免税店销售某品牌的手表；经其同意，也可以在线或是通过特定折扣店销售。后许可合同到期，被许可人被要求在六个月内通过特定的销售渠道处理存货。双方有单独的书面合同约定前述事宜，亦有约定如不按照规定渠道销售，那么协议就失效，被许可人要相应赔偿许可人。但是，被许可人却擅自把手表卖给不在渠道内的经销商。该经销商随后在网上销售涉案手表，遂招致许可人的刑事起诉。

高等法院判定犯罪成立，认为本案不适用首次销售原则，因为被许可人违背了其与许可人签订的合同，所以作为刑事案件被告的第三方经销商不能以此免责。

主要争点： 违反许可合同销售限制条款是否可以排除首次销售原则的适用，以及由此而导致的第三方经销商是否可以免责。

裁判要点： 最高院推翻了高等法院的判决，认为销售渠道不是许可合同的关键条款，对该条款的违反，不能排除首次销售原则的适用。法院还指出，许可协议也未排除许可人手表的所有在线销售，很难说与涉案商标相关的商誉会由于被告未经授权的在线销售行为而受到影响。被告人向被许可人支付了手表购买款，也向许可人支付了许可费，许可人可以从其销售中获益。被许可人将手表售出给被告人时，许可人的商标权利已经用尽。被告人销售真品的行为不能被认定为侵犯了许可人的权利。而且，被告人对渠道限制事宜并不知情，且收到被许可人有关的真品证书时，它完全有理由相信其手表购买是经过许可人同意的，被告人没有侵权的意图。

评　论： 与本案不同，欧盟法院 C‑59/08 号初裁曾提到，被许可人违反许可合同销售渠道的限制，将豪华紧身衣发往折扣店销售的行为，有损 Dior 公司奢侈品牌的声誉，影响了消费者 Dior 公司产品质量的判断，构成商标侵权。这显然是把违反销售渠道限制作为合同的关键条款来看待的。

f. 澳大利亚 20200207‑Urban Alley 商标起诉他人侵权反被撤销案（缺乏显著性的标志不能在侵权诉讼中作为商标权利的基础）

基本信息： ［2020］FCA 82（澳大利亚联邦法院，2020 年 2 月 7 日）

案件事实： 原告 Urban Alley 在墨尔本经营啤酒酿造厂，使用 URBAN ALE 销售啤酒，并对该标志拥有第 32 类上的注册商标。URBAN ALE 由 Collins Street Brewing 公司最早作为口味的名称和其他商标使用。后原告收购了 Collins Street Brewing 公司的业务，并开始独立使用

URBAN ALE 标志，使用中，标志发生了一些演变（见图 2 - 73 和图 2 - 74）。

被告 La Sirène 也在墨尔本经营啤酒酿造厂，并使用 La Sirène 销售其产品，其产品中有一种叫作"Farmhouse Style Urban Pale by La Sirène"。2018 年，被告标签（见图 2 - 75）以及 FARM-HOUSE STYLE URBAN PALE BY LA SIRÉNE 注册为第 32 类的商标。

原告认为被告使用 URBAN PALE 标志构成澳大利亚《消费者保护法》规定的误导、欺骗行为以及假冒行为。被告以其前述商标抗辩侵权，并以缺乏显著性等理由对原告的引证商标提起撤销。相应地，原告也对被告的前述商标提起撤销。被告还认为原告无根据地以起诉侵权相威胁，违反澳大利亚《消费者保护法》，因为原告 2017 年 3 月就称要起诉，但因懈怠，诉讼 2018 年 3 月才提起。

主要争点： 被告是否侵权，原告商标是否因缺乏显著性应予撤销。

裁判要点： 澳大利亚联邦法院基本支持了被告。法院认为原告商标 URBAN ALE 缺乏显著性应予撤销，因为 URBAN ALE 已经和精酿啤酒建立关系，表示城镇里酿造的啤酒，并以此为其销售的卖点。原告有关假冒的主张也不成立，因为证据不能证明原告 URBAN ALE 标志已经具有知名度。因为缺乏商标权利基础也没有相应的知名度，原告撤销被告商标的请求也没有得到支持。

虽然法院认定引证商标应予撤销，但还是对侵权部分的诉讼请求进行了审查。被告并不否认与引证商标存在相同近似。但是它认为自己并没有将 URBAN PALE 作为商标使用，只是作为商品名称使用，并且是对啤酒性质和种类的描述；而且它对该标志的使用是基于善意，只是为了标明啤酒的性质和质量。该抗辩得到法院的认可。但是，被告有关原告无理由地以起诉相威胁的主张并没有得到支持。法院认为是否无理威胁，并不是指原告是否确信被告侵权，而是要看其指控本身是不是正确。而且该行为是 Collins Street Brewing 公司为之，并不是原告。

评　　论： 本案对于商标权利人也是个善意提醒，一定要在使用中注意防止自身商标的通用化。否则不仅不能很好地维权，还会招致自己的商标被撤销。

| 图 2-73 | 图 2-74 | 图 2-75 |

2.2.4.3　管辖

a. 美国 20200514-Get Lucky 商标侵权及不正当竞争案（先后两诉之间欠缺共同的核心操作事实不属于一事不再理）

基本信息：590 U. S. _____，140 S. Ct. 1589（2020）（美国联邦最高法院，2020 年 5 月 14 日）

案件事实：原告 Marcel 时装集团公司 1986 年获得注册"Get Lucky"商标，并用作其牛仔裤系列的品牌。被告之一 Lucky Brand 注册了"LUCK-Y"与"LUCKY BRAND"为其商标并用于销售其牛仔裤和其他便装。被告的商标标签上有时会使用"Get Lucky"作为辅助性的标志（见图 2-76）。2001 年，原告诉被告，主张被告的使用构成商标侵权和不正当竞争。两年后双方和解，签署和解协议。原告一方面认可被告使用、许可、注册 LUCKY BRAND 为其商标或其他由被告 Lucky Brand 公司所注册或/和使用的商标，另一方面则规定 Lucky Brand 公司今后应停止使用"Get Lucky"作为商标。

2004 年，Ally Resources LLC（和/或 Key Apparel Resources，Ltd.）自本案原告 Marcel 处获得了许可，推出名为"Get Lucky"的牛仔与运动服饰系列。本案被告 Lucky Brand 于翌年起诉 Ally、Marcel 两家企业和 Marcel 的总裁，主张其从事了不公平的商业行为，而且"Get Lucky"系列对其商标构成了侵权。Marcel 则提出反诉，请求法院颁发禁令禁止 Lucky Brand 公司使用 LUCKY BRAND 或 LUCKY 等商标，因为与其"Get Lucky"商标构成混淆近似。在本案进行期间，由于 Lucky Brand 公司在发现程序（discovery，或证据开示程序）中的不当行为，导致主审该案的联邦地区法院法官下令禁止该公司在其产品上使用"Get Lucky"的字样（以下简称"2009 禁令"），Marcel 最终获得了胜诉。在这一轮的诉讼中，为应对 Marcel 公司的反诉，Lucky Brand 公司一开始试图主张 2003 年所达成的和解协议已对该公司在之前和之后对"Get Lucky"商标的可能侵权提供了保护，从而 Marcel 公司不得再行主张侵权。但是在后来的诉讼过程中却一直未再提出。

到了 2011 年，Marcel 公司再度对 Lucky Brand 公司起诉（即本案诉讼），主张被告持续使用 LUCKY BRAND 商标违反了 2009 禁令。被告则再次提出了 2003 年的和解协议，抗辩原告无法再以同样的商标侵权起诉。纽约南区的联邦地区法院支持了被告，撤销了原告的起诉。原告不服提出了上诉。

主要争点：被告的抗辩主张是否应受制于"一事不再理"（res judicata 或既判事项），从而无法在本轮诉讼中再行提出。

裁判要点：联邦最高法院推翻了联邦第二巡回上诉法院的判决，判认虽然前后两个诉讼涉及相同的当事人，如果在后诉讼与在先诉讼之间欠缺共同的核心操作事实（lacks a common nucleus of operative facts），例如对于不同的行为基于不同的事由或主张起诉，法规即不排除当事人（被告）可在之后的诉讼当中提出与在先诉讼同样的事由作为抗辩。

评　　论：一事不再理旨在限制对同一事实引起的法律关系的重复审理，以节约司法资源。本案前后两诉针对的事实已经不同，即使法律关系定性相同，也不属于一事不再理了，否则如果侵权继续发生，权利人相当于被剥夺了追究的权利。

图 2 - 76

b. 美国 20200210 - Diesel Test 商标侵权案（网络销售收货地法院对商标侵权案件有管辖权）

基本信息： No. 17 - 2900（美国第七巡回上诉法院，2020 年 2 月 10 日）

案件事实： Charles Curry 拥有"Get Diesel Nutrition"标志，并从 2005 年就开始宣传并出售名为 Diesel Test 的运动营养补充剂。2016 年，Revolution Laboratories 等几家企业开始出售 Diesel Test Red 系列产品，使用的包装和 Charles Curry 的前述商品的包装十分近似。得知这一情况后，Charles Curry 向对方发出律师函，后来又以商标侵权、虚假宣传、欺诈等多个理由将其诉至伊利诺伊北区法院。

被告要求驳回原告的起诉，指出自己不在伊利诺伊州，也未在伊利诺伊州登记从事商业活动，在伊利诺伊州无营业场所、经营人员、不动产或个人财产，也从未在伊利诺伊州参与过商业展览或是商务会议。

原告认为伊利诺伊州的人可以看到被告的交互型网站以及有关第三方的网站，能够选定伊利诺伊州作为送货地。而且被告确已将 Diesel Test Red 出售并发货给伊利诺伊州的消费者，还发出了邮件来确认订单，邮件中包括伊利诺伊州的送货地址。被告认为即便如此，伊利诺伊州法院仍然无权管辖，因为它总共也就向 767 个伊利诺伊州的人出售了该商品，销量只占总销量的 1.8%。

地区法院支持了被告。原告上诉。

主要争点： 伊利诺伊北区法院是否有权管辖本案。

裁判要点： 第七巡回上诉法院支持原告，指出行使管辖权不以物理性存在为前提。如果涉案行为本身在伊利诺伊州之外发生，但针对的是伊利诺伊州，也属于"有目的地指向"。被告使用交互型网站使消费者可以购买并选择伊利诺伊州作为收货地，以及其发给购买者的确认邮件，都可以看出其行为直接指向伊利诺伊州的消费者。被告提出的其销售只是伊利诺伊州消费者单方发起的自动交易，没有说服力。被告可以合理地预见其产品将在伊利诺伊州出售，其有关没有针对该州投放任何广告而导致管辖权不当的论点同样没有用。

评　　论： 本案法院肯定了收货地可以作为管辖地。对网络销售的管辖问题有一定的参考价值。法院立足交易发生的可能性以及行为人的预见程度来确定管辖，在网络商业活动日渐频繁的今天，更具现实意义。

c. 欧盟 20190905C－Heritage 被诉商标侵权案（电子商务引发的商标侵权案件可由收货地法院管辖）

基本信息：C－172/18（欧盟法院，2019 年 9 月 5 日）

案件事实：本案被告是 Heritage 音响公司（等），该公司在西班牙成立并拥有住所，通过网络向英国的消费者展示和销售涉案侵权的音响设备。本案原告是 AMS Neve 公司（等），该公司是一家成立于英国的生产、销售音响的公司。原告起诉被告销售音响的行为侵犯其欧盟商标。除却商品本身的来源及标志是否近似等问题，被告还抗辩指出，自己并没有在英国做广告或实际销售，也没有委托英国当地的销售商来进行销售，自己只有网络销售。

  负责一审的英国知识产权及企业法院认为本案涉及对欧盟商标的侵犯，根据《欧盟商标条例》（207/2009）第 97 条（1），应由被告住所地法院管辖，或根据第 97 条（5），由侵权行为发生地法院管辖。对于后者，英国知识产权及企业法院认为，涉及在线侵权的，应当是由"决定将侵权商品信息发布广告或许诺销售的行为"的发生地的法院管辖。因此，英国法院无管辖权。原告上诉，英格兰及威尔士上诉法院就《欧盟商标条例》第 97 条（5）的适用等有关问题请示欧盟法院做出解释。

主要争点：英国是否有管辖权。

裁判要点：2019 年 9 月 5 日，欧盟法院做出 C－172/18 号初裁，针对电子商务引发的商标侵权案件的国际管辖问题做出明确。

  欧盟法院初裁认为，《欧盟商标条例》第 97 条（5）应解释为：欧盟商标的所有人认为第三方未经其同意，以电子的方式，在广告和许诺销售中将与其商标相同的标志使用在与其商标核定使用的商品相同或类似的商品，侵犯其商标权利的，可以在前述广告或许诺销售所针对的消费者或商家所在的欧盟成员国法院提起诉讼，即使该第三方做出决定和采取措施以电子方式发布广告或许诺销售的行为发生在另一成员国。

评 论：这也意味着，本案中，虽然被告决定将发布广告和许诺销售的国家是西班牙，但如果其针对的消费者或商家在英国，英国法院也有管辖权。中国有关网购收货地不能管辖的案子（反不正当竞争法案件，最高院（2016）最高法民辖终 107 号裁定书）否认了收货地的管辖权。

2.2.4.4　救济

a. 美国 20200423 – ROMAG 商标侵权案（侵权获利求偿不需证明侵权系"故意"实施）

基本信息： 590 U. S. _____（2020），No. 18 – 1233（美国联邦最高法院，2020 年 4 月 23 日）

案件事实： Romag 公司注册有"ROMAG"商标，使用于手包、钱包等商品上的搭扣，其搭扣也申请了专利。2002 年，Fossil 公司与 Romag 公司签约，购买 ROMAG 搭扣用于其钱包等产品。后 Romag 公司发现市场上销售的 Fossil 产品使用假 ROMAG 搭扣，遂以商标侵权等为由在康涅狄格州联邦地区法院起诉 Fossil 公司及多家销售方。

一审陪审团认定被告构成商标侵权及专利侵权，但也指出本案被告行为并非"故意"（willful），而是"漠视"（callous disregard）。法官认为依侵权获利主张赔偿，必须是"故意"侵权，因此没有支持与获利相关的赔偿。Romag 公司上诉，上诉法院维持原判，并再次明确"故意"是依侵权获利主张商标侵权赔偿的前提。Romag 公司向联邦最高法院提出上诉申请，2019 年 6 月 28 日，联邦最高法院签发调卷令审理本案。

主要争点： 被告是否侵权，以及要求按照侵权获利求偿是否需要证明侵权是"故意"实施。

裁判要点： 最高法院判决明确商标侵权诉讼的原告如果依据被告销售相关产品的获利要求赔偿，并不需要证明被告是故意侵权，并由此撤销一、二审判决，全案发回重审。

评　　论： 对于本案所涉及的关键问题，也即商标侵权诉讼中依据被告获利要求赔偿，是否需要证明被告侵权系基于"故意"，美国各巡回上诉法院几十年来一直存在分歧，其中第一、二、八、九、十和哥伦比亚特区巡回上诉法院认为此类赔偿请求，以证明"故意"为必要。最高法院在本案中做出明确，有利于在该问题上实现司法统一，也有利于商标权利人主张赔偿。

b. 美国 20191209 - FABICK 商标侵权案（反向混淆的赔偿不宜适用被告获利为标准确定）

基本信息：Nos. 19 - 1760 & 19 - 1872（美国第七巡回上诉法院，2019 年 12 月 9 日）

案件事实：John Fabick Tractor 公司（下称"JFT 公司"）的创始人 John Fabick 购买了两个履带设备的经销店铺，让其子 Joe 经营管理。当时 JFT 公司已经使用 FABICK 商标从事经营活动。Joe 后来创办 FABCO 公司，经营履带及相关产品。Joe 的儿子 Jeré 随后接管 FABCO 公司。

本案原告 Fabick 公司最初是 FABCO 公司的子公司，主营卡车和其他车辆的喷涂密封胶。还是 FABCO 公司的下属企业时，Fabick 公司申请并获得了 FABICK 商标，使用在密封胶产品上。Joe 的另一个儿子 Jay 本来受雇在 Fabick 公司工作。后因家族关系紧张，Jeré 终止了 Jay 的雇佣关系，根据离职补偿，Jay 获得 Fabick 公司的独立且专属的所有权。

2015 年，JFT 公司新成立的子公司 JFTCO 公司收购了 FABCO 公司。JFTCO 公司使用 Fabick CAT 标志经营履带产品，其广告铺天盖地，引起 Fabick 公司时极大不满，遂产生本案诉讼。

Fabick 公司认为 JFTCO 公司的行为是反向混淆，侵犯其注册商标权和普通法权利，也即在后的大公司的行为会威胁到知名度较小的在先权利人。原告有关商标侵权的诉请得到支持。但是，对原告的赔偿请求，区法院认为，很难说消费者把原告的商品认为是被告商品就会增加被告的获利，因此，不能基于被告获利去计算赔偿。对原告的永久禁令请求，区法院认为原告在申请注册 FABICK 标志时知道 JFT 公司在先使用该标志，而且原告也没有提交证据证明其商标的知名度、销售量方面的损失以及类似的其他损失，虽然原告提交了证据证明确实存在混淆，但并不能证明混淆造成了损害，因此，区法院只要求被告连续五年发表声明，明确其与原告无隶属关系。

原、被告均上诉。

主要争点：被告是否侵犯原告的商标权及普通法权利，以及赔偿应如何确认。

裁判要点：第七巡回上诉法院判决基本赞同区法院的观点，法院指出：以反向混淆为由要求基于被告的利润要求赔偿，理由并不充分，而且本案也没有恶意或是不当得利的证据相佐；区法院对于损害的种类和程度有自由裁量权，且并没有滥用该权利，当事人双方有特定的家族背景，互相之间没有竞争关系，争议的商标又和家族名称一致。如果禁止被告使用涉案标志，就有打击过度之虞。巡回上诉法院认为使用声明的方式已经可以使原告得到足够的侵权救济。

评　　论：反向混淆案件中，常见"小鱼"主张依据"大鱼"的获利主张赔偿，本案权衡各种因素后，支持了侵权的主张，没有支持赔偿的请求原则，也是考虑到，在没有恶意的情况下，赔偿应本着填平损害的原则，具体分析被告获利与混淆的关联性。

c. 欧盟 20200326C－SAINT GERMAIN 商标侵权案（因不使用被撤销的商标在有效期间内遭遇侵权仍可要求赔偿）

基本信息：C－622/18（欧盟法院，2020 年 3 月 26 日）

案件事实：2005 年，本案原告 AR 在法国申请注册 SAINT GERMAIN 图文商标，并于 2006 年 5 月 12 日取得注册，使用于第 30、32 和 33 类的有关商品。2012 年，AR 得知 Cooper 公司销售使用"St－Germain"标志销售酒产品，遂将 Cooper 公司及有关生产厂家诉至巴黎区法院。

　　2013 年 2 月 28 日，原告的 SAINT GERMAIN 图文商标在南泰尔区法院因不使用被撤销，并确定撤销的生效日是 2011 年 5 月 13 日。2014 年 2 月 11 日，二审维持一审判决。

　　审理本案侵权诉讼的巴黎区法院 2015 年 1 月做出判决，并没有支持原告。理由是引证商标已经因为不使用被撤销。即使 2009 年 6 月 8 日到撤销前这段时间的诉求也未支持。2016 年，巴黎上诉法院判决维持一审。原告继续上诉。

主要争点：法国最高院在审理中，针对本案的关键问题请示欧盟法院做出解释：对于从来没有使用且因不使用已被撤销的商标，如果在撤销前的时间段遭遇侵权，在撤销后是否能主张赔偿。

裁判要点：欧盟法院初裁回复指出：《欧盟商标指令》（2008/95/EC）第 5 条（1）（b），第 10 条（1）第一段和第 12 条（1）第一段，连同序言第 6 条，应解释为，有关成员国根据 2008 年《欧盟商标指令》授予其的立法自由，规定商标五年不用期满之日才失效，那失效前遭遇侵权仍然可以追究责任要求赔偿，当然还要证明存在实际损失。

评　　论：因为不使用而导致的商标撤销，是自撤销之日起无效，而不是自始
　　　　　无效。因此，它无效前即使没有使用，也应当获得注册商标应有的
　　　　　保护，这其中也包括赔偿。

2.3　动态

2.3.1　世界知识产权组织

a. 邓鸿森被任命为世界知识产权组织总干事

2020 年 10 月 1 日，来自新加坡的邓鸿森就任世界知识产权组织（WIPO）总干事一职，其作为弗朗西斯·高锐的继任者，开启执掌产权组织的六年任期。邓鸿森于 2020 年 3 月获得产权组织协调委员会提名，同年 5 月 8 日正式任命。此前，邓鸿森曾担任新加坡知识产权局（IPOS）局长。在供职新加坡知识产权局之前的 1997 年至 2012 年期间，他在新加坡总检察署和贸工部担任多个法律职务。自 2017 年 5 月至被任命为总干事之前，邓鸿森还担任过产权组织版权及相关权常设委员会（SCCR）主席。

b.《世界知识产权报告》2019 年版发布

2019 年 11 月 12 日，世界知识产权组织《世界知识产权报告》2019 年版发布，该报告分析了几十年来的几千万份专利和科学出版记录，之后得出结论，创新活动合作日趋紧密，国际化程度日益提高，但主要来自少数国家的几个大型集群。在 2015 年至 2017 年间，全球仅约 30 个大城市就占据了专利总量的 69％和科学活动的 48％。这些城市主要位于中国、德国、日本、韩国和美国。

c.《世界知识产权指标》报告发布

2020 年 12 月 7 日，世界知识产权组织在瑞士日内瓦发布了《世界知识产权指标》（WIPI）2020 年度报告。报告重点分析了 2019 年全球的知识产权态势。包括各个国家/地区专利、商标、工业外观设计、植物新品种、地理标志、出版业等知识产权的申请量、授权量及分布领域等统计。商标和工业品外观设计申请活动分别增加了 5.9％和 1.3％。全球专利申请下降 3％，十年来首次下跌，这主要是因为中国居民申请量的下降。

商标方面，2019 年全球约有 1 150 万件商标申请，涵盖了 1 520 万个类别。申

请中指定类数增长 5.9%，连续十年实现增长。中国国家知识产权局的申请活动数量最多，涵盖约 780 万类。据估计，2019 年全球约有 5 820 万件有效商标注册，比 2018 年增长了 15.2%，其中中国 2 520 万件，位列首位。

d.《知识产权典型案例集》发布：中国贡献首卷

2019 年 11 月 25 日，世界知识产权组织《知识产权典型案例集》第一部问世。《知识产权典型案例集》旨在汇集世界各地活跃法域具有里程碑意义的知识产权判决。

《知识产权典型案例集》第一部系产权组织同中国最高人民法院联合出版。该出版物介绍了最高人民法院在 2011 年至 2018 年期间审判的 30 个典型案例。这些案例由最高人民法院选出，展示了中国近年来在版权、商标、专利、商业秘密、植物新品种、集成电路布图设计、垄断与竞争以及知识产权刑事执法领域的司法审判。

2.3.2 国家

2.3.2.1 美国

a. 美国专利商标局发布新规则调整商标官费

2020 年 11 月 17 日，美国专利商标局发布关于商标申请和商标审查与上诉委员会各项程序新官费的最终规则。规则 2021 年 1 月 2 日生效。对于初始的主要商标注册申请，在专商局提供的 TEAS Plus、TEAS RF 和 TEAS Standard 三种电子申请选项中：通过 TEAS Plus 途径提交的商标注册申请费用从每个类别 225 美元增长到 250 美元；通过 TEAS Standard 途径提交的商标注册申请费用从每个类别 275 美元增长到 350 美元。另外，向 TTAB 提出对一件商标撤销或异议申请的费用从每个类别 400 美元增长到 600 美元。

b. 美国专利商标局发布"通用词.com"标志的审查指南

2020 年 6 月 30 日，美国最高院针对 booking.com 注册问题做出判决，明确通用词汇加上".com"不必然是通用词汇。2020 年 10 月，为呼应最高院的判决，美国专利商标局发布《Booking.com 案后"通用词.com"标志的审查指南》（No. 3 - 20）。

根据《指南》，虽然通用词汇的当然认定被否认，但仍需个案审查，该类标志仍面临"描述性"等障碍，要获得注册，还需要更有力地举证。此外，"不是作为商标使用"是一个潜在问题。如果标志只被用作一个网址，就不会被认为是作为商标的使用。专商局还建议给这类标志一个比较窄的保护，也即它们对抗其他商标的时候，但凡有区别，消费者能区分，就可认定就没有混淆。

2.3.2.2 英国

英国知识产权局推出商标预申请服务工具

2020年10月28日，英国知识产权局推出在线商标预申请工具。凭借该工具，申请人可在提交商标注册申请之前查询申请商标是否已被注册或存在已注册的近似商标。该工具还可帮助确定申请商标指定使用的商品和服务类别、估算申请费用等。这有利于提高商标注册的成功率。工具在公开测试阶段，不能实现保存数据、提供法律意见和正式提交商标注册申请的功能。

2.3.2.3 波兰

波兰组建知识产权法院

2020年7月1日，波兰《2020年2月13日法案》生效。根据该法案，波兰组建知识产权法院。新成立的知识产权法院将有权处理一切有关知识产权事务的案件。具体而言，这些法院将会负责审理有关版权、专利、外观设计、商标、地理标志以及集成电路布图设计的案件，并以此来为各种类型的知识产权提供强有力的法律保障。波兰将会分别在4座不同的城市——格但斯克、卢布林、波兹南以及华沙设立地区法院。华沙和波兹南还会设立知识产权上诉法院。

2.3.2.4 俄罗斯

俄罗斯商品编码系统进入最后实施阶段

2019年，俄罗斯的Fair Mark商品编码系统扩展适用到烟草、鞋和药品行业。这些商品会强制性使用编码。该系统始于2016年，是政府为了打击假冒的战略措施，最早试用在皮草和药品上。随后，珠宝、食品、消费品、汽车、航空和燃料等行业要强制编码。2019年12月，轻工产品、香水、汽车轮胎等实行强制编码。

该系统由俄罗斯技术发展中心（CDPT）管理。进口到俄罗斯或在俄罗斯生产的商品会被分配一个数字编码，用以追踪其是否"真品"。需要使用编码的商品的生产商和零售商要在CDPT登记并申请和使用相应的编码。没有按照规定在生产、购买、储藏、运输等环节使用编码的，可能会面临行政责任，罚款可达4 700美元；涉案金额高的，可能会面临刑事责任，刑期最高可达6年，或罚金最高可达15 700

美元。对烟草和酒精产品还有特别的规定。

2.3.3　法庭之友意见的提交

2.3.3.1　国际商标协会法庭之友意见

a. Case R 1304/2020 - G，Der Grüne Punkt Duales System Deutschland GmbH. /. Halston Properties，s. r. o. GmbH

2020 年 12 月 1 日向欧盟知识产权局上诉委员会提出。

协会观点：如果商标中标明了有关如何处理所售商品的包装，那么该商标用于各种包装的商品，可以成立商标的真实使用，因为它可以使消费者在拥有商标的组织（这个组织有特定的体系，能处理相应商品的包装）的成员企业与非成员之间做出选择。

b. Ezaki Glico Kabushiki Kaisha v. Lotte Int'l America Corp.

2020 年 11 月 30 日向美国第三巡回上诉法院提出。

协会观点：法院应准许上诉人的再审申请，恰当地适用最高法院关于商业外观的先例来判定功能性。

c. C - 147/20，Novartis Pharma GmbH v. Abacus Medicine A/S 以及 C - 224/20，Merck Sharp & Dohme B. V. et al. v. Abacus Medicine A/S et al.

2020 年 10 月 23 日向欧盟法院提出。

协会观点：商标所有人可以反对将平行进口商重新包装且包装上重新贴附商标的药品的进一步出售，如果进口商本来可以根据《假药指令》第 47 条（a）及其实施细则第 16 条获得可用于出售的包装并可有效地进入成员国市场。

d. Joint Cases C - 253/20 Novartis AG v. Impexeco NV and C - 254/20 Novartis AG v. PI Pharma NV

2020 年 9 月 28 日向欧盟法院提出。

协会观点：把原商品的商标使用在通用的商品（本案指仿制药）上，商标权利不会用尽。

e. VIP Products，LLC v. Jack Daniel's Property，Inc.

2020 年 4 月 22 日向美国第九巡回上诉法院提出；2020 年 10 月 19 日向美国联邦最高法院提出。

协会观点：法院应支持 Jack Daniel 的重审请求，因为巡回上诉法院不正当地把 Rogers v. Grimaldi 适用于商标案件。

f. India in TATA SIA Airlines Limited v. Union of India，WP（C）11642 of 2019

2020 年 7 月 3 日向印度德里高等法院提出。

协会观点：一旦法院认定商标驰名，根据 2017 年《商标法》第 124 条规定的程序，要使商标被收录到商标注册机构的驰名商标名录，并不需要申请和付费。申请，即提出确定和付款申请。如果已经被法院认定驰名，同一标志要被商标注册机构认定驰名也不需要去申请、审查和缴费。

g. LTTB，LLC v. Redbubble，Inc.

2020 年 2 月 19 日向美国第九巡回上诉法院提出。

协会观点：法院应推翻一审，并把案件发回区法院，因为地区法院错误地适用了法律，尤其是美学功能性的认定标准。

h. United States Patent and Trademark Office v. Booking. com B. V.

2020 年 2 月 19 日向美国联邦最高法院提出。

协会观点：法院应当根据调研证据判断标志是否通用词汇或描述性词汇，而不能因为标志含有什么词就做出认定。法院还应明确，在线业务除了添加通用顶级域名（.com）外，还没有关于通用商标保护性的本身规则。通用词加".com"构成的标志在保护上也没有什么自己独有的规则。

i. Romag Fasteners，Inc. v. Fossil，Inc.

2019 年 10 月 2 日向美国联邦最高法院提出。

协会观点：根据《兰哈姆法》第 35 条（a），法院应认定故意不是根据被告利润获赔的前提，只是多重考虑因素中比较重要的一个。

j. Evercrisp Snack Products de Chile S. A. v. Fisco de Chile（ES）

2019 年 9 月 9 日向智利圣地亚哥第二民事法院提出。

协会观点：根据智利《工业产权法》（第 19. 996 号）第 19 条，法院应认定商标所有人有权自由地将已注册的有显著性的标志使用在有包装的食品上。

k. Ohio State University v. Redbubble Inc.

2019 年 9 月 9 日向美国第六巡回上诉法院提出。

协会观点：法院应将案件发回地区法院，查明被告是否在广告、销售和/或把有侵权或假冒可能的商品提供给他人，因为根据《兰哈姆法》，商业使用不限于销售商品。

2.3.3.2 欧洲商标权人协会法庭之友意见

联合案件 C-818/18 P 以及 C-6/19 P

2019 年 11 月 17 日向欧盟法院提出。

协会观点：在 Yokohama 公司申请部分撤销 Pirelli 轮胎公司欧盟图形商标一案中，申请加入程序，支持其成员 Pirelli 轮胎公司欧盟图形的注册。

2.3.4 学术动态

a. 关于冒犯性商标

禁止注册冒犯性商标：澳大利亚和美国诽谤性商标的比较分析

Masoomeh Ozgoli 和 Lasantha Ariyarathna 撰写的《禁止注册冒犯性商标：澳大利亚和美国诽谤性商标的比较分析》[①] 一文认为：在一些国家，商标注册的障碍之一是商标局认定其不道德或具有诽谤性。尽管具有诽谤性的文字或标志通常为公众所熟知，但有时要在不同的国家或文化中找到相对应的含义，具有挑战性。

在澳大利亚和美国，商标可能因具有诽谤性被拒绝注册，但是两国的法律都没有包含诽谤性或冒犯性商标详尽的定义。澳大利亚和美国有关诽谤性商标的案例表明，相关的商品和服务、注册地点以及将要出现商标的社区或市场的社会规范都是考量因素。同时，美国和澳大利亚都有来自不同文化背景的移民。商标审查员必须在大量百科全书中寻找含义，并要运用自己的常识来判断注册商标含义的不道德程度。由于没有相关的指导，这种评估是主观且困难的。对 Tam 案的分析表明，美国正在接受不太严格的标准，但是这一判决在宪法上仍有激烈争论。根据美国专利商标局拒绝商标注册的历史，基于审查员的主观观点而拒绝所谓诽谤性的标志注册的频率越来越低。

商标注册应遵循更灵活、更积极的规则，以满足公共道德和商标权利人的利益。政府机构、立法者以及商标审查员必须灵活，并且紧跟社会和文化价值观的变

---

① Masoomeh Ozgoli, Lasantha Ariyarathna. Barring registration of offensive trade marks: a comparative analysis of scandalous trade marks in Australia and the United States. European intellectual property review, 2019, 41 (6).

化。两个主要测试可以帮助确定申请注册的商标是否具有冒犯性。第一，商标中单词的字典意义不应是唯一可靠的来源：公众的认知也很重要。在此种意义上，申请注册的商标在相关市场中的使用方式应予以考虑。第二，当商标所用词语的含义指向公认的个人、社区或宗教时，申请必须被拒绝。

b. 关于驰名商标保护

《巴黎公约》第六条之二驰名商标的规定：是需要使用或是可能引起消费者混淆来保护？Belmora LLC v. Bayer Consumer Care AG. 一案是否解决了这个问题？

Connie Davis Powell Nichols 撰写的《〈巴黎公约〉第六条之二驰名商标的规定：是需要使用或是可能引起消费者混淆来保护？Belmora LLC v. Bayer Consumer Care AG. 一案是否解决了这个问题？》[①] 一文认为：《保护工业产权巴黎公约》（下称《巴黎公约》）第六条之二确立了一项制度，成员国可以拒绝注册、取消注册和/或禁止使用与另一成员国注册人的驰名商标"构成复制、仿制或［可能］会造成混淆的翻译商标"。虽然严格解读，第六条之二并没有要求驰名商标的所有人在成员国使用该商标以利用这一规定，但许多国家都将第六条之二解读为类似于假冒法规，从而要求商标权利人在寻求强制执行的成员国使用。

美国对第六条之二的解释与其他成员国并无不同。直到 Belmora LLC v. Bayer Consumer Care AG. 一案，美国对第六条之二有关驰名商标和著名商标的区分十分混乱。在此案中，Bayer 请求美国商标局撤销 Belmora 在美国为 FLANAX 发起的相同商标注册。FLANAX 是 Bayer 根据《巴黎公约》第六条之二在墨西哥使用和注册的商标。商标审查与上诉委员会驳回了撤销请求，认为第六条之二不是自执行的，《兰哈姆法》第 44 条没有为外国商标所有人提供根据《兰哈姆法》规定的单独的撤销依据。Belmora v. Bayer 一案进一步加大了判例法的分歧。

法条中的语言实际上为解决问题提供了指导，《兰哈姆法》第 44 条（b）规定了执行国际条约规定的语言，这些条约规定了根据这些条约向外国权利人提供权利的权利。有关国会并不打算执行这些条约的论点是没有根据的。Belmora 案表面上完全脱离了地域性原则，但是它符合国际规则。Belmora 案判决关注了《兰哈姆法》的字面含义并放弃了地域性原则，这使得法院可以执行外国商标所有人持有的商标。

---

① Connie Davis Powell Nichols. Article 6bis of the Paris Convention for well-known marks：does it require use or a likelihood of consumer confusion for protection? did Belmora LLC v. Bayer Consumer Care AG. resolve this question? . Indiana international & comparative law review, 2020, 30（2）.

c. 关于非传统商标

时尚与知识产权的比较研究：意大利与澳大利亚的非传统商标

Jacopo Ciani 等撰写的《时尚与知识产权的比较研究：意大利与澳大利亚的非传统商标》[①] 一文认为：非传统（形状、图案、装饰性）商标的注册是一个相对较新的领域，并引起了当代品牌驱动型时尚产业的极大关注。

澳大利亚是拥有新兴的创意时尚产业的普通法系国家，而意大利是拥有由全球时尚品牌主导的成熟产业的民法法系国家。1995 年 WTO/TRIPs 促使澳大利亚和意大利对商标法进行了修改，即允许形状和装饰方面被注册为商标。然而，无论是在澳大利亚还是在意大利，相关法律都是微妙且尚未完全统一的。这两个法域都强调，对非传统商标没有特殊或特别的处理办法。法院试图达成良好的平衡。但是，商标法不一定能满足某些品牌所有者对 WTO/TRIPs 可能产生的变更的期望。

从形式上讲，意大利和澳大利亚的法律规则是不同的。就知识产权救济措施的范围和适用性而言，这些法域之间存在着很大的差异。澳大利亚和意大利尽管在是否有明确的先验排除、司法技术以及证据规则方面有不同规定，即两个法域采取了形式上不同的方法，但是结果还是有普遍的相似性，即只允许在少量类别中进行注册，并对构成侵权的行为加以限制。尽管很难说保护水平不合适，但由于复杂的管理原则需要精细的判断，因此结果存在相当大的不确定性。

d. 关于颜色商标

超过 50 度灰：单一颜色、位置标志和完整标准

Eugene C. Lim 撰写的《超过 50 度灰：单一颜色、位置标志和完整标准》[②] 一文认为：颜色在向广大消费者传达品牌和产品信号方面一直发挥着积极作用，但单一颜色在商标法中是极富争议的标志类别。在欧盟和英国将单一、无轮廓的颜色注册为商标的程度绝不是"黑与白"的问题。颜色商标在注册过程中必须克服的主要绊脚石之一是缺乏固有的显著性。虽然从理论上说，可以注册颜色商标，但实践中颜色本身被注册为商标常常是无法实现的。

关于颜色商标在欧盟难以注册的观点并不新鲜，缺少的可能是对完整标准的理解。具有开创性意义的 Sieckmann 案判决可能隐含地推动了欧盟和英国许多主要商标案件的结果。尽管法官和学者普遍承认单一颜色不太可能满足 Sieckmann 案标

---

① Jacopo Ciani, et al. A comparative study of fashion and IP: non - traditional trademarks in Italy and Australia. IIC, 2019, 50（9）.

② Eugene C. Lim. More than fifty shades of grey: single colors, position marks, and the self - containment criterion. The trademark reporter, 2019, 109（4）.

准，但主要是基于清楚和精确这两个要求，对其中完整的具体标准的关注相对较少。这一标准在目前的文献中其实被忽略了。Sieckmann 案中的完整要求直接与早期的欧盟先例相抵触，从而给寻求开发基于颜色的商标的贸易商和公司带来了概念上的不确定性。因此，当务之急是法院和政策制定者必须通过重新考虑完整的标准来解决这一矛盾。完整标准的隐藏在最近 CJEU 的 Louboutin 案的判决中起了作用，并就"形状/阴影"混合对颜色商标的可注册性的影响提供了一些想法。

尽管从正式意义上讲，欧盟法律法规在英国脱欧后将不再对英国产生相同的影响，但过去三十年来英国大部分知识产权相关的发展都起源于欧盟的法律框架。考虑到英国和欧洲知识产权规范之间高度集成的关系，欧盟的判决至少在不久的将来可能会继续对英国法官具有说服力。

e. 关于欧盟商标法中商业外观的显著性

欧盟商标法中难以捉摸的商业外观显著性

César J Ramírez - Montes 撰写的《欧盟商标法中难以捉摸的商业外观显著性》[1]认为：欧盟法律明确允许将商品形状或商品包装注册为欧盟商标，前提是它们能够使消费者将品牌商品与其他不同来源的商品区分开来，并且这些商品形状或商品包装不具有实用性（或功能性）。但是这些重要的要求却没有被定义。显著性是商标法中围绕可保护客体设定适当限制的重要理论工具。迄今为止，CJEU 对其重大偏离标准没有做过详尽的说明，尽管它是评价非传统标志对消费者而言用作来源标志的潜在能力的主要测试。但是，相关判例法为商标局和法院在以固有显著性为基础进行预见性调查时应遵循的背景因素提供了重要指导。判例法毫无疑问地凸显了商业外观标志需要与相关领域的惯例明显不同，但是，这本身不能作为假设消费者将其理解为指定来源的依据。

对判例法的分析澄清了围绕支持重大偏离标准的政策的深层次误解，并揭示了显著性评估中的（隐含的）附加步骤，即至关重要的是，不仅消费者认为形状与现有设计不同，而且他们并不会基于实用性或功能性认为其为预期的或自然而然想到的。在没有法定定义的情况下，法院对界定商标法的外部限制负有重要责任。

显著性要求在保护竞争中起着重要但有限的作用。其他如功能性、描述性和习惯性等法定障碍在欧盟法律结构中具有更大的作用和互补的目的。但是，遗留问题

---

① César J Ramírez - Montes. The elusive distinctiveness of trade dress in EU Trademark Law. Emory international law review，2020，34（1）.

表明，显著性正面临着不必要的压力，以实现通常更宜通过功能性原则解决的竞争目标。

f. 关于获得显著性

欧盟商标的统一性如何？获得显著性的地域性方面

Lukasz Zelechowski 撰写的《欧盟商标的统一性如何？获得显著性的地域性方面》[①] 一文认为：欧盟商标获得显著性的地理范围是判例法和学者们反复遇到的难题。根据判例法，确立获得显著性要求的内容最终仍是不确定的。

欧盟商标的统一性原则应当指向采用一种更加统一的方式来评估获得显著性，而不是在判例法中占主导地位的各个国家的方法。更确切地说，在确定欧盟商标缺乏固有显著性时，只要不涉及因地域差异而改变消费者的观念，就应当将欧盟领土视为在成员国之间没有界限的整体。通常情况下，非文字标志，例如形状或颜色标志就是这种情况，这些标志在整个欧盟被统一地视为具有或缺乏固有的显著性。只要涉及地域上不同的看法，就有理由对这种统一的方法做出让步。由于成员国之间的语言差异，这通常涉及文字标志的描述性或非显著性。

但是，对非文字标志假设的统一方式应当是一种慎重的方法。获得显著性不仅应存在于欧盟大部分地区，而且还应位于适当的地理范围内（但不应遵循各个国家的方法）。根据这一方法，当尚未建立获得显著性的欧盟领土构成零散分布的、在整个欧盟中的"空白"区域，而不构成集中的较大部分时，一个非文字的欧盟商标仍然可以基于获得显著性注册（并且无可争议）。

---

① Lukasz Zelechowski. How unitary is the EU trade mark? territorial aspects of acquired distinctiveness. IIC，2020，51（4）.

第 3 章　著作权

3.1　立法

3.1.1　美国

a.《保护合法流媒体法》

文件名称：Protecting Lawful Streaming Act of 2020[①]

生效日期：2020 年 12 月 27 日

主要内容：为保护合法流媒体，该法案对现行版权刑事处罚增加一个条文（列在《美国法典汇编》（United States Code，U.S.C.）第 18 编第 2319 之 C 条，即 18 U.S.C. § 2319C.），规定任何人基于商业优势或私人财物所得，未经授权故意向公众以数字传输提供或许诺提供受著作权保护的公开表演著作物处以 3 年以下有期徒刑及罚金（对商业性公开演出的侵权传输则可判处 5 年以下有期徒刑及罚金，累犯则可判至 10 年以下有期徒刑）。联邦司法部的检察官决定是否对违法行为起诉。此项新的刑事重罪规定只限于提供商业性的流媒体服务，因此，对个别消费或使用者的分享等行为乃至网络服务提供者（平台）没有任何影响。之前有部分消费者团体和媒体对此提出了疑虑，法案

---

① 此法案包含在《2021 年综合拨款法》[Consolidated Appropriations Act，2021，Pub. L. 116 _ ，_ Stat. _ (2020)，introduced as H. R. 133，116th Congress，2nd Session] 中。

的原始提案人 Thom Tillis 参议员为此特别发了一篇新闻稿予以说明，明确表示此条款是特别以狭义的方式定义[①]。

b.《2020 年版权小额赔偿替代执行法》

文件名称：Copyright Alternative in Small-Claims Enforcement Act of 2020（CASE Act，原立法草案编号：H. R. 2426）[②]

生效日期：2020 年 12 月 27 日

主要内容：在版权侵权的小额赔偿程序方面，在美国现行的《1976 年版权法》当中增列第 15 章，名称为"版权小额赔偿"（Copyright Small Claims）。要求在美国版权局在法律生效后的 1 年内设置一个由 3 名版权申诉官（Copyright Claims Officers）所组成的版权申诉委员会（Copyright Claims Board）并在本法规定的范围内制定相关的简易诉讼程序（如有正当理由可以把这个期限延展 180 天），独立于该局之外审理裁决损害赔偿目标金额不超过 3 万美元的著作侵权纠纷或是应否给予著作权登记的争议（对著作权限制与例外事项的厘清）。这完全是由当事人自愿决定是否使用和参与的程序，类似仲裁制度，但是当事人无法自行聘任仲裁员，可以说是一种"行政仲裁"机制。

版权申诉官必须具有律师资格并有至少 7 年的相关实务经验，由国会图书馆馆长经与版权局局长咨询后聘任，任期 6 年，可以续聘（不过首次聘任的第一与第二位任期分别是 4 年和 5 年，以建立该委员会的资深制度并确保体制与经验的延续）。此外，另设置 2 名版权申诉律师（Copyright Claims Attorneys），至少要有 3 年或以上的相关实务经验，没有任期。版权申诉律师一方面担任类似法院书记官的角色，协助版权申诉官对案件的审理；另一方面则是对社会公众关于相关的程序和要求等提供咨询与协助。对于委员会或最终裁决或局长复议结果不服的当事人可以在 90 日内上诉到联邦地区法院。

---

① Office of Senator Thom Tillis. Tillis releases text of bipartisan legislation to fight illegal streaming by criminal organizations. Press Release, ［2020 - 12 - 10］. https://www. tillis. senate. gov/2020/12/tillis-releases-text-of-bipartisan-legislation-to-fight-illegal-streaming-by-criminal-organizations.

② 此法案包含在《2021 年综合拨款法》［Consolidated Appropriations Act，2021，Pub. L. 116 _ ，_ Stat. _ (2020)，introduced as H. R. 133，116th Congress，2nd Session］中。

3.1.2　英国

《版权法变化》指南生效

文件名称：《版权法变化》（Changes to Copyright Law from 1 January 2021）

生效日期：2021 年 1 月 1 日

主要内容：　1. 英国版权作品在欧盟的保护：大多数英国版权作品仍将在欧盟和英国受到保护，欧盟版权作品也将继续在英国受到保护。

2. 卫星广播的版权审批：在英国，原产国原则适用于从任何国家接收的卫星广播；广播从英国传入欧洲经济区，将取决于每个欧洲经济区成员国的国内立法如何对待来自非欧洲经济区国家的广播；英国广播公司应检查每个欧洲经济区成员国的国内立法，以确定它们如何对待来自非欧洲经济区国家的广播，同时考虑是否需要实施许可安排。

3. 特殊数据库权限：2021 年 1 月 1 日之后，英国和欧洲经济区数据库的版权保护不会改变。

4. 在线内容服务的可移植性：欧盟便携性法规不再适用于"英国-欧洲经济区"旅行，访问欧洲经济区的英国客户可能会看到对其可用内容的限制。

5. 孤儿作品版权例外：欧盟孤儿作品例外不再适用于英国的机构，并从英国法律中废除。如果英国文化遗产机构希望在网上提供孤儿作品，应该考虑根据英国孤儿作品许可证计划申请许可证。英国的孤儿作品许可计划允许孤儿作品在英国获得商业和非商业用途的许可，但用户需支付申请和许可费，并完成对权利持有人的尽职调查。

6. 版权作品的可存取格式副本：根据《马拉喀什条约》，允许残疾人以及代表残疾人的个人和组织以无障碍格式（如盲文书籍、字幕电影）从不可获取的原件中复制版权作品，而不侵犯版权。

7. 集体权利管理：CRM 指令或英国欧盟贸易与合作协议（TCA）不再要求欧洲经济区的 CMO 代表英国权利持有人或代表英国 CMO 的目录以在线获得音乐权利。为音乐作品在线版权提供多地区许可的英国 CMO 将继续被要求根据要求提供其他 CMO（英国或欧洲经济区）的目录，以便进行多地区许可。

8. 艺术家转售权：2006 年的《艺术家转售权条例》将进行修订，自 2021 年 1 月 1 日起，英国国民和为英国国民（包括欧盟成员国）提供互惠待遇的其他国家的国民将继续在英国获得转售权。这符合《伯尔尼公约》规定。特许权使用费的计算没有变化。

9. 作品有线转播：当版权作品在欧洲经济区成员国之间传播（broadcast），并在接收成员国内有线转播时，版权持有人只能通过集体管理组织行使其权利。英国将这一规则适用于所有其他欧洲经济区成员国的有线转播。自 2021 年 1 月 1 日起，成员国不得再将此规则适用于源自英国的广播。其作品从英国传播并在欧洲经济区有线转播的版权持有人可能需要直接与有线电视运营商协商许可事宜。

10. 著作权资格：自 2021 年 1 月 1 日起，目前有资格在英国获得版权的作品将继续获得版权。作品在英国受版权保护需满足以下要求：该作品由英国、欧洲经济区或任何国际版权条约缔约国的国民创作；或该作品在英国、欧洲经济区或国际版权条约缔约国首次出版或传播。

11. 版权有效期：自 2021 年 1 月 1 日起，英国、欧洲经济区或其他国家的作品在英国的版权有效期不会改变。对于欧洲经济区以外的作品，版权有效期为原产国授予的期限或英国作品授予的期限，以较短者为准。英国法律将删除对欧洲经济区的引用，以便于欧洲经济区和非欧洲经济区的计算方式保持一致。

12. 欧盟卫星解码器的使用：自 2021 年 1 月 1 日起，政府取消了有关设立自由和服务自由流动的规定。根据这些修改，现行的限制刑事犯罪界定在第 297 条的 CDPA 停止。为了逃避指控，使用卫星广播解码器设备让欧盟观众收看英国广播中的节目，已成为一种犯罪行为。

3.1.3　加拿大

a.《加拿大-美国-墨西哥协议实施法》

文件名称：Canada-United States-Mexico Agreement Implementation Act S. C 2020，c. 1

生效日期：2020 年 7 月 1 日

主要内容：《美墨加协定》（United States-Mexico-Canada Agreement，USMCA）取代了 1992 年签署、1994 年生效的《北美自由贸易协定》（North American Free Trade Agreement，NAFTA）。在美国的主导下，《美墨加协定》增加了"数字贸易"章，要求确保数据跨域流动和打击数据本地化。为推进跨境数据自由流动，美国极为强烈地反对数据本地化，在 TPP 第 14 章"电子商务"第 14.13 条和 USMCA 第 19 章"数字贸易"第 19.11 条均要求禁止对计算设施位置进行限制。

《加拿大-美国-墨西哥协议实施法》则是加拿大为实施《美墨加协定》于 2020 年 3 月 13 日通过的法案，并于 2020 年 7 月 1 日生效。该实施法案对加拿大版权法所做修订如下：

1. 版权保护期延长至作者有生之年加死后 70 年；以匿名或者笔名发表的作品、电影作品、录音，版权保护期延长至以下两个时间中较早的一个：作品首次发表后的日历年度结束后的第 75 年和作品完成后的日历年度结束后的第 100 年。

2. 对已过版权保护期或者报酬权已过期的作品、固定在录音制品中的表演或者录音，不得再恢复其版权或者创设一个新的权利。

3. 增加了版权法第 42（3.2）条，使得删除或者修改版权管理信息有可能承担刑事责任，除非该行为人代表图书馆、档案馆、博物馆或者教育机构。

4. 修改了关于海关官员留置复制件的版权法第 44.01 条，删除了有关加拿大海关过境管制或海关转运管制复制件的例外情况。

b. 《版权委员会决议时限条例》

文件名称：Time Limits in Respect of Matters before the Copyright Board Regulations，SOR/2020-264

生效日期：2020 年 12 月 4 日

主要内容：该法规定了版权委员会的审理时限。由于版权委员会做决定时有延误，故版权委员会做出的关于版权许可费的决定经常可以回溯支付，给权利人和创作者带来不少麻烦。该法规定，版权委员会必须在下列时限内做出最终决定：

1. 如果不举行听证会，在拟定的版权许可费生效前；

2. 如果举行听证会，则在争议各方向委员会提交最终意见书后的 12 个月内。

3.1.4 日本

著作权法及计算机程序作品登记特别法的部分改正法

文件名称：《著作権法及びプログラムの著作物に係る登録の特例に関する法律の一部を改正する法律》（令和 2 年法律第 48 号）

公布日期： 2020 年 6 月 12 日

施行日期： 主要修改内容中的 1、3、4、5 自 2020 年 10 月 1 日起施行；主要修改内容中的 2、6、7、8 之（2）部分自 2021 年 1 月 1 日起施行；主要修改内容中的 8 之（1）部分自本法公布之日起一年以内，从内阁政令指定的日期起施行。

主要修改： 1. 加强对设链网站的规则（リーチサイト）的规制（《著作权法》第 113 条第 2 款～第 4 款，第 119 条第 2 款第 4 项、第 5 项，第 120 条第 2 款第 3 项）

本次修改主要规制的是将侵权内容的链接信息聚合并诱导用户按照该信息聚合的指引获取侵权内容的"设链网站"和"设链应用程序"。

具体来说，如果"设链网站"和"设链应用程序"使得"进一步诱使公众接触侵权作品"和"主要用于公众使用侵权作品"的话，那么经营"设链网站"和提供"设链应用程序"的行为将受到刑事处罚（5 年以下有期徒刑等，为自诉罪）；并将在"设链网站"和"设链应用程序"中提供指向侵权内容的链接的行为视为著作权侵权行为，受到民事救济和刑事处罚（3 年以下有期徒刑等，为自诉罪）。

2. 加强对非法下载侵权内容的规制（《著作权法》第 30 条第 1 款第 4 项、第 2 款，第 119 条第 3 款第 2 项、第 5 款）

本次修改主要是将于非法下载侵权内容（即使私人使用也是非法的）的范围从原来的音乐和视频扩展到所有享有著作权的作品（漫画、书籍、论文、计算机程序等）。

同时，为了平衡"确保惩治盗版的有效性"和"限制公众获取信息的自由",只有在明知存在非法上传的情况下,才应规制违法下载的行为。同时以下几种情况将排除在非法下载的规制范围之外:(1)拍摄屏幕快照时的附带使用;(2)漫画的一帧到几帧程度的"轻微"行为;(3)演绎创作与滑稽模仿;(4)其他不会对权利人的利益造成不当损害的特殊情况。

此外,在刑事处罚上仅限于反复和持续下载著作权人有偿提供了正品的情况。

在本条附则中规定,要提高公众意识和教育程度,促进相关企业在网站上标注提供的是合法作品,同时考虑到刑事处罚的实施等,在规定的运行方面要充分考虑公众的关注和忧虑。

3. 扩大附带使用型(写り込み)权利限制规定的适用范围(《著作权法》第30条第2款)

本条的修改是为应对智能手机和平板电脑终端的迅速普及以及视频分发平台的发展等变化,将与"附带使用"相关的权利限制条款的范围予以扩大。

具体而言:(1)将原本的限于"拍摄照片"、"录音"和"录像"扩展为所有复制和发行行为(例如屏幕截图、实时分发、计算机动画转换);(2)将不被认可具有独创性的行为(例如:用固定相机拍摄)纳入"附带使用"的范围;(3)附随于主要的拍摄对象,但并不难分开的情形(例如:儿童是主要拍摄对象,儿童抱着的毛绒玩具),也就是在日常生活中经常可能出现的附带使用的情形均将被广泛认可。

同时,在维持原有附带使用中的附随性和轻微性要求的基础上,新增"在合理范围内"的要求,防止该规定被滥用进而损害权利人利益。

4. 制定与行政程序有关的权利限制规定(《著作权法》第42条第2款)

在专利审查程序中,可以未经权利人许可而复制必要的文件,但在根据《地理标志法》进行的地理标志审查程序,和根据《种苗法》进行的植物新品种的审查程序中,没有类似的规定,因此本次修改增加了在上述两个程序中可以在未经权利人许可的情况下复制必要的文件的条款,从而确保迅速、准确地进行审查。此外,也授权可以根据内阁政令而随时增加程序的类型，以便可以在将来存在需要类似措施的行政程序时灵活地做出响应。

5. 引入有关许可使用权的对抗制度（《著作权法》第 63 条第 2 款）

按照既有规定，被许可人并不能对抗著作权的受让人，也就是受让人可以责令在先的被许可人停止使用。为了消除这种情况，并允许被许可人可以安心继续使用作品，本次修改中引入了许可对抗买卖的制度，在先被许可人并不需要将其许可关系进行任何登记，就可以对抗在后的受让人，进而可以继续使用作品。

6. 加强著作权侵权诉讼中的证据收集程序（《著作权法》第 114 条第 3 款）

本次修改是为了强化著作权侵权诉讼中文书提交命令制度而进行的。

具体而言，与 2018 年《专利法》的修订一样：（1）在法院决定是否有必要发布文书提供命令之前，为了便于法院做出适当的决定，可以提前查看相关文书；（2）对于专业化程度较高的文书，在判断时可以获得专家顾问（大学教授等）的支持。

7. 增强访问控制（アクセスコントロール）（《著作权法》第 2 条第 1 款第 20 项、第 21 项，第 113 条第 7 款，第 120 条第 2 款第 4 项）

本次修改是为了应对诸如使用序列号的许可证认证等新技术的发展，而完善"访问控制"的规定。具体而言，与 2018 年的《反不正当竞争法》的修订一样：（1）修订定义规则（澄清保护对象中包括许可证认证等最新技术）；（2）规范未经授权而提供序列号的行为（被视为侵犯著作权的行为）。

8. 完善计算机程序作品的登记系统（《计算机程序作品登记特别法》第 4 条、第 26 条）

本次修改主要是应权利人的需要和文化厅长官指定的"登记组织"（一般财团法人软件信息中心）的要求而进行的。具体来说包括两个方面的内容：

（1）为便于在诉讼中进行举证，著作权人可以请求登记机关证明其所拥有的计算机程序作品与预先进行登记的计算机程序作品同一，这样可以享受因登记产生的事实的推定效果（例如，创作的日期）；（2）废除了国家及独立行政法人在登记时享有的登记费用免除规定。

参考价值：本次修法的主要内容就是规制链接网站的非法链接与用户的非法内容下载两个方面。对于前者，根据文化厅的统计[①]，在"漫画村"网页上大约 3 000 亿日元价值的出版物被擅自阅读使得漫画家和出版社的收入减少了约 20％，而日本最大规模的链接网站"遥遥梦之址"中受害金额高达 731 亿日元。除了漫画或杂志之外，写真集、文艺书、专业书、商务软件、游戏、学术论文、报纸等，也都受到巨大损害。未经著作权人许可而非法上传的内容，因被链接在平台之上结果被浏览的次数增多了大约 62 倍。本次修法中将链接网页的运营行为纳入了刑事处罚的对象之中，将在链接网页等登载指向侵权内容的链接的行为等，视为著作权侵权行为而追究民事与刑事责任。对于明知是被违法上传的内容而将侵权内容进行下载的，在一定要件之下，即便是私人使用目的也视为违法。如果是反复和持续下载的情况，则作为刑事罚责的对象。

3.2　判例

3.2.1　确权

a. 美国 20200316 – Daniels v. The Walt Disney Co. 案（拟人角色能否受到版权保护）

基本信息：Docket Number：18 – 55635（美国第九巡回上诉法院，2020 年 3 月 16 日）

案件事实：丹尼尔斯女士创立了 Moodsters 公司。The Moodsters（"情绪人儿"）由五个角色构成，每个角色颜色不同，各代表一种情绪。Moodsters 公司于 2005 年出了一本项目计划书，2007 年出了一个电视试播，2013 年开发了第二代 The Moodsters 玩具和书籍。丹尼

[①] 文化厅．著作権法及びフロクラムの著作物に係る登録の特例に関する法律の一部を改正する法律御説明資料"．https://www.bunka.go.jp/seisaku/chosakuken/hokaisei/r02_hokaisei/pdf/92359601_02.pdf．

尔斯女士和 Moodsters 公司也将其"情绪人儿"推荐给迪士尼。2010 年，迪士尼开始拍摄一部名为《头脑特工队》（*Inside Out*）的电影，其中的五个主人公代表着五种不同情绪。

地区法院驳回了原告对迪士尼电影《头脑特工队》侵犯了其对 The Moodsters 所拥有版权的指控。第九巡回上诉法院维持了地区法院的裁决。

主要争点：拟人角色能否受到版权保护。

裁判要点：地区法院认为"情绪人儿"并未达到角色受版权保护的要求，因而不受版权保护，第九巡回上诉法院支持了地区法院的裁决。

第九巡回上诉法院首先适用了 DC Comics v. Towle, 802 F. 3d 1012（9th Cir. 2015）一案确定的"Towle 测试"。根据 Towle 测试，只有同时满足下列三个条件的角色才可以受版权保护：（1）同时具有物理和概念上的品质；（2）一个角色被足够清晰地描绘以至于其每次出现都会被识别为同一角色，且显示一致的、可确认的特征和属性；（3）具有特别显著特征且包含一些独特的表达元素。法院认为原告的"情绪人儿"仅是粗略地描绘的角色，缺乏连续的、可以确认的个性特征和属性，未能满足后两个条件，因而并未受版权保护。

另外，法院也否认了原告的"情绪人儿"满足"故事被讲述"（"story being told"）的测试。根据 Warner Bros. Pictures v. Columbia Broad. Sys.，216 F. 2d 945，950（9th Cir. 1954）一案所确立的原则，到目前为止原告所出版的描述了"情绪人儿"的作品均无角色发展或者角色研究的深入安排。第九巡回上诉法院指出，对"情绪人儿"简要介绍和描述的作品指引或者试播，都不足以构成"故事被讲述"。因为每个"情绪人儿"都被用来指代某种特定的情绪，它们不过是故事讲述这一游戏中的棋子，而不是被讲述的故事，因此无权享受版权保护。

最后，法院也驳回了原告将"情绪人儿"作为整体可以受版权保护的主张。法院指出，这些单个的"情绪人儿"缺乏显著性，描述过于简略，这一缺陷并不能通过将这些角色作为一个整体来看待就得以弥补。若干个角色作为一个整体并不比单个角色更值得版权保护。

评　　论：在美国，作品中的角色可以与该作品分别得到独立的版权保护。尽管版权法只规定了对原创作品进行保护而并没有规定保护角色本身，但美国法院已经将版权保护扩展到在作品中出现的知名角色上了。不过，为了获得这一保护，权利人必须证明这些虚拟角色足够特别和具有可辨识度。而要达到这一点，角色必须足够丰满具体。仅仅纲要性地描绘角色的基本特征及在故事中的功能，显然无法达到这一要求。因为此时该角色尚处于思想的范畴，还未构成表达。

b. 美国 20200427 - Georgia v. Public. Resource. Org，Inc. 案（法律注释的可版权性）

基本信息：590 U. S. ＿＿＿，140 S. Ct. 1498（美国最高法院，2020 年 4 月 27 日）

案件事实：自 1977 年开始，美国佐治亚州将该州的所有法律收录、汇编为整套法典，并加上了对各个法律条文的相关注释，称为《佐治亚州官方法典汇解》（Official Code of Georgia Annotated，OCGA）。其中关于加上注释说明的部分则是委请一家私营的法律研究机构律商公司（LexisNexis）负责承办。在双方签订的职务雇佣合同中明确整套法典包括注释的著作权归属佐治亚州，律商公司则是获得对 OC-GA 的出版、发行与出售的独占许可。律商公司同意对出售价格设限并另外在线上提供不包含法规注释的（非官方）版本供一般大众使用。

　　本案被告 Public. Resource. Org 是一家促进公众接触和取用政府文档记录与法律材料的非营利组织。被告购买了含有注释的 OC-GA 纸质版本后将其扫描上传到被告网站供公众免费下载。佐治亚州法律修改委员会（Code Revision Commission）在多次发出律师信函要求立即停止侵权无果后，提起了侵权之诉。被告则主张官方注释后的法典即是法律，落入公共领域，不再受版权保护。联邦初审法院裁定支持了佐治亚州，但上诉法院推翻了该判决。佐治亚州于是向美国联邦最高法院请愿，要求复审，并获得许可。最高法院最终以 5∶4 的判决维持了美国第十一巡回上诉法院的上诉决定。

主要争点：美国联邦及各州的法律汇编，尤其是相关的注释，究竟是属于公共领域，还是可受版权的保护。

裁判要点：依据政府法令法则（government edicts doctrine），获得授权给予具有法令效力的陈述或表达时，相关的政府官员无法成为在履行其职务过程中所创作作品的作者，因此该作品也无从获得著作权的保护。

联邦最高法院首先检视了该院在 19 世纪的三个关于所谓"政府法令法则"的判例。这个法则一般是指，无论是联邦或各州的官员，凡是做出具有法律效力的表述的，即不得对于在履行其正式职务的过程中所产出的相关材料主张享有著作权[①]。此法则的用意为没有任何人可以拥有法律。虽然这三个前例都是关于法官或司法人员无法成为法院判决书与相关编辑注释的"作者"，故无著作权可言，但同样的法则也适用于立法部门。在确认此一法则也适用于立法部门后，联邦最高法院继而依据上诉法院的三步骤测试法来检验"政府法令法则"是否适用于本案：（1）创作相关作品的是否为政府官员；（2）作品的性质为何；（3）作品创作的过程为何。联邦最高法院尤其试图回答两个问题：（1）作者是否为立法者？（2）创作法典的注释是否属于履行其立法职务？

对于第一个问题，虽然律商公司是注释部分的实际贡献者，但从《著作权法》而言，佐治亚州法律修改委员会才是"作者"，原告佐治亚州对此表示认同。对于第二个问题，虽然法院完全同意原告所主张的法典的注释不具有任何的法律效力，但认为其依然是在正常履行立法相关职务的范围之内，而且向读者对于法规条文的语境与意涵提供了实用的参考。

原告另外主张，如果没有著作权的保护，将来势必会导致难以争取到有兴趣参与的私人企业来承揽这一重要的法律注释编辑工作并以合理的价格进行广泛传播，法院对此亦未接受，并表示处理这个特定问题的最佳机关是国会，不是司法部门。

评　　论：本案的判决结果是 5∶4，而且有两位大法官分别主笔了两个不同（意见相左）的意见书，因此可谓是个非常具有争议性（或至少是高度分歧性）的案件。此判决对于美国境内一直有不少人在推动的"开放法律取用运动"（Movement for Open Access Law）可谓是一重大胜利。然而赢得了战役未必表示也会赢得战争，是否果真会导

---

① 这三个判例分别是：Wheaton v. Peters, 8 Pet. 591 (1834)，Banks v. Manchester, 128 U. S. 244 (1888)，以及 Callaghan v. Myers, 128 U. S. 617 (1888)。

致今后没有厂家愿意继续承揽这项吃力的工程并形同为大众免费或廉价付出，也就是在来源上发生了问题，以及国会是否会跟进通过如何特别的立法来处理此一问题，还有待观察。

c. 美国 20201123 - RJ Control Consultants，Inc. v. Multiject LLC 案（技术图纸和计算机代码可否受版权保护）

基本信息： No. 20 - 1009（6th Cir. 2020）（美国第六巡回上诉法院，2020 年 11 月 23 日）

案件事实： Rogers 拥有 RJ Control；Elder 拥有 Multiject，由其设计并销售用于塑料注塑成型的配件。Rogers 和 Elder 于 2008 年达成口头协议。Rogers 开发了注塑控制系统并于 2013 年更新了该系统设计（"设计3"）。双方对"设计 3"的付款产生了争议。2014 年，Elder 要求 Rogers 提供并获得了"设计 3"的图表和软件源代码的副本。几天后，Elder 表示 Multiject 将不再需要 Rogers 的服务，而是将 RSW 用于控制系统的组装和接线。RSW 的报价使用了未经修改的"设计 3"的软件代码和技术图纸。RSW 显然认为 Multiject 有权使用"设计 3"的软件和技术图纸。

近两年后，Rogers 就其软件代码和技术图纸获得了版权注册证书。RJ 于是以 Multiject 侵犯其版权为由提起诉讼。

主要争点： 轮盘控制系统的技术图纸和计算机代码是否受版权保护。

裁判要点： 在审理案件的第一个问题，即被告对涉案技术图纸的使用是否构成版权侵权时，第六巡回上诉法院首先指出，"一部作品受版权保护并不意味着这部作品的任何一个元素都受版权保护"[①]。版权法以两种相关方式限制了这种保护。首先，根据美国《版权法》第 102 条（b），"对于原创作品的版权保护，无论以何种形式出现，都不会扩展到任何思想、程序、过程、系统、操作方法、概念、原理或发现，无论它们在这样的作品中是如何被阐释、说明或体现"。其次，对于"绘画、图形和雕塑作品"，根据美国《版权法》第 113 条（b），《版权法》"向拥有描绘实用物品的作品的版权人提供的制作、发行或者展示这些实用物品的权利，不比于 1977 年 12 月 31 日生效的《版权法》给予这类作品本身更多或者

---

① Feist Publ'ns Inc. v. Rural Tel. Serv. Co. ，499 U. S. 340，348（1991）.

更少的权利"。

版权侵权行为的成立有两个条件：（1）权利人拥有版权；（2）被告复制了受版权保护的作品。由于双方对于第一点没有疑问，因此，法院把重点放在审查被告复制的部分是否受版权保护上。法院认为被告可能以物理形式复制了原告的技术图纸，但根据受版权保护的技术图纸制造控制系统并未侵犯原告版权，因为通过使用受版权保护的技术图纸重新创建控制系统并不构成版权法中的"复制"。版权只保护对思想的表达而不是思想本身。思想和表达二分法与专利法和版权法的分界线是一致的。版权法保护作者原创性的表达，但不授予作者对其作品所表达的思想的排他权。后者可以通过专利法获得保护。使用技术图纸以重建该图纸中的思想应属于专利法的范畴而不是版权法。因此，根据受保护的图纸即"设计 3"图纸制造控制系统不构成版权侵权。

对于第二个问题，即被告是否侵犯了原告的涉案计算机程序代码的版权，地区没有审查计算机程序代码本身是否受版权保护，而第六巡回上诉法院认为有必要对这一问题进行分析。第六巡回上诉法院仍然从思想和表达二分法出发，并援引了 1976 年众议院关于版权法的报告中针对美国《版权法》第 102 条（b）所做说明"有人担心计算机程序的版权会保护程序员所采用的方法或过程，而不仅仅是表达其思想的'写作'。第 102 条（b）的目的是，明确程序员所采用的表达式是计算机程序中可受版权保护的元素，并且程序中所体现的实际过程或方法不在版权法的范围内"，指出，对计算机程序代码的思想和表达的区分需要对代码逐字逐句的理解，包括代码中哪些表达是纯粹功能性的，这些不可受版权保护的表达是否与其他可受版权保护的表达交织在一起。如果为完成一个任务可以有多种方法，则程序员对计算机程序的结构和设计的选择就可能具有很高的创造性，因而可以获得版权保护。有些计算机程序本质上是实用性的东西，包括很多受功能、效率或者外部性因素如兼容要求或者工业标准主导的逻辑性的、结构性的和视觉性的展示因素，则不受版权保护。

"惯用场景"（"scenes a faire"）也是区分思想和表达的一个原则。根据该原则，某些"必须遵循共同主题或设置"的标准短语或代码不受到保护，由当前行业现状，即硬件标准和机械规范、软件标准和兼容性要求、计算机制造商设计标准、目标行业实践和标准计算机编程实践等所决定的计算机程序元素可能无法获得保护。

鉴于本案所涉技术非常复杂，第六巡回上诉法院认为，不仅就以上两个原则在本案中的适用需要专家介入，还需要进一步的证据回答下述问题后才能真正解决涉案计算机程序是否受版权保护：原被告双方软件代码的哪些方面或表达是功能性的？哪些是表达性的？包含哪些行业惯例性或标准操作？哪些元素，如果有的话，是不可分割地交织在一起的？

综上所述，第六巡回上诉法院认为被告根据原告的设计图纸制造控制系统不构成侵权，但就涉案计算机程序是否构成受保护的版权作品应由地区法院在收集证据和听取专家意见后再做判决。

评　　论：思想和表达二分法既是判断作品是否受版权法保护的根据，也是区分版权法和专利法保护范围的依据。但思想和表达的界限并不总是清晰可见的，特别是在涉及复杂技术的功能性作品中。作者的原创性体现在其对创作作品素材的自由选择和安排中。作者对作品素材的选择和安排受到的限制越多，则其可以发挥的原创性越小，则该作品越可能仅是思想而非表达。影响作者表达自由的因素，包括自然规律、工业标准、行业现状，即硬件标准和机械规范、软件标准和兼容性要求、计算机制造商设计标准、目标行业实践等。因此，对于涉及复杂技术的作品是否受版权保护，已非普通人或者法官所能判断，而是需要行业内的专家介入。

d. 葡萄牙/欧盟 20190912 - Cofemel-Sociedade de Vestuario SA v. G - Star Raw CV 案（服装是否构成作品）

基本信息：CJEU C683/17（欧盟法院，2019 年 9 月 12 日）

案件事实：2013 年，服装公司 G-Star 指控时装品牌 Cofemel 侵犯了其在几件服装上的版权（见图 3 - 1）。特别是，G-Star 辩称，其 Arc 和 Rowdy 牛仔裤及 T 恤设计是原创性智力创作，因此是有权获得版权保护的"作品"。Cofemel 则指出衣服不属于"作品"，因此不应受到保护。

葡萄牙初审法院同意 G-Star 的指控，下令 Cofemel 停止侵犯

G-Star 的著作权并赔偿其损失。上诉法院支持了初审法院这一判决。Cofemel 不服，上诉至葡萄牙最高法院。葡萄牙最高法院认为涉案服装是包含一些特别要素的具有创造性的观念和生产过程的成果，而 Cofemel 在制造服装时使用了其中的一些要素。但葡萄牙最高法院认为葡萄牙法律没有具体说明这些类型的作品符合保护条件所需要达到的原创性程度，因此将此案提交欧盟法院，请求后者就《欧盟版权指令》第 2 条（a）做出解释并进行初步裁定，释明欧盟法律是否禁止成员国法律基于原创性之外的其他原则给具有高度美感的设计作品以著作权保护。

主要争点： 实用艺术作品的原创性的标准。

裁判要点： 欧盟法院指出，其以前的判例法很清楚地阐释了作品的含义。作品必须同时包含以下两个要素（引用 Infopaq International C‑5 / 08 和 Levola Hengelo C‑310 / 17）：首先，必须包含原创的东西以至于它构成作者的智力创造。一方面，这意味着它反映了作者的个性，显示了作者的"自由和创造性的选择"（Painer C‑145 / 10；Renckhoff C‑161 / 17）。另一方面，如果"目标的实现由技术考虑、规则或其他约束条件决定"，则其"不能视为具备构成作品所必需的原创性"（Football Dataco C‑604 /10）。其次，对主题的表达必须能够足够准确和客观地识别出来（Levola Hengelo C‑310 / 17）。

葡萄牙的"审美效果"要求必须以内在的主观美观为基础，因此，与原创性标准相冲突。虽然在创意活动中经常会涉及美学考虑，但作品是否产生美学效果本身并不能决定该作品是否构成反映了作者选择自由和个性的智力创造。

因此，欧盟法院指出，《欧盟版权指令》第 2 条（a）仅以原创性作为判断一个表达是否构成指令所指作品的标准，成员国不得在此之外设定其他的标准。故，对要享有著作权保护的外观设计的唯一要求应该是独创性，成员国不应设立任何附加的艺术或美学价值门槛。

评　　论： 作品这一概念属于欧盟法律规范的范畴，需要在欧盟范围内统一解释。此前欧盟法院也在多个案例中对这一概念做了解释。本案裁决承袭了欧盟法院在此前裁决中的立场。

早在 2009 年的 Infopaq 案（C‒5/08）中，欧盟法院就指出：不得对不同类别作品使用不同版权保护标准；如果作品属于《欧盟版权指令》的范围，则只需要是"作者自己的智力创作"；当然，一个表达是否构成"智力创作"则应由成员国法院来判断。在 2011 年的 Flos 案（C‒168/09）中，欧盟法院指出，欧盟法律不允许成员国拒绝对符合此类保护标准的外观设计进行版权保护；并指出成员国不得在欧盟法规之外对作品获得版权保护提出进一步的要求。Flos 案裁决导致英国废除了 1988 年《版权、外观设计和专利法》第 52 条，因为该条规定某些外观设计的版权保护期仅为 25 年。

欧盟法院在本案裁决中明确了包括设计作品在内的所有作品获得著作权法保护的条件有且只有一个，即具有原创性。对于设计师们来说，该判决是值得欢迎的，因为其不仅统一了欧盟范围内的版权保护门槛，而且与之前有些国家还要求设计作品具有审美价值相比，也可以说降低了版权保护门槛。

欧盟法院的该裁决将促进成员国首先对设计作品、进而对所有作品统一版权保护标准。除了葡萄牙外，欧盟还有一些成员国传统上要求作品具有"美学"或"艺术"品质，对不同的作品设立不同的版权保护门槛。例如意大利法律中的"Scindibilta"（分割论）和德国法律中的"Stufentheorie"（分层论）都与本案判决不符。这些国家都需要重新审视本国的版权保护门槛。

图 3‒1　左为 Cofemel 的 Tiffosi 牌牛仔裤，右为 G‑Star 的 Rowdy 牌牛仔裤

e. 比利时/欧盟 20200611 – Brompton Bicycle Ltd. v. Chedech/Get2Get 案（产品外观设计可否受版权保护）

基本信息：CJEU－C－833/18（欧盟法院，2020 年 6 月 11 日）

案件事实：Brompton 是一家根据英国法律注册成立的公司，主要销售折叠自行车，其创始人是 SI。该公司销售的 Brompton 自行车自 1987 年以来一直保持现有的外形（见图 3－2）。Brompton 自行车的一项特殊功能是它可以折叠出三个不同的形态——折叠形态、展开形态和可以使自行车在地面上保持平衡的待命形态（见图 3－3），这一设计曾受专利保护，但如今该专利已过期。Get2Get 销售的 Chedech 自行车在外观上与 Brompton 自行车非常相似，而且可以折叠出与 Brompton 自行车一样的三个形态。

　　2017 年 11 月 21 日，SI 和 Brompton 向比利时列日地区企业法院[①]（Companies Court，Liège，Belgium，下称"列日法院"）提起著作权侵权之诉，主张 Chedech 自行车的外观侵犯了 Brompton 的著作权。Get2Get 辩称 Chedech 自行车的外观是由所寻求的技术解决方案决定的，该技术解决方案是确保自行车可以折叠到三个不同的位置。在这种情况下，此类外观只能受到专利法的保护，而不受著作权法的保护。但是原告方认为，如果希望自行车可以折叠到上述三个不同的位置，自行车的外观其实有多种选择，因此 Brompton 自行车的外观仍然受到著作权法保护。

主要争点：为了获得特定的技术效果的产品外观设计可否获得著作权保护。

裁判要点：列日法院指出，根据比利时法律，任何作品以特定形状表示且具有独创性时，均受著作权法保护——这意味着诸如自行车之类的实用物品也可能受著作权保护，但为了获得技术效果而必需的形状则被排除在著作权法保护之外。不过，如果该技术效果还可以通过其他方式获得，那么为了获得一定的技术效果而创作的形状是否也被排除在著作权保护之外？

　　列日法院请求欧盟法院释明下列问题：（1）《欧盟版权指令》第 2 条至第 5 条规定了权利人的各种专有权，是否可以将其解释为，由技术效果决定形状的产品，将不受《欧盟版权指令》的保

---

① 该法院前身为商事法院，2018 年更名。

护。（2）为了评价形状是不是实现技术效果所必需的，是否必须考虑以下准则：1）是否存在其他可以实现相同技术效果的形状？2）形状达到该技术结果的效果如何？3）涉嫌侵权者是否意图达到该技术效果？4）是否先前存在实现所需技术效果方法的专利，但该专利现已过期？

欧盟法院认为这两个问题在本质上是指：当有多种方案可以实现某一特定技术效果时，作者选择其中之一来表达完成的作品能否受著作权保护。

根据欧盟法院的既有判例，构成作品必须满足两个条件：第一，需要有一个独创性主题，且该主题是作者自己的智力创作；第二，需要有对该智力创作的表达。如果该主题反映了作者的个性，是对其自由的、有创造性的选择的表达，则该主题可以被认为具有原创性。满足原创性条件的主题就可能获得著作权保护，即使实现该主题是出于技术考虑。Brompton自行车的形状是为了获得一定的技术效果所必需的，即可以将自行车折叠成三个形态以实现不同的目的。但是，实现该自行车三种技术效果并不仅限于本案所涉及的三种形态，也就是实现其中任一技术效果均有多种不同的方案，意味着作者仍有很大的自由创作空间。反之，如果产品的形状仅由其技术效果决定，则该产品形状不受著作权保护。

因此，欧盟法院指出，《欧盟版权指令》第2条至第5条应当理解为，在为实现某种技术效果所必需的产品中，如果作者通过自由的和创造性的选择使得产品形状反映了其个性，则该产品构成由智力创造产生的具有原创性作品，可受著作权保护。

评　　论：功能性的作品并未被排除在著作权法保护范畴之外。为了实现某一技术效果存在多种可供选择的方案，作者选择其中之一，并在方案中能够以自由和富有创造性的方式进行表达并在其中彰显其个性，该作品就能受到著作权保护。但是，如果作品的形状仅由其技术效果决定，使得作者并没有自由创造的空间或者自由创造的空间有限以至思想与其表达变得不可分割时，该产品就无法落入著作权法保护范围之内。

图 3 - 2　Brompton 自行车（左）和 Chedech 自行车（右）

图 3 - 3　Brompton 自行车的三个形态

f. 日本 20200129 - Prism Chandelier 案（灯罩是否构成实用艺术作品）

基本信息：东京地判令和 2 年 1 月 29 日平成 30 年（ワ）第 30795 号

案件事实：原告以 "BIWAHOUSE" 为名发表了艺术作品（见图 3 - 4）并主张被告制作 "Prism Chandelier" 侵犯了原告的著作权。

主要争点：实用艺术品的著作权保护认定。

裁判要点：原告的作品是用于照明的灯罩，是具有实用功能的实用艺术品。原告作品将光源安装在内部，其花瓣状头部直立通过覆盖框架主轴的顶端出现在外部，并在物理上重叠，用人造物体来表达从花中散落并放射状蔓延开来的花朵图案。头部的花瓣重叠，从而形成复杂的阴影，并让观看者感受到与真实植物相似的自然形式。原告的作品具有与美术作品相媲美的高度创造力。整个作品都具有美学鉴赏特征，应该作为美术作品予以保护。

　　在原告作品与被告作品（见图 3 - 5）的实质相似性认定上，法院认为从被告作品中并不能直接感知原告作品的本质特征，因此不构成侵权。

评　　论：在实用艺术品是否构成著作权保护对象的认定上，日本采取所谓
　　　　　"阶梯理论"，也就是对于量产的具有实用目的而创作的作品，如果
　　　　　要求受到著作权的保护则需要达到高度的独创性要求。本案正是在
　　　　　此思路下认定原告设计具有"与美术作品相媲美的高度创造力"，
　　　　　因此认定该设计可以受到著作权法的保护。

图 3-4　　　　　　　　　　　　　　　　图 3-5

g. 澳大利亚 20201106 - State of Escape Accessories Pty Limited v. Schwartz 案
（"手包"能够受到版权保护）

基本信息：[2020] FCA 1606（澳大利亚联邦法院，2020 年 11 月 6 日）

案件事实：State of Escape Pty Ltd.（State of Escape）是一家悉尼公司，设计
　　　　　和销售氯丁橡胶手提袋。"手包"（the Escape Bag）由 State of Es-
　　　　　cape 公司的一位董事 Brigitte MacGowan 女士设计，State of Escape
　　　　　公司是其版权受让人。"手包"的主要特征是它由打孔的氯丁橡胶
　　　　　材质、独特的轮廓和形状以及帆船绳（或具有帆船绳外观的绳子）
　　　　　作为包裹在袋子主体和底部的手柄构成（见图 3-6）。State of Es-
　　　　　cape 推出"手包"两年后，Chuchka Bags Pty Ltd.（Chuchka）以
　　　　　"手包"为样本委托海外工厂制作了同样的手包并进口到澳大利亚
　　　　　销售。State of Escape 于是对 Chuchka 及其唯一董事 Stefanie
　　　　　Schwartz 女士及其公司提起诉讼，指控后者侵犯了其对"手包"所
　　　　　拥有的版权。

主要争点："手包"是否构成"艺术性手工作品"（work of artistic craftsmanship）而受到版权法保护。

裁判要点：根据澳大利亚《版权法》第 77 条，除非构成艺术作品，否则未登记的工业设计一旦经授权工业化生产后即不再受版权保护。State of Escape 没有为"手包"注册工业设计，因此，"手包"是否构成艺术作品，是 State of Escape 的版权侵权指控成立的前提。根据澳大利亚《版权法》第 10 条第 1 款，"具有艺术性的工艺品"（a work of artistic craftsmanship）是"艺术作品"（artistic work）的一种，但是澳大利亚《版权法》并没有对何谓"具有艺术性的工艺品"做出进一步的解释，而是交由法院在案例法中阐释。

澳大利亚联邦法院遵从了澳大利亚高等法院（High Court of Australia）在 Burge v. Swarbrick 案（［2007］HCA 17）中对"具有艺术性的工艺品"的判断原则。法院首先指出，"艺术性工艺"（artistic craftsmanship）不等于"手工艺术"（artistic handicraft），对"工艺"和"艺术性"的要求与机器生产并不矛盾。虽然纯美术与实用艺术之间是有区别的，但在审视工业美术作品时，实用与美感之间、功能与艺术之间并不对立。因此，具有原创性的手包完全可能构成作品受版权保护。其次，"具有艺术性的工艺品"必须具备"艺术性质"（artistic quality），必须包含"真正的或者实质性的艺术要素"。在判定一件作品是否构成"具有艺术性的工艺品"时，该作品的美感不是决定性的，法院还必须权衡功能上的考虑在多大程度上决定了作品形式的艺术表现。一件作品的表现形式越多地受制于功能性的考虑，那么留给真正的或实质性艺术表达的空间就越小。法院在对涉案手包的外观及其设计过程进行了详尽的考察并参考了专家证人的意见后，认为 MacGowan 女士在制作"手包"时做出的许多设计选择不仅是从视觉吸引力考虑，而且还事实上解决了手袋设计中的功能问题。例如，帆船绳细节加强并保护了包袋的角部，并有助于保持包袋的整体形状。另外，MacGowan 女士为解决"手包"的功能性问题所采取的方法都是常见方法，并且没有任何一个功能与其当时的工艺相比具有创造性。虽然 MacGowan 女士选择打孔氯丁橡胶制作"手包"并不是手提袋的功能和实用性所必需，而是从外观和美学因素考虑，不过，一旦选定了手包的面料，手袋的设计选择就在很大程度上受到功能上的限制了。在审视工艺品的艺术性时，创作者在设计和构思作品时的抱负和意图也是可以纳入考虑范畴的，虽然这既不是决定性的，也不是必需的。MacGowan 女士遇到的许多问题本质上都是纯功能性的，这也印证了其提出的解决方案即手袋的设计更多的是出于功能性的考虑。再次，"具有艺术性的工艺品"必须展示一定的工艺水平。即使"具有艺术性的工艺品"并不仅局限于手工艺品，而是包括工业化的产品，但"其制作至少需要以具备特殊的训练、技能和知识为前提……'工艺'……意味着自豪和扎实的技艺——拒绝低劣、庸俗和粗浅"。MacGowan 女士没有受过手袋的设计和制造的专门培训，缺乏手袋艺术设计的技能和知识。因此，法院最终认为，涉案手包不构成澳大利亚《版权法》意义上的工艺美术作品。

评　　论：虽然对实用美术作品的保护各国仍然存在较大的差异，但在对作品原创性的判断标准方面，各国越来越趋向于一致，即美感或者说艺术性固然可以体现作品的原创性，但美感并不等于原创性。实用美术作品的原创性如其他作品一样，体现在创作者对构成作品的各种元素的自由选择和安排中。因此，在审查实用美术作品的原创性时必须考察作品功能性对创作者的限制。虽然创作者在创作时的主观

State of Escape
Recised design/construction
1November 2013

New finished bag.

图 3 - 6

心态对于作品是否具有原创性并没有决定性的影响，但不少英美法系国家都认为工艺品应该能够体现工匠的精湛工艺。因此，本案法院还从创作者的设计专业技能背景和设计过程来辅助论证涉案手包设计的原创性。

3.2.2　版权登记

美国 20190604 – Gold Value v. Sanctuary Clothing 案（版权登记效力）

基本信息： No. 17 – 55818（美国第九巡回上诉法院，2019 年 6 月 4 日）

案件事实： Gold Value International Textile，Inc.（下称"Fiesta"）以"Fiesta"名称设计纺织品图案并出售给客户以供后者制作服装。2013 年 10 月，Fiesta 向版权局一次性注册了其 2014 年春夏系列。作为这一系列的一部分，Fiesta 的注册包括一个名为"1461 Design"的平面纺织品设计。在版权注册申请中，Fiesta 的总裁证明该系列中的所有作品未在注册之日前发布过，因此，2014 年春夏系列被注册为一组"未出版"的作品。但是，Fiesta 在该系列设计注册前的六个月内向少量的现有和潜在客户出售了 190 码（约合 174 米）的采用了"1461 Design"的面料。Fiesta 总裁后来承认，他在 2013 年 10 月进行版权注册前已经知道样品的销售，尽管他声称他不认为这些样品销售构成出版。

　　Fiesta 随后向一家服装制作商 Sanctuary Clothing，LLC（下称"Sanctuary"）提起诉讼，声称 Sanctuary 出售的服装的设计与 Fiesta 的"1461 Design"相似，因此侵犯了其在"1461 Design"中的版权。

主要争点： 包含不准确信息的版权登记是否有效。

裁判要点： 地区法院认定 Fiesta 故意在其版权注册中添加了不准确的信息，并向版权局咨询其如果知晓这一情况的话是否会拒绝服装嘉年华的版权注册。在得到版权局肯定的回答后，地区法院裁定 Fiesta 的版权登记无效，驳回了 Fiesta 的诉讼要求，并判决 Fiesta 支付 Sanctuary 等公司为维权而支付的律师费。Fiesta 不服，上诉到第九巡回上诉法院。

　　第九巡回上诉法院指出，根据美国《版权法》第 411 条（b）(1)，不准确的信息一般不会影响版权注册证书的效力，除非：（1）

"不准确的信息"是版权登记人故意添加在注册申请中的；（2）如果当时版权局知道该不准确的信息就会拒绝该版权注册。多个作品可以作为一组作品注册，但前提是该组中的作品必须是全部已出版或全部未出版的，即，同一组作品中不得同时包含已出版和未出版的作品。根据《版权法》，将作品出售或者以其他方式转让所有权、租赁或出借，向公众分发，公开演出或公开展示，都会导致该作品"已出版"。因此，第九巡回上诉法院支持了一审法院的判决。

评 论：在美国，版权登记虽然不是获得版权保护的前提，却是提起版权侵权诉讼的先决条件。实际上，版权注册证书通常构成版权有效性和证书中陈述的事实的初步证据。因此，保证版权登记时的信息准确非常重要。一些无关紧要的错误或者无意的错误可能并不会影响版权登记的效力，但故意的错误则可能会导致版权登记无效，版权人不仅可能面对侵权索赔无望，甚至可能需要赔偿对方在诉讼中所支付的法律费用。

3.2.3 权利归属

美国 20190801 - Estate of Kauffmann v. Rochester Inst. of Tech. 案（雇佣作品争议）

基本信息：932 F. 3d 74（美国第二巡回上诉法院，2019 年 8 月 1 日）

案件事实：Stanley Kauffmann（下称"考夫曼"）为名为 *The New Republic*（下称《新共和》）的刊物撰写了许多电影评论。最初，双方仅就其业务关系达成口头协议，直到 2004 年，《新共和》的编辑给考夫曼写了一封信，要求考夫曼确认其先前的评论是"雇佣作品"，且以后的所有评论也将是雇佣作品。考夫曼以打钩的方式表示他同意双方信函中的协议并签了名。2013 年考夫曼去世后，Rochester Institute of Technology（下称"罗彻斯特理工大学"）出版了一部考夫曼作品选集 *The Millennial Critic：Stanley Kauffmann on Film, 1999 - 2009*，其中收录了考夫曼于 1999 年发表于《新共和》的 44 篇电影评论。作为考夫曼的版权继承人，考夫曼的遗产信托以侵犯其版权为由将罗彻斯特理工大学诉至法院。

主要争点：雇佣作品的认定。

裁判要点：地区法院支持了罗彻斯特理工大学，认为《新共和》与考夫曼 2004

年的信件明确地以书面形式固定了双方之前的口头合同，明确将合同的有效期追溯到考夫曼开始为《新共和》写评论的 1958 年，因此满足了美国《版权法》第 101 条（2）的要求，即"当事双方在其签署的书面文件中明确表示同意"委托非雇员创作的作品"应视为雇佣作品"。因此，地区法院判定考夫曼从未拥有这些电影评论的版权，作为其继承人的遗产信托也就不能对罗彻斯特理工大学提起侵权诉讼。

第二巡回上诉法院否认了考夫曼的文章构成雇佣作品。法院认为，考夫曼和《新共和》的书信协议是在涉案文章发表五年后才签署，并不符合《版权法》第 101 条（2）的书面要求。如果认为该协议可以回溯确定已发表作品的雇佣作品性质，那么国会制定《版权法》的"雇佣作品"条款的目标——"通过预先计划来确保可预见性"——就会落空。而且，如果认为该协议可以回溯确定已发表作品的雇佣作品性质，那么将导致考夫曼于 1999—2004 年间发表的作品先后有两位作者：2004 年协议签署前，考夫曼是作者；2004 年后，作者变成了《新共和》。而事实上在美国的雇佣作品关系中并不存在版权转让。法院裁定，考夫曼曾经是涉案的 44 篇文章的版权人，他的遗产信托作为其版权继承人有权提起侵权诉讼。第二巡回上诉法院因此将案件发回重审。

评　　论：美国《版权法》上的"雇佣作品"既可以由雇员在雇佣关系中创作，也可以由非雇员受委托完成。在后一种情况下，委托人和被委托人必须签订书面合约确认该作品为雇佣作品。实践中，美国法院对于委托人和被委托人之间的书面协议的要求并不一致。第七巡回上诉法院和第九巡回上诉法院要求委托协议必须在作品完成之前达成；第二巡回上诉法院要求略松，在满足一定条件的情况下可以承认事后书面协议的效力，例如，委托人和被委托人双方之前对所创作品是雇佣作品的性质存在明示或者暗示的约定。

我国《著作权法》对于委托作品合同的形式并没有要求，意味着口头合同或者默示约定都是可以接受的。口头合同或者默示约定固然有其便利性，但在产生纠纷的时候非常不利于事实的查清和权益的界定。因此，美国《版权法》中关于存在于雇主和雇员之外的雇佣作品的规定，对于进一步完善我国《著作权法》具有借鉴意义。而对于委托人和被委托人来说，在作品完成前甚至开始创作前即签订著作权归属书面合约，显然都是最好的选择。

3.2.4 权利内容

a. 美国 20200220 - Castillo v. G&M Realty L. P. 案（视觉艺术家享有的精神权利）

基本信息：950 F. 3d 155（2d Cir. 2020）（美国第二巡回上诉法院，2020 年 2 月 20 日）

案件事实：2002 年，杰拉尔德·沃尔科夫（Gerald Wolkoff）购买了一个名为 5Pointz 的场地，并聘请乔纳森·科恩（Jonathan Cohen）将废弃的仓库变成了当地艺术家的展览空间。科恩将外墙出租给艺术家进行创作，并根据"创造性的破坏"程序，将外墙划分为"短期轮换墙"和"长期墙"，其中很多作品是临时的，地区法院根据"创造性的破坏"程序决定允许将某些作品粉刷覆盖。在其存续期间，5Pointz 共展出了 10 650 件作品，并成为举世闻名的胜地。

2013 年 5 月，科恩获悉沃尔科夫计划拆除该场地，并在该地方建造豪华公寓大楼。科恩和许多艺术家都向纽约市地标保护委员会（LPC）寻求保护，并筹集了足够的资金准备从沃尔科夫那里将该场地买下。但沃尔科夫还是拆除了该场地，因而使得艺术家们在外墙上的作品也被损坏。艺术家们根据《视觉艺术家权利法案》（VARA）起诉了沃尔科夫。

主要争点：对临时作品的销毁是否侵犯了版权人的精神权利。

裁判要点：法院首先回答"临时"艺术品是否受 VARA 保护的问题。法院回顾了 VARA 的立法过程，指出美国国会在对艺术进行界定时，没有将艺术划分为"永久"或"临时"类别。因此，在适用该法时也没有必要在艺术这一定义中增加其他标准，否则即会破坏立法所取得的平衡。2008 年的 Cartoon Network LP，LLLP v. CSC Holdings，Inc. 一案的判决也认为，一个仅存在了几分钟的雕塑也满足了"公认的地位"类别的短暂持续时间要求。因此，法院认为，包括在 5Pointz 展出的艺术在内的"街头艺术"，尽管通常是暂时的，但也受到 VARA 的保护。

法院还驳斥了沃尔科夫关于艺术家本应预见到其作品会被破坏的主张，指出 VARA 明确规定，只有在艺术家放弃其权利的情况下，对其作品的破坏才是合法的。沃尔科夫清除艺术家们的作品时，既没有通知他们，也没有给予他们 90 天的时间来删除其作品，因此违反了 VARA。

上诉法院也支持地区法院关于 5Pointz 的气溶胶艺术已足够有名因而可以被认为具有"公认的地位"的观点。地区法院根据 5Pointz 的艺术家、专家和策展人的证词对作品的艺术品质进行评估后认为至少有 45 幅被沃尔科夫销毁的作品具有"公认的地位"。第二巡回上诉法院支持了地区法院的推理过程。它指出，声望的最重要的组成部分通常是艺术质量，而艺术质量应由由艺术历史学家、艺术评论家、博物馆馆长、画廊主、知名艺术家和其他专家组成的艺术界来决定。法院引用了霍尔姆斯法官的警告，"那些仅受过法律培训的人员将自己置于对视觉艺术价值的最终审判者的位置上将是危险的"（Bleistein v. Donaldson Lithographing Co.，188 US 239，251（1903））。此外，"公认的地位"不是一个稳定的概念，因此，著名艺术家的质量不高的作品，被著名机构收藏的不知名的作品，也是值得保护的，且根据 VARA 有权免于被毁坏。故第二巡回上诉法院支持了地区法院的判决。

评　　论：本案原告最终获得创纪录的 670 万美元的法定赔偿，是迄今为止根据 VARA 所做出的金额最高的赔偿，显示了版权人，特别是视觉艺术版权人的精神权利在美国越来越受到重视。

视觉艺术作品相对于其他作品的一个突出特征在于，原件对于权利人格外重要。不仅视觉艺术品的原件有着远高于复制件的价值，销售或者展出原件也是视觉艺术品权利人实现其权利的重要方式甚至是唯一方式，而且原件的毁损常常意味着该作品的永久灭失，因为视觉艺术作品常常难以复原。因此，禁止随意销毁视觉艺术作品，判令未经权利人许可即销毁视觉艺术作品的行为人支付较高金额的赔偿金，是值得提倡的。

b. 美国 20200819 - Jackson v. Roberts 案（演唱样本的使用）

基本信息：Docket Number：19 - 0480（美国第二巡回上诉法院，2020 年 8 月 19 日）

案件事实：嘻哈唱片艺人 Curtis James Jackson Ⅲ（艺名 50 Cent），指控嘻哈艺人 William Leonard Roberts Ⅱ（艺名 Rick Ross）侵犯了其根据康涅狄格州法律所拥有的形象权。Rick Ross 在其发行的宣传混音带中包括 50 Cent 表演他的热门歌曲 "In Da Club" 的样本，并且在该歌曲的曲目标题中使用了 50 Cent 的名字。"In Da Club" 是 50 Cent 于 2003 年发行的首张说唱专辑中的主打歌，帮助他在国际上赢得声誉。50 Cent 已将他在 "In Da Club" 唱片中的版权权益转让给了他的唱片公司 Shady Records / Aftermath Records。2015 年 11 月，Rick Ross 发布了一张混音带，供听众免费使用，其未经 50 Cent 或 Shady / Aftermath 的许可，对 "In Da Club" 的乐器和 50 Cent 的歌声进行了采样。Rick Ross 还标明了这首歌的表演者是 50 Cent。Rick Ross 和 50 Cent 都承认，嘻哈艺人在未经许可的情况下在混音带上对其他艺术家进行采样是业界的常规操作。

地区法院做出有利于 Rick Ross 的判决，裁定 50 Cent 的州法律主张须让位于《版权法》的管辖，并且根据他的唱片公司合同，50 Cent 已经放弃了对唱片的形象权。50 Cent 提出上诉，遭到第二巡回上诉法院驳回。

主要争点：使用他人的演唱样本，究竟是使用他人的形象，还是使用他人的作品。

裁判要点：第二巡回上诉法院根据隐含优先权或法定优先权的原则，裁定《版权法》作为联邦法律应优先于康涅狄格州关于形象权的法律适用。法院根据两个测试来确定《版权法》是否优先于州法律适用：（1）康涅狄格州法律规定的形象权要求是否维护实质性的州利益，且该利益与联邦《版权法》所保护的那些利益不同；（2）根据康涅狄格州法律所提起的诉讼是否可能与《版权法》所确立的利益发生冲突。鉴于 Rick Ross 没有使用 50 Cent 的名字或角色来虚假地暗示 50 Cent 对其音乐的支持，Rick Ross 也没有侵犯 50 Cent 的隐私或贬损性使用他的形象，法院认为 50 Cent 并未试图维护任何明显与《版权法》所不同的实质性的州利益，因此没有通过第一个测试。由于 50 Cent 已将 "In Da Club" 的版权转让给了 Shady / Aftermath，因此，50 Cent 提起的形象权诉讼有可能削弱 Shady / Aftermath 对 "In Da Club" 版权的控制，因此没有通过第二个测试。故法院认为根据这两个测试，联邦《版权法》均应优先于康涅狄格州关于形象权的法律适用。

法院还指出，50 Cent 关于在混音带上使用他的声音的主张应优先适用《版权法》第 301 条中的明文规定，因为 50 Cent 的形象权主张是基于使用"In Da Club"样本即受版权保护的作品本身，而不是使用他的身份。另外，50 Cent 根据州法律所主张的形象权与联邦《版权法》所保护的排他权利等同。

评　　论：我国是单一制国家，不存在美国的联邦和各州法律之间冲突的问题。但同一纠纷可能落入多部法律的范畴，或者可以适用多个相互冲突的法律规制的情况仍然很常见。本案中的问题也完全可能在我国发生，因为根据我国《著作权法》，著作权人和邻接权人对其作品和表演等，不仅享有财产权利还拥有精神权利，而精神权利是不得转让的。因此，当作者或者表演者将其著作财产权转让出去之后，对于第三方对相关版权材料的合法和非法使用，作者/表演者和著作财产权人分别享有哪些权利，恐怕在有的情况下也需要从著作权的立法宗旨中去寻找答案。

c. 日本 20200721－推特转发案（侵犯署名权的认定）

基本信息：最三小判令和 2 年 7 月 21 日平成 30 年（受）第 1412 号（日本最高法院，2020 年 7 月 21 日）

案件事实：原告是摄影家，其摄影作品被他人未经许可上传至推特上使用，原告主张上传者及转发推特信息的主体构成对其著作财产权及著作人格权的侵害，并以此为理由向被告推特公司提起公开上传者与转发推特主体信息的诉讼。在该诉讼（知财高判平成 30 年 4 月 25 日判时 2382 号 24 页）中法院认定转发推特信息的行为并不构成对于向公众传播权的侵害，但是侵害了署名权和保持作品完整性权，因此支持了原告的公开上传者与转发推特主体信息的请求。对此最高法院仅接受了署名权部分的再审，并支持了原判决的结论，即侵犯了原告的署名权。

主要争点：署名权。

裁判要点：如果从文义上适用日本《著作权法》第 19 条第 1 款的规定，并未限制在该法第 21 条至 27 条规定的权利有关的受著作权保护的作品向公众提供或展示的情况。此外，该法第 19 条第 1 款被认为是为了保护作者和作品之间联系的人格利益，依据该宗旨，对署名权的侵害并不受到是否侵害上述权利的限制。因此，法律中规定的"向公众提供或提示受著作权保护的作品时"不需要使用与上述权利有关的受著作权保护的作品。本案中各转发推特的主体即使没有进行构成上述权利有关的利用行为，只要用户在网页末端浏览时看到本案作品的画像，就构成了"向公众提供或展示"。同时法院认为只要用户点击各转发页面的图像就可以看到附加了作者署名的原本画像，本案各转发推特的主体并没有在作品上进行署名，因此构成对署名权的侵害。

评　　论：本案在署名权侵权的判断中指出只要将作品向公众提供或提示即满足要求，并不需要实施了《著作权法》中的作品利用行为，同时也认定了各转发推特的主体在转发推特时如果省略了作者的署名，即使在原推特中显示作者署名，且只要用户点击图像就可以显示原图画中作品的署名，也不能构成在作品上的署名。对于后一判断学界和实务界给予了较多关注，特别是如此解释署名权可能导致社交平台转发活动的萎缩效果。当然本案有其特殊性，即并不是一般的著作权侵权诉讼，而是上传者信息公开诉讼，因此在该诉讼中并未主张《著作权法》第 19 条第 3 款中有关署名权限制的抗辩，即按照作品的使用目的和方式在不损害作者主张身份时，只要不违反惯例，可以省略作者名称的表示。考虑到这一诉讼的特殊性，本案的射程应该有所限制，对于转发推特时对作者署名的省略应该在符合网络转发惯例的基础上考虑构成署名权的限制。

d. 瑞典/欧盟 20200402 - Stim and SAMI v. Fleetmanager Sweden AB and Nordisk Biluthyrning AB 案（侵犯公众传播权和公开表演权的认定）

基本信息：CJEU，Case C - 753/18（欧盟法院，2020 年 4 月 2 日）

案件事实：汽车租赁行业协会 Biluthyrarna Sverige Servicebolag AB 于 2011 年与代表音乐行业的版权管理组织 SAMI 和 Stim 签署了一项协议，使协会成员无须支付年费即可租用配备收音机的汽车。该协议于 2014 年终止。

Fleetmanager Sweden 管理着一支 1 800 辆车的车队，其客户是瑞典不同地区的汽车租赁公司。Stim 认为 Fleetmanager Sweden 允许汽车租赁公司出租配备收音机的汽车侵犯了其向公众传播权和公开表演权（T‐5909‐17）。

同一时期，汽车租赁公司 Nordisk Biluthyrning 向法院提起确认不侵权之诉（T‐891‐18），要求法院确认其将配备收音机和 CD 播放器的车出租给个人、企业和行政机关没有侵犯 SAMI 的版权，因而无义务向 SAMI 支付报酬（2015 年 1 月 1 日至 2016 年 12 月 31 日）。瑞典上诉法院将案件提交到欧盟法庭，请求后者对《欧盟版权指令》第 3 条第 1 款的向公众传播权和《欧盟租赁权指令》（Directive 2006/115）第 8 条第 2 款的租赁权进行解释。

主要争点： 出租配备常规收音机的汽车是否构成向公众传播作品。

裁判要点： 瑞典上诉法院向欧盟法院提出了两个问题：（1）出租配备常规收音机的汽车是否构成《欧盟版权指令》第 3 条第 1 款和《欧盟租赁权指令》第 8 条第 2 款所规定的"向公众传播"行为？（2）租车业务范围和租车时长对租车行为是否构成向公众传播有无影响？

欧盟法院首先指出，《欧盟版权指令》和《欧盟租赁权指令》中的"向公众传播"含义相同。对该概念的解释，应与国际条约中相对应的概念含义保持一致，同时还要考虑到这些概念建立的背景，以及国际协议相关条款的目的。欧盟法院认为，向公众传播需要同时满足两个条件：一是有传播作品的行为；二是向公众提供了作品。欧盟法院指出，《欧盟版权指令》前言第 27 条中规定"仅提供物理设施来实现或进行作品传播本身并不构成《指令》所指的传播"。出租配备有车载收音机的汽车正是属于此种情况。租车人可以在没有租赁公司介入的情况下接收在该区域内可用的地面无线电广播。这种情况与向公众传播不同，后者意味着服务提供者通过安装在设施中的收音机有意向其客户播放受版权保护的作品或者发行信号。因此，汽车租赁公司向公众提供配备有收音机的公共交通工具的行为并未构成向公众传播受保护的作品。

即使汽车租赁公司的客户可以通过汽车中安装的收音机享受版权作品，提供这种空间并不构成传播，不比提供收音机本身更构成向公众传播。而且，作品传播发生地究竟是私人的还是公共的，与该行为是否构成向公众传播无关。因此，没有必要对该传播是否针对公众所为再进行审视，也没有必要回答第二个问题，即租车业务范围和租车时长对租车行为是否构成向公众传播有无影响。

法院还强调了"用户发挥的不可或缺的作用以及用户干预的故意性质"。

评　　论：法院在审理时将配备了收音机的汽车与安装/安放了收音机、电视机的房屋类比，但其实这两类案件的情况有着明显区别：收音机不仅是汽车的标准配备之一，且车载收音机不能与汽车分离；而电视机或者收音机一般并不是作为标准设施在建筑或者装修时即预先安装，而是房屋建筑或者装修后再安放于内的，并且可以随时拆除或者移除。因此，虽然欧盟法院看上去是在界定向公众传播权的范围，但事实上真正的问题是租车服务运营商是否只是在提供通信设施。而对这个问题的回答是显而易见的。作为汽车的常规内置设备，收音机在汽车出厂时即已存在。如果向公众提供配备收音机的汽车构成向公众传播，则汽车制造商首先要承担侵权责任。当然，《欧盟版权指令》前言第27条明确地将提供通信设施排除在向公众传播之外。

e. 瑞典/欧盟 20201028 - BY v. CX 案（以电子文件的形式向法院提交证据是否构成向公众传播）

基本信息：CJEU，Case C - 637/19（欧盟法院，2020 年 10 月 28 日）

案件事实：原被告均居住于瑞典，各自经营一个网站。在双方于瑞典法院进行的诉讼中，被告将原告拥有版权的一张照片与其他一些文件作为证据一起通过电子邮件提交给了法庭，因而任何人都可以免费获取该照片。原告遂指控被告侵犯了其对该照片拥有的向公众传播权。一审法院判决被告未侵权。原审原告上诉后，瑞典上诉法院认为本案涉及对《欧盟版权指令》中的"向公众传播"和"公开发行"的概念，于是提请欧盟法院解释。

主要争点：法院是否属于"向公众传播"中的"公众"范畴。

裁判要点：瑞典上诉法院认为要判定本案原审被告的行为是否构成侵权，取决于对《欧盟版权指令》第 3 条第 1 款和第 4 条第 1 款的理解，其向欧盟法院提出如下问题：（1）《欧盟版权指令》第 3 条第 1 款（关于向公众提供）和第 4 条第 1 款（关于发行）中所包含的"公众"一词含义是否相同？（2）如果对问题（1）的回答是肯定的，那么法院是否应被认为落入这些条款所指的"公众"一词的范围？（3）如果对问题（1）的回答是否定的：1）如果将受版权保护的作品提供给法院，该法院是否落入"公众"一词的范围？2）如果将受版权保护的作品分发给法院，该法院是否落入"公众"一词的范围？（4）如果根据成员国立法，任何人只要提出请求都可以访问传送给法院的诉讼文件（除非文件中包含机密信息），对向法院传送受保护的作品是否构成"向公众传播"或"向公众发行"有无影响？

欧盟法院认为，本案被指控的行为仅涉及"向公众传播"而不涉及"向公众发行"。

根据欧盟法院的判例，一项行为必须同时满足两个条件才能构成"向公众传播"，即有传播作品的行为，且进行了以公众为对象的传播。有意将自己受版权保护的作品允许他人访问，即构成《欧盟版权指令》第 3 条第 1 款中的传播行为。因此，在两个私人之间的诉讼程序中以电子形式将作品作为证据向法院提交构成传播行为。"公众"不仅意味着不特定数目的潜在接受者，还意味着较大数目的个人。另外，不特定数目的潜在接受者，意味着该作品的潜在接受者不局限于属于某个私人团体的特定个人。本案中的版权材料被提交给了法庭中范围被明确限定的、行使公共职能的一个封闭的人群，而不是不特定数目的潜在接受者。因此，将私人诉讼中的证据以电子文件的形式提交给法庭，不构成《欧盟版权指令》第 3 条第 1 款中的"向公众传播"。

成员国对任何人只要提出请求都可以访问传送给法院的诉讼文件这一规定，对于当事人将受版权保护的材料提交给法庭是否构成向公众传播的行为毫无影响，因为公众对法庭文件的访问并非受提供该作品的人控制，而是由法庭授权。

欧盟法院指出，根据《欧盟版权指令》前言第 3 条和第 31 条，对版权指令中条文的解释，应考虑到对版权人和邻接权人的保护必须寻求公民的基本权利和公共利益之间的平衡。虽然知识产权也受到《欧盟基本权利宪章》（The Charter of Fundamental Rights of the European Union）第 17 条第 2 款的保护，但知识产权并非要受到绝对保障。如果版权人可以以证据包含版权材料为由阻止向法庭公开证据，则公民的基本权利将受到极大的影响。因此，《欧盟版权指令》第 3 条第 1 款中的"向公众传播"不包含将受保护的作品作为私人诉讼程序中的证据通过电子形式向法庭提供。

评　　论：对向公众传播权中的"公众"一词应如何理解，欧盟法院并非首次面临这一问题。瑞典上诉法院在 Stim and SAMI 一案中也向欧盟法院就如何界定"公众"一词提出了请求，但由于该案的核心问题是争议行为是否构成提供设备，欧盟法院没有回答这个问题。但在本案中，欧盟法院从质和量两个方面对"公众"一词做了详尽的解释，指出"公众"从数量上来说，意味着版权材料的接受者必须满足一定的数目要求；从性质上来说，必须是不特定数目的潜在接受者，是非封闭人群。欧盟法院对"公众"的这一解释虽然是在"向公众传播权"的框架下做出的，但也适用于著作权法中其他语境下的"公众"概念。

另外，欧盟法院还从基本权利的角度阐述了对著作权人权利保护的限制，指出对著作权人的保护并非绝对的，对著作权人的知识产权保护必须与对他人的基本权利和社会公共利益相平衡。欧盟法院的这一判决对于我国近年来关于知识产权保护与公共利益关系之间的探讨也有启示意义。

3.2.5　版权许可和转让

a. 美国 20200513 - Photographic Illustrators Corp. v. Orgill，Inc. 案（版权许可的构成）

基本信息：Case No. 19 - 1452（美国第一巡回上诉法院，2020 年 5 月 13 日）

案件事实：Photographic Illustrators Corp.（下称"PIC"）为 Sylvania，Inc.（下称"Sylvania"）的灯泡产品拍了数千张照片并拥有版权。PIC 和 Sylvania 就这些照片的使用签订了一份价值 300 万美元的许可协议，其中规定：PIC 授予 Sylvania "对所有图像及其版权的非排他性全球许可，永久在世界任何地方自由使用、再许可使用和允许使用的唯一的和绝对的自由裁量权"；Sylvania 则在可能的情况下在产品中均须包括一个注明版权人为 PIC 或者摄影者姓名的版权声明。

销售 Sylvania 灯泡的硬件分销商 Orgill，Inc.（下称"Orgill"）在其电子和纸质目录中使用了 PIC 的灯泡照片。这些照片 Orgill 或者直接从 Sylvania 处获得，或者根据 Sylvania 的指示从其网站上下载而得。Sylvania 没有告诉 Orgill 须遵守版权声明的要求。

PIC 以版权被侵犯为由将 Orgill 诉至法院。

主要争点： 默示版权分许可成立的条件。

裁判要点： 地区法院认为 Orgill 从 Sylvania 获得了使用照片的分许可，驳回了 PIC 无明示许可的版权分许可无效的指控。

第一巡回上诉法院认为，美国《版权法》并没有对分许可有特定的语言要求，换言之，并没有要求分许可必须是书面的、明示的。美国的判例法也承认默示版权许可的存在（Effect Assocs.，Inc. v. Cohen，908 F. 2d 555，558（9th Cir. 1990））。证明默示许可存在所需要考虑的因素有例如请求、交付和意图等，而其中双方的意图是最关键的。而对意图的认定需要考虑：双方之间的交易关系是长期持续的还是短期随机的；双方之间的书面合同是否规定相关作品只能在作者未来的许可或参与下才能使用；作者的行为是否显示其预计到了相关作品会在没有其许可或者参与的情况下使用。通过 PCI 与 Sylvania 的合同可以推断出，PCI 给予了对方无限制的授予分许可的权利，包括授予默示许可的权利，因为 PIC 在与 Sylvania 的合同中并没有要求分许可必须明示也没有禁止非明示分许可，相反，PIC 选择了将其对照片所拥有的版权尽可能地给予 Sylvania。

而就 Sylvania 与 Orgill 之间的关系来看，法院认为亦没有理由否认它们之间存在默示的分许可。从业务本身的性质来看，Sylvania 显然希望其分销商使用涉案照片。Sylvania 支付了高额的版权许可费，就是为了方便其经销商和分销商可以使用该照片。Sylvania 也知道 Orgill 使用了这些照片，甚至在 PIC 提起诉讼后与 Orgill 签订了版权分许可协议以确认之前的默示许可。

综上，第一巡回上诉法院维持了地区法院的一审判决。

评　　论： 本案是美国法院首次有关默示版权分许可的判决。本案判决使得美国《版权法》在分许可的问题上与《商标法》和《专利法》不同。在美国长期的判例法中，商标和专利的非排他性被许可人不得以默示的方式再许可使用知识产权。商标和专利许可仅对被许可人有效；除非在许可协议中有明确规定，否则该许可不得被转让。本案判决将使得版权所有者如果想避免其版权被分许可，就必须在许可协议中明确加以限制或者禁止。

我国《著作权法》虽然没有要求著作权许可合同必须是书面
的，但第 26 条规定使用他人作品应当同著作权人订立许可使用合
同；第 29 条更明确规定，"许可使用合同和转让合同中著作权人未
明确许可、转让的权利，未经著作权人同意，另一方当事人不得行
使"。因此，我国《著作权法》允许著作权许可合同以口头方式订
立，但不承认默示许可及默示分许可，显然更倾向于保护著作权人
的利益。

b. 加拿大 20200422 - York University v. The Canadian Copyright Licensing A-
gency 案（集体管理组织实施的版权许可费属性）

基本信息： 2020 FCA 77（加拿大联邦上诉法院，2020 年 4 月 22 日）

案件事实： 约克大学（York University）和一家版权集体管理组织 Access Copy-
right 即加拿大版权许可机构（The Canadian Copyright Licensing A-
gency）签订了许可协议，以允许约克大学的教授们从 Access
Copyright 的数据库中复制部分教科书和其他作品。Access Copy-
right 不确定许可协议是否会在到期前续签，为了确保持续收到版
权许可费，已申请并获得了临时版权许可以包括 2011—2013 年教
育机构对受保护作品的复制。约克大学选择不缴纳临时版权许可
费，而是决定遵循其"约克大学教职员工公平交易准则"，以避免
版权侵权。Access Copyright 认为版权许可费是强制性的，约克大
学无权退出协议。约克大学因此提出反诉，要求法院宣称遵守其准
则的任何复制均构成公平交易。

主要争点： 版权委员会批准的版权费是不是强制性的，是否适用于被许可人之
外的人。

裁判要点： 法院首先指出，由于双方的争议很大程度上取决于版权委员会批准
的、版权集体管理组织实施的版权许可费是不是强制性的，因此有
必要阐明强制性版权许可费的含义。法院认为，Access Copyright
主张其代会员征收的版权许可费是强制性的，事实上是主张如果用
户侵犯了其所代理的版权人的版权，则该用户有责任支付版权许可
费。但法院认为，用户支付版权许可费的责任是基于其对 Access
Copyright 的数据库中作品的使用，而非任何付款责任的假设。支
付版权许可费和支付版权侵权赔偿费之间存在明确的区别。在没有
版权许可费的情况下，侵犯版权的用户应承担与权利人因侵权所遭

到损害相当的赔偿责任；损害赔偿金额由法院决定。但是，在收取强制性版权许可费的情况下，对版权人的救济是执行版权许可费。事实上，集体管理组织设定的版权许可费已成为一种法定损害赔偿。当法院使用集体管理组织设定的版权许可费作为计算损害赔偿的方法时，两者的界限变得模糊。

对于 Access Copyright 所提的问题"如果版权许可费不是强制性的，那么版权集体管理组织为什么会承担征收版权许可费的成本和延迟"，法院指出，集体管理组织版权许可费的优点在于，它是版权集体管理组织愿意授予许可的条件的公告。通过这种方式，版权集体管理组织和版权作品用户都可以减少交易成本。但在目前的法律和技术环境中，这种机制所依赖的经济基础是否还存在被打上了问号。集体管理组织根据固定的费率征收版权许可费是否对版权人和版权作品用户来说是最经济的方式，取决于多种因素，包括拟定的版权许可费率引起反对意见的程度，以及委员会处理这些反对意见的程序。非强制性的版权许可费可能会导致版权集体管理组织的存在和运行不再具有经济意义。然而尽管版权集体管理组织及其版权许可费率是一种管理版权许可的方式，但该种方式应当是双方自愿的。

法院最后总结道，纵观加拿大《版权法》有关版权集体管理的立法历史，版权集体管理及版权许可费率不是强制性的，也就是说版权集体管理组织无权对版权被许可人之外的他人强行征收版权许可费。

评　　论：版权集体管理组织是为了节约版权人和版权作品用户的交易成本而产生的；尽管其代表了数量庞大的版权人的利益，在很多国家是事实上的垄断性组织，但版权集体管理组织与版权作品用户之间的关系从来都不是强制性的。尤其在技术、经济、社会以及法律条件变化了的情况下，版权集体管理不论是对版权人还是版权作品用户都不再一定是最经济的交易选择。澄清版权集体管理组织和版权作品用户之间关系的自愿性质，允许版权作品用户选择其获取版权许可的方式，对于促进版权交易的多样化，对于维护公众利益均有必要。

国际知识产权发展报告2020

3.2.6 权利的限制和例外

a. 美国 20200326 – Solid Oak Sketches，LLC v. 2K Games，Inc. 案（视频游戏使用文身是否构成合理使用）

基本信息：No. 16 – CV – 724 – LTS – SDA，2020 U. S. Dist.（美国纽约南区地区法院，2020 年 3 月 26 日）

案件事实：被告 2K Games，Inc. 和 Take Two Entertainment 是视频游戏开发商，每年更新并发布 NBA 2K 篮球模拟视频游戏。该游戏对 NBA 篮球运动员们的描画细致入微，包括试图再现他们的文身。原告 Solid Oak Sketches，LLC 拥有涉案的五个文身的版权，指控被告在多个版本的视频游戏中公开展示这些文身的行为侵犯了其版权。被告则要求宣告其在游戏中对运动员文身的使用构成合理使用。

主要争点：在游戏中为了追求逼真的效果而把运动员的文身一并展示是否构成附随使用、默示许可和合理使用。

裁判要点：对于被告提出的微量使用（de minimis use defense）抗辩，即对受版权保护的作品使用的数量太少因而不构成侵权，法院首先采取了"普通观察者测试"（"ordinary observer test"），指出被告游戏中球员的文身很小且不明显，加之球员们总是处于快速移动中，普通观察者无法识别文身的主题，更不用说文身的样式了。另外，文身设计仅出现在 3 名球员身上，而整个游戏有 400 名球员，因此原告的文身设计在被告的作品中所占比重微乎其微。基于此，法院认为原告未能证明被告在游戏中使用的文身与其受版权保护的文身构成实质性相似，而且被告对受版权保护的文身的使用从量上来说也是微乎其微的，不构成侵权。

对于被告提出的默示许可抗辩，法院认为，被告在描绘其视频游戏中的球员时具有使用文身的许可权，这是因为文身艺术家向玩家授予了文身的隐含许可。虽然原告拥有这五个文身的独家许可，但是，原告并没有获得将这些文身设计应用于人的皮肤的许可，并且也不拥有使用这些文身的篮球运动员肖像的形象权或者商标权。

文身师亦证明他们知道：（1）自己在给 NBA 篮球运动员文身；（2）这些人可能出现在各种媒体例如视频游戏和广告中；（3）文身

226

将成为球员形象的一部分。法院认为从这些陈述可以合理地推断文身师必须授予运动员将文身作为其形象的组成部分的非排他性的使用许可。由于文身师在将文身图案的排他许可授予原告前即已给球员们文身，因此，法院裁定球员具有文身艺术家的默示许可使用文身，而当球员将自己的肖像权许可给 NBA 和被告时，被告也因此获得在使用球员肖像的同时展示其文身的默示许可。

针对被告提出的合理使用抗辩，法院对美国《版权法》第 107 条所列的四个因素均进行了考察。法院认为对第一个因素即对版权作品使用的目的和性质的考察有利于被告。被告在游戏中使用文身，目的在于表现有关球员的特征，让球员可以为游戏用户识别；而不是文身师设计文身本身的目的，即帮助运动员表达自己的个性。而且，球员的文身只有当游戏用户将该球员选择为他们的玩家时才清晰可见，在整个游戏中其实无关紧要。另外，虽然在游戏中使用文身可以构成商业用途，但涉案文身不仅在游戏中占据比例微乎其微，而且涉案文身并未在游戏的营销材料中出现，对游戏的商业价值几无影响。对第二个因素的衡量，即受版权保护的作品的性质，法院也裁定有利于被告。涉案文身不仅早已公开，其设计也更多的是事实性的而非表达性的，因为它们基于普通的图案或照片，而不是独特的"表达性"或"创造性"的设计。法院认为第三个因素，即所使用的作品的数量和实质，仍然对被告有利。尽管文身整体被复制了，但这是准确再现球员形象所必需的。对第四个因素即使用对作品潜在市场或作品价值的影响，法院也做出了有利于被告的判断。原告承认游戏中的文身不能替代任何其他媒介上的文身，也没有证据表明存在许可在视频游戏或其他媒体中使用文身的市场，或者这种市场今后可能出现。据此，法院支持了被告在游戏中再现球员的文身构成合理使用，确认被告未侵犯原告的版权。

评　　论：随着文身的流行，关于文身的版权争议也越来越多。尽管本案只是一个地区法院的判决，对其他法院并无约束力，但本案法院的审判思路和判决结果应该会对类似的案件有一定的影响。

美国知识产权法上的微量使用抗辩其全称是"法律不涉及琐事"（"de minimis non curat lex"），意指某些问题由于过于无关紧要而不值得法院花费精力，因为法院应将重点放在更具实质性的问题上。因此，即使被告在游戏中完整地使用了原告的作品，但由于文身仅作为球员身份识别特征而不是游戏对球员的表达，且使用文身的运动员在整个游戏中的比例又过小，因此不构成侵权。本案如果发生在我国，则被告的行为构成附随使用而不必承担侵权责任。我国《著作权法》第 24 条第 3 款规定：为报道新闻，在报纸、期刊、广播电台、电视台等媒体中不可避免地再现或者引用已经发表的作品，可以不经著作权人许可。文身作为球员形象的一部分，显然在再现球员形象时不可避免。

b. 美国 20201218 - Dr. Seuss Enterprises，L. P. v. ComicMix LLC et al. 案（由多个作品混合而成的作品是否构成合理使用）

基本信息：No. 19 - 55348（美国加利福尼亚南区地区法院，2020 年 12 月 18 日）

案件事实：ComicMix 将《星际迷航》中的人物和元素与著名的 Dr. Seuss 作品 *Oh the Places You'll Go* "混搭"成一部新书 *Oh，the Places You'll Boldly Go*！出版。Dr. Seuss 起诉 ComicMix 侵犯其版权和商标权。ComicMix 辩称其对 Dr. Seuss 作品的复制受到合理使用的保护。加利福尼亚南区地区法院对此抗辩予以支持。

主要争点：多个作品混合而成的作品是否构成合理使用。

裁判要点：第九巡回上诉法院推翻了地区法院对版权侵权主张有利于被告的即决判决，认为无论从作品组合的目的和性质、原告作品的性质、原告作品的数量和实质性，以及 Dr. Seuss 的作品的潜在市场或价值来看，被告对原告作品的组合使用均不构成合理使用。

第九巡回上诉法院指出，根据最高法院在 Campbell v. Acuff-Rose Music，Inc. 一案中的裁决，美国《版权法》第 107 条关于合理使用的第一个因素的核心是，新作品是否以及在何种程度上具有"转换性"。仅添加新内容并不必然导致对原作品的使用构成转换性使用。要认定被告对原告作品的使用是否构成转换性使用，应考虑诸多因素，包括：（1）被告的作品相比原告作品是否具有"进一步的目的或不同的特征"，诸如"创造新信息、新审美、新见解和理解"？（2）被告的作品是否以"新表达、新意思或新消息"的形式增加了原告作品的价值？（3）原告作品中的表达是否被用作"原始材料"？还是被简单地重新包装以"取代原始创作的对象"？但法院认为，被告虽然将原告作品中的元素与《星际迷航》的元素混合到一起，但其仅仅是模仿原告作品的风格，目的是为了吸引注意力或避免烦琐的工作，并没有批评或者评论原告作品，未添加任何新的表达、含义或信息，因此，被告作品不构成谐仿。

评　　论：本案判决再次澄清了谐仿作品的概念及其落入合理使用的条件。"谐仿"或者"戏仿"这个名称可能造成一些人的误解，以为对原作的滑稽使用就可以被认定为合理使用而不必承担侵权责任。事实上，字面意义上的"谐仿"只是谐仿作品的外观，即对原作素材的大量的幽默性使用；谐仿的实质在于对原作进行批评或者评论。仅有谐仿的外观而无谐仿的实质，则不构成著作权法意义上的谐仿作品，不构成对原作的转换性使用，不构成合理使用。

c. 德国/欧盟 20190729 - Pelham GmbH，Moses Pelham，Martin Haas v. Ralf Hütter，Florian Schneider-Esleben 案（音乐采样是否属于对著作权的限制与例外）

基本信息：CJEU，C - 476/17（欧盟法院，2019 年 7 月 29 日）

案件事实：Hütter 和另一个人是 Kraftwerk 乐队的成员。1977 年，该乐队发行了一张唱片，其中包含歌曲" Metall auf Metall"。Pelham 和 Haas 创作了歌曲" Nur mir"，该歌曲在 1997 年由 Pelham GmbH 录制的唱片中发行。Hütter 等人认为，Pelham 用电子方式从歌曲" Metall auf Metall"中复制（"采样"）了大约 2 秒的节奏序列，并在歌曲" Nur mir"中以连续循环的方式使用了该采样，尽管后者本可以自己演奏所采样的节奏序列。作为录音制作者，Hütter 等人的主要主张是，Pelham 侵犯了他们与版权相关的权利。另外，他们声称自己作为表演者的知识产权和 Hütter 在音乐作品中的版权受到侵犯。

　　　　　Hütter 等人向德国汉堡地区法院提起诉讼，要求 Pelham 停止侵权并赔偿他们的损失。

主要争点：从唱片中采样（截取非常短的片段）是否落入对著作权的限制与例外。

裁判要点：欧盟法院认为《欧盟版权指令》第 2 条（c）并没有明确界定何为对录音制品"全部或部分……复制"。因此，在解释该概念时，不仅要考虑其在日常语言中的通常含义，同时还要考虑到它在立法中的上下文以及该规则制定的目的。从《欧盟版权指令》第 2 条（c）

的用语来看，原则上，对录音制品采样的复制，即使非常短，也应视为对录音制品的部分复制，并落入该条授予录音制品制作人的排他权利中。

但是，当使用者在行使艺术自由时，将他人录音制品中获取的声音样本修改到人耳无法识别其来源的程度再使用于新作品时，这种使用不构成《欧盟版权指令》第2条（c）所指的"复制"。因为《欧盟版权指令》旨在维护著作权人和邻接权人的知识产权与用户的基本权利及公共利益之间的平衡。《欧盟基本权利宪章》第13条所规定的艺术自由，属于用户的基本权利和公共利益，是《欧盟基本权利宪章》第11条和《欧洲人权公约》（European Convention for the Protection of Human Rights and Fundamental Freedoms）第10条（1）所规定的言论自由的组成部分。因此，"采样"，即（通过电子设备）从录音制品中获取一个样本，并使用该样本创建新作品，构成受《欧盟基本权利宪章》第13条所保护的艺术自由所涵盖的一种艺术表达形式。

如果将这种行为，即从其他录音制品采样并修改到人耳无法识别其来源后用于一个新的作品以创造一个崭新的艺术作品，看作《欧盟版权指令》第2条（c）所指对录音制品的复制，则不仅与该词在日常用语中的含义相悖，而且与《欧盟版权指令》旨在达到著作权人和用户及公共利益之间的利益平衡的目标不符。另外，这样会让录音制品制作人阻止其他人为艺术创作从自己的唱片中采样，哪怕是非常短的采样，尽管这样可能不会影响唱片制作人的投资回报。

同样，《欧盟租赁权指令》第9条第1款（b）项及该指令的其他条款也没有对"复制件"进行界定。对该概念进行解释时也需要考虑该规则的上下文及立法的目的。《欧盟租赁权指令》第9条第1款（b）授予唱片制作者排他权的目的旨在让其通过知识产权保护对其投资获得回报，因为这类投资金额大、风险高。因此，《欧盟租赁权指令》授予唱片制作者若干排他权，尤其保护其免受盗版侵害，因为盗版会对唱片制作人带来严重的威胁，大幅减少投资人的利润。不过，只有对唱片全部或者主要部分复制，才会对唱片制作者的利益构成威胁。为了创作新作品，仅仅使用声音采样，且对该采样进行了修改，显然不属于这种情况。

欧盟法院认为本案所涉采样不构成引用。对他人的音乐作品也是可以引用的，且对音乐作品的引用也不得超出必要的范围，即不得超出实现通过该引用给出必要信息的目的。不过，对他人作品进行引用时意在与该作品进行对话。因此，对他人音乐作品进行采样并以能够让人识别的方式用在自己的作品中，方构成引用；但如果从他人作品所采样本在新作品中无法被识别出来，则不存在与原作的对话，因而不构成引用。

因此，欧盟法院认为，无论是从日常用语来解释复制，还是从《欧盟版权指令》及《欧盟租赁权指令》的立法目的来看，本案所涉采样不构成复制。

评　　论：随着技术的发展，从他人录音制品中采样并用于自己作品中的现象越来越普遍。对于耳朵无法识别来源的音乐采样是否应取得权利人同意，欧盟法院明确地予以了否定。不过，耳朵可以识别来源的音乐采样是否构成侵权则仍然需要根据个案来判断，因为耳朵可以识别来源的音乐采样一方面可以构成对他人录音制品的复制，另一方面也可以构成引用因而得到豁免。

对于在法律没有、可能也无法明确界定某个概念的情况下，怎么在具体案例中对其进行解释，以判定某个行为是否落入该概念之中，欧盟法院强调，既要看这个概念在日常用语中的含义，也要看这个概念在立法中出现的上下文及该规则的立法目的，还要考虑到著作权法的宗旨在于取得著作权人作为一方和用户及公共利益作为另一方之间的利益平衡。本案是欧盟首次在判例中提到"艺术自由"作为公民基本权利和公共利益的一种，是衡量著作权人与用户及公共利益平衡的重要因素。

d. 德国/欧盟 20190729 - Spiegel Online GmbH v. Volker Beck 案（新闻自由能否构成著作权的限制和例外）

基本信息：CJEU，C - 516/17（欧盟法院，2019 年 7 月 29 日）

案件事实：贝克曾是德国议员，撰写过一篇关于针对未成年人的性侵犯的刑事政策的文章。Spiegel Online GmbH 对该文章做了修改后以匿名形式将其发表在一个文集中。因为这篇文章受到很多批评，贝克于是声称自己的文章被篡改。2013 年，有人发现了贝克该篇文章的手稿并提交给了贝克。贝克将其手稿提供给各家报纸编辑，以作为 Spiegel Online 在文集中发表的文章与其手稿不同的证据，但并未同意媒体发表其手稿。贝克后来在自己的网站上发布了这两个版本的手稿，在自己的原稿的每一页都打上"本人已与本篇文章观点不同"的水印，在 Spiegel Online 出版的版本上则标上了"此文的出版未经授权，且出版商对文章标题和正文都进行了歪曲和篡改"。Spiegel Online 随后发表了一篇文章指责贝克欺骗了公众，因为文集并没有改变手稿中的核心内容，并在其网站给出了下载两个版本手稿全文的链接。贝克认为 Spiegel Online 此举侵犯了其著作权。

主要争点：新闻自由和表达自由是否能作为著作权的限制和例外。

裁判要点：欧盟法院在本案中再次重申，《欧盟版权指令》第 5 条中所列的著作权的限制和例外是封闭的、周延的。虽然著作权并非受到绝对保护，著作权法要兼顾著作权人和公共利益之间的平衡，但《欧盟版权指令》已包含了平衡这些不同权益的机制，包括在其第 2 至 4 条中规定了享有著作权和邻接权人的排他权，然后在第 5 条中规定了对排他权的限制和例外。《欧盟版权指令》第 5 条（3）（c）和（d）中所列的例外和限制旨在允许媒体根据言论自由权和新闻自由权，不经作者许可、但需为作者署名的情况下复制、向公众传播关于当前经济、政治或者宗教的作品。但《欧盟版权指令》第 5 条（5）规定了媒体行使该种自由时不得与作品的正常开发相抵触且不合理地损害权利人合法权益的某些特殊情况。如果成员国可以制定《欧盟版权指令》之外的对著作权的限制和例外，则不能确保成员国在实施这些限制和例外方面可以保持一致，将会让《欧盟版权指令》统一成员国在著作权和邻接权方面的有效性受到威胁，且让《欧盟版权指令》所追求的法律稳定性受到损害。另外，《欧盟版权指令》要求成员国在实施对著作权的限制和例外时必须保持前后一致性，如果允许成员国在《欧盟版权指令》所规定的限制和例外之外再制定限制和例外，则会破坏这种一致性。因此，欧盟法院认为，信息自由和新闻自由都不能构成在《欧盟版权指令》第 5 条（2）和（3）之外另外增加对著作权人的排他权进行限制和例外的正当理由。

评　　论：将公民的基本权利和公共利益作为对著作权法适用性分析的一部分
　　　　　的情况近年来越来越多，似乎已成为一种趋势。本案判决可能有助
　　　　　于防止这种趋势的蔓延。欧盟法院强调，《欧盟版权指令》中对著
　　　　　作权的限制和例外的规定是明确的和封闭的，是考虑了著作权人与
　　　　　公众利益的平衡的。言论自由或新闻自由已经被《欧盟版权指令》
　　　　　的立法者纳入考虑之中，不应该再被用来作为扩大对著作权的限制
　　　　　和例外的理由。

　　e. 荷兰/欧盟 20191219 - Groep Algemene Uitgevers v. Tom Kabinet Internet
BV，Tom Kabinet Holding BV，Tom Kabinet Uitgeverij BV 案（权利用尽是否适
用于作品的网络传播）

基本信息：Case C - 263/18（欧盟法院，2019 年 12 月 19 日）

案件事实：NUV 和 GAU 是旨在捍卫荷兰出版商利益的版权集体管理组织。
　　　　　2014 年 6 月 24 日，Tom Kabinet Holding 全资拥有两个子公司：
　　　　　Tom Kabinet Uitgeverij BV 和 Tom Kabinet。前者出版书籍、电子
　　　　　书和数据库；后者运营一个网站，提供二手电子书。2014 年 7 月 1
　　　　　日，NUV 和 GAU 针对 Tom Kabinet 在网上提供二手电子书的行
　　　　　为向荷兰阿姆斯特丹地区法院（District Court，Amsterdam，
　　　　　Netherlands）提起了版权侵权之诉，遭到了驳回。NUV 和 GAU
　　　　　向荷兰阿姆斯特丹上诉法院（Court of Appeal，Amsterdam，Neth-
　　　　　erlands）提起上诉，该法院于 2015 年 1 月 20 日维持了原判，但让
　　　　　Tom Kabinet 在其网站停止交易非法下载的二手电子书。

　　　　　　　自 2015 年 6 月 8 日起，Tom Kabinet 调整了在线服务内容，将
　　　　　网站名称改为"TOM 读书俱乐部"（"Tom Leesclub"），向付费会
　　　　　员提供电子书。TOM 读书俱乐部通过购买或俱乐部成员捐赠获得
　　　　　这些电子书，并给它们打上俱乐部的水印。会员可以选择将读完的
　　　　　电子书捐赠给俱乐部，或者向俱乐部换积分。NUV 和 GAU 于是
　　　　　以 Tom Kabinet 侵犯了其对电子书享有的复制权或向公众传播权为
　　　　　由向荷兰海牙地区法院（District Court，The Hague，Netherland）
　　　　　申请禁令。

主要争点：权利用尽原则是否适用于版权作品的网络传播。

裁判要点：欧盟法院认为对于欧盟法律条款的解释，不能仅限于文义解释，应
　　　　　综合考虑体系解释、目的解释和历史解释。第一，依据《欧盟版权

指令》序言第 15 条,《欧盟版权指令》第 3 条第 1 款和第 4 条第 1 款的解释,要和《世界知识产权组织版权公约》第 8 条和第 6 条第 1 款的含义相一致。《世界知识产权组织版权公约》将发行权定义为以出售等转移所有权的方式向公众提供作品原件或者复制件的权利,所以诸如电子书等并不随有形载体转让的传播并不包括于《世界知识产权组织版权公约》第 6 条第 1 款范围内。第二,欧盟委员会在提案的解释性备忘录中说明了,《欧盟版权指令》旨在划分电子(无形)和有形形式发行之间的界限。作品的"向公众传播权"包括了交互式按需传播的行为,所以作品的有形复制件的传播受发行权的控制,作品的无形复制件的传播则落入到"向公众传播权"的范围内。第三,《欧盟版权指令》序言中的目的以及《欧盟版权指令》第 3 条第 1 款和第 4 条第 1 款的上下文也支持了上述解释。第四,将《欧盟版权指令》第 4 条第 1 款的发行权解释为限于通过有形物质媒介的作品的发行,遵循了法院对《欧盟版权指令》第 4 条第 2 款"发行权穷竭"的解释。

虽然欧盟法院曾依据《欧盟版权指令》第 4 条第 2 款判决计算机软件的发行权穷竭并不依据相关复制件的有形或无形形式做任何区分,但是电子书并不是计算机软件,不应该适用《欧盟版权指令》的第 4 条第 2 款。提供实体书和提供电子书,无论是从经济还是功效角度出发,都是不同的。即使假设电子书被看作由作品和计算机程序结合的复合体,但在电子书的传播中,双方传播的主要标的是受保护的作品,计算机程序是附带的。

《欧盟版权指令》第 3 条第 1 款"向公众传播权",包括两个必须同时满足的条件,即传播作品的行为和向公众传播。首先,向公众传播权包括了向公众提供权。向公众提供权,只需要使公众可以在其选定的时间和地点获得作品,而不需要公众已经获得作品。本案中 Tom Kabinet 使得在读书俱乐部网站上注册的任意会员,可以在其选定的时间和地点获得涉案的作品。所以,Tom Kabinet 该项服务应当被认定为构成《欧盟版权指令》第 3 条第 1 款的向公众传播。其次,欧盟法院曾经明确"公众"的范围有一个最低门槛,不包括发生在非常少数人之间的传播。同时在确定数量的时候,应考虑累计的下载量,即既要考虑在同一个时间能够获取作品的人数,也要考虑后续还有多少人可以获取作品。在本案中，任何感兴趣的人都可以成为读书俱乐部的会员，并且俱乐部平台并没有采取任何技术措施来确保：（1）用户在其可以访问作品的期限内只能下载该作品的一个复制件；（2）超过期限，用户无法继续使用下载的作品复制件。所以涉案作品的传播应当被认定为构成《欧盟版权指令》第3条第1款的"向公众传播"。最后，欧盟法院还认为"向公众传播"中的公众，应当是版权人授权将作品初次向公众传播时尚未考虑的公众范围。

综上，提供电子书下载供永久使用的服务属于《欧盟版权指令》第3条第1款的"向公众传播"，更具体的是其中的"向公众提供"，因而不会触发权利用尽原则的适用。

评　　论：权利用尽原则即首次销售原则能否适用于网络，一直是一个有争议的话题。权利用尽原则是对发行权的限制，旨在模拟环境中解决消费者对作品复制件的物质载体所拥有的物权和著作权人对作品所拥有的著作权之间的矛盾。因此，尽管关于允许权利用尽原则适用于网络的呼声一直不断，但各国立法和司法均尚未有松动。2012年，欧盟法院在 UsedSoft GmbH v. Oracle International Corp（C-128/11）一案的判决中对不经著作权人许可在网络上销售二手软件网开一面，极大地引发了人们对权利用尽原则适用范围的讨论：欧盟法院此判决是否意味着欧盟立法将逐渐允许消费者在网络交换二手电子作品？至少允许那些通过计算机程序运行的作品在网络中再销售？在本案中，欧盟法院结合文义解释、体系解释、目的解释、历史解释等方法，对《欧盟版权指令》第3条第1款和第4条第1款进行了解释，明晰了发行和向公众传播、向公众提供之间的联系与区别。通过有形复制件的传播受发行权的控制，不包含有形复制件的传播则落入向公众传播权的范围内。权利用尽原则仅适用于发行权，而不适用于向公众传播权。由于作为《欧盟版权指令》特别法的《欧盟计算机程序指令》（Directive 2009/24）对计算机程序提供的特别保护，权利用尽原则适用于包含有形复制件的软件发行，也适用于不包含有形复制件的软件传播。但在网络中销售电子书及其他不包含有形复制件的作品，都构成向公众传播，都不适用权利用尽。

3.2.7　权利救济

a. 美国 20200309 – Michael Skidmore v. Led Zeppelin 案（"反比规则"的适用）

基本信息：952 F. 3d 1051（9th Cir. 2020）（美国第九巡回上诉法院，2020 年 3 月 9 日）

案件事实：Spirit 乐队的吉他手 Randy Wolfe 在 1966 年或 1967 年创作了器乐歌曲"Taurus"。该乐队在 1967 年发行了同名专辑，Wolfe 的发行商于同年将"Taurus"作为未出版的作品登记了版权。这首歌后来成了 Spirit 乐队的标志性歌曲。Jimmy Page 和 Robert Plant 创作的《通往天堂的阶梯》（"Stairway to Heaven"）于 1971 年在 Led Zeppelin 乐队的第四张专辑中发行，并成为全世界最著名的吉他曲之一。尽管 Led Zeppelin 和 Spirit 两支乐队可能在 60 年代末和 70 年代初有过交集，但没有直接证据表明 Led Zeppelin 曾聆听过 Spirit 演奏"Taurus"。

2014 年，拥有"Taurus"版权的信托基金认为《通往天堂的阶梯》抄袭了"Taurus"，起诉 Led Zeppelin 及其他人侵权。

主要争点："反比规则"（"inverse ratio rule"）在版权侵权判断中的适用。

裁判要点：在一审中，陪审团认定信托基金拥有"Taurus"版权，Led Zeppelin 知晓该首歌，但认为两首歌并不构成实质性相似，因而被告并未侵权。2018 年，第九巡回上诉法院由三名法官组成的审判庭认为地区法院给予陪审团的指示存在错误和偏见，因为其没有告诉陪审团对于不受保护的音乐元素的选择和安排是可受保护的。第九巡回上诉法院据此部分推翻了原审判决，发回重审。2020 年，第九巡回上诉法院的全体法官审判后肯定了一审陪审团的决定，认为 Led Zeppelin 并没有侵犯"Taurus"的版权。

原审原告不服，申请最高法院重审，未获许可。

针对 Skidmore 提及的"反比规则"，第九巡回上诉法院对其发展历史和应用做了回顾。"反比规则"由第九巡回上诉法院在 1977 年的 Sid & Marty Krofft Telev. Prods. v. McDonald's（562，F. 2d 1157，1172（9th Cir. 1977）），案中创立。根据该规则，在对被告是否侵犯原告版权进行判定时，如果有强大证据表明被告很可能接触过原告的作品时，对作品之间相似性的标准就相应降低；当作品之间的相似性增加，则对被告接触原告作品可能性的要求也相应降低。但由于该规则的本质使它的应用产生了不确定性，该规则创立之后的适用颇受限制。在该规则创立之初，第九巡回上诉法院认为对作品的较高的"访问程度"证明了"较低的实质性相似性证明标准"的正当性，但也承认该标准难以量化。第九巡回上诉法院在该规则究竟适用于实际复制还是非法挪用这一问题上也曾经有分歧，最终认定该规则仅适用于帮助证明前者。因此，历史上，第九巡回上诉法院曾经废除过该规则，然后又恢复适用了该规则。但纵观第九巡回上诉法院对该规则的运用历史，法院从来没有解释清楚应如何适用该规则。

第九巡回上诉法院最终认为，"反比规则"并非版权法的组成部分，其违反逻辑，给法院和当事人带来了不确定性；尽管对否定先前的判例应该持谨慎态度，但是在应用"反比规则"时出现的问题和矛盾使得有必要废除该规则。

评　　论：是否存在实质相似性是判断是否存在版权侵权的关键问题，而实质相似性与对作品的访问密不可分。针对如何判断实质性相似，美国法院提出了若干种测试方法，第九巡回上诉法院的"反比规则"是其中一种。"反比规则"看上去合理，但实际上存在很大的不确定性，因此支持者并不多。大多数巡回上诉法院，如第二、第五、第七和第十巡回上诉法院都拒绝了该规则，只有第九巡回上诉法院和第六巡回上诉法院适用该规则。此次第九巡回上诉法院再次废除了该规则，"反比规则"很可能很快就会成为历史。

b. 美国 20200323 - Allen v. Cooper 案（州政府等能否被豁免侵犯版权诉讼）

基本信息：Allen et al. v. Cooper, Governor of North Carolina, et al., 589 U. S. _____, 140 S. Ct. 994（2020）（美国联邦最高法院，2020年3月23日）

案件事实：1996 年，美国北卡罗来纳州州政府委托 Intersal 公司在该州的近海打捞出了一艘名为"安妮女王复仇号"（Queen Anne's Revenge）的 18 世纪初期的古战船。由于这是著名的海盗"黑胡子"（Blackbeard，本名爱德华·蒂奇（Edward Teach））用来从事抢掠的战船，因此整个过程引起了社会相当的轰动和关注。Intersal 公司自然了解这件事情的公关作用，因此又委托了一位专业摄影师，也就是本案的原告弗雷德里克·艾伦（Frederick Allen），将整个打捞上岸的过程拍摄、录像并剪辑制作成一部纪录片，前后用了超过10年的时间。作为一名独立的承揽人，艾伦享有对其摄影和视听作品的著作权，而且也已经向美国版权局注册登记，这一点没有任何的争议。争议的发生是北卡罗来纳州州政府未经艾伦的许可就径行在其官网上使用了他的摄影和视听作品作为宣传。双方一度达成和解，但之后又再次发生未经许可使用的情形。原告（上诉人）因此起诉北卡罗来纳州州政府（以州长罗伊·库珀（Roy Cooper）作为挂名的被告）。

主要争点：美国《著作权法》第501条第（a）款规定："任何人违反著作权利人的任何排他权利的……依其案件的情况为著作权或作者权利的侵权人。"其中的"任何人"是否包括州政府及其相关的人员和所属机构等。

裁判要点：依据《联邦宪法》第十一修正条款，国会无权通过制定法律剥夺或取消各州免于成为著作侵权诉讼被告的豁免资格，因此涉案法律违宪，州政府享有诉讼豁免资格。

国会制定了《1990年著作权救济澄清法》（Copyright Remedy Clarification Act of 1990，CRCA）[1]，对于《著作权法》第501条第（a）款规定的"任何人"究竟应如何定义做了如下的补充规定："'任何人'是指任何州、任何州的部门以及该州或该部门当中依其正式身份履行职务的官员或职员。本法规定对任何州以及其有关的部门、官员或职员与任何非政府实体应同样适用。"[2] 国会这么做很明显是想通过立法取消各州在涉及著作侵权诉讼时的主权豁免资格。因此，本案的焦点便成为究竟国会是否有此权力。

对此，联邦最高法院表示，国会也曾经针对《专利法》通过一个内容接近的法律，但已经在1999年被该法院判决违宪[3]。《联邦宪法》第十一修正条款的文句虽然只适用于其他州的公民对本州的

---

① Copyright Remedy Clarification Act of 1990 (CRCA), Pub. L. 101－553, 104 Stat. 2749 (1990).

② 17 U.S.C. § 501 (a).

③ Florida Prepaid Postsecondary Education Expense Board v. College Savings Bank, 527 U.S. 627 (1999). 被判决违宪的法律是《专利及植物品种保护澄清法》（Patent and Plant Variety Protection Clarification Act, Pub. L. 102－560, 106 Stat. 4230 (1992), 也称为《专利救济法》(Patent Remedy Act)).

诉讼，但是法院多年来的司法实践与对联邦宪政体系的认知已经表明，联邦各州皆为个别的主权实体（sovereign entity），因此原则上除非经该州同意，每个州都享有免于诉讼的资格[①]。例外的情形是，如符合两个条件时，法院仍会受理涉及对州政府的诉讼：（1）国会以"明确的法律文句"（unequivocal statutory language）废除了州政府的诉讼豁免。（2）有某些可对应的宪法规定容许国会侵犯到州政府的主权。亦即除非是基于宪法授权的有效操作，纵使国会通过法规列出再明确不过的废除或褫夺文句都无法产生法律效力，也就是国会无法凭借《联邦宪法》第一条授权其对于特定事项（如专利权与著作权）应从事立法的规定来碾压各州所享有的诉讼豁免。本案的情形只符合了第一个要件，因此 CRCA 逾越了宪法的授权构成违宪。

联邦最高法院也拒绝了原告所主张的 CRCA 合乎《联邦宪法》第十四修正条款第五款对国会的授权。法院表示，只有实际上涉及州政府违反了对该修正条款第一款相关的实质保障时，国会才能通过立法的方式来明确剥夺各州州政府在发生该种违法情形时的诉讼豁免。本案显然不符此种情况。

评　　论：本案与之前的判决导致目前各州州政府及相关部门和人员只要是履行其职务，基本上就完全无须顾虑在使用他人的作品或技术时是否会发生对著作权或专利权的侵权问题。值得一提的是，如同判决书所指出的，这并不表示未来国会再也无法另行制定限制州政府诉讼豁免的法律，而是必须符合上述的要件。

另一个始终未能获得厘清的问题是，由于本案双方当事人曾经一度达成和解，案件的争议只是关于后来再次发生的侵权行为，那么之前的和解是否可以视为州政府已经默认了侵权责任，也就形同变相地放弃了诉讼豁免？

c. 日本 20200228－音乐教室案（演奏权的构成与侵权主体的认定）

基本信息：东京地判令和 2 年 2 月 28 日平成 29 年（ワ）第 20502 号（东京地

[①] 《联邦宪法》第十一修正条款规定："合众国的司法权不得被解释为可以扩展受理由他州公民或任何外国公民或臣民对合众国其中一州所起诉、任何基于普通法或衡平法的诉讼。"（其原文为："The Judicial Power of the United States shall not be construed to extend to any suit in law or equity，commenced or prosecuted against one of the United States by Citizens of another State，or by Citizens or Subjects of any Foreign State."）

方法院，2020 年 2 月 28 日）

案件事实： 原告是经营音乐教室的主体，被告是日本音乐集体管理组织（JAS-RAC）。原告主张在音乐教室内的师生演奏行为并不构成对于被告所管理的演奏权的侵害，并请求确认被告并不享有以其管理作品的演奏权而主张的损害赔偿及不当得利请求权。

主要争点： 演奏权的构成要件与侵权主体的认定。

裁判要点： 在演奏权构成要件的认定上，根据日本《著作权法》第 22 条的规定：演奏权是指为了让公众直接看到或听到而演奏作品的专有权利。其中演奏权并不及于"为特定且少数"对象演奏的行为。而"特定"的认定应该结合利用主体之间是否存在个人的结合关系来予以判断。本案中原告所经营的音乐教室与学生之间建立了教学合同关系，只要申请的话任何学生都可以参加课程学习。在音乐教室和学生签订教学合同时点，原告和学生之间并不存在个人的结合关系。因此音乐教室中的学生，对于作为利用主体的音乐教室来说，是不特定的，且是多数的，构成演奏权中的"公众"要件。

在侵权主体的认定上本案借鉴了最高法院在之前案例中的认定方法，即原告所经营的音乐教室在所利用的作品的选择、作品的利用方法、作品利用的参与程度、作品利用的必要设施的提供等方面是否在演奏权得以实现的过程中对于枢要的行为进行了管理和支配。同时，利用作品所获得利益的归属虽然不是在判断利用主体过程中必须考虑的要素，但是也并不妨碍本案考虑这一要素。在此基础上法院认定：原告综合考虑音乐所经营的教室在学生演奏的乐曲的选择、师生演奏的样态、音乐作品利用中的参与程度、必要设施的提供以及利益的归属等方面的情况，可以得出音乐教室作为侵权主体成立。

评　　论： 本案在演奏权中"公众"概念的认定以及以管理支配性为标准认定利用主体两个论点上均有一定意义。特别是后者，日本通过实践扩张解释"直接行为主体"的范围，将朴素的物理意义上的"直接行为主体"判断，即何者在物理意义上亲自实施作品的复制，扩张到经济价值或社会通识意义上的判断，即何者可以拟制为直接行为人。将物理意义上或自然属性上非直接行为主体的间接行为人拟制为直接行为主体，可以避免由于物理意义上的直接行为主体由于构成私人复制例外免责的困境。在判断标准上，日本通过"卡拉 OK"法理（也就是满足管理支配性的要求）运用全面的拟制性判断"直接侵权主体"。

d. 法国 20190704 - 法国电视台 v. Playmédia 公司案（转播公共电视频道节目是否侵权）

基本信息： France Télévisions SA v. Playmédia，Cour de cassation，civile，Chambre civile 1，4 juillet 2019，16 - 13.092，Publié au bulletin（法国最高法院第一审判庭，2019 年 7 月 4 日）

案件事实： 法国电视台经营电视频道（France 2，France 3，France 4，France 5 和 France Ô），对这些频道的节目享有《法国知识产权法典》第 L.216 - 1 所规定的著作权和邻接权。电视服务分销商 Playmédia 公司于 2009 年 7 月 9 日向视听监督委员会（CSA）申报从事提供自由传播广播电视的服务，未经授权就在其经营的网站 playtv.fr 上提供了电视直播，允许用户无须订阅便可在 playtv.fr 实时观看法国电视台经营的各电视频道。法国电视台遂起诉 Playmédia 公司侵权并要求损害赔偿。Playmédia 公司要求 CSA 根据 1986 年 9 月 30 日第 86 - 1067 号《自由通信法案》第 34 - 2 条关于发行商"必须播放"（must carry）义务的规定判令法国电视台与之签订许可合同，允许其播放法国电视台的电视节目。CSA 先于 2013 年 7 月 23 日做出决定，要求法国电视台在同年年底之前停止收回网络广播服务许可，后又于 2015 年 5 月 27 日通知法国电视台遵守《自由通信法案》第 34 - 2 条的规定，不得反对 Playmédia 在其网站上直播法国电视台制作的节目。

此案历经 6 年，最终法国最高法院第一审判庭于 2019 年 7 月 4 日做出判决，驳回上诉，责令 Playmédia 公司支付损害赔偿费并向法国电视台支付 4 500 欧元诉讼费。

主要争点： Playmédia 公司在网上实时提供法国电视台的节目，是否侵犯后者的向公众传播的专有权。

裁判要点： 最高法院裁定，首先，Playmédia 公司不得援引"必须播放"规则要求法国电视台必须授权其在网络传播后者的电视节目。根据《自由通信法案》，仅在视听广播服务提供商与视听广播服务发行商之间存在事实上的合同关系时"必须播放"规则才适用。而在本案中，Playmédia 没有与法国电视台签订合约，其向 CSA 申报发行亦未导致其与法国电视台之间建立起合同关系。其次，"必须播放"的义务仅适用于基于订阅的服务，而 Playmédia 向公众提供的服务是免费的，且公众只需匿名在线注册。对于 Playmédia 在网上免费转播法国电视台的节目内容是合法的这一辩解，最高法院未予支持。Playmédia 认为，根据欧洲法院的判例（Case C－466/12，"Svensson"& C－348/13，"BestWater"），通过可点击的链接或深度链接将一个网站上免费提供的作品发布到其他网站上，不属于《欧盟版权指令》第 3 条第 1 款中所规定的"向公众传播"。法国最高法院指出，《欧盟版权指令》第 3 条第 2 款（d）项要求成员国提供广播组织授权或禁止"向公众提供其录制品的录制品"的专有权，指的是交互式点播传输。该指令的这一规定或任何其他规定均未试图就成员国所享有的保护程度来协调国内立法。各国可以就该规定中未明确提及的某些行为，对第 3 条第 2 款（d）项所指的广播组织进行授权。因此，成员国可以在不损害版权人利益的情况下拓展《欧盟版权指令》第 3 条第 2 款（d）项所指的广播公司的专有权。因此，根据《法国知识产权法典》第 L.216－1 条，法国电视台对其节目的网络传播拥有排他的权利。

综上所述，法国最高法院判决 Playmédia 未经法国电视台授权即在网上直播其电视节目，无权要求后者必须与其签订许可合同，构成著作权侵权。

评　　论：本案的核心价值在于对"必须播放"义务和深层链接两个问题的探讨。首先，关于"必须播放"义务，欧盟设定这一义务的目标是促进文化多样性和让公众普遍使用主要的无线广播和电视频道。由此规定成员国有权对电子通信供应商施加分发频道的义务。但是互联网兴起之后，包括广播和电视在内的越来越多的信息资源可被公众免费获取和传播，法律规定的传输方式已经成为传统技术模式，例如 TNT、有线和卫星广播等。技术的发展改变了视听领域的面貌，将分配义务转变成了特权，将承担义务的主体转变成了潜在受益者。因此，在传统条件下为传统传输模式设计的规则是否还适用于新的互联网环境则是值得关注的问题。本案诠释了此问题涉及的法律纠纷，也给了法国法院澄清欧盟法律关于此问题立场的机会。

其次，关于本案的深层链接，Playmédia 在其网站 playtv.fr 上建立"嵌入"式深层链接，从而使这些链接不显示原来的 Pluzz 网站，而直接在 playtv.fr 网站上访问法国 2、法国 3、法国 4、法国 5 和法国 channels 频道的节目。这构成了《法国知识产权法典》第 L.216-1 条所指的向公众传播行为，侵犯了法国电视台的邻接权。我国对深层链接的行为讨论较多，学界对其是否构成信息网络传播行为持不同观点，主要可分为服务器标准和实质呈现标准。尽管标准不同，但对深层链接的共识是需要规制，若无法从著作权法规制，也可根据反不正当竞争法规制。法国法院在本案中直接将设嵌入式链接的行为认定为"向公众传播"，侵犯了广播组织享有的邻接权，同时也认定 Playmedia 使用 Playtv 标志，却没有标明节目出自 Pluzz 网站，导致用户不清楚节目来源，从而构成不正当竞争。尽管欧盟已经确立了"新公众"标准来判定向公众传播行为，但不适用于本案。因为本案的法国电视台不仅仅是广播组织，还是内容创造者，与欧盟的 Svensson 案和 Bestwater 案情况有所不同。

e. 德国/欧盟 20200709 - Constantin Film Verleih v. YouTube and Google Inc. 案（涉嫌侵权人信息的提供）

基本信息：CJEU，Case C-265/19（欧盟法院，2020 年 7 月 9 日）

案件事实：德国公司 Constantin Film Verleih 对电影 *Parker* 和 *Scary Movie 5* 拥有著作权。2013 年和 2014 年，这两部电影被他人上传至 YouTube 网站并获得几万人的访问。Constantin 公司要求 YouTube 及其母公司 Google 向其提供上传该两部电影的用户的信息。但 YouTube 和 Google 只提供了这些用户的网名和邮政地址，而 Constantin 要求提供用户进一步的详细信息，包括用户的 E-mail 地址、手机号码和 IP 地址，上传电影的准确日期和时间，上传电影时的 IP 地址及最近一次登录的 IP 地址。YouTube 和 Google 拥有 Constantin 所要求的所有这些信息，因为如果要在 YouTube 上发布时长超过 15 分钟的视频，用户就必须输入 YouTube 发送到其手机上的验证码，这就意味着用户必须向 YouTube 提供其手机号码。此外，根据 YouTube 和 Google 的服务和隐私权政策的联合条款，YouTube 平台用户同意存储服务器日志，包括 IP 地址、使用日期和时间以及个人请求，且同意参与企业使用这些数据。

德国法院将本案提交给欧盟法院，要求后者解释《欧盟知识产权执法指令》（2004/48/EC）第8条中关于地址的确切含义，特别是该条中的地址一词是否包括电话号码和IP地址。

主要争点：涉嫌侵权人的哪些个人数据可以披露给著作权人。

裁判要点：欧盟法院指出，根据《欧盟知识产权执法指令》第8条（1）（c），成员国应确保在有关侵犯知识产权的诉讼中，主管司法当局应索赔人合法和适当的要求，可命令侵权人和/或任何被发现在侵权活动中使用商业规模服务的其他人，提供有关侵犯知识产权的商品或服务的来源和分销网络的信息。第8条（2）（a）规定，该条第（1）款所述的信息包括生产商、制造商、经销商、供应商和其他以前的商品或服务持有人以及预期的批发商和零售商的名称和地址。因此，根据《欧盟知识产权执法指令》第8条，成员国必须确保主管司法当局有权命令网络服务运营商提供该条第（2）（a）款中提到的未经著作权人同意将电影上传到该平台上的任何人的姓名和地址。至于该条所指的地址是否包括电子邮件地址，由于该条没有明确提及成员国的法律，因此，必须在整个欧盟做出独立和统一的解释。由于指令并没有对该术语进行定义，因此，该术语的含义和范围必须按照其在日常语言中的通常含义来确定，同时也应考虑该规则制定的背景和目的。

第一，欧盟法院认为地址一词在日常用语中只包括邮政地址，即特定人的永久地址或惯常住所的地点。因此，在没有进一步说明的情况下，指令第8条（2）（a）所指地址应该与日常用语中的地址含义一致，即物理地址、居住地址，不包括电子邮件地址、电话号码或IP地址。

第二，欧盟没有任何法律文件或者内容支持指令第8条（2）（a）中的地址不仅包括邮政地址，还包括有关人员的电子邮件地址、电话号码或IP地址。

第三，欧盟其他涉及电子邮件地址或者IP地址的法律文件，没有一个在没有特别说明的情况下用地址一词指代电话号码、IP地址或者电子邮件地址。

第四，考虑到《欧盟知识产权执法指令》的立法宗旨，将地址解释为只包括邮政地址也是适当的。《欧盟知识产权执法指令》第8

条规定的知识产权人的知情权，的确是为了保障知识产权人能够行使其基本权利之一——《欧盟基本权利宪章》第 17 条第 2 款规定的知识产权。但是，欧盟立法机关在制定和通过《欧盟知识产权执法指令》时，选择对成员国相关法律进行最低限度的统一。因此，《欧盟知识产权执法指令》第 8 条第 2 款中关于地址的含义，应从狭义的角度进行解释。另外，《欧盟知识产权执法指令》要在保障著作权人的知识产权与保护公众使用作品的利益和基本权利及公共利益之间保持平衡。而且，欧盟法院在以前的案例中也指出，在适用《欧盟知识产权执法指令》第 8 条时既需要考虑著作权人的知情权，也需要考虑消费者的个人隐私（16 July 2015, Coty Germany, C‒580/13）。

第五，欧盟法院指出，尽管成员国没有义务根据《欧盟知识产权执法指令》第 8 条（2）（a）规定主管司法当局可以下令在关于侵犯知识产权的诉讼程序中披露该规定所指人员的电子邮件地址、电话号码或 IP 地址，但成员国仍然可以选择这样做，因为《欧盟知识产权执法指令》第 8 条（3）（a）明确规定，成员国有权授予知识产权人获得更充分信息的权利。当然，成员国在这样做的时候不仅要保障公民各种相关的基本权利，也必须与欧盟其他的一般原则（例如相称原则）保持一致。

评　　论：本案涉及知识产权执行中的一个具体而又关键的问题，即权利人可以从第三方平台获得涉嫌侵权人的哪些信息。虽然地址一词一般情况下是指人类用来居住、工作及从事其他活动的物理地点，但不可否认的是，地址在不同的语境下可以有不同解释。地址不仅仅是权利人得以确定涉嫌侵权人身份以及提起诉讼的前提，也可能泄露使用人的其他信息。通过电子邮件地址、IP 地址，很容易获得一些使用人的网络活动轨迹和习惯，而这些并不都与知识产权侵权有关。另外，通过姓名和邮政地址，权利人已获得了对涉嫌侵权人提起诉讼的必要身份信息。因此，欧盟法院不仅从包括《欧盟知识产权执法指令》在内的欧盟法律文件所适用的地址一词的文义出发，也从权利人的知识产权与公众隐私权的平衡出发，对《欧盟知识产权执法指令》中的地址一词做了狭义解释。

不过，《欧盟知识产权执法指令》早于本案发生 15 年前已生效，如果对其解释过于拘泥于文义，则恐怕跟不上科技和社会的发展。一方面，通过邮寄方式进行联系不仅仅相比电话和网络既费时又费钱，而且在现实生活中已经越来越少；另一方面，某些平台并不核实甚至并不要求用户提供真实的邮政地址。如果将地址限定在邮政地址，完全有可能让著作权人根本找不到侵权人。好在，欧盟法院最后指出成员国可以在其国内法中对地址做更宽泛的解释。

f. 日本 20200625 - 大耳查布案（独占许可被许可人的损害赔偿请求权）

基本信息： 东京地判令和 2 年 6 月 25 日平成 30 年（ワ）第 18151 号（东京地方法院，2020 年 6 月 25 日）

案件事实： 原告作为大耳查布角色形象的独占被许可人针对被告销售角色玩具的行为，主张损害赔偿。

主要争点： 独占许可被许可人的损害赔偿请求权。

裁判要点： 本案中，原告作为角色形象商品化的被许可人声称他拥有将该角色商业化的权利或受法律保护的利益。尽管从合同的相对性角度看，独占被许可人仅有权针对该角色形象权利人的基于债权地位提起索赔的要求，但鉴于独占被许可人因其独占地位而在市场上事实上形成了独占的销售利益，对于这种利益也应该提供一定的法律保护。因此也应赋予独占被许可人针对合同关系之外的第三人行使损害赔偿请求权。但是这种损害赔偿请求权的行使是有条件的，需要独占被许可人现实中是角色产品唯一获得商品化权利人许可的主体，或客观上权利人的行为可以被评价为确保被许可人具有类似的客观状态，使得被许可人具有基于合同状态而事实上享有的独占的地位。本案中，原告并没有取得因与权利人的合同而产生的独占的地位，因此无权向被告行使损害赔偿请求权。

评　　论： 在知识产权许可使用权对第三人效力问题上，日本法下仅将许可使用权定性为对人权，其中对停止侵害请求权，实践中借助债法规则给予被许可人针对侵权人救济的权利。如尽管不承认专有许可的被许可人可以针对侵权人享有固有的停止侵害请求权，但在日本司法实践中确立了类推适用债权人代位制度（日本《民法》第 423 条之规定），在权利人承担侵权排除义务的情况下，如果权利人并不积极针对侵权人行使侵害排除请求权的话，专有许可的被许可人可以代位行使这一债权。除了具有物权请求权性质的停止侵害请求外，在专有许可的被许可人针对侵权人行使损害赔偿请求上，日本学说上也存在通过债权侵害理论予以正当化，或因为专有许可的被许可人具有"独占市场竞争机会"的地位，该地位构成日本《民法》第709 条所保护的法益，因此享有损害赔偿请求权。本案即要求专有许可的被许可人具有"独占市场竞争机会"的地位才可以行使损害赔偿请求权。由于权利人在向原告发放专有许可的同时，也向被告许可销售角色形象产品，在市场上原告并未形成事实上的独占销售地位，因此他不具有向被告行使损失赔偿请求权的权利，仅得依与权利人的合同关系，向权利人主张违约责任。与日本的做法相对照，对于被许可人间之关系，我国仅在《商标法》及其相关解释中存在明确的规范，即在《商标民事纠纷解释》第 19 条第 2 款及《商标法》第 43 条第 3 款中规定了"未经备案不得对抗善意第三人"规则。在该规定的适用范围上，立法解释中指出主要处理的是"多个具有独占或者排他性质的商标使用许可，被许可人之间的权利范围存在交叉冲突的问题"。司法实践中，对于"不得对抗善意第三人"的含义，在案例中指出："未经备案的许可使用权处于一种效力不圆满状态。如果商标权人进行了重复授权，即出现了善意第三人，未备案的在先被许可人不可以要求在后的善意第三人停止使用相关商标"（MAYLEDALEGAR 案（上海市闵行区人民法院（2015）闵民三（知）初字第 775 号民事判决书））。其中在"善意"的判断时点上强调"在在后专有许可被许可人签订许可合同时是否知晓存在在先的专有许可合同"，而在该时点善意的，即可以对抗在先专有许可被许可人的停止侵害请求（毕加索案（上海市高级人民法院（2014）沪高民三（知）终字第 117 号民事判决书））。还有的"善意"则要求"不知情，包括不知道或不应当知道该同一商标权已经存在在先许可的事实"（新百伦领跑案（北京市丰台区人民法院（2015）丰民（知）初字第 15980 号民事判决书））。尽管在《专利法》和《著作权法》中并不存在处理"多个具有独占或者排他性质的使用许可"的规范，但是不乏在相关案例中确定的裁判标准。如在专利权案件中既有判决指出："即使在先专有许可并未进行公示，在在先专有许可的被许可人针对在后被许可人的实施行为提起侵权诉讼的时点，在后被许可人就业已知晓存在在先专有许可，因此并不能对抗其停止侵害请求；在侵权诉讼时点之前的善意与否仅决定损害赔偿请求是否成立"（抗菌织物制造方法案（江苏省高级人民法院（2009）苏民三终字第 0027 号民事判决书））。在著作权案件中，在处理二重转让或许可问题上采取了纯时间优先原则。时间上在先的转让与专有许可合同排斥在后的许可合同，在后被许可人的作品使用行为仍需承担侵权责任（陆小凤传奇案（北京市石景山区人民法院（2013）石民初字第 1929 号民事判决书））。

g. 日本 20200114 - 托斯卡纳的女人案（损害赔偿的确定）

基本信息：大阪地方法院令和 2 年 1 月 14 日平成 30 年（ワ）第 7538 号（大阪地方法院，2020 年 1 月 14 日）

案件事实：本案原告是著名雕塑家富永直树的唯一继承人，被告复制了原告的作品。原告依据日本《著作权法》第 114 条第 3 款和《民法》第 709 条要求被告承担金额为 1.258 亿日元的损害赔偿。

主要争点：损害赔偿数额计算。

裁判要点：日本《著作权法》第 114 条第 3 款规定，"著作权人……对故意或过失侵犯著作权的人行使著作权……所请求的损害赔偿金额……可以是与其行使著作权应该获得的金钱数额相当的数额"。规定这种赔偿金额计算方式的目的就是在《民法》第 709 条和《著作权法》第 114 条第 1 款和第 2 款规定的实际损失或侵权所得难以证明的情况下，权利人也可以享有最低数额的赔偿。著作权许可和专利权许可不同，后者中的被许可人往往将专利发明以制造自己产品的一部分的形式来使用，而前者中的被许可人往往照原样使用作品，并且产品间也没有可替代性。此外，在获得由著名艺术家创作的昂贵艺术品的复制许可的情况下，被许可人通常不会安排大量复制品的生产和发行。由于产品质量的评价直接影响到作为作者的艺术家的社会评价，因此在授予许可时著作权人往往要进行仔细的选择，从而限制了复制品的生产数量，并且会由著作权人直接确定复制品的定价，因此著作权人往往会设定一个相对较高的许可比率。在这种情况下，"为行使著作权权而收取的费用……"，即相当于许可费用的金额，应该依据与另一方之间关于版权的许可协议中的许可费用、行业惯例等一般市场价格、作品的类型和性质、获得作者许可的人所期望的作品使用方法等因素，具体设定合理的许可费用。本案中著作权人对于未达到质量要求的复制品一概拒绝给予许可，因此未经许可而复制并以低廉价格销售复制品的行为，在计算损害赔偿金额时，如果仅考虑被告侵权获利的情况计算应支付的许可使用费的话，将导致损害赔偿金额不足以弥补原告损失，也会违反《著作权法》第 114 条第 3 款规定计算方法的宗旨。因此法院判决被告赔偿总金额为 6 290 万日元，计算公式：30 万日元×39 个实体＋75 万日元×20 个实体＋40 万日元×16 个实体＋90 万日元×17 个实体＋75 万日元×11 个实体＋125 万日元×5 个实体＝6 290 万日元。

评　　论：本案是适用《著作权法》第 114 条第 3 款计算方法，并考虑到著名艺术家创作的知名艺术品被复制的情况，给予了较高赔偿数额的案例。

h. 加拿大 20200724 - RallySport Direct LLC v. 2424508 Ontario Ltd. 案（侵犯版权法定赔偿的适用）

基本信息：2020 FC 794（加拿大联邦法院，2020 年 7 月 24 日）

案件事实：原告 RallySport Direct LLC（RSD）是美国一家大型汽配批发商和零售商，被告是一家位于安大略省的小型电子商务公司。被告在其网站上复制和展示了原告的 1 430 张照片和 3 个产品说明，侵犯了原告的版权。RSD 要求每张照片赔偿 500 加元的法定赔偿金及加重的赔偿金。

主要争点：法定赔偿金的判断标准。

裁判要点：法院首先指出，原告有权根据加拿大《版权法》第 38.1 条（1）（a）的规定选择每件作品 500 加元的法定赔偿金。毋庸置疑，被告未经原告许可复制了其版权作品，且用于商业用途。被告也不能证明自己的侵权行为是过失行为。因此，法院需要决定的是：（1）被告是否有正当理由要求支付低于加拿大《版权法》第 38.1 条（3）规定的每部作品 500 加元的法定赔偿？（2）原告是否有权要求示范性、惩罚性和加重赔偿，如果是，多少赔偿是适当的？

　　法院最终判决被告以每件作品 250 加元的费率支付法定赔偿金，并额外支付 50 000 加元惩罚性赔偿金，理由如下：

　　1. 因为该案涉及 1 430 张照片和 3 张产品说明书，案件重点是照片而非说明书，从赔偿总额来看，对产品说明书的赔偿都是足够的。

　　法定赔偿通常是在实际损失很难证明的情况下适用；法院一方面给予版权人投资和维护其版权的动力，另一方面威慑侵权人通过侵权获取不当得利；确定赔偿额并不是精确的科学问题。法定赔偿更多的是根据所有相关的情况来达到一个公正的结果。在现代技术条件下，版权侵权如此容易，使得法律更有必要威慑侵权。

2.《版权法》规定的商业性的侵权中每部作品500～20 000加元的法定赔偿金可以降低，如果一个以上的作品在一个独立的媒介中且授予最低的法定赔偿金也会使得赔偿金总额与侵权行为相比有失比例。加拿大也有些判例建议法定赔偿应该与实际或者可能的损失相联系。法院认为，应该考虑案件的整体情况，包括被告的善意和恶意、原被告双方在诉讼程序前和程序中的行为，以及威慑未来的版权侵权的需要。法院指出，实际损失和法定赔偿不可混用。法定赔偿的目的并非与可证明的"但适用于"损失相当；相反，法定赔偿可以包括可证明的经济损失和其他因素如威慑等。

被告有义务证明即使授予最低的法定赔偿金也会使得赔偿金总额大大超出其侵权行为应受的惩罚。对于什么是"大大超出比例"（"grossly out of proportion"），目前在司法中尚无多少讨论。联邦法院在一个案件[①]中考虑授予低于法定最高赔偿金是否会"大大超出比例"的低。考虑到原告选择了法定赔偿金，以及涉案侵权作品的数额，授予最低的法定赔偿金也会使得赔偿金总额与侵权行为相比过高。

与加拿大《权利和自由宪章》第7条有关的一个类似的概念"严重不成比例"（"grossly disproportionate"）得到广泛的讨论。"现代测试要求法院确定某项制度背后的立法目标/目的，将该目的与法律的效果进行比较，并采用个性化的分析来确定该法律是否严重不成比例、过于宽泛或武断。"[②] 换言之，这需要根据每个案件中的具体情况进行具体分析。

在考虑了原告制作1 430张照片的劳动成本、被告的恶意以及将阻止未来侵权的损害赔偿金额后，法院认为，在确定法定最低限度在电子商务中是否严重不成比例时，生产成本是一个相关因素，因为受版权保护的作品是为了销售其他产品而不是销售自身的复制件。被告对自身行为的不断变化的解释使法院得出结论，他们的行为是恶意

---

① Microsoft Corporation v. 9038 – 3746 Quebec Inc, 2006 FC.

② Revell v. Canada（Citizenship and Immigration），2019 FCA 262［Revell］at para 83.

的。法院还认为，在技术使其容易被侵犯时，威慑尤其重要。

加拿大《版权法》第 38.1 条（7）允许法院在法定损害赔偿外另外判决惩罚性和/或加重损害赔偿。惩罚性损害赔偿"只有在有证据表明存在蛮横的、恶意的、任意或高度应受谴责的行为明显不同于体面行为的一般标准时，才应予以授予"。

为确定被告是否应当承担惩罚赔偿责任，法院认为应考虑以下六个因素：（1）侵权行为是不是有计划的和慎重的；（2）被告是否有侵权的意图和动机；（3）侵权行为是不是持续的；（4）被告是否隐瞒或试图掩盖其不当行为；（5）被告是否知晓其侵权行为的性质；（6）被告是否从其不当行为中获利。法院发现被告试图创建新的公司，将其网站转移到新公司，并使现公司破产以逃避赔偿。基于以上考虑，法院授予了原告 50 000 加元的惩罚性赔偿。

加重损害赔偿旨在赔偿当事人所遭受的痛苦或羞辱等精神损害，故法院认为原告无权获得加重损害赔偿。

评　　论：在版权侵权案件中，损害赔偿的确定总是处于中心地位。但"适当的赔偿"从来不是一个科学问题，而是需要根据个案情况具体分析。不仅仅作品本身的价值/价格难以准确评估，权利人因侵权所受损害也难以证明，因为影响版权作品市场销售和价值的因素是多方面的；而侵权人因侵权所获利润不仅因为同样的原因难以准确计算，更因为很多情况下侵权人不提供证据而无法计算。而在本案中，涉案侵权行为并非为了销售侵权版权作品，而是将版权作品用于促进汽车零配件的销售，要以上述方法来确定损害赔偿额就更不可能了。法定赔偿正是为了解决这些问题而产生的。一般情况下，法定赔偿是在法律规定的范围内授予权利人一定的经济补偿。但加拿大《版权法》给予了法官根据案件具体情况在法定赔偿范围外确定赔偿的权利。而本案正是法官根据合乎比例原则行使这种自由权的一个典型例子。

i. 美国 20200728 - UMG Recordings，Inc. v. Kurbanov 案（侵犯版权司法管辖权的确定）

基本信息：963 F. 3d 344（4th Cir. 2020）（美国第四巡回上诉法院，2020 年 7 月 28 日）

案件事实：被告 Tofig Kurbanov 在俄罗斯拥有并经营两个网站 FLVTO 和

2conv，它们提供"流媒体抓取"服务，使访问者可以下载从 You-Tube 视频中提取的受版权保护的音乐，其中包括本案原告拥有版权的音乐。该两个网站很快成为互联网上非常受包括美国人在内的网民欢迎的网站。UMG 等十二家唱片公司以侵犯版权为由在弗吉尼亚州的联邦法院起诉被告。

被告辩称美国地方法院对其无个人管辖权。被告在两个网站上的所有工作基本上都是在俄罗斯进行的，他完全是在俄罗斯经营这些网站。此外，被告从未在美国境内的网站上从事过任何工作，也从未在美国雇用过员工，从未在美国拥有或租赁过房地产，并且在美国没有银行账户也未交税款，甚至从未到过美国。

弗吉尼亚东区法院裁定其对被告没有管辖权，因此驳回了原告的起诉。但第四巡回上诉法院推翻了地区法院的裁定，将案件发回重审。

主要争点：从未在美国境内进行过任何工作甚至从未到过这里的外国网站运营商是否应在美国受到起诉。

裁判要点：第四巡回上诉法院指出，美国联邦法院可以在满足以下两个条件的情况下对非居民行使个人管辖权：首先，对非居民的管辖权必须由法院所在地州的"长臂法则"授权。其次，被告必须与该州建立"最低联系"，以使"维持诉讼不违背公平竞争和实质正义的传统观念"[①]。第四巡回上诉法院认为弗吉尼亚东区法院此前认为它对被告没有属人管辖权是错误的。第四巡回上诉法院认为根据以下三个理由，被告与弗吉尼亚州已经建立了"最低联系"，根据《联邦民事诉讼程序规则》第 4 条（k）（1），弗吉尼亚东区法院对其拥有管辖权：（1）被告与弗吉尼亚的联系足以证明，他有意识地利用了自己在弗吉尼亚做生意的特权；（2）被告的网站不仅拥有成千上万的弗吉尼亚用户，而且被告在网上与弗吉尼亚用户的反复互动也构成一种商业关系；（3）被告用地理定位技术在网站上发布了针对弗吉尼亚的广告。

评　　论：互联网虽然是无国界的，但是法律是有国界的。一些侵权人为了逃避责任把服务器设在国外已是常规操作，给版权人维权带来很大的

---

① International Shoe v. Washington.

困难。而本案被告则不仅服务器不在美国，人也不在美国，看上去与美国毫无关系，不受美国司法管辖。但被告与美国用户的互动及其利用地理定位技术针对美国用户发布的广告，仍然满足了美国属人管辖所需要的"最低联系"。不过，虽然美国法院得以建立属人管辖，能够对侵权行为进行审判，并制止侵权行为，但能否真正让美国的权利人得到赔偿则是另一个问题。

j. 日本 20201101 - 遥遥梦之址案（侵犯版权刑事责任的承担）

基本信息： 大阪高判令和元年 11 月 1 日平成 31 年（う）第 280 号（大阪高等法院，2020 年 11 月 1 日）

案件事实： 2019 年 1 月 17 日，大阪地方法院分别判处盗版网站遥遥梦之址经营者三人有期徒刑三年六个月、三年、两年四个月。遥遥梦之址是一个链接网站。受著作权保护的作品并未存储在网站本身的服务器上，而是由网站收集并发布链接信息，这些链接将用户引导到存储受著作权保护的作品的网站。2019 年 11 月 1 日，大阪高等法院裁定驳回三名被告在一审刑事案件中的上诉。在 2019 年 11 月 18 日以讲谈社作为原告针对三人的民事案件中，大阪地方法院判决赔偿总共八本杂志的著作权所遭受的损害，总额约为 1.6 亿日元。

主要争点： 违法内容设链主体是否承担刑事责任。

裁判要点： 本案犯罪嫌疑人在明知投稿者系未经许可上传非法内容的情况下，仍将上传服务器的链接在遥遥梦之址网站上予以持续性的运行和管理。该种行为可以认定为与违法上传者间存在默示的意思联络，并考虑到链接者和投稿人的关系，可以认定存在共谋，并不需要链接者对于上传者具体的认识。在此基础上，犯罪嫌疑人对于链接网站的运营和管理对诱发违法上传行为起到了重要且不可或缺的作用，因此各犯罪嫌疑人应作为正犯入罪。

评　　论： 本案判决直接导致了日本 2020 年《著作权法》修改中将网络链接行为作为正犯纳入刑法规制的范围。而在修改《著作权法》之前，法院通过对于链接者行为的解释将其作为正犯予以规制，特别是对于构成正犯要件的解释具有一定的意义。与日本的情况相对照，我国司法实践中也出现过类似判断。针对网络链接服务提供者的刑事责任问题，有观点指出对于并非直接提供作品，而是提供深度链接性质的实质呈现作品表达的行为，不应该在刑法中评价为"通过信息网络向公众传播作品"，而仅可能在间接侵权的范畴内，也就是在刑法共犯理论的框架内解决这一问题[①]。也有观点指出有必要在正犯理论模式下讨论此种情况下的犯罪构成[②]。事实上在"张某某侵犯著作权罪案"（上海市普陀区人民法院刑事判决书（2013）普刑（知）初字第 11 号）中就认定，被告"并非直接作品提供者，其通过 www. 1000ys. cc 网站管理后台，链接至哈酷资源网获取影视作品种子文件的索引地址，并通过向用户提供并强制使用 QVOD 播放软件，供 www. 1000ys. cc 网站用户浏览观看影视作品，从而完成涉案影视作品在网络上的传播。被告张某某的上述网络服务提供行为，可使公众在其个人选定的时间和地点通过 www. 1000ys. cc 网站获得作品，符合信息网络传播行为的实质性要件，属信息网络传播行为，因此符合侵犯著作权罪中'发行'（通过信息网络向公众传播）的行为性质"。也就是承认了实质呈现作品形式对于违法作品的深度链接行为构成"通过信息网络向公众传播"行为。

3.3　动态

3.3.1　政策动态

3.3.1.1　欧盟委员会

欧盟委员会对 LIBER 声明的答复

LIBER（Ligue des Bibliothèques Européennes de Recherche，欧洲研究图书馆协会）是欧洲研究图书馆界的代言人。2020 年 4 月，LIBER 发布声明，强调需要政府、出版商和作者采取紧急行动，以便能够适当地支持 COVID‐19 流行之后的在线教学和学习。

欧盟委员会在针对 LIBER 声明的答复中指出，LIBER 声明中的一些版权问题可以根据实施《欧盟版权指令》第 5 条规定的教学例外说明的国家规则加以解决。

---

① 林清红，周舟. 深度链接行为入罪应保持克制. 法学，2013（9）.
② 凌宗亮. 网络服务提供行为侵犯著作权刑事责任探析. 中国版权，2014（4）.

此外，大多数成员国目前正致力于实施《数字单一市场版权指示》。该指令规定了具体的规则，以便利在线远程教学（第 5 条）和在线访问图书馆收藏的文化遗产（第 8 条至第 11 条）。该指令的顺利实施可能有助于解决 LIBER 在声明中描述的挑战。欧盟委员会同时鼓励 LIBER 的国家成员与负责版权的国家主管部门接洽，讨论它们的关切事项以及在欧盟版权法范围内可行的解决方案。

3.3.1.2　澳大利亚

a. 澳大利亚制定《政府 COVID‐19 艺术援助指南》

澳大利亚制定的《政府 COVID‐19 艺术援助指南》（Guide to Government CO-VID‐19 Assistance for the Arts）于 2020 年 5 月 29 日生效。该指南由 Sharpe Advisory 为澳大利亚理事会编写，列出了联邦和州/地区以及一些地方政府为应对 COVID‐19 大流行而提供的各种援助方案和倡议，是一份"实时"文件，随着情况的变化而更新。包括三部分内容：（1）适用于艺术组织的援助；（2）为个别艺术家和艺术工作者提供的援助；（3）一些有用的链接。

b. 澳大利亚疫情期间远程教学政策

澳大利亚疫情期间远程教学政策包括：

1. 《法定教育许可证》适用于学生的远程学习

澳大利亚国家版权局明确《法定教育许可证》适用于学生的远程学习，《法定教育许可证》允许资源数字化，并允许将数字化资源用于在线学习。一个关键的要求是，教育机构不能数字化其能够购买的全部出版物。

2. 学校趣味故事在线教学的特殊安排

澳大利亚出版商协会（APA）、澳大利亚作家协会（ASA）和国家版权局（NCU）为在线的学校趣味故事教学做出了特殊安排。该特殊安排于 2020 年 4 月 8 日发布。安排中指出，APA 和 ASA 的董事会已经要求其成员暂停任何要求版权许可的要求，以便允许学校录制或直播故事。根据 APA 和 ASA 的政策，其成员允许学校在网上向学生和家庭直播或录制阅读儿童书籍，而不需要任何具体的许可或付款。

3. 关于允许电子复制学校的活页乐谱的特殊规定

APRA AMCOS 汇总了相关信息，制定并解释了关于允许电子复制学校的活页乐谱的特殊规定。

4. 关于将儿童故事传到网上的版权问题

澳大利亚图书创造公司（Books Create Australia）达成一项行业协议，在疫情期间对网上的虚拟故事读物做出许可。

澳大利亚图书馆版权委员会还收集了一些信息，对于包含文本和图像的材料，有四个主要要求：（1）该机构与版权代理机构签订了支付协议；（2）为教育目的复制和/或共享材料；（3）材料不用于任何其他目的；（4）该机构不复制或共享可供购买的出版物的合理部分。

澳大利亚图书馆和信息协会（ALIA）创建了一个在线空间，供澳大利亚图书馆分享应对COVID-19疫情的策略，并且承诺在疫情升级时依然不断更新图书馆的内容。

澳大利亚图书馆版权委员会还收集了一些资源，针对疫情封锁期间图书馆和档案馆资料远程供应的相关问题进行了解答。

5. 在线音乐使用的临时安排

对于健身中心、运动教练和舞蹈老师等商业机构和个人，OneMusic澳大利亚公司发布了在线音乐使用的临时安排。从2020年11月1日起（至2021年6月30日），健身和福利部门可以选择在现有健身许可证的基础上增加直播许可证，舞蹈和表演部门可以选择在现有舞蹈执照的基础上增加直播执照，但是均需要承担相应的费用。对于葬礼导演来说，OneMusic同意其在有限的期限内，在不增加任何费用的情况下，延长许可证项下的某些权利，以便更方便地提供在线服务。

3.3.1.3 加拿大

a. 加拿大工业、科学和技术委员会发布《加拿大版权法法定审查》报告

2019年6月3日，加拿大工业、科学和技术委员会发布了《加拿大版权法法定审查》报告。根据加拿大《版权法》第92条，《版权法》应每5年由一个议会委员会进行审查，此次审查是加拿大《版权法》自2012年通过《版权现代化法案》大修以来首次深入的审查。该委员会历时一年多，经过了52次会议，听取了263位证人的证言，收集了192封公函，收到超过6 000封电子邮件混合其他信件，最后总结出对《版权法》的36条修订意见，其中较为重要的有：

1. 废除每5年对《版权法》的审查。有需要的时候对《版权法》进行审查效果会更好。对《版权法》过于频繁的审查会影响法律的稳定性。

2. 简化《版权法》的用语和结构。因为现行的《版权法》过于复杂晦涩。对《版权法》的简化可使得各利益相关方更好地理解和遵守并受益于《版权法》。

3. 将版权保护期从作者死亡后50年延长到70年。目前的版权作品除非登记，不享受版权保护期延长。

4. 建立追续权，允许视觉艺术家将其作品的公共课出售获得收益。

5. 更新电影作品首次著作权规则。由于加拿大国内对于电影的首次版权究竟应该属于导演和编剧还是属于制片人没有达成一致，委员会认为不宜采取过于刻板的规定，建议政府在进一步研究政策依据后，更新有关电影作品版权的规则。

6. 引入不得转让权，以允许创造者在版权转让 25 年之后终止任何版权转移。该政策旨在平衡创作者和其他工业参与者之间谈判的能力，并使创作者在转让版权 25 年后对其作品的市场价值有更清晰的认识。

7. 在《版权法》中对"合理交易"的目的进行说明，而不是对其做穷尽列举，这样有助于拓展"合理交易"的数量并增加《版权法》适用的弹性。

8. 提高法定赔偿的上限和下限，以与通货膨胀保持一致，对版权侵权起到有效的威慑作用。

b. 加拿大国会遗产委员会发布《遗产报告》

2019 年 5 月，加拿大国会遗产委员会发布了 68 页的报告和 22 项建议（下称《遗产报告》）。遗产委员会在完成最终报告的过程中，听取了 115 名证人的证词，并收到了 75 份简报。《遗产报告》的建议侧重于薪酬模式的现代化和为艺术家和创意产业创造公平的竞争环境，其中值得注意的建议如下：

1. 加拿大政府审查安全港的例外情况和法律，以确保网络服务提供者对其在内容分发方面的作用负责。

2. 加拿大政府加大打击盗版和版权执法力度。

3. 加拿大政府履行其承诺，将版权从作者死后 50 年延长至 70 年。

4. 加拿大政府修订《著作权法》，以澄清当作品可从商业渠道获得时，公平交易不应适用于教育机构。

5. 加拿大政府审查、协调和改进《著作权法》第 38.1 条（1）中对非商业用途侵权的法定损害赔偿的执行。

6. 加拿大政府设立艺术家转售权。

3.3.1.4　美国

美国版权局发布《"避风港制度"评估报告》

2020 年 5 月 21 日，美国版权局发布了关于"避风港制度"的评估报告，以评估《数字千年版权法案》中第 512 条所载安全港条款的影响和有效性。在审查第 512 条时，版权局确定了指导其分析的五项重要原则：

1. 网络版权保护必须是有意义的和有效的；

2. 必须为诚信经营的网络服务提供商提供法律上的确定性和创新的余地；

3. 虽然国会打算鼓励网络服务提供商和权利人之间的合作，但合作不是唯一的办法；

4. 在可能的情况下，政府的决策应该以事实为基础；

5. 21 世纪的互联网政策不能一刀切。

版权局的结论是，国会在建立第 512 条安全港制度时希望达到的平衡是错误的。报告强调了目前第 512 条实施与国会初衷不一致的领域，包括：符合条件的外包服务提供商类型、重复侵权政策、网络服务提供商"知道"的标准、删除通知中的特异性、非标准通知要求、传票和禁令。

版权局并不建议对第 512 条进行任何大规模修改，相反，版权局找出那些国会可能希望对第 512 条目前的运作进行微调的点，以便更好地平衡版权产业中外包服务提供商和权利持有人的权利和责任。版权局办公室还注意到，当今网络环境创造者（大、中、小）、外包服务提供商（大、中、小）和用户（各种规模和许多部门）所面临的机遇和挑战与 1998 年大不相同。国会也可以选择重新评估当前环境中的所有平衡因素，以及超越第 512 条建立的当前结构的其他措施。这类立法决定掌握在国会手中，该办公室没有就未来可能采取的平衡办法提出任何建议。

3.3.2　立法计划

a. 澳大利亚 2020 年版权改革计划

1. 推行有限责任计划，以使用孤儿作品。制定允许孤儿作品的方案：已经进行了相当努力的搜索，但无法确定或定位版权所有人，并且在合理可能的情况下，该作品已明确归属于作者。如果版权所有人后来提出，用户将不对过去使用孤儿作品承担责任，并将被允许在与版权所有人商定的合理条件下（如未达成协议，则由版权法庭确定），继续使用该作品。如果不符合合理的条款，版权所有人将可以寻求禁止今后使用孤儿作品的禁令。

2. 引入出于非商业目的引用版权材料的新的公平交易例外规定：引用版权材料是出于非商业目的，或者使用版权材料的举动对于与该版权材料有关的商品或服务而言并不具有实质的商业价值；仅由文化和教育机构、政府机构以及从事公共利益活动或个人研究的其他人使用；考虑到标准公平因素，对版权材料的引用必须与公平守则保持一致。

3. 简化并更新与图书馆和档案馆等机构有关的规定：使新规定平等地适用于

所有的版权材料并在技术上保持中立，以便文化机构能够开展其核心活动而无须面临不必要的行政负担，并满足用户对数字访问的期望。这意味着只要采取合理的措施来确保使用者不侵犯相关材料的版权，相关文化机构便可通过将实物材料进行数字化的方式使其材料供人们在线浏览。

4. 修改教育方面的例外规定：消除当前在课堂教学中使用版权材料的局限性和不确定性，并确保在学校、技术与继续教育学院或大学进行的学习活动也可以通过其他方式（例如在线课程）开展，但要采取合理的措施来限制对版权材料的获取，以免超出合理的必要范围。

5. 精简政府法定许可机制：扩大与相关版税收费协会有关的集体许可协议的适用范围，使其不仅涵盖政府对版权材料的复制，同时还涵盖版权材料的传播和表演（展示）问题；简化向收费协会支付费用的确定方法以及支付方式，包括取消对要使用的抽样系统（调查）的要求；制定全新的例外规定，允许政府机构使用其接收到的信函和其他材料（如果该使用是出于非商业目的）。

b. 德国版权法改革动态：考虑实施上传过滤

德国政府正尝试在增加网络平台义务以保护权利人利益，与通过新的版权法提案的上传过滤器避免"过度屏蔽"合法内容之间取得平衡。

联邦司法和消费者保护部（BMJV）公布了关于实施欧盟《DSM 版权指令》的第二份讨论草案。草案规定，用户可以获取明确的法律许可，将内容用于夸张或戏仿。平台应该有义务允许用户将他们的贡献标记为漫画、模仿或模仿，不应再阻止此内容。此外，草案还规定，声音或视频的最短时长为 20 秒，文字内容的最短长度为 1 000 个字符，照片和图形的最低限度为 250 千字节。在非商业用途且低于以上限度的情况下，不必激活上传过滤。

草案更赋予了平台相当大的义务，要求它们不仅向用户提供预标记机制，而且要求在一周的严格期限内处理有关非法屏蔽合法内容或非法通过侵权内容的投诉。向收集协会支付新例外情形的补偿金、对作者直接支付报酬的要求同时落在了平台运营商的肩上。

草案还大力鼓励平台和收集协会之间签订扩大性的集体许可协议。通过向收集协会申请此类（扩展的）涵盖平台提供的内容类型的集体许可，平台可以履行其义务，尽最大努力获得用户上传的授权，而无须主动地与已退出该体制的个人权利持有人取得联系。但是，平台必须接受来自个人的权利持有人的许可，只要这些许可涵盖了有意义的剧目，并且能够在"适当的条件"（包括合理的价格）下使用。

此外，草案还包括了《DSM 版权指令》序言中受欢迎的解释，即 OCSSP 的概念应仅指用户生成内容的平台，这些平台与（直接授权的）在线内容服务竞争相同的受众；还利用了序言中的解释，即非常小的平台（年收入不到100万欧元）使用上传过滤将是不相称的①。另外，为方便侵犯版权而设立的平台不能根据第17条减少其应该承担的赔偿责任。

3.3.3 立法实施动态

欧盟《数字单一市场版权指令》实施进程

2019年6月，新的《欧盟版权指令》生效。各国可在2021年6月前在本国法律中实施该指令。

法国最早将欧盟指令转化为国家法律。根据新的《欧盟版权指令》，法国竞争委员会要求Google公司必须就其链接法国新闻网站上的文章付费，Google公司于2020年11月底已与法国6家报纸和杂志②就版权付费问题达成协议，并正与其他媒体集团进行谈判。德国和荷兰已于2019年9月开始实施进程，随后西班牙在2019年12月开始实施。许多国家还在与利益相关者（图书馆、出版商、集体管理组织、代表用户权利的组织）进行会谈，如比利时、瑞典、芬兰。还有一些国家已经发布了不同条款的调查问卷，如罗马尼亚。还有一些国家尚未正式开始这一进程。同时，挪威和冰岛等欧洲经济区的国家尚未开始，但正在密切关注交流情况。

然而，欧洲国家在新冠肺炎疫情问题上的现状已经开始影响该指令的实施进程。关于该指令第17条的利益相关者对话原定于2020年3月30日举行第7次会议，但已被推迟到先前未知的日期。原定3月30日提交的关于斯洛文尼亚执行情况的意见的日期也被推迟到4月30日。瑞典已经取消了与利益相关者讨论该指令的会议，并专注于以书面形式沟通。

此外，有关国家的图书馆协会和图书馆正在向本国政府和其他利益相关者表达其同事和用户的需求。

3.3.4 学术动态

a. 关于对版权的"市场胡诌"的研究

Andrew Gilden在《版权的市场胡诌》③一文中指出，实践中，版权法通常使用经济修辞来保护广泛的非经济利益——这种做法被称为"市场胡诌"。市场胡诌

---

① 意思就是年收入不到100万欧元的小平台不必使用上传过滤。
② 包括顶级国家日报《世界报》、《费加罗报》和《解放报》，以及《快报》、《奥林匹克报》和《国际快递》。
③ Andrew Gilden. Copyright's market gibberish. Washington law review, 2019，94（3）.

隐藏了版权诉讼背后的真实动机以及法院对争议的解决方式，掩盖了当代版权法中实际利害攸关的利益。

市场胡诌对版权理论和实践产生了巨大的负面影响。许多学者认为，法院需要加倍重视以市场为基础的版权承诺，以消除滥用和私人审查。法院却仍通过市场说辞为其他利益"走私"辩护，结果导致了推理不透明和对版权系统的不公平使用。这种现象往往会导致性别、种族和阶级等方面的消极分配后果。

对诉讼中所涉实际利益采取更加透明的做法将对版权法产生巨大益处：首先，将使权利持有人处于更加平等的地位；其次，通过区分真正出于审查考虑的诉讼，更好地揭示法院在版权纠纷中做出的重要决策；再次，通过限制强势行为者利用市场胡诌达到与市场无关目的的能力，来遏制他们提起社会次优诉讼；最后，更全面地阐述版权纠纷所涉的实际利益，更好地根据所称损害的性质调整侵权补救办法。这种利益透明的方法将暴露出版权法在市场胡诌的面纱后面已经实现的重要影响。

b. 关于邻接权

P. Bernt Hugenholtz 在《邻接权已经过时》[1] 一文中认为，唱片公司的确进行了大量投资用于寻找艺术家和曲目，以及推广和营销。但是，设立邻接权并不是为了保护这些投资。同样，虽然在 20 世纪 60 年代，运营广播电台或电视台需要花费一大笔钱，但是到了 2019 年，任何拥有宽带、智能手机和 YouTube 账号的人都可以成为广播组织，拥有潜在的全球受众。因此，以技术投资为基础的邻接权已经过时。

邻接权没有规定最低门槛，缺乏门槛会导致过度保护和保护范围方面的不确定性。邻接权是否应该在知识产权法中占有一席之地还存在争议，还需明确的门槛标准和相应的范围规则。

c. 关于《数字单一市场版权指令》

Giancarlo Frosio 在《改革〈数字单一市场版权指令〉：基于用户的普通创意版权理论》[2] 中提出，《数字单一市场版权指令》为作者和表演者提供"适当的报酬"，以消除"价值差"。但其第 17 条并没有将资源重新分配给创造者，而是可能会增加 UGC 平台的责任、损害竞争并激化主动审查。

欧盟版权改革失败主要因为依赖过时的理论框架。公平和人格理论模型应让位于福利和文化理论方法，在用户生成内容环境下的版权改革要求特别关注用户和用

---

[1]　P. Bernt Hugenholtz. Neighbouring rights are obsolete. IIC，2019，50（8）.

[2]　Giancarlo Frosio. Reforming the C-DSM reform：a user-based copyright theory for commonplace creativity. IIC，2020，51（6）.

户权利。尽管改革在某些情况下促进了延伸性集体管理，但第 17 条所要求的权利所有者和在线内容分享服务提供商之间的合作可能会引入自动过滤和监控，导致主动审查，这将从根本上削弱用户的基本权利和创新者的激励。

负外部性可以通过改变理论观点和支持替代许可机制来解决。可以通过启动协调方法集中补偿创作者，包括：（1）例外和限制作为基础；（2）公平补偿；（3）法定/强制延伸性集体管理；等等。

d. 关于欧盟版权法独创性判断

Daniel Inguanez 在《从欧洲法院最近有关版权/外观设计重叠保护的判例看〈欧盟版权法〉对独创性判断的改进方法》[1] 中指出，Cofemel 案涉及实用艺术作品受版权保护的标准问题，即成员国是否可以对实用艺术作品或外观设计适用不同条件，核心是版权和外观设计权的冲突问题。Cofemel 案使一些成员国用来调节重叠保护的法律机制不符合欧盟法律规定。主要观点似乎是认为目前标准"不充分或不可行"，这是由于裁判案件时非常主观的心态所致。在 Cofemel 案判决之后，采用以制作单位数量为基础的版权保护限制是一种非常有效的方法。用这种标准区分作品是否值得版权保护可以避免给法院带来适用标准不一致的困难。Cofemel 案也表明独创性评估需要考虑多方面因素。

e. 关于创作者权

Giuseppe Mazziotti 在《在一个越来越以平台为主导的经济体中，创作者权利的未来如何？》[2] 中提出，平台商业价值体现在它们的个人数据收集以及非常复杂和秘密的算法上。平台促成了与中介切断联系的草根专业制作新形式，依赖成熟的内容管理技术与法律基础设施，改变内容生产的本质以服务于自己的数据分析业务。

"内容平台化"现象对艺术家和内容创作者来说是不利的，社交媒体网络平台背后的逻辑会系统性地惩罚创作者：首先，平台算法和过滤机制加剧了巨星和其他专业创作者之间的不平等；其次，引发了对专业创作内容的价格和报酬的竞争；再次，创意部门尤其是音乐产业仍然缺乏足够的曲目信息基础设施；最后，网络平台之间存在信息不对称的问题。

欧盟和美国正以截然不同的方式解决这类问题。欧盟寻求保护其公民和传统内容产业，转向对在线平台的事前监管形式，加强社交媒体平台责任。美国则认为垄

---

① Daniel Inguanez. A refined approach to originality in EU Copyright Law in light of the ECJ's recent copyright/design cumulation case law. IIC，2020，51（7）.

② Giuseppe Mazziotti. What is the future of creators' rights in an increasingly platform‐dominated Economy?. IIC，2020，51（9）.

断是自由市场经济的重要组成部分，基于"消费者福利"标准不适合对平台经济进行干预。欧盟和美国唯一一致的方向是发展权利信息基础设施，表明了对数据对于创作者权利行使的重要性的共同认知。

f. 关于隐私性版权

Shyamkrishna Balganesh 在《隐私性版权》[①] 中提出，版权的正当性在于"促进科学和实用艺术的进步"，目的是激发创造力，本质是一种基于市场的创造性生产激励机制。实践中版权的作用远不止这些，还包括由作者提出、目的在于阻止作品传播的主张。这种权利要求被描述为隐私性权利要求，是为了遏制对作者隐私、人格和自主权融合在一起的人格尊严的伤害。

隐私性版权主张最早与私人信件有关，但版权法从未在其整体结构中为此开辟一个特殊位置或类别。使用版权法来解决色情制品问题说明版权法在现代背景下的扩张，但社会仍怀疑使用版权法来达到这一目的的正当性。这种错配的理论基础源于版权法只有在创造性动机（及其关联市场属性）受到争议时才应被援引这一观点。

认知上的不匹配源于对版权法及其规范理想的短视理解。为作者提供对其自治权受到干扰的私人补偿机制一直是版权理论的核心。然而现代美国的版权思想明显不愿意承认这是版权法的合法目标。

在版权范围内，证明剥夺性版权主张持续存在的理由是：这些主张的根源在于作者。涉及剥夺权利要求的作品源于创作者，违背创作者意愿传播作品就等于剥夺作者的自主权。认识到版权私有主张的重要性，就必须认识到版权法的功能是使表达性损害（即表达行为所产生的损害）可以私人起诉的形式表现。

剥夺性版权主张是版权领域的一个特征。这些权利主张与版权法本身一样古老，揭示了版权制度中迄今未被重视的规范多元化来源的存在。它为法院提供将合法的私有版权主张与纯粹的审查区分开来的机制。

---

① Shyamkrishna Balganesh. Privative copyright. Vanderbilt law review，2020，73（1）．

第 4 章　反不正当竞争与反垄断

4.1　立法

4.1.1　德国

德国通过《反不正当竞争法》修订草案规制滥用警告信等行为

文件名称：Gesetz zur Stärkung des fairen Wettbewerbs

生效日期：2020 年 12 月 2 日

主要内容：2020 年 11 月 9 日，德国联邦议院（德国国会上议院）接受了联邦政府提出的旨在通过少量改动以加强公平竞争的法律草案，规制滥用警告行为的法律即将生效。本次修订的涉及范围包括明确竞争者和相关组织的诉讼资格、规制滥用警告信行为、简化被警告方的反诉流程等。

　　长期以来，德国法院认为，如果所主张的索赔有充分理由，那么准备并发出警告信的律师的"必要"法律费用必须由警告信的收受人予以偿还①。因此，原告在诉讼中通常会主张对方承担起草警告信的律师费等诉讼成本。这导致德国国内出现"大规模警告信"的情形，同时催生出一种由非营利性组织、律师和企业组成的特殊

① 有关德国警告信的相关背景，可参见"武大知识产权与竞争法"公众号发布的《德国司法报告：警告信——带有盈利动机的信件》。

产业，相关主体通过滥用警告信获得可强制执行的货币索赔。警告信产业的"过度行为"曾经引发德国反不正当竞争法规的多次修订和完善。

鉴于近年来急剧增加的企业和协会试图通过滥用警告信的方式进行盈利和合同处罚的行为，德国《反不正当竞争法》的修订主要是为了规制滥用警告信行为，限制"飞行管辖权"，其主要修订内容如下：

1. 关于警告

警告的内容。§13（2）UWG：警告必须以清晰易懂的方式告知：（1）发出警告的人的姓名或公司，如果是代理人，还需提供代理人的姓名或公司；（2）根据§8（3）享有请求的前提条件；（3）是否要求返还费用、返还数额及计算方式；（4）违法行为的实际情况；（5）在§13（4）的情况下，可排除费用返还的要求。

排除部分警告费用的返还请求。§13（4）UWG：根据该条规定，如果针对的是在电子商务或电信媒体中违反法定信息和标签义务的行为、企业和商业性协会实施的其他违反 EU 2016/679 号条例（GDPR）的行为以及违反《联邦数据保护法》（FDPA）的行为，发出警告信的人无权要求被警告人返还必要的费用，条件是这些企业和协会的雇员一般少于 250 人。应注意的是，本条款排除的是针对小企业和协会的警告费用的返还要求，而没有排除针对大型企业的返还要求。

被警告人的返还请求权。§13（5）UWG：如果警告没有正当理由或警告没有以明确和可理解的方式包含规定的信息，或者如果警告人的返还请求已被排除，被警告人有权要求警告人返还其法律辩护所需的费用。被警告人的返还请求金额以警告人所主张的返还金额为限。

对于小型企业不适用合同处罚的情形。§13a（2）UWG：对于违反互联网上的信息和标签义务，以及违反 GDPR 和 FDPA 规定的数据保护义务的行为，根据§13a（2）UWG 规定，在对违反行为进行第一次警告的情况下，不得再向小型企业（雇员少于 100人）要求合同处罚。

竞争者和协会的诉讼地位新规定，防止滥用警告的行为。§8（3）No.1 and 2 UWG：竞争者的诉讼地位受到本条款的限制。竞争者必须"在相当大的范围内销售或要求提供产品或服务，而不仅仅是偶尔"①。此外，对于具有促进商业或自营职业利益的法律资质的协会，必须已被列入§8bUWG的合格经济协会名单，并且符合"其成员由相当数量的在同一市场上销售相同或相关的商品或服务的企业构成，其违法行为能够影响到成员利益"的条件，才能被认定为起诉不正当竞争行为的适格主体。

§8bUWG：本条款规定了合格的经济协会名单。只有该名单登记的协会才有资格提起诉讼。该条款的目的是将这一领域的诉讼地位审查工作转移给联邦局，从而减轻法院的负担②。关于竞争者和协会诉讼地位的新规定将于2021年12月1日生效③。设置过渡期的目的是让协会有机会被列入名单，而不至于立即失去提起诉讼的资格。

针对不正当竞争行为的排除或不作为请求的滥用情形。§8cUWG：本条款规定了针对不正当竞争行为的排除或不作为请求在何时会被认定为滥用的情形。其中，针对警告行为，法条规定了在以下几种情况下警告可被视为滥用："在满足特定前提下，针对大量的违反同一法律规定的行为发出警告"（§8c（2）No.2 UWG）、"要求不合理的高额费用返还的警告"（§8c（2）No.3 UWG）以及"原本可以对违法行为一并警告，但却单独警告"（§8c（2）No.6 UWG）。

降低合同罚金数额。§13a（3）UWG：本条规定了对小型企业合同罚金数额的上限。如果违法行为从其性质、程度和后果来看，对消费者、竞争者和其他市场参与者的利益影响不大，而且被警告人的雇员通常少于100人，则合同罚金不得超过1 000欧元。

§13a（4）（5）UWG：警告人要求不合理的高额合同罚金的，被警告人只用支付合理数额的合同罚金。对罚金数额有异议时，被警告人可以向调解委员会提出上诉，而不必征得警告人的同意。

2. 取消互联网上的违法行为的"飞行管辖权"（flying place of jurisdiction）

§14（2）UWG：根据德国《民事诉讼法》§32条，侵权行为

---

① 经《加强公平竞争法》修订后第3款。Sehe Bundesgesetzblatt Jahrgang 2020 Teil I Nr. 56，S. 2568.
② Vgl. Köhler/Feddersen, in：Köhler/Bornkamm/Feddersen, UWG, 39. Aufl. 2021，§8 Rn. 3. 35.
③ Vgl. Köhler/Feddersen, in：Köhler/Bornkamm/Feddersen, UWG, 39. Aufl. 2021，§8 Rn. 3. 30.

(unerlaubte Handlung①) 发生地的法院具有管辖权。在实践中，由于可以在任何地方访问互联网，因此侵权行为可以在任何地方发生，原则上任何地方的法院都将具有管辖权（飞行管辖权）。§14 (2) UWG 对飞行管辖权进行了限制。违法行为（die Zuwiderhandlung②）发生地法院对于下列两种情形没有管辖权——"1. 有关电子商务或电信媒体中的违法行为的法律纠纷；或 2. 有关有权根据 §8（3）No. 2－4UWG 提出不作为请求的主体的法律纠纷"，除非被告在德国没有一般管辖地。

本次修订进一步明确了竞争者和相关组织的诉讼资格，只有竞争者在销售商品或提供服务的规模和频率上达到一定程度才有资格起诉，从而防止竞争者以滥用警告信的行为牟利。同时，修订后法律还明确了警告信的实质性要求、费用补偿请求权的排除以及被警告方的支出补偿请求权、违约金等具体内容，同时编纂了相关案例目录以提供更加明晰的法律指引。

新规对实践的具体影响有待观察，但从结果上看，本次修订使得被警告方得以在某些情况下针对内容有缺陷的警告信或"可疑"的警告协会提起更多抗辩甚至是反诉，一定程度上将遏制滥发警告信的不正当竞争行为。

4.1.2　日本

日本《家畜遗传资源不正当竞争防止法》通过并生效

文件名称：《家畜遗传资源不正当竞争防止法》（家畜遺伝資源に係る不正競争の防止に関する法律）

生效日期： 2020 年 10 月 1 日

主要内容： 该法由第 201 回国会通过，于 2020 年（令和 2 年）4 月作为令和 2 年法律第二十二号公布，同年 10 月 1 日实施。

该法的制定旨在加强对牛等家畜的遗传资源的保护，防止非法流通等不正当竞争行为，并设置了刑事处罚以及停止侵害请求权等的救济措施。该法主要规定了四种类型的不正当竞争行为：

---

① unerlaubte Handlung 位于《德国民法典》（BGB）侵权责任章（§§ 823 ff. BGB）。

② Zuwiderhandlung 的含义更宽泛，可译为"违法行为"或"不法行为"，在 UWG、BGB、StGB（《德国刑法典》）中都有相关表述。

1. 欺诈、盗窃等不正当取得及使用（2 条 3 项 1 号、2 号）；

2. 以图利或加害为目的违反契约的使用及让渡（4 号）；

3. 恶意受让及使用等（3 号、5 号）；

4. 不正当行为所产生的衍生物的使用、让渡等（6～13 号）

4.2　判例

4.2.1　反不正当竞争

4.2.1.1　侵害商业秘密

a. 美国 20200520 - Compulife Software，Inc. v. Newman 案（大量"刮取"网站公开信息是否构成侵害商业秘密案）

基本信息：959 F. 3d 1288（11th Cir. 2020）（美国第十一巡回上诉法院，2020 年 5 月 20 日）

案件事实：原告 Compulife 软件公司与被告 Moses Newman 等人具有直接的竞争关系，均从事设计、计算、组织和比较不同保险公司提供的人寿保险保费报价。原告的做法是先从各家保险公司搜集各种保费费率表单（均为公开信息），再使用某种不公开的方式把所有搜集到的信息予以汇编然后输入其数据库内，并使用加密措施来防止他人从事反向工程。原告的运营是以收费方式许可其客户（如保险代理人或经纪人）在其使用端（网站）呈现费率并报价给潜在的投保人。原告也在互联网上自行开设了一个域名为 http://www. term4sale. com/ 的网站，向访问者提供免费的人寿保险保费报价等。

　　本案共同被告聘请了第三方到原告的 Term4Sale 网站上进行"信息刮取"（data scrapping）工作。第三方运用机器人程序（bot）大量搜集了原告的信息，尤其是针对两个邮编区域内的所有保险报价，并部分复制了原告的数据库。证据显示，固然这些信息在理论上也可以由个别使用者以人工方式去检索获得，然而，受聘的第三方则是在极短的时间内通过机器人程序，运用一切可能的人口、年龄等各种统计数字的组合获取了 4 300 万笔不同的报价，被告以此作为对其客户报价的参考与竞争对照。此外，在被告从事信息刮取时，原告 Term4Sale 网站并没有提供任何的使用者合同，要求访问者必须事先同意（相关的合同与政策后来才加上）。原告起诉被告对其数据信息的刮取行为构成对其商业秘密的侵害（另有著作侵权的主张，在此不赘）。

佛罗里达州南区联邦地区法院认为被告并未侵害任何的商业秘密。固然原告的数据库可以作为商业秘密受到保护，但是对于透过个别检索以获取信息的行为则不构成窃取商业秘密，理由为这些原本就是公开的信息，自然无法成为商业秘密[1]。

主要争点： 对于本质上可以公开获取的信息从事规模性的刮取是否构成侵害商业秘密。

裁判要点： 第十一巡回上诉法院推翻了地区法院关于侵害商业秘密部分的判决，并发回地区法院针对规模性的信息刮取是否构成对商业秘密的侵害予以重审。

上诉法院首先明确了原告关于保险报价的数据库构成商业秘密继而对佛罗里达州的商业秘密保护法（即该州参酌《统一商业秘密法》（Uniform Trade Secrets Act）最终通过的版本）进行了诠释。上诉法院表示，如果被告认知其所获取的涉及商业秘密的信息或知识是使用了"不当方式"（improper means）而获得，或是"基于意外或错误"却继续使用，该使用行为即成为可被追诉的窃取行为（misappropriation），不会因为那些保险报价信息在本质上是公开可用的就减损了原告关于侵害其商业秘密的主张[2]。

法院进一步表示，固然自然人以手工方式从原告网站容许公众接触和取用的数据库部分撷取保险报价的信息一般不存在侵害商业秘密的问题，但是以机器人程序等自动操作的方式大量刮取原告数据库内的信息则有可能符合法律规定的"不当方式"要件，也就是说，虽然个别的信息刮取行为基本上未侵害商业秘密，但是整批、大量的刮取是否会导致对受保护的数据库的整体构成了侵害，则是需要进一步审理的问题。

---

[1] 本案案情极为复杂，另与著作侵权等问题相互纠结。此处只针对商业秘密的部分简要介绍。

[2] Florida Statutes § 688.002 (2) (b).

　　至于原告未以合同等方式限制或控制对其网站信息的取用是否免除了被告的责任，上诉法院援引了一家位于弗吉尼亚州的联邦地区法院的判决，认为原告清晰地给予全球一个默示许可，可以从其网站上在任何人力所能的范围内自行取用各式的报价，因此，以人工方式从原告的数据库搜取报价信息几乎永远不可能会构成"不当方式"，使用机器人程序来搜集巨额数据则有可能构成①，上诉法院故将本案的这一部分发回地区法院重审。

评　　论：无论信息本身是否为公开的可以随手检索的资料，上诉法院仍然试图在本案中以信息刮取的"数量"来作为界定是否构成"不当方式"的基础（至少是对此提出了质疑并作为推翻下级法院判决的依据），然后再以此推导被告是否会构成对原告商业秘密的侵害。

　　对于涉及从网站自动地大量刮取数据信息的案件，原告一般是通过《计算机欺诈及滥用法》（Computer Fraud and Abuse Act，CFAA）② 与违约等来主张权利。因被告聘用了第三方来对原告数据库信息进行大规模的刮取，故本案原告并未依据 CFAA 维权。这使得本案显得较为特殊，也把对公开信息的大量刮取是否构成商业秘密侵害问题推上了台面。虽然上诉法院并没有直接认定此种行为构成对原告商业秘密的侵害，但本案的判决的确为商业秘密的持有者提供了一个可能的全新的损害救济路径与保护其数据库策略的一个新思路。

　　虽然上诉法院没有直接对被告行为是否构成侵害商业秘密做出明确结论，但其倾向性已然非常明显，也引发了许多批判③。首先，既然整个网站是开放给公众自由使用，其中的数据原本也都是公开的信息，也就没有任何的商业秘密性可言，至于使用者以何种方式来取用其中的信息则与商业秘密完全无关。其次，《统一商业秘密法》第 1 条第（1）款开宗明义将"不当方式"定义为"包括窃盗、贿赂、误导、违反或诱使违反保密义务，或是透过电子或其他方式

---

　　① *Physicians Interactive v. Lathian Systems，Inc.*，2003 U. S. Dist. LEXIS 22868（E. D. Va. 2003）.

　　② 18 U. S. C. § 1030.

　　③ Peter J. Toren. Improper means'：the eleventh circuit's very dubious trade secrets decision in Compulife Software v. Newman（Parts I to III）. https://www. ipwatchdog. com/2020/07/02/dubious-decision-eleventh-circuit-finds-scraping-data-public-website-can-constitute-theft-trade-secrets-part/id = 123029/（Part I）；https://www. ipwatchdog. com/2020/07/14/improper-means-eleventh-circuits-dubious-trade-secrets-decision-compulife-software-v-newman-part-ii/id = 123265/（Part II）.

的间谍刺探"①，这与佛罗里达州商业秘密保护法的定义完全一致。在司法实践上，多数采取了狭义的见解，认为"不当方式"就是以此为限；但极少数的则是采取广义观点，认为不限于此。采取广义界定将让法院享有极大的裁量权，可对不当行为自由认定，结果将会造成相当大的不确定性（某州法院认为方式"正当"的到了另外一州却可能成了"不正当"），也与原本想要尽量统一各州立法的用意背道而驰。如果采取严格的定义（犹如刑法上的"罪刑法定"），那么本案的大规模信息刮取行为显然不在其列，或许具有是否违反商业道德的争论，但绝不构成"违法"的不当方式。最后，在商业竞争中，搜集竞争对手的情报信息作为比较原本就是天经地义，借助软件等工具达到更高效率更是无可厚非。按照上诉法院的判决思路反而可能会对市场造成某种程度的"寒蝉效应"。

b. 美国 20200430 – Advanced Fluid Systems，Inc. v. Huber 案（持有或占有特定的商业秘密者的诉讼资格）

基本信息：958 F. 3d 168（3d Cir. 2020）（美国第三巡回上诉法院，2020 年 4 月 30 日）

案件事实：原告先进液态系统公司（Advanced Fluid Systems，Inc.，下称"AFS"）是专门从事制造液压系统来移动重型机具的厂家。AFS 在 2009 年 9 月与美国弗吉尼亚州航天飞行署（Virginia Common-wealth Space Flight Authority，VCSFA）签约，承揽美国国家航空航天局（National Aeronautics and Space Administration，NASA）设在该州外海瓦勒普斯岛（Wallops Island）上火箭发射设施的液压系统。合同注明了所有与履行合同有关所产生的材料的所有权完全归属于 VCSFA。之后凡是由 AFS 所开发或制造，与该项目有关的文件、器材等均注记为 AFS 的工作成果。

2012 年 9 月，轨道科学公司（Orbital Sciences Corporation，下称"Orbital"）从 VCSFA 获得了整个发射系统的控制权，包括 AFS 原先设计和制造的液压油液系统。该公司接着展开了对 AFS 工程的后续招标工作。约在此时，AFS 的销售经理 Kevin Huber

---

① Uniform Trade Secrets Act，§ 1 (1)（"'Improper means' includes theft，bribery，misrepresentation，breach or inducement of a breach of a duty to maintain secrecy，or espionage through electronic or other means"）.

（共同被告之一）与 AFS 的竞争对手 Livingston & Haven，LLC（下称"L&H"）取得了联系，并将与 AFS 液压油液系统设计有关的机密文件、设计图纸等提供给 L&H 的高管，之后协助 L&H 起草了招标书，其中使用了 AFS 的秘密设计图并因而中标。

Kevin Huber 自行设立了名为 Integrated Systems and Machinaery，LLC 的有限责任公司（下称"INSYSMA"），并击败 AFS 和 L&H 从 Orbital 公司争取到了另一个项目工程。在正式从 AFS 离职前，Kevin Huber 一共从 AFS 下载了约 98GB 的电子档案。

AFS 于 2013 年底起诉 Huber、L&H（包括其中涉嫌与 Huber 联系的两名高管）、INSYSMA 和 Orbital，主张共同被告侵害了其商业秘密，违反了宾夕法尼亚州《统一商业秘密法》（Uniform Trade Secrets Act）、违反了诚信与信赖义务以及帮助与教唆等。宾夕法尼亚州中区联邦地区法院以径行判决的方式判令共同被告应对原告负连带损害赔偿及惩罚性赔偿责任。共同被告不服提出上诉。

主要争点：侵害商业秘密的诉讼是否必须以原告拥有诉争的商业秘密为前提；如果仅以持有或占有特定的商业秘密起诉是否具有诉讼资格。

裁判要点：第三巡回上诉法院维持了地区法院的径行判决。共同被告在上诉阶段抗辩的核心就是原告并非商业秘密的所有人，因此不具备诉讼资格（或当事人不适格）。法院认为：（1）主张商业秘密受到侵害的当事人仅需举证持有（possess）该商业秘密即可，不需证明拥有该商业秘密。现行法律或相关注释评论从未把享有法定所有权作为起诉侵害商业秘密的先决要件。相反地，如果做此要求反而忽视了商业秘密合法持有人所享有的实质利益。（2）即使承揽合同的约定或职务创作规定原告并非商业秘密的所有人，但是原告在履行合同过程中不但实际持有而且依合同的要求必须使用商业秘密（实际上不但对由其开发出的相关机密性材料保有控制，也使用了那些商业秘密，而且 VCSFA 也从未对此提出过任何异议），因此构成对该商业秘密的合法持有者。（3）不支持共同被告（共同上诉人）的"合理措施"（reasonable measures）抗辩，亦即纵使原告与 VCSFA 之间没有另行订立正式的保密协议，VCSFA 依然认为其有保守秘密的义务，并且通过实际行为体现了其负有的义务。

评　　论：传统上涉及侵害商业秘密的民事案件是属于各州法院的管辖。2016

年国会制定《商业秘密保护法》首次创设了联邦的民事管辖权[①]。因此，在本案起诉时由联邦法院阐释商业秘密法的内涵可谓相当罕见。第三巡回上诉法院在判决本案时借鉴、参酌了第四巡回上诉法院的先例，明确一个关键的先决问题，即原告不需要是法定或传统意义上的商业秘密所有人，只需持有该商业秘密或是对该秘密具有实质上的利益关系即可起诉[②]。此判决对于实务或许具有如下启示：（1）如果在订立合同时就在其中增列一个许可条款，明确项目承揽人与法定归属的所有权人之间的法律关系，即可避免许多未来的争讼；（2）凡是可能与特定商业秘密信息有任何接触机会的职员都应与其雇主签订保密协定，以尽量杜绝未来可能会产生的争议；（3）任何机构或单位应及早订立对外信息交流的政策，并尽可能与外部交流对象订立保密协议；（4）双方当事人都应尽早做好关于对损害赔偿的评估与计算工作，从被告角度而言，包括各种可能抵消或降低损失的主张。

　　c. 美国 20200131 - Motorola Solutions. Inc. v. Hytera Communications Corp. 案（美国商业秘密等法律的域外适用）

基本信息： Civil Action No. 1：17 - cv - 1973（美国伊利诺伊州北区法院，2020 年 1 月 31 日）

案件事实： 2017 年 3 月，摩托罗拉解决方案公司（下称"摩托罗拉"或者"原告"）以海能达通信股份有限公司及其美国公司（下称"海能达"或者"被告"）违反美国《商业秘密保护法》（DTSA）和《伊利诺伊州商业秘密保护法》（ITSA）涉嫌侵犯摩托罗拉双向无线电技术方面的商业秘密为由，将海能达诉至伊利诺伊州北区法院。2018 年 8 月，摩托罗拉又向法院增加海能达违反美国《著作权法》应就侵犯其著作权进行损害赔偿的诉讼请求。本案关键事实在于，海能达雇用的原属于摩托罗拉的三名工程师窃取了原告成千上万的技术秘密文件，之后被告又利用这些包含了商业秘密和源代码的文件，开发出功能上与原告无线电设备毫无二致的最先进的数字无线电设备，并销往包括美国在内的世界各地。2019 年 12 月 2 日，海能达

---

① Defend Trade Secrets Act of 2016，Pub. L. 114 - 153，130 Stat. 376（2016）.

② DTM Research，LLC v. AT&T Corporation，245 F. 3d 327（4ᵗʰ Cir. 2001）.

向法院提出排除摩托罗拉关于域外损害赔偿的动议。海能达指出，上述三项法律没有一项具有域外效力，损害赔偿范围应限于国内。而摩托罗拉认为，海能达之举已意味着对法律地域效力的放弃，即使海能达没有放弃，这些法律也具有域外效力。2020年1月31日，伊利诺伊州北区法院就海能达的动议做出裁定：无论DTSA具备域外效力与否，均可适用于本案件。因DTSA具备域外效力，故摩托罗拉可以就海能达盗用其商业秘密所导致的域外损害请求赔偿，但赔偿范围限于DTSA生效（2016年5月11日）之后产生的损害；美国《著作权法》和ITSA不具有域外效力，但摩托罗拉可以就海能达与国内侵权行为直接相关的域外侵权行为获得赔偿。因此，法院批准排除摩托罗拉关于域外损害赔偿动议的部分内容。

主要争点：DTSA、美国《著作权法》和ITSA是否具备域外效力；若不具备，当事人能否就其所遭受的域外损失主张损害赔偿。

裁判要点：对于相关法的域外效力和当事人损害赔偿责任等问题，伊利诺伊州北区法院的裁决及理由如下：

1. 对法律域外效力的判断应从两方面着手，同时应结合立法目的和法律规范文本进行文义、历史和体系解释。联邦最高法院就本国法的域外效力问题发布了"两步分析法"（two-step frame-work）。首先考察某法律本身是否存在允许其域外适用的"明确指示"（clear, affirmative indication）；若无，则法院认定该法不具备域外效力，并判断该法的域内效力是否适用于相关案件。某法被适用与否，取决于涉案行为是否触及该法规范的重点。"如果与法规范重点有关的行为发生在美国，则该案件涉及相关法在国内的适用，即使其他行为发生在国外；但如果与法规范重点相关的行为发生在国外，则无论在美国领土上所发生的其他任何行为如何，该案件都不涉及相关法的域外适用。"[1] 在判断是否存在"明确指示"的问题上，法院采取解释成文法的传统路径，即文义和体系解释[2]。不能仅因为联邦法在刑事案件中确立了法律的域外效力，就认为规范类似行为的私法也当然地具备域外效力。因此，关于成文法域外

---

① RJR Nabisco, Inc., v. European Cmty., 136 S. Ct. 2090, 2101, 195 L. Ed. 2d 476 (2016).

② Morrison v. National Australia Bank Ltd., 561 U. S. 247, 255, 130 S. Ct. 2869, 177 L. Ed. 2d 535 (2010).

效力的推定是否被推翻，取决于该法的语言表述。然而，即使成文法不存在有关其域外效力的明确指示，一方当事人也能在特定条件下主张对方的损害赔偿责任，该条件即是"与法规范重点有关的行为发生在美国"。因此，法院跳过两步分析法中的第一步，直接确定成文法规范的重点。所谓法规范的重点，即其规范的对象，既可能是行为，也可能是权益①。在解释法规范的对象时，也要考虑立法者在制定该法时所关注的问题。是故，法院应结合立法目的和法规范语言，着力探寻法律规范和保护的对象。

2. DTSA 具备域外效力，但原告主张的域外损害赔偿限于该法律生效后的损害范围。2016 年 5 月 11 日生效的 DTSA，增加了对侵犯商业秘密的联邦民事救济，修订并扩大了打击经济间谍犯罪的《经济间谍法》（EEA，《美国法典》第 18 编第 90 章）的适用范围，还增加了《统一商业秘密法》（UTSA）关于"盗用"（misappropriation）的定义。由于国会没有采取行动改变对 EEA 的现有解释，而是在法定章节中创建了一种私人诉讼权利，即引入了一种新的权利，因此通过 DTSA 修订的章节应与 EEA 合并进行体系解释，而不能仅考察 DTSA 的条款。关于侵犯商业秘密的民事救济被规定在《美国法典》第 1836 节，第 1836 节（b）（5）款详细地规定了盗用的概念，包括以一系列不正当手段获取、披露和使用他人商业秘密等行为②。虽然包括盗用定义条款的第 1836 节不含有指向域外效力的"明确指示"，但这并非法律解释的最终结果。在确定对这些具体条款的正

---

① Western Geco LLC v. ION Geophysical Corp. , 138 S. Ct. 2129，2136，201 L. Ed. 2d 584（2018）.

② 18 U. S. C. A. § 1836（b）（1）In general. – An owner of a trade secret that is misappropriated may bring a civil action under this subsection if the trade secret is related to a product or service used in, or intended for use in, interstate or foreign commerce.

1836（b）（5）the term "misappropriation" means –

（A）acquisition of a trade secret of another by a person who knows or has reason to know that the trade secret was acquired by improper means；or

（i）disclosure or use of a trade secret of another without express or implied consent by a person who – used improper means to acquire knowledge of the trade secret；

（ii）at the time of disclosure or use, knew or had reason to know that the knowledge of the trade secret was-

（I）derived from or through a person who had used improper means to acquire the trade secret；

（II）acquired under circumstances giving rise to a duty to maintain the secrecy of the trade secret or limit the use of the trade secret；or

（III）derived from or through a person who owed a duty to the person seeking relief to maintain the secrecy of the trade secret or limit the use of the trade secret；...

确解释时，必须结合整章进行体系解释，而第 1837 节①正是体现 DTSA 域外效力的基石。不过，虽然第 1837 节明确了法律具有域外效力的条件，但问题是该节是否只针对刑法，是否同时创设了第 1836 节关于民事救济的域外适用。尽管不存在对相关问题进行详尽阐释的先例，但也没有任何法院否定过 DTSA 的域外适用效力。故而法院结合国会立法时对 DTSA 的注释来进行法律解释。首先，第 1837 节将适用法扩展至"本章"，反映出国会将 DTSA 拓展至域外适用的意图；其次，国会关于 DTSA 的注释文件 Pub. L. 114 - 153②也数次提及 DTSA 对域外行为的规制。综合而言，国会在通过 DTSA 时，关注的是美国境外发生的与盗用美国商业秘密有关的行为，而且第 1837 节明确指出它适用于包括民事救济的整章。虽然 RJR Nabisco 案依据法律文本的限制性语言就刑事域外救济和民事域外救济进行了分界，但第 1836 节并不存在类似的限制性语言；相反，第 1837 节出现了可视为类似表达的限制性语言，因为其规范中采用了 "offender" 或 "offense" 这样的主语。依据《布莱克法律词典》，广义上，offender 可以仅指采取非法行动的人，包括

---

① 18 U. S. C. A. § 1837：This chapter also applies to conduct occurring outside the United States if -

（1）the offender is a natural person who is a citizen or permanent resident alien of the United States，or an organization organized under the laws of the United States or a State or political subdivision thereof；or

（2）an acting furtherance of the offense was committed in the United States.

② Pub. L. 114 - 153，§ 5：It is the sense of Congress that -

（1）trade secret theft occurs in the United States and around the world；

（2）trade secret theft，wherever it occurs，harms the companies that own the trade secrets and the employees of thecompanies；

（3）chapter 90 of title 18，United States Code（commonly known as the "Economic Espionage Act of 1996"），applies broadly to protect trade secrets from theft；and

（4）it is important when seizing information to balance the need to prevent or remedy misappropriation with the need to avoid interrupting the -

（A）business of third parties；and

（B）legitimate interests of the party accused of wrong doing

Pub. L. 114 - 153，§ 4（b）：

（1）The scope and breadth of the theft of the trade secrets of United States companies occurring outside of the United States.

（2）The extent to which theft of trade secrets occurring outside of the United States is sponsored by foreign governments，foreign instrumentalities，or foreign agents.

（3）The threat posed by theft of trade secrets occurring outside of the United States.

（4）The ability and limitations of trade secret owners to prevent the misappropriation of trade secrets outside of the United States，to enforce any judgment against foreign entities for theft of trade secrets，and to prevent imports based on theft of trade secrets overseas.

一个可起诉的实体，如公司；然而有时在法律术语中，offender 更确切地属于刑法范畴。由此，关键又回到国会是否有意图将第 1836 节规定的民事救济适用于域外的"明确指示"的问题。基于对国会相关文件的分析，结合《美国法典》的有关内容，法院认为，虽然第 1837 节包含可能被解释为限制性语言的内容，但国会在修正的《美国法典》第 18 编第 90 章中明确表示，将第 1837 节的域外条款扩展至第 1836 节，也即第 1836 节可能具有第 1837 节规定的域外管辖权。其一，应从广义上理解 offender 和 offense 的含义，《布莱克法律词典》亦指出 offense 即违法之意，这当然地包括违反民事法律；其二，在实践中，offense 也主要被理解为不法行为，且对 offense 的广义理解也得到国会文件 Pub. L. 114 - 153 的支持；其三，RJR Nabisco 案的顾虑在涉及 DTSA 的案件上不存在，因为 DTSA 明确规定了进行域外适用的条件。基于上述理由，法院认为，只要符合第 1837 节的任何一项条件，DTSA 可以在域外适用于民事救济。本案中，原告已提供足够证据证明被告在美国发生了推进违法犯罪的行为，该推进违法犯罪的行为即盗用。盗用的表现形式有多种，除了典型的不法获得行为外，还有不法披露或使用等行为。原告主张被告通过不法行为从美国获得其商业秘密，可即使该事实成立，原告也无法基于本事实主张 DTSA 规定的损害赔偿，因为获取行为发生于 DTSA 生效之前。所以本案关注的重点问题就在于"是否在美国发生了'推进不法使用'商业秘密的行为"。"使用"定义虽未规定在 DTSA 中，《反不正当竞争法重述》（1995）[1] 和相关先例[2]也给出了一定解释，包括一切不当使用他人商业秘密的行为。所谓"推进不法使用商业秘密的行为"即是表明"该不法使用行为正在发生，而非停留在思

---

[1]　Restatement (Third) of Unfair Competition § 40, cmt. c (1995)："As a general matter, any exploitation of the trade secret that is likely to result in injury to the trade secret owner or enrichment to the defendant is a 'use' under this Section. Thus, marketing goods that embody the trade secret, employing the trade secret in manufacturing or production, relying on the trade secret to assist or accelerate research or development, or soliciting customers through the use of information that is a trade secret (see § 42, Comment f) all constitute 'use'."

"There are no technical limitations on the nature of the conduct that constitutes 'use' of a trade secret...As a general matter, any exploitation of the trade secret that is likely to result in injury to the trade secret owner or enrichment to the defendant is a 'use'."

[2]　Cognis Corp. v. CHEMCENTRAL Corp., 430 F. Supp. 2d 806, 812 (N. D. Ill. 2006)："The idea of 'use' as embodied in this language indicates that the third party's actions have to be improper and damage the owner of the secret to some extent. This suggests that 'use' is a very broad concept."

想层面或行为已完结的状态"①。因此，如果原告能证明被告的不法使用行为（盗用）处于"正在发生"的状态，那么第1837节的条件就得到了满足，该章也适用于发生在美国以外的行为。而本案中，原告的证据足以证明被告对商业秘密的"不法使用"已发生在美国国内；具体而言，在整个审判过程中，被告仍在国内众多的贸易展览会上宣传、推广和销售体现被指控窃取商业秘密的产品。因为被告获取原告商业秘密的时间发生在DTSA生效前，基于法不溯及既往原则②，原告不能基于获取商业秘密这一事实主张损害赔偿，但可以基于不法使用这一事实主张损害赔偿。尽管原告主张其有权获得追溯至DTSA生效日期之前的研究和开发费用，然而原告未能充分证明此点，但若原告能够证明被告不当得利，不当得利可以在DTSA生效后被追回。综上，DTSA具备域外效力，但原告主张的域外损害赔偿范围限于该法律生效后的损害范围。

3. 即使DTSA不具备域外效力，也可适用于本案件。依据最高院的两步分析法，在一部法律就其域外效力没有"明确指示"的情况下，应判断该法的域内效力是否适用于相关案件，即涉案行为是否触及该法规范的重点。若与法规范重点有关的行为发生在美国，则该案件涉及相关法在国内的适用，即使其他行为发生在国外。依据上述分析，DTSA规范的重点在于对商业秘密的盗用，盗用行为可以通过不法使用予以实现。而原告已证明了被告的不法使用行为发生在国内，因而可以就该事实主张被告于国内不法行为的损害赔偿责任。

4. 美国《著作权法》不具备域外效力，但原告可以就被告与国内侵权行为直接相关的国外侵权行为获得赔偿。该结论的得出是基于先例总结的这项原则——如果侵权行为发生在美国境内，那么原告可以就被告与国内侵权行为直接相关的国外侵权行为获得

---

① 354 U. S. at 334，77 S. Ct. 1064. Yates makes clear that the act in furtherance of the offense of trade secret misappropriation need not be the offense itself or any element of the offense, but it must "manifest that the [offense] is at work" and is not simply "a project in the minds of the" offenders or a "fully completed operation".

② Cave Consulting Grp., Inc. v. Truven Health Analytics Inc., No. 15-CV-02177-SI, 2017 WL 1436044, at ＊4（N. D. Cal. Apr. 24, 2017）；Adams Arms, LLC v. Unified Weapon Sys., Inc., 16-1503, 2016 WL 5391394, at ＊6（M. D. Fla. Sept. 27, 2016）(quoting Unif. Trade Secrets Act, §11).

赔偿[①]。

5. ITSA 不具备域外效力，相关分析路径与分析 DTSA 的域外效力一致。如果一部法律对其域外效力保持缄默，则推定该法不具备域外效力[②]。除了 ITSA 第 1065/8（b）（1）款[③]外，该法其余条款均未就其域外效力问题进行过表述。在此，关键问题是 ITSA 第 1065/8（b）（1）款是否给出允许其域外适用的"明确指示"。虽然 Miller 案[④]基于第 1065/8（b）（1）款认为 ITSA 具有域外效力，不限制保护商业秘密的时间和地域，但法院不赞成。依据体系解释，若上述条款被解释为具备域外效力，则第 1065/7 节规定的提起盗用商业秘密之诉的期限限制（5 年内）就与前述条款相矛盾。而对该条款更明确的解读是，立法机构关注法院对限制性契约合理性的分析，并试图澄清由此类契约产生的义务不能因缺乏地理或时间限制而被视为不可执行的。基于第 1065/8（b）（1）款并未明确指出 ITSA 具备域外效力，因此法院认定 ITSA 不具备域外效力。

评　　论：在本案中，伊利诺伊州北区法院对 DTSA、美国《著作权法》和 ITSA 的域外效力进行了详尽的分析，其中涉及对盗用和不法行为等核心概念的具体阐释，同时又结合相关判例，综合立法文本和法律文本进行精到的法律解释，具有重大的理论意义和实践价值。这对我国法院在法律解释及相关商业秘密案件的审判上有重要的启示。

在判定 DTSA 是否具备域外效力的问题上，美国法院运用法律解释方法，认可了 DTSA 的域外效力，并结合先例对盗用和不法行为进行扩大解释，从而做出有利于原告的认定。法律解释的目的在于，"使人们准确理解法律规范的内在要求，使法律的实施达到

---

① Tire Eng'g & Distribution，LLC v. Shandong Linglong Rubber Co.，682 F. 3d 292，307（4th Cir. 2012）.

② Graham v. Gen. U. S. Grant Post No. 2665，V. F. W.，43 Ill. 2d 1，6，248 N. E. 2d 657，660（1969）.

③ 765 Ill. Comp. Stat. Ann. 1065/8（b）（1）：This Act does not affect：（1）contractual remedies，whether or not based upon misappropriation of a trade secret，provided however，that a contractual or other duty to maintain secrecy or limit use of a trade secret shall not be deemed to be void or unenforceable solely for lack of durational or geographical limitation on the duty...

④ Miller UK Ltd. v. Caterpillar Inc.，No. 10 - CV - 03770，2017 WL 1196963，at ＊7（N. D. Ill. Mar. 31，2017）："It is thus apparent that ITSA not only lacks a geographic limitation，it authorizes broad geographic application for purposes of trade secret protection that would be invalid in other contexts."

立法所预期的效果"①。法院在本案中主要运用了文义、历史和体系的解释。在文义解释上，除了从法律专业角度（术语适用的范围、法律词典）进行解释外，还结合习惯的角度进行解释（判例），进而认定应从广义上理解不法行为。而历史和体系解释更推进了法院解释的广度。比如本案中，法院借助国会相关的立法文件和第1837 节的规定（对本章适用范围的规定），不仅支持了对不法行为的广义解释，还认可了第 1836 节所隐含的域外管辖权。在对盗用问题的解释上，除了依据 DTSA 的措辞外，法院还结合《反不正当竞争法重述》和有关判例将盗用所包含的使用行为扩大解释成包括"正在发生中的不法使用行为"，克服了 DTSA 时间效力和地域效力的问题，解决了即使 DTSA 在不具备域外效力的情况下是否适用于本案的问题。本案充分体现了法律解释在填补法律空白、实践立法目的上之不可或缺的作用，同时也具体展现出法院如何使法律解释符合立法目的、从而维护本国利益的生动图景。在此方面，本案和美国联邦巡回上诉法院（CAFC）于 2011 年对天瑞集团、天瑞集团铸造有限公司诉美国国际贸易委员会（ITC）案②所做出的裁决具有相同之处。当域外主体盗用美国商业秘密后又将包含其秘密信息的产品进口到美国时，ITC 可根据《1930 年关税法》第 337 条，针对这些产品引发的不正当竞争发起 337 调查。"只要是盗用行为可能损害美国相关产业利益，哪怕该行为发生在外国，ITC 也可行使管辖权"③。CAFC 最终做出支持 ITC 的裁决，认为即使盗用商业秘密的行为发生在美国境外，第 337 条也适用，因为将侵犯商业秘密的产品进口到美国的行为将导致不正当竞争，所以 ITC 发布禁令禁止有关产品进口到美国的行为有利于规制损害美国相关产业的不正当竞争行为。在解释第 337 条的域外效力时，CAFC 从"国会立法目的（立法者意思）、ITC 规制的行为范围以及第 337 条的立法史"三方面进行论证："1.337 条款所明确针对的对象为将物品进口美国所存在的竞争中的不公平方法及不公平行为。337 条款的重点在于进口，而进口本身是一种国际性的交易，故可合理推定

---

① 舒国滢. 法理学导论. 北京：北京大学出版社，2019：228.
② TianRui Grp. Co. v. U. S. Int'l Trade Comm'n, 661 F. 3d 1322, 1328 (Fed. Cir. 2011).
③ 郑友德，钱向阳. 论我国商业秘密保护专门法的制定. 电子知识产权，2018（10）：34 – 88.

国会在立法时清楚该法也将适用于可能发生在境外的行为或者有此意图。2. 在本案中，国际贸易委员会并未适用 337 条款惩罚纯境外的行为，本案针对的境外不正当竞争行为局限于导致商品出口至美国并导致国内产业受损的行为。3. 337 条款的立法历史支持了国际贸易委员会的对该法适用的解释，准许该委员会审理发生在国外的行为。"① 在 ITC 行为是否不正当地干涉了中国法律的适用问题上，CAFC 认为，"天瑞未能指明国际贸易委员会在本案适用的、规制商业秘密窃取的原则与中国商业秘密法存在冲突"，而且"既然中国为世界贸易组织成员，其法律包括商业秘密法必须要符合 TRIPs 协定的要求；国际贸易委员会在本案适用的美国商业秘密法与 TRIPs 协定第 39 条无差别，故中国商业秘密法与在本案适用的美国商业秘密法不存在冲突"②。虽然 CAFC 的裁决引致不少批评，但对我国企业在保护商业秘密的问题上有警醒之效。

商业秘密作为企业和国家之间的核心竞争力之一，在经济全球化的浪潮中发挥着举足轻重的作用。为维护其贸易主导地位，美国在"长臂管辖"的道路上越走越远。近年来，随着我国科技的发展和以技术为核心竞争力的企业的崛起，中美在全球范围内开启了市场竞争，贸易摩擦不断增多。双方涉及商业秘密的纠纷案也逐年递增，美国也希望利用其主场优势打击中国企业。2020 年 1 月，中美达成《中华人民共和国政府和美利坚合众国政府经济贸易协议》。该协议明确将商业秘密作为知识产权的对象予以保护，这也是美国国内法单边主义扩张和以美国为首的西方国家推行"TRIPs‐Plus"知识产权保护政策的结果。正如有学者所言，解决贸易摩擦的"双边与多边模式的选择，本质上是贸易保护主义和全球经济一体化之争"③。然而，商业秘密是否为一项知识产权，又是否一定要为之单独立法予以保护，是需要结合商业秘密的本质属性、我国现有的商业秘密保护模式的保护程度、我国法律体系的基础以及为商业秘密单独立法的必要性等方面进行慎重探讨的，不可轻易随波逐流。我国目前采取的是以反不正当竞争法为主，以民法、刑法及相关法规

---

①　张广良. 侵犯商业秘密纠纷的境外风险：评美国"天瑞"案. 中国对外贸易，2012 (12)：63 - 65.

②　同①.

③　郭禾. 中美贸易摩擦的前世今生. 中国经济报告，2018 (6)：100 - 101.

和司法解释等保护为辅的局面①。我国对商业秘密的保护水平,实则已超过相关国际公约和双边协定的保护水平。故而更重要的是,中国企业应增强商业秘密保护的法律意识,在保护本企业商业秘密的同时,还要做好风险防范和控制,避免落人口实而被卷入商业秘密纠纷。

d. 美国 20200820 – Epic Systems Corporation v. Tata Consultancy Services, Ltd. 案(窃取他人保密数据行为之惩罚性赔偿的承担)

基本信息:971 F. 3d 662(7th Cir. 2020)(美国第七巡回上诉法院,2020 年 8 月 20 日)

案件事实:原告史诗系统公司(Epic Systems Corporation)是全美首屈一指的电子健康记录软件开发商。该公司与多家医院和医疗系统有长年的合作关系,通过其软件来储存与处理病患的各项信息,包括预约挂号的日期和时间、账单和医疗记录等等。原告所有的数据库集中在一个中央存储系统中。原告的运营模式是把不同版本的软件分别许可给不同的合作对象,而后者则可依据本身的组织结构和需求对软件进行客制化的调整。因整套软件的操作非常复杂,需要不断地更新和测试,为此,原告为其客户提供了一个名叫"使用者网"(UserWeb)的入口网站(web portal),包含各种操作上的支援信息、训练教材、软件更新与线上讨论区等等。网站有一个区块包含了关于健康记录软件的机密信息。为了保护其中的内容,原告只给予经过认证的特定使用者接触和取用其中信息的"密钥"。只有特定的客户或顾问能够获得这一认证。

凯撒医疗(Kaiser Permanente)是原告的主要客户之一,也是全美最大的健康维护组织(health maintenance organization, HMO)②。由于其庞大的规模与复杂的操作,原告专门为其提供了一套软件。即使如此,对于每次软件更新后的相关测试、维修也是

---

① 郑璇玉. 商业秘密的法律保护. 北京:中国政法大学出版社,2009:179. 该书指出"我国目前没有专门的商业秘密法,立法上是将商业秘密法纳入 1993 年 12 月 1 日生效的《反不正当竞争法》中统一保护,形成了以竞争法保护为主,民法、刑法保护为辅的局面,西方国家推崇的合同保护方式被民法保护所吸收"。

② 这是指一种在收取固定预付费用后,为特定地区主动参加其保险的人群提供全方位医疗服务的组织或体系。由于费用较一般的健康保险低廉,受保人只能在合同所允许的范围内从事医疗,包括不能自选不在系统内的医疗人员等。这是由国会在 1973 年通过的《健康维护组织法》所确立(Health Maintenance Organization Act of 1973,Pub. L. 93 – 222,87 Stat. 914(1973),codified at 42 U. S. C. § 300e et seq.)。

异常的复杂与耗时。凯撒医疗于是决定聘请来自印度的塔塔咨询服务（Tata Consultancy Services，TCS，是印度塔塔集团旗下的子公司，本案被告）协助相关的操作。TCS 提供全球性的信息科技服务，但也自行开发电子健康记录软件（主要在印度境内销售）。原告认知到此种情形显然构成了利益冲突，便对凯撒医疗表达了对此事的关切。然而，凯撒医疗还是决定继续委聘 TCS，但为了履行对原告的保密承诺，制定了一系列在涉及处理凯撒医疗账号相关事宜时所应遵循的政策。TCS 不断反映其中有太多的限制导致其无法顺利从事测试，并希望能获得进入"使用者网"的完整权限，但都遭到了原告的拒绝。最终被告雇用一名曾在凯撒医疗从事过此种测试工作并谎称仍为该医疗系统工作的人员，获准进入了原告的保密数据系统并将其中的大量内容分享给被告 TCS 的软件开发人员。

在被告的行为东窗事发并遭到起诉后，原告史诗系统公司在嗣后的证据开示程序（discovery）发现被告没有保存相关的证据。作为对应，地区法院在给陪审团的教导中指出，若陪审团认为原告已提出的相对优势证据显示被告故意销毁证据，即可推定那些已不存在的证据是对原告有利并对被告不利。陪审团经评议认定对被告的每一项指控均告成立（包括：违约、欺诈误导、窃取商业秘密、不正当竞争、剥夺财产以及不当得利），并决定给予原告总计 9.4 亿美元的损害赔偿，其中包括 1.4 亿美元补偿性赔偿（compensatory damages）和 7 亿美元的惩罚性赔偿（punitive damages），另有 1 亿美元的其他使用赔偿。地区法院确认了补偿性赔偿数额，否决了其他使用赔偿，但将惩罚性赔偿酌减为 2.8 亿美元，故总赔偿金额变更为 4.2 亿美元。双方当事人均提起了上诉。

主要争点： 地区法院对于补偿性赔偿和惩罚性赔偿的判决基础是否成立。

裁判要点： 第七巡回上诉法院维持了 1.4 亿美元的补偿性赔偿判决，撤销了 2.8 亿美元的惩罚性赔偿，理由为其逾越了威斯康星州州法所容许的范围，并将此部分的金额发回地区法院重审。

第七巡回上诉法院认为，依据威斯康星州法律，补偿性与惩罚性的赔偿可以并存，并不相互排斥。而且给予惩罚性赔偿并不以原告必须举证受到了"实际损失"（actual injury）为前提。此外，地区法院在给陪审团的指令中把惩罚性赔偿局限于针对窃取商业秘密、欺诈性误导与不正当竞争，并不及于不当得利的部分完全正确，上诉法院在审理时必须推定陪审团是依据此指令做出评定的。

上诉法院进一步阐释，给予惩罚性赔偿的目的是为了对于不法行为的惩戒并阻却该等行为重复发生。换句话说，考量此种赔偿的基础并非原告所提出的主张本身，而是被告在该等主张背后的行为。上诉法院通常会对陪审团所评定的惩罚性赔偿给予高度的尊重，只有在下列的情形发生时才会发回地区法院重审：（1）支持应给予惩罚性赔偿的主张是基于被告在底层的不同行为；（2）原告所主张的事由之一（该主张底层的被告行为）经判定没有法律上的支撑。上诉法院认为被告的所有表现都是同一系列的底层行为所产生：TCS 盗窃了原告的商业秘密（数以千万计的机密文档），撒谎，试图掩盖（湮灭证据），在不同层面使用原告的商业秘密。上诉法院对于被告 TCS "没有使用其他的机密信息" 的认定对于本案陪审团评定惩罚性赔偿的基础没有任何影响。

尽管如此，上诉法院接受了被告的最后一项主张，认可惩罚赔偿的数额过巨，违反了《联邦宪法》第十四修正条款（即《正当法律程序条款》（"Due Process Clause"））所赋予的保障。依据联邦最高法院的判例，检测惩罚性赔偿是否 "严重过度" （grossly excessive），法院应使用下列三个 "路标" （guideposts）：（1）被告行为应受谴责的程度；（2）实际受到的损害与惩罚性赔偿的差距；（3）陪审团评定的赔偿额度与其他同类案件的差别[①]。上诉法院运用这三个 "路标" 检证的结果，认为被告应承担惩罚性赔偿，但其行为尚未达到极端的程度。因此就此部分撤销了地区法院的判决并发回重审。

评　　论：本案上诉法院虽然最终依据《联邦宪法》《正当法律程序条款》的要求降低了地区法院判决的赔偿额，在经过重审后最终原告仍然获得了 1.4 亿美元的补偿性赔偿加上同额的惩罚性赔偿。虽然本案并非迄今侵害商业秘密案件判决赔偿数额最高的案件，但数额之大令人瞩目。不但如此，此判决基本上让被告的声誉尽毁，已经完全失去了在美国市场继续运营的信用和竞争能力。

本案表明法院对于诸如以误导客户以接触并获取竞争对手的

---

① BMW of North America v. Gore，517 U. S. 559（1996）；Rainey v. Taylor，941 F. 3d 243（7th Cir. 2019）.

数据信息等不道德与不法的行为的处理仍应遵循法定的程序性保障，但最终在赔偿数额的确定上则应在法律许可的范围内从严论处。

e. 英国 20200312 – Trailfinders Limited v. Travel Counsellors Limited & Ors 案（离职员工保守商业秘密的义务）

基本信息： Case No. IP – 2018 – 000134，[2020] EWHC 591（IPEC）（英国高等法院知识产权企业法庭，2020 年 3 月 12 日）

案件事实： Trailfinders 向英国高等法院提起诉讼，指控离职员工和竞争对手窃取商业秘密。Trailfinders 员工 Andrew La Gette（被告二）和 David Bishop（被告五）[①]，转职到竞争公司 Travel Counsellors Ltd.（被告一，下称"TCL"）。他们离职前从雇主 Trailfinders 的"Superfact"系统中复制了客户的姓名、联系方式和其他信息，而且离职后又通过原雇主的"ViewTrail"系统获取客户信息，并将这些信息提供给 TCL。TCL 在没有询问这些信息的来源的情况下，直接利用这些信息为其自身谋取利益。英国高等法院于 2020 年 3 月 12 日做出一审判决，认定离职员工既违反了雇佣合同中默示的保密义务，也违反了衡平法上的保密义务，而且 TCL 违反了对 Trailfinders 的衡平法上的保密义务。TCL 对一审判决不服并向上诉法院提起上诉，而离职员工 Andrew La Gette 和 David Bishop 并没有参与，上诉法院于 2021 年 1 月 19 日裁定驳回上诉[②]。

主要争点： 原告寻求保护的客户信息是否属于保密信息；离职员工是否违反默示保密义务和/或衡平法上的保密义务；TCL 是否违反衡平法上的保密义务。

裁判要点： 关于客户信息是否属于保密信息，英国高等法院认为：客户信息存储在 Trailfinders 系统中，只有该公司的员工使用自己身份证件和密码才能访问该系统。"ViewTrail"系统的访问需要客户的姓名和预定凭证等相关信息。尽管这些措施可能没有达到应有的严格程度，但是也具有限制访问之功能。基于此，法院认定该信息是保密

---

　① Trailfinders 公司中有四名员工携带客户信息转职到 TCL 公司，分别是被告二、被告三、被告四和被告五。不过，为了节省开支和确保审判能在两天内完成，Trailfinders 从四名被告中选出两名进行起诉，即被告二 Andrew La Gette 和被告五 David Bishop。

　② Travel Counsellors Ltd. v. Trailfinders Ltd.［2021］EWCA Civ 38（19 Jan 2021）.

信息，并且其秘密性不会因 Trailfinders 未充分告知员工而受到影响。此外，按照 1985 年 Goulding J 案①，销售信息可分为：无须保密的信息；员工在正常工作中获取的保密信息，这些信息成为员工知识和经验的一部分；特定商业秘密形式（specific trade secrets）的保密信息。其中，商业秘密狭义的解释为高度保密的信息。本案中客户信息属于第二类信息。

关于离职员工是否违反默示保密义务和/或衡平法上的保密义务，英国高等法院的裁决及其理由如下：离职员工从 Trailfinders 的"Superfact"系统中复制的信息属于第二类信息，但是这并不意味着雇佣结束后员工可自由使用和披露相关信息，而且本案中客户信息至少在一定程度上超出了员工的知识和经验，故而离职员工复制、使用和披露行为违反了雇佣合同中的默示保密义务，及其对 Trailfinders 负有的衡平法上的保密义务。另外，离职员工在离职后访问 Trailfinders 的"ViewTrail"系统，获取并使用客户信息，进一步违反了衡平法上的义务。前述行为均属于《商业秘密保护指令》（欧盟第 2016/943 号指令，下称《指令》）中第 4 条（2）和（3）所规定的非法行为。

关于 TCL 是否违反保密义务，英国高等法院指出若 TCL 知道或应当知道其收到的信息被公平合理地视为保密信息，则需承担衡平法上的保密义务。同样的规定可见《指令》中第 4 条（4）。基于理性人标准可知，TCL 接收到的信息至少部分是由离职员工从原公司数据库中直接复制而来。TCL 知道或应当知道 Trailfinders 会将这些信息视为保密信息，除非离职员工向 TCL 提供令人信服的理由说明事实并非如此。但是 TCL 并没有询问且离职员工也没有提供相关理由，故而 TCL 应承担衡平法上的保密义务。基于此直接责任，法院不再考虑 TCL 的替代责任问题。

评　　论：本案强调了离职员工和新雇主所需承担的默示保密义务和衡平法上的保密义务，并且阐释了《指令》及其与衡平法上的保密义务的相互作用，从而为两者在实践中如何运作提供了明确解释。

---

① Faccenda Chicken Ltd. v. Fowler［1985］FSR 105（5 Dec 1985）.

离职员工侵犯商业秘密的案件屡见不鲜，在我国情况亦是如此[①]。如何在员工自由流动的市场环境下保护商业秘密，是所有经营者面临的难题。本案的判决对于我国解决此类难题具有借鉴意义。商业信息按照信息的保密程度划分为三类：无须保密的信息；雇员在正常工作中获取的保密信息，这些信息成为员工知识和经验的一部分；高度保密信息。雇佣合同中默示保密义务限制员工在雇佣期间披露或以其他方式滥用雇主的第二类和第三类信息。其中，针对第二类信息的保密义务一般局限于雇佣期间，除非是员工在职期间故意记忆或者复制信息以供雇后使用；而使用第三类信息即便在雇佣结束后也需承担保密义务。这意味着即使相关的雇佣合同中未包含与商业秘密有关的明确条款，也不影响默示保密义务的适用。此外，新雇主知道或应当知道其收到的信息被视为保密信息时，也需承担保密义务。这意味着新雇主既不得鼓励员工未经竞争对手同意使用其商业秘密，也要在接收信息时履行信息是否属于商业秘密的询问义务。

本案中，高等法院首次阐释了《指令》的应用，探讨其与衡平法和普通法如何共同协作以更好地保护商业秘密。《指令》是阐释英国法律中已存在原则的"一点亮光"（occasional light），《指令》中第 2 章概括了合法获取、使用和披露商业秘密的情形以及被视为非法获取商业秘密的信息。第 6 条规定了成员国的一般义务，即确保为非法获取、使用和披露商业秘密制定相关措施、程序和救济措施。《指令》中第 7 条和第 16 条等若干条款早已存在于普通法和衡平法中。因此，英国普通法和衡平法中保护商业秘密的若干原则与《指令》并不冲突，并且在很大程度上不受《指令》的影响。此外，《指令》偶尔也会对前述原则的解释有所助益，如《指令》中商业秘密的定义便为商业秘密与非商业秘密的区分提供了"最佳指南"。

4.2.1.2　人员流动行为

法国 20201118 - Ryvol v. Cabinet Care 案（公司偷猎核心员工是否构成不正当竞争）

基本信息：Cour de cassation, civile, Chambre commerciale, 18 novembre

---

[①]　王闯. 中国的商业秘密司法保护：以司法解释和典型案例为中心. 工商行政管理，2014（13）：57 - 59；朱尉贤. 商业秘密与员工基本技能的区分及冲突解决. 知识产权，2019（7）：23 - 32.

2020，18‑19.012（法国最高法院商事庭，2020 年 11 月 18 日）

案件事实：Ryvol 公司和 Cabinet Care 公司同为巴黎的会计事务所。2012 年 8 月，Ryvol 公司的两位员工 M 女士和 X 女士提出辞呈，转而在同年 10 月 1 日受聘于 Cabinet Care 公司。与此同时，Ryvol 公司的 13 家客户也投奔了 Cabinet Care 公司。Ryvol 公司申请司法许可，请司法执达员前往 Cabinet Care 公司进行调查和搜证，随后对 Cabinet Care 公司提出起诉，要求对方因不正当竞争行为予以赔偿。巴黎上诉法院认为没有 Cabinet Care 公司和该两名员工 2012 年 10 月 1 日前的通信往来的证据，也没有证据显示该公司具有侵害意向，诱使这两名员工辞职，由此驳回 Ryvol 公司的赔偿请求。

Ryvol 公司不服巴黎上诉法院的判决，向最高法院提起上诉，其理由为：（1）对于不正当竞争的过错应当不强求主观故意性，巴黎上诉法院要求 Ryvol 公司证明 Cabinet Care 公司在雇用这两名雇员时具有侵害意向，违反了法国《民法典》第 1382 条规定的法官司法推理义务。（2）巴黎上诉法院没有考虑到两名员工在 2012 年 8 月辞职，转而于 10 月 1 日就被 Cabinet Care 聘用，显而易见在 2012 年 10 月 1 日之前双方肯定有交流，构成了诱使 Ryvol 一般员工离职的行为。根据《民法典》第 1382 条，巴黎上诉法院的判决不符合认真、精确、一致的要求。（3）巴黎上诉法院没有考虑到 2012 年 8 月先后辞职的这两名员工：M 女士 1991 年起担任主要助理，X 女士则从 2008 年作为会计助理，仅她们俩所负责的客户超过 60 家，一年收取的劳务费用为 208 500 欧元，出具发票的总金额超过 350 000 欧元。再加上她们带走 13 家客户，给 Ryvol 公司带来巨大打击，导致营业收入大幅下降，还必须大量增加对新任员工的培训支出，以填补辞职人员的空白。这都构成了 Cabinet Care 公司的不正当竞争行为。根据《民法典》第 1382 条的条款，巴黎上诉法院的判决缺乏法律依据。

主要争点：员工流动造成公司混乱是否构成不正当竞争。

裁判要点：最高法院认为，只有使用不正当的手段，并让作为竞争对手的对方公司陷入运作困难状况时，才属于非法诱使员工辞职。巴黎上诉法院认为，既然没有 Cabinet Care 公司和这两名员工在 2012 年 10 月 1 日之前的通信往来的证据，没有煽动这些员工离职，她们也没有签署过竞业禁止条款，所以仅因为对其工资提高了 5% 的建议不构成对原来雇主的不正当竞争。因此 Ryvol 公司提出的三点依据不成立，巴黎上诉法院的判决具有法律依据。

然而，Cabinet Care 公司使用不正当的手段占用竞争对手业务相关的私密信息和客户，构成了不正当竞争。M 女士于 2013 年 1 月 29 日以 Cabinet Care 的名义发送给 Eurolight Systeme 公司一封电子邮件。司法执达员在 2014 年 4 月 18 日出具的见证报告书中指出，Ryvol 公司证实在 2012 年 7 月，即该两名员工 M 女士和 X 女士离职之前，她们将自己负责的 36 家客户的财务文件转成 PDF 格式，其中就包括之后成为 Cabinet Care 公司客户的 13 家客户。之后 Cabinet Care 公司还使用这些数据：2013 年 1 月 9 日，发送给 Eurolight Systeme 一份 CM 财务表的摘要以及 2011 年 12 月 31 日的结余表。这些数据只能是来自 Ryvol 公司拥有的财务文件。

司法执达员在 2015 年 7 月 2 日出具的见证报告书中指出，Ryvol 公司证实拥有 FW 先生在 2012 年 1 月至 7 月所有的财务文件，包括所有原件。这名客户之前是由 M 女士和 X 女士负责，之后也成了 Cabinet Care 的客户。这名客户从来没有联系 Ryvol 公司要求获取建立 2012 年度财务报表所需要的财务文件、日志等材料，而 Cabinet Care 必须拥有这些文件才能为该客户做报表。这些文件只能是通过 M 女士和 X 女士在离职前获取的。巴黎上诉法院没有考虑到 Cabinet Care 在招募了来自 Ryvol 公司的老员工之后还使用该公司的财务和税务数据，已经构成了不正当竞争的事实。所以，巴黎上诉法院的判决没有法律依据。

根据《民法典》第 1382 条（现为第 1240 条），使用不正当的手段占用竞争对手业务相关的私密信息和客户，构成了不正当竞争。巴黎上诉法院的判决认为 Cabinet Care 在客户转移方面没有构成不正当竞争，即 Cabinet Care 公司没有使用由 M 女士和 X 女士在从 Ryvol 公司离职前所制作的财务文件，该文件涉及 36 家客户，其中 13 家成了她们在 Cabinet Care 公司的客户，以及她们在 Ryvol 公司所制作的 FW 先生在 2012 年 1 月至 7 月全部的财务资料没有在离职前被转移，巴黎上诉法院的判决没有法律依据。

评　　论：本案涉及两个问题：首先是巴黎上诉法院的诉争焦点在于 Cabinet

Care 公司是否故意偷猎 Pyvol 公司的核心员工，以造成其公司混乱，以及故意是否应当作为不正当竞争行为的考虑要件。关于是否故意这一主观要件，按照民法一般原理，侵权行为应当以过错为要件，而在经营者的竞争活动中，要证明对方的主观故意较为困难，并与反不正当竞争法的立法宗旨不符，因此一般采用过错推定。其次是最高法院补充的案件事实，点出了本案的核心焦点在于员工流动所带来的商业秘密的使用和披露问题。偷猎行为或员工流动通常触及利益实质的部分是在于附随而来的商业秘密流动。本案若放置于中国，则需首先认定离职员工带走的客户财税数据是否符合《反不正当竞争法》第 9 条规定的商业秘密的构成要件。若符合，则可直接依据该条规定进行判决，不必引用《民法典》条款。但需要注意的是，员工与客户之间稳定的关系不属于商业秘密。若员工离职仅仅带走客户资源并不属于不正当竞争，况且本案中两位核心员工并未与原公司签订竞业禁止协议，也未提及是否签过保密协定。

类似案件在中国也逐渐成为不正当竞争纠纷的主要类型。北京市海淀区人民法院民五庭一位法官的调研显示，与员工流动有关的不正当竞争行为占全部不正当竞争纠纷案件的近 1/4[①]。核心员工离职或同时任职多家公司的案件较为复杂，涉及不正当竞争、保护商业秘密以及保证流动自由和市场自由等问题，近年此类案件中原告诉讼请求得到法院支持的比例较低。本案的启示在于员工离职流动的问题核心在于是否侵犯商业秘密，并且公司应当提前通过竞业禁止或保密协议明确员工的权利义务，进行防御部署，避免复杂而胜诉率低的诉讼救济。

4.2.1.3 误导及广告宣传行为

a. 德国 20201203 - Iglo GmbH 公司案（广告误导性模仿的认定）

基本信息：Case Az. 17 HK O 5744/20 LG München I（德国慕尼黑第一地方法院，2020 年 12 月 3 日）

案件事实：原告 Iglo GmbH 是联合利华旗下的一家大型冷冻食品制造商，该

---

① 曹丽萍. 因员工流动引发不正当竞争纠纷案分析. 中关村，2017（2）：96.

公司总部位于德国汉堡，隶属于英国 Iglo 集团，主营食材创新搭配、鱼、菠菜及其他蔬菜、肉类替代品、国际美食菜式、家禽和素食等食品销售及服务。被告 Appel Feinkost 创立于 1879 年，总部位于德国北部港口城市库克斯黑文。利用北部海岸线丰富的水产品和鱼类资源，Appel Feinkost 致力于鱼类罐头及熟食食品加工等业务，20 世纪 30 年代末曾是德国最大的熟食公司。被告为其系列产品发布了一支广告，主体内容是一位衣着考究、年纪较大的绅士正在吃 Appel Feinkost 生产的鱼罐头（见图 4 - 1）。画面中的广告人物身着灰色的三件套西服套装，头戴灰黑色毛毡帽，围着同色系围巾，蓄着银白相间的浓密胡须，背后是著名的库克斯黑文灯塔。原告认为 Appel Feinkost 广告中的人物形象与 Iglo 广为人知的广告人物——"Käptn Iglo" 船长高度相似（见图 4 - 2）。这一经典形象身穿蓝色套装，搭配白色高领毛衣（或 T 恤），头上戴着蓝色的海员帽，同样蓄着浓密的银白胡子。原告创设的广告形象深入人心，超过 80% 的德国人都对 Iglo 船长这一人物形象印象深刻。故此，原告指责 Appel Feinkost 利用 Iglo 船长久负盛名的良好形象和声誉，对其进行广告概念上的误导性模仿。Appel Feinkost 的海产品广告及其人物形象将导致消费者产生不该有的误解及混淆可能性。Iglo 原本寻求与 Appel Feinkost 达成庭外和解，但由于 Appel Feinkost 不放弃自己的立场——坚持认为涉事广告不构成对 Iglo 船长这一广告人物和形象的误导性模仿，Iglo 以违反《反对限制竞争法》（UWG）第 4 条第 3 款规定为由将 Appel Feinkost 起诉至德国慕尼黑第一地方法院。

主要争点： 被告使用的海产品广告是否构成对原告广告的误导性模仿；对广告要素的模仿是否构成德国《反对限制竞争法》（UWG）第 4 条所规定的误导性模仿。

裁判要点： 德国 2016 年修订的《反对限制竞争法》（UWG）第 4 条第 3 款指出，若所提供的商品或服务系模仿竞争者的商品或服务，则当行为人就企业来源对购买人进行可避免性的欺诈、导致被模仿的商品或服务之价值被不适当地利用或损害的，或者以不诚实的方式获取模仿所需的知识或资料，则将构成阻碍竞争者的不正当行为。结合上述法律规定，法院依次论证了被告的海产品广告是否构成误导性模仿，以及这种模仿是否可能导致消费者对商品来源产生误认，进而导致原告商品或服务价值被不当利用或减损。

在广告要素能否被模仿的问题上，慕尼黑第一地方法院首先指出，一般性的思想、设计原则、方法或公共经营的明显动机可以自由保留，不应落入法律对模仿行为的认定范围。被告作为海产品的生产者，在商业语境中使用诸如海岸和海洋这样的场景是显而易见的。仅仅利用海洋、与海洋的联系，或者结合海岸、天空和天气等主题，不构成对原告广告元素的模仿。此外，被告的总部设在北部海岸线的港口城市库克斯黑文，被诉侵权的广告以库克斯黑文一座著名的灯塔为背景，这一元素与原告的广告明显区分开来，因为在原告位于汉堡的网页广告中，并没有发现这座灯塔。

就广告中的人物形象而言，法院指出被告海产品的消费者并不会将广告中的人物误认为著名的 Iglo 船长。首先从第一印象看，消费者从被告广告中看到的是一位穿着优雅的西服三件套、系着围巾的尊贵绅士，而不是像 Iglo 船长这样一个典型的水手形象。其次，从着装上对比，在大多数照片中，被告的广告人物穿的是灰色西装，而不是原告 Iglo 船长的蓝色西装。除了西装颜色，被告的内搭和装饰包括领带、格子背心以及围巾，并没有出现 Iglo 船长身上的白色高领毛衣或白色 T 恤。尽管被告的广告人物头上戴的灰黑色毛毡帽类似于船只领航员经常戴的帽子，但这一事实也不会让消费者将其误认为是一名海员，因为这种帽子在德国北部地区广泛流行，很多人都戴这种帽子，人们并不会将其与 Iglo 船长的帽子产生联想。最后，回归到人物形象上，原告显然不能禁止除原告以外的竞争对手使用年长成熟的绅士做广告，即使他们都像 Iglo 船长一样，蓄着银白相间的浓密胡须。毕竟，众所周知，这一类形象目前广泛流行，是消费者所喜爱的"最佳广告形象"。法院还针对被告的广告形象是否可能使消费者产生产品上的混淆误认进行了说明。法院指出，被告的广告画面中清晰可见 Appel Feinkost 的品牌名称和原产地标志，并清楚地提及被告。因此，消费者很清楚这一广告代表的是 Appel Feinkost 的产品，而不会将其与 Iglo GmbH 的品牌形象和产品联系起来。

基于上述裁判理由，法院认定被告不构成德国《反对限制竞争法》（UWG）第 4 条第 3 款的误导性模仿，最终驳回了原告的诉讼①。

评　　论：本案对广告误导性模仿的认定思路和论证过程不乏精彩之处。原被告均为德国食品加工领域的重要制造商，无论判定是否违法都将对双方及业界产生重大影响。原告塑造的经典形象——Iglo 船长深入人心。从人物形象上看被告海产品广告中蓄着胡子的老绅士形象确实容易使人联想到 Iglo 船长的经典形象，但这种联想是否会令消费者产生混淆，误导消费者产生购买意愿，需要法律进一步澄清与界定。一审法院是主管不正当竞争诉讼的德国慕尼黑第一地方法院，在审理商业混淆等不正当竞争纠纷方面拥有丰富经验。

　　法院主要从广告一般要素、广告人物角色形象对比和广告可能对竞争的影响三个方面论述证明，被告的广告内容不构成对原告广告的误导性模仿。法院首先对被告广告中"海洋、海岸、天气、天空和灯塔等"一般元素进行了分析解释。考虑到被告所经营的海产品的特殊属性，法院指出上述元素作为海产品销售与服务中的通用元素，属于公有领域所保留的"一般性的思想、设计原则、方法或公共经营的明显动机"，使用上述元素不应该落入"模仿"的范畴。紧接着，法院对原被告的具体人物形象进行了细致对比。除了着装款式及颜色的差别，法院还考虑了德国特殊的人文习惯和市场需求，指出被告广告中的人物所戴的帽子款式虽与 Iglo 船长有相似之处，但这种帽子在德国北部的港口城市广泛流行，许多人都会佩戴，因此不能认定被告广告人物所戴的帽子是对原告的刻意模仿。至于"使用一位年长的、拥有银白相间浓密胡须的老绅士"是很受市场欢迎的一种宣传方式，这样一种"最佳广告形象"不应该被原告的品牌形象所垄断。最后，法院指出，被告的广告画面中清楚地展示了 Appel Feinkost 的品牌名称和产地，使消费者可以清楚辨析商品来源，而不会产生误认或混淆。据此，法院判定被告对原告的误导性模仿并不成立，不会使消费者对被告的商品来源产生误认，从而导致原告商品或服务价值被不当利用或减损。

---

① 慕尼黑第一地方法院的判决不是最终判决。

图 4 - 1   图 4 - 2

b. 法国 20201118 - MASCQREIGNES KINO v. IC 案（不当商业广告是否构成不正当竞争）

基本信息：Cour de cassation，civile，Chambre commerciale，18 - 18.536（法国最高法院商事庭，2020 年 11 月 18 日）

案件事实：MAUREFILM 公司与 MASCQREIGNES KINO 公司是法国留尼汪岛上分别负责经营影院和电影发行的公司。它们与从事同类业务的 IC 公司具有竞争关系。2016 年 5 月，IC 公司旗下的 CINE-PALMES 影院在 Facebook 社交平台上组织了一次抽奖活动。宣传语是：只要您在我们的竞争对手的 Facebook 页面下留言"我喜欢 CINEPALMES，我想要看一个月的电影"，即有机会获得一个月双人免费电影券。CINEPALMES 官网提醒网民必须在其竞争对手的 Facebook 页面留言，如果留言被删除，可以再次留言。其竞争对手非常显而易见的是 MASCQREIGNES KINO 公司，因为岛上的电影发行市场基本就只有上述两家公司，故对网民而言非常容易识别竞争对手。MASCQREIGNES KINO 公司旗下的 CINE CAM-BAIE 影院的 Facebook 主页好几次被参加抽奖活动的网民的留言"我喜欢 CINEPALMES，我想要看一个月的电影"所淹没。

依据法国《民法典》1382 条等内容，留尼汪圣得尼上诉法院受理了案件。确认了 IC 公司旗下的 CINEPALMES 有不正当招揽顾客的行为，侵害了 MASCQREIGNES KINO 公司的权利，构成了不正当竞争，IC 公司必须承担法律责任。因为有几十名网民进行了留言，这些不正当的手段给 MASCQREIGNES KINO 公司造成了商业麻烦，基于此等损害，MASCQREIGNES KINO 公司诉求 25 000 欧元的赔偿金。考虑到网民数量为几十人以及涉及留言活动的时间期限为几个小时，上诉法院认定构成的商业麻烦所对应的赔偿金额为 10 000 欧元。被告 IC 公司和 CINEPALMES 不服上诉法院的判决，向法国最高法院提起上诉，理由如下：（1）法院认为 IC 公司是用不正当的手段招揽客户，而 MASCQREIGNES KINO 公司认为其是诋毁行为，两者不一致，法院也没有要求双方事先对此点达成一致，这违反了《民事诉讼法》第 16 条的规定。（2）争议客体也是双方各执一词，而法院判处 IC 公司支付给 MASCQR-EIGNES KINO 公司赔偿金，因为前者进行了不正当揽客，但没有诋毁后者；而后者只是主张前者有诋毁行为。所以上诉法院改动了争议客体的用词，违反了《民事诉讼法》第 4 条的规定。

主要争点： 鼓励潜在消费者到竞争对手社交媒体页面发布无诋毁性质的信息是否构成不正当宣传。

裁判要点： 最高法院认为，考虑到 IC 公司所采用的手段，即激励作为影院潜在消费者的网民前往其竞争对手 MASCQREIGNES KINO 公司旗下的 CINE CAMBAIE 影院的 Facebook 网页发表评论。这些评论没有批评内容，也没有影响该影院的业务名声，但是这些评论在为 IC 公司旗下的 CINEPALMES 影院做广告宣传。该行为不属于诋毁，但属于使用了不正当的途径招揽顾客。上诉法院只是沿用了双方辩论中的法律用语，没有改动争议的客体。根据《民事诉讼法》第 700 条的规定，最高法院驳回了 CINEPALMES 和 IC 公司的上诉请求。

评　　论： 本案中被告要求留言的具体内容实际上不涉及批评，也没有影响原告的商业信誉，故显然也不构成商业诋毁。被告宣传所用的手段是鼓励潜在的顾客网民去竞争对手的网页上留言。这些留言可能会被竞争对手的顾客所看到，相当于为被告做了广告，属于通过不正当的手段揽客。利用社交媒体非常有针对性地鼓励客户前往竞争对手处进行宣传的案件在中国尚属罕见，且此类行为亦不属于《反不正当竞争法》第二章所列举的不正当竞争行为。本案中参与留言的网民数量和给原告造成的损失均较轻微，尽管双方上诉到了最高法院，但法院最后判赔的金额也仅为 3 000 欧元。本案所涉利用社交网络有针对性地进行广告宣传在我国反不正当竞争领域属于灰色地带，但其本质上属于违背自愿、平等、公平、诚实信用的原则以及公认的商业道德，损害其他市场主体，扰乱市场秩序的行为。本案的判决依据是法国《民法典》第1382条规定的司法推定，当法律没有依据之时，应当由法官认真、精确和一致地基于证据进行自由裁量。本案的判决逻辑可为我国面对类似案件时提供借鉴。

4.2.1.4　侵害商业外观行为

a. 法国 20201007 – La société Betec Licht AG v. Grupo Lineas TC. 案（侵犯版权与不正当竞争诉由的竞合）

基本信息：Cour de cassation［2020］，Chambre civile 1，Arrêt n° 535 F – D，（法国最高法院，2020年10月7日）

案件事实：O. 先生早在1980年就创造出一种专门为挂画提供照明的壁灯 AR-CUS（原名为 CLARUS）。该壁灯采用了长灯管、无须固定位置的半弧形拱卷、不可见的光源、与环状灯管协调结合的套圈等。灯管由两个同样是环状截面的精美拱卷加长，无须连接固定支座，而是通过一个半弧形角度直接隐藏在壁画后，呈现简洁光滑的外观。此壁灯能够有效节省材料，给壁画提供更好的照明，同时减少发热。O. 先生授权 Betec Licht 公司进行商业开发。Betec Licht 公司后来发现戛纳 Majestic 酒店在其房间和公共区域使用与 ARCUS 造型相似的壁灯，这种壁灯来自 Comptoir électrique français 公司，而其终端供货商是 Grupo Lineas TC.。O. 先生和 Betec Licht 公司遂以侵犯著作权以及不正当竞争和"搭便车"为由，将涉案壁灯的生产商、供应商和使用人诉至法院。

主要争点：(1) 壁灯造型能否具备著作权法上的独创性；(2) 用以证明著作权仿冒的事由被否定之后，同样的事由能否被认定为不正当竞争和"搭便车"。

裁判要点：就争点 (1) 而言，诉讼当事各方及法院均认可只要能够证明壁灯设计者对已知的、平常的、功能性的要素的结合是创造性努力的结果，且具备了作者的人格印记，就能享有著作权。普罗旺斯地区艾克斯上诉法院审理认为（Cour d'appel d'Aix-en-Provence du 20 septembre 2018）：ARCUS 壁灯灯管长度以及无须固定位置的半弧状拱卷呈现的是功能性，且对已有功能性要素组合的选择也没有展现出表达作者人格的具有美感的构造，故 ARCUS 壁灯之上不享有著作权。Betec Licht 公司上诉至法国最高法院，坚称 ARCUS 壁灯更加精练的外观能够给人明亮、和谐且高雅的印象，具备脱离于功能性目的之外的、富有美感的作者人格印记，应予以著作权保护。最高法院认为艾克斯上诉法院并没有全盘审查 Betec Licht 公司提出的用以证明壁灯独创性的所有组合的特征。

对于 Betec Licht 公司要求认定构成不正当竞争和"搭便车"的诉求，艾克斯上诉法院认为，在 Betec Licht 公司提出的用以论证私权的事由被法院排除之后，该司未能证明据以请求认定不正当竞争和"搭便车"的事由与之有何不同，因此裁定不予受理。对此，法国最高法院认为，在著作权私权保护诉求中所提的事由被法院不予采纳后，基于相同的事由，仍可以请求认定不正当竞争和"搭便车"，只要其能证明过错行为的存在。

基于以上事由，最高法院裁定撤销原判，将案件转送里昂上诉法院审理。

评　　论：该案明确了两个重要问题：一是对于壁灯等具备实用功能的物品，在主张著作权保护时必须证明其对现有要素的整合具有明显不同于在先设计的、脱离于纯粹功能性目的的、具有美感且能体现作者人格的特征，而法院在判定其是否具有独创性时应当全面审查当事人所主张的设计要素；二是在同案中，当事人据以证明作品独创性所采用的事由，在被法院认定为无法证成独创性存在而被排除时，并不妨碍原告主张被告构成不正当竞争或"搭便车"。

b. 日本 20201203 - 商品形态（服装设计）模仿案（市场先行者的判断）

基本信息：令和元年（ワ）第 5462 号（大阪地方法院，2020 年 12 月 3 日）

案件事实：原告是一家主要生产、销售女装的公司，该公司自平成 29 年（2017 年）11 月 3 日起，分别在其管理运营的网站及其所经营的店铺中销售涉案商品（下称"原告商品"）。被告是一家女装销售公司，自平成 30 年（2018 年）1 月 19 日起，该公司在其运营的 EC 网站上销售涉案商品（下称"被告商品"）。

原告商品是原告设计师平成 29 年（2017 年）8 月设计完成的 2018 年春夏女装，同年 9 月 26 日获批生产后于 11 月 3 日上市销售，其商品特征如下：

①一件透明聚酯材质的风衣外套，背部进行过精加工，从其背

部的中间部分到下面部分可以看到该聚酯材质。

②前身的胸部下方并排缝着两个纽扣。

③衣领形状是 V 字的切口形状（即所谓的 V 字领），领口大小相同。

④在衣身背部的中间，缝有一条斜向的皮带。

⑤左右两边袖子各有一条皮带。

⑥将左肩部分的布料缝起重叠至前胸（即所谓的喷枪襟翼①）。

⑦袖子一直延伸到领口，被称为拉格兰袖。

⑧袖子的设计为从肩部到袖口逐渐收窄。

⑨衣身左右两侧腰部各有两个口袋。

被告商品同样具备原告商品的以上特征。原告认为，被告商品在具备全部原告商品特征的基础上，连褶子的宽度、衣领的形状和大小都相同，与原告商品具有实质上相同的形态。这种情况不可能在不模仿原告商品的情况下偶然发生，应该认定被告商品是根据原告商品的形态制作的。故此，原告将被告起诉至大阪地方法院，请求法院判定被告构成对原告商品形态的模仿，对原告造成营业利益上的侵害或者侵害的危险存有故意或过失。

被告则抗辩称原告不是具有原告商品特征的商品的市场先行开发者。被告向法院提交了一份由中国服饰制造商广州琼林服饰公司（全名为广州市番禺区南村琼林服装厂）发行的商品目录。目录中所刊载商品（下称"目录商品"）具备原告商品特征，与原告商品具有相同的商品外观和形态。该商品目录由中国技术人员于平成 26 年（2014 年）12 月左右设计，平成 27 年（2015 年）春季发布上市。被告最初采购了该商品目录的设计产品（即被告商品），现在自行生产该商品。被告主张，在原告商品被设计出来（平成 29 年 8 月）之前，至少有 5 个商品已经流通至市场。在是否构成商品形态模仿上，被告认为，在原告商品特征中，原告商品特征②～⑤及⑨等是风衣等常见的构成要素，没有独立性，即使聚集了这样的构成要素，作为商品整体原告商品的形态也应该是常见的，不能认定被告商品是对原告商品形态的模仿。

---

① 喷枪襟翼为服装设计上的一种保护性襟翼，又称风暴襟翼，可确保水从肩部流下时不会滑入风衣。

主要争点：日本《反不正当竞争法》商品形态模仿条款（《反不正当竞争法》第 2 条第 1 款第 3 项）中对市场先行者的判断与认定。

裁判要点：法院开宗明义指出，能否被认定为具有原告商品特征的商品的市场先行开发者，决定了原告是否具备本案的诉讼主体资格。在此方面，法院指出，日本《反不正当竞争法》第 2 条第 1 款第 3 项将模仿他人商品形态的商品销售行为等认定为不正当竞争行为的立法宗旨是，一方面，通过模仿先行者的商品形态，后行者可以节约先行者在商品开发中所需的时间、费用及劳力等，并且避免或减轻伴随商品开发的风险。另一方面，由于先行者在市场上的优势明显受损，在后行者和先行者之间产生了显著的不公平竞争，同时也阻碍了开发个性商品和进一步开拓市场的积极性，因此需要将此种行为确立为竞争法上的不正当行为。此外，该条款的设立初衷也可以理解为是为了保护先行者的开发利益不受模仿者的侵害。如是，能够对该项规定的不正当竞争行为进行制止或要求损害赔偿的人，应该只限于将模仿形式的商品先行开发、商品化并放到市场上流通的人。

对于本案市场先行者的地域范围，法院指出，原告商品及被告商品等面向女性的服装，在受到欧美新兴产品及流行等影响的同时，也在中国及韩国市场上广泛流通，产生了大量交易。鉴此，本案中对"市场先行者"中"市场"的界定不限于日本国内，至少包括欧美、中国和韩国市场在内。本案原被告对于原告商品、被告商品均具备目录商品特征没有异议。因此，本案的争议焦点在于：涉案商品的市场先行开发者是否为中国服饰制造商广州琼林服饰公司，即被告所主张的目录商品的设计开发者？

根据本案商品目录册上所登载的制造商的公司简介、业务范围、关联人及联系方式等内容以及个体经营资质、营业执照等基本信息，法院确认了广州琼林服饰公司的真实性，并未支持原告"广州琼林服饰公司没有公司注册登记信息"的主张。法院认为，就本案商品目录而言，无论从其装订状态还是记载内容来看，作为面向 2015 年春季的新产品介绍，目录商品是中国制造商以销售女装为目的制作并发布的事实并不存在不合理之处。同时，广州琼林服饰公司也承认其制作过本案商品目录。虽然以本案中国制造商名称注册的公司在中国不存在，但这一点也不构成对本案目录的存在及内容真实性的质疑。本案商品目录设计笔记上印有中国制造商的名字，其制作日（2014 年 12 月 8 日）在该制造商公司注册日（2012 年 12 月 25 日）之后，注册登记的业务范围也是纺织、服饰业。鉴于此，法院认定本案商品目录是中国制造商技术人员制作的。尽管被告商品与目录商品存在些微差别，但法院认为，被告商品是在本案商品目录的设计基础上制作和商品化开发的，存在些微差别具有合理性。

最后，针对原告所主张的"原告在原告商品开发、商品化之前进行了市场调查，市场上并无具备全部原告商品特征的商品"，法院也给出了针对性回应。原告所进行的市场调查是通过搜索引擎、SNS 检索有无类似商品，以及翻阅纸质媒体如杂志等刊登信息。考虑到没有网站 URL 记录，以及从构成及记载内容来看本案商品目录面向的不是终端消费者而是业内销售者，本案商品目录可能只是偏离了原告的调查对象范围。

综上所述，原告不是将模仿形式的商品先行开发、商品化并放到市场上流通的人，无权依照《反不正当竞争法》第 2 条第 1 款第 3 项禁止被告行为和寻求损害赔偿。

评　　论：日本《反不正当竞争法》对商业混淆行为的规定主要集中在《反不正当竞争法》第 2 条第 1 款第 1 至第 3 项。其中第 3 项商品形态模仿行为是指，将模仿他人商品（自最初销售之日起超过三年者除外）形态〔与该他人商品同种商品（如果不是同种商品，则指与该他人商品在性能、效用上相同或相似的商品）通常具有的形态除外〕的商品，予以销售、出租或者为销售、出租目的而展览、出口或进口的行为。作为商业混淆的具体细化行为之一，商业形态模仿的行为标准虽然清晰但并不全面，假如原告并非商品的最初设计者及商品化开发者，那么其所主张的商品形态模仿便无法成立，原告自然也失去了主张行为禁止和损害赔偿的可能性。本案裁判正是基于这种特殊情况做出的。法院为了论证原告不构成涉案商品的市场先行者，煞费苦心地构建了一个环环相扣的逻辑链条。

法院首先从《反不正当竞争法》第 2 条第 1 款第 1 至第 3 项的立法宗旨入手，指出该条款的设立初衷是保护先行者的开发利益不受模仿者的侵害。因为一旦允许后行者模仿先行者的商品形态，后行者便能有效节省商品前期开发所需的时间、经济和劳力成本，从而避免商品开发的市场风险。而市场先行者在这种不公平竞争中，市场优势明显受损，也不会有动力继续开发商品和开拓市场。因此，能够依照该项规定制止模仿行为同时要求损害赔偿的人，应当限于将模仿形式的商品先行开发、商品化并放到市场上流通的人，即商品的市场先行者。

紧接着，法院结合涉案商品的市场特点和销售范围，将本案市场先行者的范围从日本本土扩展至欧洲、韩国和中国市场，涉案商品目录的设计者——中国制造商广州琼林服饰公司得以纳入市场先行者的考察范围。在此基础上，法院结合案件证据确认了广州琼林服饰公司的真实性，以及其于 2014 年 12 月 8 日设计发布的商品目录所刊载内容的真实性。由于被告商品与目录商品在细节上有一定出入，法院还特地指出，被告商品在商品化过程中对原初设计进行修改是合理的。

最后，针对原告主张其做过市场调查这一点，法院也做了回应。由于中国制造商的商品目录为纸质载体，且只面向业内销售者，原告基于互联网检索和知名纸媒的前期市场调查难以覆盖到这一类内容，未能发现类似商品及市场先行者也十分正常。

c. 日本 20191010 - 净水器替换用滤芯案（商品名称使用的认定）

基本信息：平成 30 年（ネ）第 10064 号（知识产权高等法院，2019 年 10 月 10 日）

案件事实：原告是净水器及其替换用滤芯的生产和销售商，其市场份额为全国第一，使用的"タカギ"（takagi）名称具有周知性。被告在网络商城乐天市场上设有网上店铺，销售仅供原告净水器上使用的替换用滤芯，被告店铺网页上使用了与原告商标及其知名名称类似的 ①"【楽天市場】タカギ"、②"タカギ"、③"タカギ社製"等名称表示（见图 4-3）。原告以商标侵权和违反《反不正当竞争法》为由提起诉讼，要求被告停止使用上述名称并赔偿损失。

主要争点：网页上登载的商品名称是否构成日本《反不正当竞争法》第 2 条 1 项 1 号的商品名称使用。

裁判要点：在商品名称使用的认定上，对于名称①"【楽天市場】タカギ"和名称②"タカギ"，法院肯定了其为商品名称的使用，认为在搜索网页界面上，①和②作为标题和标签出现，说明了商品的来源。被告主张在该名称后也标示了"取付互換性のある交換用カートリッジ"（可兼容安装的替换用滤芯），"当製品はメーカー純正品ではございません"（本产品不是原厂正品）等说明文字以区分原被告商品。法院指出，从这些内容的标示情况、文字的大小、该商品的性质来看，消费者很可能不会认真注意这些标示内容，因此被告的主张不能被采纳。之后，被告通过在タカギ后加助动词，将说明文字变更为"タカギに使用出来る取り付け互換性のある交換用カートリッジ"（能在タカギ上使用的可兼容安装的替换用滤芯）、"タカギの浄水器に使用できる"（能在タカギ的净水器上使用）。法院认为，消费者在接触到上述说明内容时，会将"タカギ"视为对该商品相应的形容描述，而不是表示商品本身的来源。综上所述，变更后的说明文字不构成商品名称的使用。对于③"タカギ社製"的名称表示，一审法院认为该表示与"浄水蛇口の交換カートリッジを"（净水龙头替换滤芯）、"お探しの皆さまへ"（致正在寻找的朋友）等字样并列，整体来看可以自然地认为是一连串的文字即"致正在寻找タカギ制净水龙头替换滤芯的朋友"，因此，被告的该名称表示不构成对商品名称的使用。二审法院则认为，"タカギ社製"本身就说明了商品来源；并且上述文字分3段显示，其内容指向不明，"タカギ社製"既可以用于修饰净水龙头，也可以用来指向替换滤芯；在显示时，"替换用滤芯"的文字更为显眼，同时展示了被告产品的图片，消费者容易将"タカギ社製"和被告产品联系起来。因此，名称表示③应当构成对商品名称的使用。

在有无混同的判定上，法院指出，被告各名称更为显眼，没有明确表示被告产品并非正品，或者即使有表示但说明文字较小，接触到检索结果或浏览到被告网页的消费者很可能因为上述被告的名称表示而对商品的来源产生混淆。

评　　论：本案对网页上登载的商品名称在各种表示情况下，是否构成商品名称的使用进行了详细的分析。例如"タカギ净水龙头替换滤芯"构成商品名称使用，而"用于タカギ的净水龙头替换滤芯"则不构成商品名称使用等，需要结合文化、语言使用习惯、修饰语法、文字大小及配置等灵活判断。

【楽天市場】タカギ

タカギ

タカギ社製

图 4-3

4.2.2　反垄断

4.2.2.1　垄断协议

欧盟 20201126 - Cephalon/Teva 案（反向支付协议的反垄断法分析）

基本信息：Case AT. 39686 - Cephalon/Teva（欧盟委员会，2020 年 11 月 26 日）

案件事实：Cephalon 和 Teva 是两家总部分别位于美国和以色列的制药厂商。莫达非尼（Modafinil）是一种用于治疗特别是与发作性嗜睡病有关的白天过度嗜睡的药品。虽然保护莫达非尼的主要专利已于 2005 年在欧洲到期，但 Cephalon 仍持有一些与莫达非尼的药品组合物有关的次要专利，其目的是确保获得额外的专利保护。即便 Cephalon 对与莫达非尼的药品组合物有关的次要专利的实力有所怀疑，但它仍在尝试对 Teva 强制执行该等专利。不过，Teva 坚信这些专利既无效，也不侵权（多年后，法院确认无效）。尽管如此，双方还是于 2005 年 12 月签订了专利侵权和解协议。根据该协议，Cephalon 诱使 Teva 不将更便宜的莫达非尼（仿制药）推向市场，以换取对 Teva 有利的一揽子商业交易和一些现金支付。Teva 拥有与莫达非尼生产工艺相关的专利，准备以自己的仿制药进入莫达非尼市场，甚至已经开始在英国销售其仿制药。在签订该协议后，Teva 同意停止其市场进入，并不挑战 Cephalon 的专利。欧盟委员会调查发现，几年来，这项"反向支付"（pay - for - delay）条款使得 Teva 没有成为 Cephalon 的竞争对手，纵使 Cephalon 保护莫达非尼的主要专利早已到期，它也可以继续收取高价。对此，欧盟委员会认为，专利侵权和解协议通常可能是合法的，但 Teva 和 Cephalon 之间的专利侵权和解协议不是合法的，Teva 之所以承诺不进入莫达非尼市场，不是因为它确信 Cephalon 专利的实力，而是因为 Cephalon 向它输送了巨大的商业利益。此种利益输送主要嵌入在许多商业附带交易中，如果不做出该承诺，Teva 将无法获得该等利益。欧盟委员会于 2011 年 4 月正式启动反垄断调查，并于 2017 年 7 月向 Teva 发送了反对意见书。

主要争点： 专利侵权和解协议中的反向支付条款是否属于《欧盟运行条约》(TFEU) 第 101 条第 1 款所禁止的垄断协议[①]以及如何确定罚款数额。

裁判要点： 欧盟委员会认定 Cephalon 和 Teva 达成并实施的反向支付条款对莫达非尼市场的市场竞争造成了损害，构成《欧盟运行条约》第 101 条第 1 款所禁止的垄断协议。具体分析如下：作为和解协议签订时最为强劲的仿制药竞争对手，Teva 公司的进入被推迟，这意味着 Cephalon 不会面临来自廉价药品的竞争。如果没有反向支付条款，Teva 可能会更早进入市场，进而降低莫达非尼的价格。因为，仿制药的上市会将价格竞争引入市场，这可能导致莫达非尼的价格下跌高达 90%。当 Teva 于 2005 年短暂进入英国市场时，它的报价确实比 Cephalon 的莫达非尼价格低 50%。总的来说，反向支付条款有以下两个方面的不利影响：一方面，它对患者和医疗系统具有负面影响。仿制药的延迟进入使患者和医疗系统无法从较早的低价中受益。而且，通过反向支付条款，Cephalon 和 Teva 可以分享缺乏竞争所产生的额外利润。另一方面，它可能对创新产生不利影响。因为，仿制药的竞争促使制药厂商将精力集中在开发新药上，而非通过人为地维护市场独占性来最大化其旧药收入来源。在完成违法性认定后，欧盟委员会考量了反向支付条款的持续时间及其危害后

---

① 《欧盟运行条约》第 101 条第 1 款规定：(1) 凡是可能影响成员国之间的贸易，并以阻碍、限制或扭曲共同市场内的竞争为目的或有此效果的企业间协议、企业协会的决议和一致行动，均被视为与共同市场不相容而被禁止，尤其是下列行为：(a) 直接或间接固定购买、销售价格，或其他交易条件；(b) 限制或控制生产、销售、技术开发和投资；(c) 划分市场或供应来源；(d) 对同等交易的其他贸易伙伴适用不同的条件，从而使其处于不利的竞争地位；(e) 使合同的缔结取决于其他贸易伙伴对额外义务的接受，而无论是依其性质或按商业惯例，这些额外义务均与合同的主题无关。

果，据此确定罚款数额。欧盟委员会指出，从 2005 年 12 月到 2011 年 10 月，几乎所有欧盟成员国和欧洲经济区国家的垄断行为一直持续到 Teva 收购 Cephalon 并成为同一集团的成员，与其他反向支付案件一样，一般罚款方法不适用于仿制药厂商，因为根据限制性协议，这些仿制药厂商未实现对受影响产品的任何销售。最终，欧盟委员会根据 2006 年发布的罚款指南①对 Teva 处以定额罚款，略低于 Cephalon，即对 Teva 和 Cephalon 分别处以 3 000 万欧元和 3 050 万欧元的罚款。

评　　论：药品有专利药和仿制药之分，前者也称原研药，即获得专利权的药品，后者又称通用名药，是指与专利药的活性成分、给药途径、剂型、规格和治疗作用相同的替代性药品。考虑到药品研发往往需要耗费大量的时间、人力、物力和财力，各国和地区通常都会给予药品发明人专利权保护，以确保其收回研发投入和获得创新激励。就药品专利权保护而言，其排他性主要体现为时间上的排他性，即只有等专利药的保护期届满后，仿制药才能进入市场销售，否则会被认为是侵犯专利权的行为。不过，专利法的核心是公开换保护，专利法之所以赋予发明人排他权，主要是为了在创新激励和公共利益之间寻求平衡，在通过赋予法定排他权来激励创新与专利到期后仿制药以更低的价格进入市场之间达成某种平衡。一旦专利药的保护期届满，由于仿制药涌入市场，该专利药市场就会引入价格竞争，这有助于患者以较低的价格获得药品以及提升整体医疗水平。由此可见，仿制药的及时入市对建立公平竞争的药品市场格局具有重要作用。

在上述背景下，为了防止仿制药入市影响专利药的垄断利润，专利药厂商往往会采取反向支付协议的方式诱使仿制药厂商延迟进入该市场，即约定由专利药厂商向仿制药厂商支付一定形式的经济利益，作为对价，仿制药厂商将向专利药厂商承诺推迟其仿制药进入市场的时间。从反向支付协议的实际效果看，这似乎是两全其美的事情，专利药厂商可以通过这种方式将其专利药的排他权期间予

---

① OJ L 1，4.1.2003，p.1. Regulation as amended by Regulation（EC）No 411/2004（OJ L 68，6.3.2004，p.1）.

以延长，进而获得高额的垄断利润，而对于仿制药厂商而言，它可以在不从事实际生产经营的情况下获得可观的收益。但问题在于，这种看似两厢情愿的做法却可能严重危害医药市场竞争和消费者利益。一方面，仿制药的延迟入市使得本应大幅下调的专利药价格继续维持高价，患者和整个医疗系统不得不承受高昂的专利药价格。另一方面，若是放任反向支付协议肆意蔓延，则会对整个医药行业的创新机制和生态环境造成损害，专利药厂商可能不再将资源和精力投放到新药的研发上，而是更倾向于从事这种"不劳而获"的盈利方式。鉴于反向支付协议可能会产生上述的反竞争效应并损害消费者利益，部分国家和地区已将该行为纳入反垄断的执法范围。本案就是欧盟委员会查处的典型案件。

近些年，美国和欧盟在反垄断实践中查处了不少反向支付协议案件，在一定程度上型塑了反向支付协议的反垄断法分析范式。

在欧盟竞争法语境下，反向支付协议行为被归类为《欧盟运行条约》第101条第1款所禁止的垄断协议。尽管欧盟竞争法在立法上未依据经营者之间有无竞争关系将垄断协议分为横向垄断协议和纵向垄断协议，但从行为外观上看，由于专利药厂商和仿制药厂商之间具有直接或者潜在的竞争关系，反向支付协议被认为是横向垄断协议。透过 Cephalon/Teva 案可以看出，在分析范式上，欧盟委员会认为反向支付协议一般具有排除、限制竞争的目的，即以延缓仿制药入市的方式来维持专利药的垄断地位，因而可直接判定该等行为违法，但允许所涉经营者援引豁免规则进行抗辩。这表明，欧盟委员会把反向支付协议视为核心限制条款的范围，对其采取严厉的规制态度。事实上，回顾以往的执法实践，在目前被认定为违法的反向支付协议案件中，暂无经营者得到反垄断豁免。

美国是反向支付协议的发源地和频发地。受益于1984年国会通过的《药品价格竞争和专利期补偿案》（又称 Hatch-Waxman 法案），仿制药厂商可以提交"简化新药申请"（Abbreviated New Drug Application），即证明仿制药与专利药具有相同的有效成分、剂型、药效及生物等效性，即可被批准上市，免去了新药申请的临床验证等昂贵、烦琐的程序，这使得美国仿制药产业快速发展，逐渐成长为全球最重要的仿制药市场。为应对来源于仿制药的竞争，专利药厂商往往选择以反向支付协议的方式来延迟仿制药的入市时间，以获取更多的垄断利润。在以往的反垄断实践中，美国联邦最高法院做出的 FTC v. Actavis 案[①]判决成为判例法。在该案判决中，最高法院提出了反向支付协议的分析范式。首先，对于反向支付协议的违法性分析需综合考量专利法和反垄断法，不能仅仅因为专利药享有法定排他权就认为其不应受到反垄断法的规制。其次，在认定反向支付协议是否属于垄断行为时，不应采用本身违法原则，而是要适用合理分析原则，依据专利的有效性、协议的规模和形式、专利权人的市场地位等因素对其违法性做出判断。

当前，我国反垄断执法机构查处了多起具有代表性的原料药反垄断案件，国家市场监管总局 2020 年起草了《关于原料药领域的反垄断指南（征求意见稿）》，但截至目前，我国还没有出现涉及反向支付协议的反垄断案例。究其原委，这与我国生物医药产业发展缓慢的现实情况不无关系，不管是专利药还是仿制药均正处于大规模产业化的开始阶段，暂时不具备出现反向支付的产业环境。不过，值得注意的是，我国正在大力推动生物医药产业的发展，并推出了药品注册分类的调整、仿制药的一致性评价制度、药品专利链接制度、药品专利期限补偿制度的试点等改革举措，这些措施有望为仿制药打开更宽广的市场之门，使得国外专利药面临来自国内仿制药的竞争压力，在此情况下，国外专利药厂商很可能以反向支付协议来维持其垄断利润。

根据我国《反垄断法》的相关规定，在满足特定条件时，反向支付协议有可能构成垄断协议和滥用市场支配地位行为。

首先，在反向支付协议中，围绕所涉的专利药，专利药厂商和仿制药厂商之间存在着竞争关系，当两者达成的反向支付协议排除、限制竞争时，就有可能构成我国《反垄断法》第 13 条所禁止的"具有竞争关系的经营者达成分割销售市场的垄断协议"，因为究其本质而言，反向支付协议带来的实际效果就是分割所涉专利药和仿制药的销售市场。当然，在个案中，涉嫌垄断行为人可以依据《反垄断法》第 15 条的规定申请豁免。值得注意的是，与欧盟竞争

---

① Fed. Trade Comm'n v. Actavis, Inc., 570 U.S. 136 (2013).

法类似，只要证明所涉反向支付协议具有排除、限制竞争的目的，就可以主张其违法。

其次，从反向支付协议的实施情况看，归因于专利药的排他性，专利药厂商在所涉专利药市场上通常都具有较强的市场势力，其采取现金支付或者商业合作等方式向仿制药厂商输送利益，这使得两者之间存在纵向交易关系，此际，若是能够证明专利药厂商具有市场支配地位，则可以依据《反垄断法》第17条的兜底条款主张其行为构成滥用市场支配地位，进而对其追责。

在专利侵权纠纷背景下发生的反向支付协议，属于滥用知识产权排除、限制竞争的一种特殊情形，如何妥善处理此类纷争，直接关系到反垄断以保护市场竞争和保护知识产权以激励创新之间的平衡。为此，在反垄断法分析中，涉及行政处罚事项时应审慎执法，采取多方会商、研判后做出决定的方式。具而言之，应当从如下两个方面入手：一是不管是对垄断协议还是滥用市场支配地位的反垄断法分析，竞争损害都是其中最为重要的分析环节，基于美欧的实务操作经验，需重点考察所涉反向支付协议中的专利药的保护强度、仿制药的上市时间、行为的方式和手段、专利药所在市场的竞争状况等。二是要增进执法透明度，完善有关执法程序，保障被调查企业的抗辩权，尤其是要充分听取被调查企业就其行为违法性、豁免等事项提出的抗辩意见，以确保《反垄断法》实施的科学性和合理性。

4.2.2.2 滥用市场支配地位

a. 欧盟20190718-高通公司案（掠夺性定价的认定）

基本信息：Case AT. 39711 - Qualcomm（Predation）（欧盟委员会，2019年7月18日）

案件事实：2009年6月30日和2010年4月8日，欧盟委员会两次收到芯片制造商Icera对高通提出的申诉。在2009年至2011年期间，Icera在高数据速率性能UMTS[①]芯片组的研发上不断突破，并逐步成为高

[①] UMTS全称"Universal Mobile Telecommunications System"，中文名称为通用移动通信系统，是指第三代（"3G"）无线和移动通信标准，可支持超过2G系统（如GSM）的多媒体服务。

通在该市场领域的主要竞争对手。Icera 指控高通以低于成本的价格向华为和中兴这两个重要客户提供 UMTS 兼容芯片组，旨在限制 Icera 的竞争力并最终将其淘汰出市场，涉嫌掠夺性定价。2015 年 7 月 16 日，欧盟委员会正式启动调查程序。2019 年 7 月 18 日，欧盟委员会根据《欧盟运行条约》（下称《条约》）第 102 条和《欧洲经济区协议》（下称《协议》）第 54 条中有关公平竞争的规定，宣布对高通公司处以高达 2.42 亿欧元（约合 18.69 亿元人民币）的罚款。根据欧盟反垄断规则，市场支配地位本身并不违法，但占主导地位的公司负有特殊责任，即不得在它们占主导地位的市场或单独的市场上通过滥用其强大的市场支配地位来限制竞争。

　　高通对欧盟委员会的不满集中在调查程序上。2017 年 1 月，委员会向高通提出了与案件调查相关的信息请求，高通认为该请求超出了调查范围并于 2017 年 6 月 13 日向普通法院提出申请，要求撤销委员会的决定，同时申请要求暂停委员会的决定或采取临时措施。7 月 21 日，普通法院驳回了临时措施申请。2019 年 4 月 9 日，普通法院做出一审判决，完全支持委员会的决定。2019 年 6 月 18 日，高通公司向欧洲法院提出上诉，要求撤销普通法院的判决。2021 年 1 月 28 日，欧洲法院驳回了高通的上诉。

主要争点：高通低价出售芯片是否构成滥用市场支配地位的掠夺性定价行为。

裁判要点：　1. 关于相关市场界定和市场支配地位认定

　　欧盟委员会认为在基带芯片的商业市场中，能够兼容不同代 UMTS 标准的超薄基带芯片组和集成基带芯片组构成了本案的相关商品市场[①]。理由为：第一，符合 UMTS 标准以外的芯片组，如 GSM、CDMA、TD-SCDMA（UMTS-TDD）、Wi-Fi 和 WiMAX 芯片组，对 UMTS 芯片组不具有替代性；第二，符合 UMTS 不同迭代标准的基带芯片组之间具有可替代性；第三，集成基带芯片组与超薄基带芯片组相互可替代；第四，虽然个别纵向一体化企业能够自主生产基带芯片，但这种情况不会对 UMTS 芯片组的商业市场销售产生限制性影响。

---

　　① 超薄基带芯片组（slim baseband chipset）和集成基带芯片组（integrate baseband chipset）的主要区别在于是否包含应用处理器，前者包含，后者不包含。应用处理器的功能为运行操作系统和应用程序（如消息传递、互联网浏览、成像和游戏）。

欧盟委员会还对相关地理市场进行了界定。考虑到 UMTS 芯片组供应协议通常是全球性的，UMTS 芯片供应商和 OEM 将各自产品销往全球各地，以及芯片的运输价格相对于产品价值可以忽略不计等因素，UMTS 芯片的相关地理市场应是全球市场。

对市场支配地位的认定通常需要考虑两个因素：一是市场份额；二是是否存在着阻碍潜在竞争者进入市场和实际竞争者扩大市场活动的障碍。为了计算高通在 UMTS 芯片市场上的份额，委员会使用了两个数据集，其一是独立行业分析师提供的全球销售收入情况，其二是高通及其竞争对手提供的芯片出货量。二者从不同角度得出了近似的结果：2009 年至 2011 年，高通 UMTS 芯片市场份额为 60% 左右，高通的所有竞争者在此期间的市场份额不到高通市场份额的三分之一，且市场份额均未高于 20%。

委员会认为 UMTS 芯片市场存在进入壁垒。首先，在市场上推出首款产品之前，新的 UMTS 芯片供应商需要投入大量初始资金来支持与芯片设计相关的研发活动。其次，高通的专利馈赠模式构成了市场进入壁垒和扩张障碍——专利馈赠模式是指高通凭借其持有的大量专利组合，与其他 SEP 持有人进行交叉许可并达成协议：凡是高通的客户同样可以获得协议相关专利的实施权，同时无须支付许可费。这种模式能够减轻专利实施者的经济负担，进而使市场上的芯片客户更倾向于购买高通产品。鉴于高通超高的市场份额以及明显的市场进入壁垒，委员会认定高通在 UMTS 芯片市场上具有支配地位。

2. 欧盟对掠夺性定价行为认定的基本模式

垄断企业固然不会自己承认其低价政策的反竞争的意图，故在司法实践中需要根据其行为方式进行推断。推断低价政策合法性主要依据价格与成本的关系。经济学上存在多种成本概念，不同的概念对应着不同的证明方法。在 CDC v. Akzo Nobel et al. 案中，欧洲法院通过对产品价格、平均可变成本、平均总成本的比较分析，来评估低价政策是否属于滥用市场支配地位的行为[1]。

第一，以低于平均可变成本的价格销售产品，原则上属于权利

---

① Case C‑62/86，Akzo v. Commission，ECLI：EU：C：1991：286，paragraph 74.

滥用行为，即将垄断者实施上述行为的目的认定为将竞争对手驱赶出市场[①]。第二，低于平均总成本但高于平均可变成本。如果实施者具有排除竞争对手的意图，则应当被视作滥用市场支配地位的行为。其中，用于证明消除竞争对手意图的证据可以是直接的，也可以是间接的。直接证据主要指垄断企业的内部文件，间接证据则可以参考一些重要的客观因素，例如低于成本销售持续的时间、连续性以及低价销售的规模。

3. 高通掠夺性定价行为的认定

掠夺性定价是高通在本案中滥用市场支配地位的核心行为，涉及复杂的经济学评估。欧盟委员会处罚决定书近三分之二的篇幅被用于阐述高通低价出售芯片行为的反竞争性，主要内容包括：

（1）针对 Icera 的威胁，高通就 MDM8200、MDM6200 和 MDM8200A 三种芯片组对华为和中兴通讯采取了侵略性的定价策略。

（2）进行价格—成本测试时，委员会并未采纳 Akzo 案确立的评估方式，而是引入了长期平均增量成本（long-run average incremental costs，LRAIC）来计算高通三种芯片组的制作成本。

（3）通过 LRAIC 标准计算出成本价格后，委员会将其与高通在相关时期对 MDM8200、MDM6200 和 MDM8200A 芯片组定价的调查结果进行对比，发现除了以低于平均可变成本的价格向中兴通讯销售了 MDM6200 芯片组，其他所有销售都是以低于 LRAIC 的价格进行的。因此，委员会认定高通对三种芯片组的定价属于掠夺性行为。

4. 排除竞争对手的意图

委员会通过直接证据和间接证据证明了高通排除竞争对手的意图。在直接证据方面，委员会首先引用了高通公司高层的内部邮件，这些邮件中表达了对 Icera 所带来威胁的深切忧虑以及采取必要措施的打算。随着技术上不断突破，Icera 已经成为高通在 UMTS 芯片前沿市场的主要竞争对手。基于对市场环境的乐观预期（主要指手机市场的爆发式增长），高通认为 Icera 对其芯片组业

[①] Case C‑62/86，Akzo v. Commission，ECLI：EU：C：1991：286，paragraph 71.

务产生了严重威胁，应当采取措施来遏制 Icera 在 UMTS 芯片市场的增长势头。其次，委员会列举了一系列高通内部的通信邮件，这些邮件对击败 Icera 的方式进行了直接的讨论，即在公司现有的 MDM8200、MDM6200 和 MDM8200A 芯片组基础之上，采取掠夺性定价的方式将 Icera 逐出市场。前述直接证据表明，来自 Icera 的竞争是高通定价决策最重要的考量因素。

间接证据主要在于高通定价行为的高度针对性。自从 2008 年 Icera 在 UMTS 芯片市场取得突破后，高通的低价策略就集中于华为和中兴通讯这两个在相关市场内最重要的客户身上。高通的定价行为旨在能够最大限度地对 Icera 业务造成负面影响的同时，将降价销售 UMTS 芯片对自身收入的影响降至最低。

5. 掠夺性定价的损害后果

委员会认为高通的掠夺性行为对《条约》第 102 条意义上的欧盟成员国之间的贸易，以及《协议》第 54 条意义上的缔约方之间的贸易产生了显著影响。

首先，Icera 是许多原始设备制造商和跨国公司的贸易伙伴，这些原始设备制造商和跨国公司出口或销售包含 Icera 芯片组的欧洲经济区产品。如果 Icera 受到高通低价策略的打压后实力削弱，可能会对成员国之间和欧洲经济区内部的贸易产生明显影响。

其次，高通公司对基带芯片市场中具有重要战略意义的 UMTS 芯片组实行掠夺性定价，并出售给华为和中兴通讯这两个市场上最重要的客户，这两个客户又将其产品（主要指安装芯片后的手机）分销到其他欧盟成员国。如果高通成功限制 Icera 在芯片领域的成长，UMTS 芯片市场的内部竞争结构和欧盟成员国之间的贸易都会受到影响。

评　　论：早在 2018 年 1 月，欧盟委员会就对高通处以高达 9.97 亿欧元的罚款，原因是高通滥用其市场主导地位，向苹果公司支付巨额款项以换取苹果公司独家采购其生产的 LTE 基带芯片。连续两年对高通总计 12 亿欧元的罚款，体现了欧盟对强化移动通信领域反垄断执法的决心。对掠夺性定价行为的规制是反垄断法上难度最大的问题之一，此案对我国反垄断领域涉及掠夺性定价的立法和司法具有较大的参考价值。

对于掠夺性定价行为，欧盟以市场支配地位为前提，将其完全视为垄断行为进行规制。而在我国，掠夺性定价的行为受竞争法体系和价格法体系的双重规制，受到《反垄断法》和《价格法》的共同约束。但从实际效果来看，无论是 1997 年《价格法》还是 2008 年《反垄断法》实施后，公开处理的低价倾销案件并不多，且主要以《价格法》作为执法依据施以处罚。

在我国，近年来，平台经济在飞速发展的同时也催化了平台垄断的新问题和新挑战，例如互联网巨头们"资本补贴、低价竞争"的市场竞争策略和"烧钱补贴式"的市场竞争模式便饱受诟病，其性质受到掠夺性定价的质疑。对此，2020 年 12 月 11 日，中央政治局会议定调 2021 年经济工作，首次明确提出要"强化反垄断和防止资本无序扩张"，此前 11 月份国家市场监管总局发布的《关于平台经济领域的反垄断指南（征求意见稿）》亦提出"维护平台经济领域公平竞争"，"防止和制止排除、限制竞争行为抑制平台经济创新发展和经济活力"。2020 年 3 月，国家市场监管总局以"存在低价倾销致扰乱正常经营秩序、利用使人误解价格手段诱骗消费者与其进行交易等违法情况"为由，对 5 家社区团购企业顶格处罚。可见，尽管我国在反垄断层面对涉嫌掠夺性定价的行为提出政策要求，但实际上仍倾向适用《价格法》对该行为进行处罚和规制。究其原因，相较于《反垄断法》而言，由于《价格法》保护的是更为直接、广泛的宏观物价稳定之法益，处罚力度较小，故《价格法》的规制门槛较低，调查程序和处罚程序也更加简便，进而拥有更具效率的规制效果，能够迅速对市场的不良价格竞争行为予以回应。同时，《价格法》与《反垄断法》规制掠夺性定价行为之程度差异主要在于定价者是否拥有市场支配地位。因此，先以《价格法》对低价倾销的行为进行规制有助于及早遏止不良价格竞争行为，亦有利于避免采用该策略的企业不当获取市场支配地位，侧面实现《反垄断法》保护市场公平竞争之法益，与欧盟的规制方式相比更具层次性和审慎性。

然而，无论是我国还是欧盟，法律条文中对掠夺性定价的描述都是原则性的，规定十分精练，这导致实际的适用存在一定困难，需要在具体案例中予以细化，国际惯例亦在执法中明确行为的认定标准。目前，国内外学界对掠夺性定价的定性基本一致，即通过不合理的降价行为排挤竞争对手，然后不正当地提高价格以攫取超额利润，其认定因素一般包括市场支配地位、价格低于成本、亏损是否可弥补以及主观目的四个方面。

首先，市场支配地位是构成垄断行为的前提，我国在多年的反垄断执法中已经形成较为成熟的认定经验，同时也出台了相应的司法解释。其次，价格低于成本是掠夺性定价行为的直观体现，然而在国内外，低于成本的价格标准并没有统一的标准。常见的有低于平均可变成本、低于平均总成本、低于长期增量成本、低于行业平均成本等。在具体案件中，法院不应局限于价格成本测试，应结合具体案情，综合考量上述四项认定标准来判断是否构成掠夺性定价。而针对亏损是否可弥补，除了考虑具有市场支配地位企业的自身实力外，还应重点关注市场结构。在类似本案 UMTS 芯片这样前期需要巨额投资，存在明显进入壁垒的市场上，行为人实施掠夺性定价的亏损在后期更容易得到弥补。就主观目的而言，击败竞争对手本身就是商业活动的重要目的，判定掠夺性定价应着眼于低价倾销对整个竞争秩序的危害，而不应当因为对某个竞争对手的排挤或伤害就认定为掠夺性定价。

在规制体系方面，未来我国应当强化以《反垄断法》为核心、以《价格法》为辅的掠夺性定价规制体系。首先，中小企业实施掠夺性定价的成本和收益本身不成正比，存在较大的风险且成功率低，而占有市场支配地位企业实施掠夺性定价造成的损害更大。因此将司法资源集中于规制拥有市场支配地位的企业更具性价比。其次，近年来数字经济的快速发展使得平台垄断行为更为常见，国家高度重视反垄断执法工作，强化掠夺性定价的反垄断法规制符合时代背景，尤其应加强对利用前期低价倾销方式获取市场支配地位后的掠夺性定价行为的反垄断法规制，及时遏制资本无序扩张之风。最后，强调反垄断法规制并不意味着放弃对非市场支配企业的监管，当这样的企业实施低价倾销损害经营者和消费者利益时，可通过《价格法》或《反不正当竞争法》的原则性条款予以规制。

b. 美国 20200811 - 美国联邦贸易委员会诉高通垄断案（专利许可行为构成垄断的认定）

基本信息： United States Court of Appeals for the Ninth Circuit No. 19 - 16122（美国第九巡回上诉法院，2020 年 8 月 11 日）

案件事实： 2019 年 5 月 21 日，美国加州北区地区法院（下称"地区法院"）对美国联邦贸易委员会（FTC）诉高通公司垄断做出一审判决，认定高通公司多年来在销售芯片和专利许可领域的行为构成垄断，支持了 FTC 的禁令要求。2019 年 8 月 23 日，美国第九巡回上诉法院（下称"上诉法院"）暂停执行地区法院颁发的反垄断禁令。2020 年 8 月 11 日，上诉法院在二审中推翻了地区法院对高通的反竞争判决，认为 FTC 没有足够证据证明高通涉嫌非法垄断，判定高通未通过其专利许可模式非法排挤芯片制造领域的竞争对手并向苹果等终端设备制造商收取过高的专利许可费。2020 年 10 月 28 日，上诉法院驳回 FTC 关于重审对高通公司反垄断诉讼的请求。

主要争点： 高通公司在销售芯片和专利许可领域的行为是否构成垄断。

裁判要点：　1. 垄断行为认定中的相关市场边界问题

相关市场界定是反垄断案件的必要步骤，地区法院将本案相关市场界定为 CDMA 调制解调器芯片市场和高端 LTE 调制解调器芯片市场，上诉法院对该界定方式表示赞同。

不同的是，上诉法院认为，在评估反垄断行为造成的损害时，必须重点关注那些竞争受到限制的市场，在这些市场中寻找反竞争行为带来的不良后果[1]。在其他市场上尽管当事人可能由于被告的非法行为遭受损失，但这并非垄断行为所造成的[2]。而地区法院对高通反竞争行为及其影响的分析似乎超越了这个市场的边界，进入了在蜂窝调制解调器芯片市场之外更广阔的蜂窝服务市场。地区法院的判决很大程度上考虑了对原始设备制造商（original equipment manufacturer，OEM）的经济损害，导致对消费者的价格上涨。但针对芯片市场而言，OEM 是高通公司的客户而非竞争对手。即便高通的确造成了这些损害，此类损害也不属于或直接涉及反垄断意

---

①　Am. Ad Mgmt. ，Inc. v. Gen. Tel. Co. of Cal. ，190 F. 3d 1051，1057（9th Cir. 1999）.

②　Intergraph Corp. v. Intel Corp. ，195 F. 3d 1346，1999 U. S. App. LEXIS 29199，52 U. S. P. Q. 2D（BNA）1641，1999 - 2 Trade Cas. （CCH）P72，697，40 U. C. C. Rep. Serv. 2d（Callaghan）107.

义上的"反竞争的"——原因在于这些损害没有涉及"有效竞争领域"的贸易限制或排挤行为。

上诉法院还认为，地区法院判决书中第五部分"反竞争行为及损害"中，约 2/5 的篇幅都在详细介绍高通公司通过"无许可，无芯片"政策对 OEM 施以反竞争行为[①]。当地区法院提及反竞争损害的主要理论（高通公司的许可使用费"对竞争对手的调制解调器芯片施加了附加费用"，从而抑制了相关市场的自由和公平竞争）时，仅进行简单的描述后就略过了。

2. 拒绝交易

地区法院认为根据美国联邦最高法院的 Aspen Skiing 案[②]，高通负有将标准必要专利（standard essential patent，SEP）许可给芯片市场上竞争对手的义务。上诉法院认为无论从反垄断法的视角还是 FRAND 承诺的角度，针对芯片竞争对手，高通公司没有提供 SEP 许可的义务。为了推翻地区法院的结论，上诉法院首先援引了诸多判例阐明了企业可以自由选择交易对象、价格、条款以及其他条件这一基本原则[③]，随后依然从 Aspen Skiing 案入手，论证了高通无须负担将 SEP 许可给芯片竞争对手的义务。

美国联邦最高法院在 Aspen Skiing 案中认为，当一家公司的拒绝交易行为有以下特征时，应当认定该行为是反竞争性的：（1）单方终止一个自愿的且有利润的交易过程；（2）唯一可能的理由或目的就是牺牲短期利益，以在长期上就排除竞争获得更大的利益；（3）拒绝交易涉及被告已在现有市场中向其他类似客户销售的产品。此时拒绝交易者应履行继续交易的义务。上诉法院对前述条件逐一进行了反驳：就（1）而言，高通公司与芯片制造商签订的是非穷尽的、收取许可费的协议，其明确约定并未向芯片制造商的客户授权，该交易过程并非自愿且有利可图的。就（2）而言，为应

---

① FTC v. Qualcomm Inc., 411 F. Supp. 3d at 697 - 744.

② Aspen Skiing Co. v. Aspen Highlands Skiing Corp., 472 U. S. 585 (1985).

③ 上诉法院援引了以下案例中的观点：(1)"《谢尔曼法》并不限制从事完全私有业务的交易者或制造商有权自主地、自由地选择交易对象的这一长期被认可的权利。"—Trinko, 540 U. S. at 408；(2)"正如美国联邦最高法院所一再强调的，并不存在按照［竞争者的］竞争对手所青睐的条款和条件进行交易的义务。"—Pac. Bell Tel. Co. v. linkLine Commc'ns, Inc., 555 U. S. 438, 457, 129 S. Ct. 1109, 172 L. Ed. 2d 836 (2009)；(3)"包括《谢尔曼法》在内的反垄断法是为了保护竞争而非竞争对手所制定的。"—Brunswick Corp. v. Pueblo Bowl-O-Mat, Inc., 429 U. S. 477, 488, 97 S. Ct. 690, 50L. Ed. 2d 701 (1977)。

对专利权用尽原则，高通选择了无论短期或者长期都更加有利可图的道路，因而并未牺牲短期利益。就（3）而言，高通公司对调制解调器芯片市场上的所有竞争对手均平等地适用；即使这些竞争对手采用高通公司的专利（免专利许可费），高通公司也拒绝向这些竞争对手行使其专利。综上，高通公司的实践不满足这三个条件。

3. "无许可，无芯片"策略的反竞争性探讨

地区法院认为高通公司"无许可，无芯片"政策是"针对OEM的反竞争行为"和"针对专利许可协商的反竞争行为"，但是证明力度似乎有所不足。

上诉法院认为OEM无论是从高通还是从其他芯片商处购买芯片，向高通支付专利许可费都是不可避免的。例如，在没有达成许可协议的情况下，高通公司不会向苹果或三星这样的手机OEM出售芯片，即使它们使用了高通竞争对手的芯片，也必须按照每台手机的价格向高通支付许可费用。因此，既然获得高通专利许可的条件在OEM无论选择高通或者其竞争对手时都同样适用，那么该条件并不会对竞争市场造成扭曲。"无许可，无芯片"在使用谁的芯片问题上是中立的，即购买高通公司芯片和购买竞争对手的芯片没有任何差别。该政策仅强调，无论OEM选择从哪里购买芯片，都需要为在芯片上以及其他手机零件或其他蜂窝设备上实施受专利保护的技术向高通公司支付费用。

至于高通是否有权收取许可费，地区法院援引了卡尔德拉公司 v. 微软公司一案。在该案中，微软要求原始设备制造商为销售任何机器支付许可费，无论该机器是否装有 Windows 或竞争对手的操作系统，而该费用属于人为的附加费[1]。上诉法院对两案进行了区分，认为微软之所以无权向未携带其软件的机器收取许可费，是因为其本身没有提供任何的附加价值。而高通有权向原始设备制造商收取许可费率，因为它们实际使用了高通的专利，故高通在OEM层面授权并收取许可费的行为不具有反竞争性。

4. 最小可销售专利实施单元（SSPPU）的适用范围

高通公司以产品整机价格收取许可费，相对于以芯片的价格收

---

[1]　Caldera，Inc. v. Microsoft Corp.，87 F. Supp. 2d 1244（D. Utah 1999）．

取获得了近 10 倍的利润。针对这一做法，地区法院认为一般要求使用费基于 SSPPU，而非完整的产品①。蜂窝调制解调器芯片应当作为蜂窝产品的 SSPPU②。高通理应以芯片而非整机价格作为许可费基准。

上诉法院认为地区法院对 SSPPU 的适用方式有误。SSPPU 概念本身并不是一项计算合理许可费用的规则，而是一种工具，常被用于陪审团权衡复杂的专家证词和专利损害，尽量不使陪审团产生混淆③。本案系法官审理，故不存在陪审团产生混淆的可能。因此，地区法院无必要引用 SSPPU。上诉法院进而否定了地区法院以 SSPPU 作为专利损害计算方式的前提④。上诉法院还认为使用完整产品的市场价值没有任何本质的错误。因为经验丰富的各方在签署授权协议时，通常将专利发明的价值规定为商业产品销售价格的一个百分比⑤。综上，上诉法院推翻了地区法院关于高通因以整机价格收取许可费而应承担反垄断责任的结论。

5. 高度"溢价"的专利许可费的问题

地区法院认为高通不合理的高额许可费源于其市场份额而非专利价值，除非专利许可费率能够准确地反映专利现有、内在的价值，且与其他公司就其专利组合收取的费率一致，否则在反垄断意义上，高额专利许可费率将被认为是反竞争的。上诉法院认为该观点在专利法下而非垄断法下可能成立，同时援引判例证明高额许可费的正当性。如果公司不能证明其 SEP 组合的"公允价值"与看起来市场愿意以许可费费率形式支付的价格相对应，就推定该公司存在反垄断行为，这是不恰当的。仅仅拥有垄断机会和制定垄断价格的机会是自由市场体制的重要内容，其本身并不违法，这种激励既能吸引"敏锐的商业嗅觉"，又能激发对风险的承担，带来创新和经济增长⑥。

---

① LaserDynamics, Inc. v. Quanta Comput., Inc., 694 F. 3d 51, 67 (Fed. Cir. 2012).

② GPNE v. Apple, Inc., 830 F. 3d, 1365 (Fed. Cir. 2016).

③ VirnetX, Inc. v. Cisco Sys., Inc., 767 F. 3d 1308, 1327 - 28 (Fed. Cir. 2014).

④ Commonwealth Sci. & Indus. Research Org. v. Cisco Sys., Inc., 809 F. 3d 1295, 1303 (Fed. Cir. 2015).

⑤ Lucent Techs., Inc. v. Gateway, Inc., 580 F. 3d 1301, 1339 (Fed. Cir. 2009).

⑥ Verizon Commc'ns Inc. v. Law Offices of Curtis V. Trinko, LLP, 540 U. S. 398, 407, 124 S. Ct. 872, 157 L. Ed. 2d 823 (2004).

6. 独家交易

地区法院认为苹果与高通的协议构成排他性交易，会强迫苹果从高通公司购买实质性数量的、其需要的产品，因此实质性地限制了调制解调器芯片市场中的竞争[①]。上诉法院同意构成排他性合同的观点，但不认为协议具有实质限制蜂窝芯片市场竞争的实际或实践效果。

判决书列举了下列事实：在与高通公司签署 2013 年协议之前，苹果公司曾经考虑过从英特尔公司购买调制解调器芯片。仅在 2014 年，英特尔公司就赢得了苹果的业务，当时苹果的工程师团队一致建议公司选择英特尔公司作为调制解调器芯片的替代供应商。地区法院认为高通公司的排他性交易影响了英特尔公司的能力，将其向苹果销售调制解调器芯片的时间延迟到了 2016 年 9 月。上诉法院则认为上述事实并不能证明在 2014—2015 年之前，英特尔公司是高通公司的有效竞争对手；也不能证明 2013 年协议将苹果公司转向英特尔公司的时间延迟了一年以上。根据这些无争议的事实，协议不具有实质限制调制解调器芯片市场竞争的实际或实践效果。

评　　论：　　1. 对专利权用尽制度的思考

高通苦心经营的专利许可模式背后，是对专利权用尽制度的极力回避。蜂窝芯片的供应链可以分为三级：（1）标准必要专利权人；（2）芯片制造商；（3）终端设备制造商（OEM）。如果高通对芯片制造商许可专利，那么一旦芯片制造商将芯片出售给 OEM，其中蕴含的 SEP 就被用尽，在 OEM 层面高通将无权收取任何费用。根据长期的行业惯例，SEP 许可费的计算方式是基于体现标准的产品价格的某个百分比，而终端产品的价格远远高于芯片，这导致 SEP 权利人强烈倾向于将其 SEP 许可给终端设备制造商。高通既敏锐地意识到专利用尽原则的风险，又发现了 OEM 层面授权的更加有利可图，因此仅在 OEM 层面进行专利授权。

---

① 苹果在 2011 年和 2012 年接洽了多家调制解调器芯片供应商，结果表明只有英特尔可能成为高通公司的替代供应商。2012 年 10 月，苹果内部有意为 2014 年推出的 iPad 向英特尔采购调制解调器芯片，并在将仅涉及数据交互的 iPad 使用英特尔芯片成熟后，逐步为英特尔芯片添加语音功能以应用于 iPhone。为避免给予英特尔芯片发展的机会，高通公司拟定了两份 2013 年协议，提高返利，以减少 20% 的利润为代价，确保苹果继续向高通公司独家采购调制解调器芯片，而不是转向英特尔采购。最终，英特尔直到 2016 年 9 月才得以向苹果出售调制解调器芯片。

高通显然知道上述做法违反了 FRAND 承诺，其采取的对策是与芯片制造商签订"CDMA ASIC 协议"，高通允许芯片制造商免费实施其 SEP，同时禁止芯片制造商向未获得高通专利许可的 OEM 出售芯片①。高通的做法是否属于对芯片制造商的间接许可，并通过间接许可营造出了一种假象，让人误以为专利在芯片制造商一级已经用尽？这涉及专利许可的方式及效果问题。

在 De Forest Radio Telephone Co. v. United States 案中，联邦最高法院认为专利许可不以正式批准许可为必需的生效要件，如果从专利权人的话语或行为可以推断其同意他人使用专利或出售专利，都应该认定为进行了实际的专利许可②。我国的专利权用尽制度规定于《专利法》第 75 条第（1）项：专利产品或者依照专利方法直接获得的产品，由专利权人或者经其许可的单位、个人售出后，使用、许诺销售、销售、进口该产品的，不视为侵犯专利权。其中的"许可"在实践中既可能是穷尽性的，也可能是非穷尽性的，为了避免 SEP 权利人利用非穷尽的专利许可协议实施"伪专利许可"，以规避专利权用尽规则的制约，并在下游市场攫取反竞争利益，可通过司法解释对专利权用尽原则中专利许可的许可条件和法律后果予以更加详尽的规定。

2. 多角度出发处理标准必要专利问题

合同法、专利法和反垄断法一般被认为是解决标准必要专利的三个角度。第一，标准必要专利作为一种特殊形态的专利，必然适用专利法。第二，专利权人向标准组织做出的 FRAND 承诺在某些司法辖区被认定为合同关系，从而适用合同法。第三，专利权人在专利标准化后获得了实施垄断行为的"后天优势"，更容易触犯反垄断法。实践中的标准必要专利纠纷往往涉及诸多问题，例如本案同时涉及高通在蜂窝芯片市场的垄断问题和对标准组织 FRAND 承诺涉及的合同问题。

标准必要专利具有天然的复杂性，任何标准必要专利纠纷都无法简单地归为专利纠纷、合同纠纷或者反垄断纠纷。将标准必要专

---

① FTC v. Qualcomm Inc. , 969 F. 3d 974, 984 n. 7 (9th Cir. 2020) .

② De Forest Radio Telephone Co. v. United States, 273 U. S. 236 (1927) .

利归于单一的问题，仅通过专利法、合同法或者反垄断法解决问题无异于作茧自缚，故应摆脱部门法思维，因地制宜地按需适用合同法、专利法和反垄断法。

3. 警惕标准必要专利背后的政治身影

本次高通胜诉的背后，不难发现美国政府的身影。负责反垄断事务的美国司法部曾公开支持高通，呼吁法院重新审视高通的专利授权模式，认为打压高通会直接影响到美国在 5G 通信时代的行业领导地位。在该案一审判决做出后，美国司法部、国防部和能源部曾经发表过联合声明，宣称地区法院对该案的判决存在事实认定和法律适用上的错误，且该判决会危及美国 5G 产业发展、国防安全等，并指出"尽管美国目前仍在标准制定领域占据支配地位，但一旦高通进行研发、创新的能力被削弱，中国非常有可能通过强劲竞争填补高通的空白"，"中国如在 5G 产业占据支配地位，将严重威胁美国的国家安全"。在上述声明发布不久后，第九巡回上诉法院做出了中止执行地区判决的裁定①。FTC 诉高通案还伴随着美国政府的换届选举。2017 年 1 月首次起诉高通时，FTC 还是奥巴马政府时期的委员结构。随后上台的特朗普政府重组了 FTC。特朗普政府向来对华为领军的中国企业在 5G 技术方面的发展极为忌惮。

从高通上诉的结果来看，即使在拥有悠久反垄断法实施历程的美国，其法律的适用已经不再是一个纯粹的技术性问题。反垄断法的实施深受包括产业政策和国家安全在内的国家利益等非法律因素的影响，在服务于法律目的的背后逐步向国家战略倾斜。在我国实现科技兴国的征程中，对于 5G、工业互联网、大数据等事关国家重大利益的新技术行业或者领域，法律的实施应着眼于鼓励企业创新和做大做强，打造出一批具有全球竞争力的企业。在司法实践中灵活适用反垄断法，在维护充满活力和竞争力的公平市场的同时避免因为反垄断法的实施使得行业发展与创新受挫，损害企业利益甚至国家利益，这对于中国未来发展具有重要的借鉴意义。

---

① Letter From Treasury Department to Broadcom and Qualcomm Regarding CFIUS. ［2021 - 02 - 18］. https：//www.qcomvalue.com/wp-content/uploads/2018/03/Letter-from-Treasury-Department-to-Broadcom-and-Qualcomm-regarding-CFIUS.pdf.

c. 法国 20201008 – SPEM v. Google France 案（滥用市场支配地位的认定）

基本信息：20/08071 – No. Portalis 35L7 – V – B7E – CB5Z5（巴黎上诉法院，2020 年 10 月 8 日）

案件事实：2019 年 7 月 24 日，法国颁布了《邻接权法案》，将《欧洲议会和理事会的指令》第 15 条中涉及数字单一市场的版权和邻接权内容纳入《法国知识产权法典》。基于该法案，以 Google 为代表的新闻类信息集成商在重新使用出版商出版物时，需向出版商支付相应报酬。

为规避向新闻出版商支付报酬的义务，Google 发布"新显示政策"（new display policy）单方面决定，除非出版商免费授权，否则将不再在其各种服务（Google 搜索、Google 新闻和 Discover）中显示出版商的文章摘录、照片、图表以及视频内容。

法国竞争管理局经调查发现，面对 Google 的新显示政策，绝大多数新闻出版商在没有谈判，也未从 Google 获得任何报酬的情况下，就向 Google 发放了免费使用和展示其受保护内容的许可。较之法案生效前，Google 基于出版商和新闻社授予的许可还可能有机会使用更多受保护内容。与此同时，部分不允许 Google 显示受保护内容的出版商，则因 Google 的新显示政策面临着流量大幅下降的危机。

2019 年 11 月，新闻出版商的几个工会代表（《新闻公报》杂志，《法国新闻通讯联盟》——APIG 及其成员）和法新社（AFC）向法国竞争管理委员会举报（管理局将程序合并为一个程序），认为 Google 在执行《邻接权法案》条款时，违反了 TFEU（《欧盟运行条约》）第 102 条以及《法国商法典》第 L.420 – 2 条的相关规定，构成了对市场支配地位以及经济依赖状态的滥用；除此之外，举报人还要求采取临时措施，以此推动它们与 Google 的谈判。

在 2020 年 4 月 9 日的决定中，法国竞争管理局下令对 Google LLC 和 Google France 这两家公司采取临时措施，要求它们与新闻出版商和新闻社展开谈判。管理局认为，在 2019 年《邻接权法案》已经生效的前提下，Google 对出版商以及新闻社强加不公平的交易条件——拒绝对其受保护内容支付报酬，对出版商以及新闻社实施差别待遇，以及阻止 2019 年《领接权法案》生效的行为，构成市场支配地位滥用。随后，Google LCC 和 Google France 就该决定向巴黎上诉法院提出上诉。

2020 年 10 月 8 日，巴黎上诉法院做出判决，维持竞争管理局的决定，裁定 Google 的行为违反了 TFEU 第 102 条以及《法国商法典》第 L. 420 - 2 条的规定，构成了对市场支配地位以及经济依赖状态的滥用。同时，Google 强加给其他市场主体的不公平交易条件，已然给相关行业造成了紧迫且现实的损害，因此竞争管理局有权采取对应的临时措施。但针对临时措施的具体内容，法院做出如下补充：当 Google 的行为不会直接或间接损害邻接权人的权利时，竞争管理局的禁令不得妨碍 Google 对其服务进行改进和创新。

主要争点：本案相关市场范围应当如何划定；Google 行为与其市场支配地位之间的因果关系。

裁判要点：本案中，Google 对竞争管理局认定的可能构成滥用支配地位的三种行为与其所称支配地位之间的因果关系提出质疑，同时对决定所划定的相关市场表示质疑。法院认为，作为滥用市场支配地位的先决条件，相关市场界定是法院考虑的首要问题。

1. 相关市场的界定以及 Google 市场支配地位的认定

本案的相关市场应界定为"一般在线搜索服务"市场。一般在线搜索服务是一种独立经济活动。从其服务属性的角度出发，一般在线搜索服务是将用户引向被引用的网站，不同于社交网络，它可以自然地将用户保留在其服务环境中；从用户的角度来看，搜索引擎和社交网络在用途上具有显著的区别；从技术角度出发，两者适用不同算法。除此之外，搜索引擎作为连接网站运营商以及用户的平台，其也为网站运营商提供服务，两者具有共同且相互依存的盈利目标。就本案的相关事实而言，Google 的利益在于优化其搜索引擎上与互联网有关的网站的链接，以便使其搜索平台对用户具有尽可能大的吸引力，而 Google 搜索引擎自身的吸引力又为出版商网站索引的推广起到关键作用，两者具有密切联系。

根据欧洲法院判例，在没有特殊情况时，50% 的市场份额即可确定市场支配地位。截至 2019 年底，Google 月度请求数量的市场份额在 90% 左右，而由于技术因素所导致的市场的进入和扩张壁垒则进一步稳固了 Google 的市场支配地位。同时，调查显示，

Google 搜索引擎所带来的流量在新闻出版商的互联网流量中占有非常大的份额，并且该流量无法被来自社交网络、内容聚合平台或直接访问的流量所替代。综上，鉴于 Google 拥有 90％左右的市场份额，同时能给出版商网站带来具有重要经济价值且不可替代的数字流量，因此，认定 Google 在一般在线搜索服务市场具有市场支配地位。

2. 滥用行为认定以及行为与市场支配地位之间的因果关系

《邻接权法案》赋予了出版商以及新闻社与版权有关的相关权利。这些权利表现为以数字形式在线向公众传播全部或部分出版物前，需要取得出版商或新闻社的授权，并向其支付一定的报酬。但权利本身并非强制要求网络服务提供者同意支付权利人所要求的许可费用，其目的在于保障了权利人可以就其被复制的受保护内容索取公平的报酬。

《邻接权法案》生效前一个月，Google 单方面决定，除非获得出版商的免费授权，否则其将不再在其各种服务中展示文章、照片和视频的摘录。其行为本质上是为了架空《邻接权法案》中属于邻接权人的相关权利内容。实际上，绝大多数新闻出版商在没有谈判，也未从 Google 获得任何报酬的情况下，就向 Google 免费发放了使用和展示其受保护内容的许可。而 Google 之所以可以获取免费授权，是因为其搜索引擎可以为出版商和新闻机构的网站带来大量流量，而这种流量对于出版商和新闻机构来说是重要且不可替代的。基于上述前提，虽然《邻接权法案》已经生效，但迫于 Google 的新显示政策，出版商以及新闻社依旧会选择放弃权利，进而接受更为不利的交易条件。

综上，正是由于 Google 拥有了 90％左右的市场份额，且其搜索引擎对出版商而言具有重要且无法被替代的价值。因此，它才能够摆脱竞争压力，在没有任何谈判的情况下从新闻出版商处获得免费许可。

3. Google 的行为所产生的反竞争效果

Google 的行为具有双重的反竞争效果：第一，Google 的行为导致 2019 年的《邻接权法案》失去预期的效果。出版商以及新闻社在《邻接权法案》生效之际，失去了确保其可持续运转的重要资源，新闻行业面临着现实且严峻的打击。第二，Google 的行为，将那些愿意与邻接权人进行谈判，并为展示受保护内容而向出版商支付相应报酬的市场主体（尤其是市场份额小的市场主体），置于不利的地位。

综上，Google 剥夺出版商就报酬进行谈判的权利，并对其交易对象强加不公平交易条件的行为可能扭曲正常的市场竞争。依据《法国商法典》第 L. 464 - 1 条的规定，被认定的事实有可能产生反竞争效果时，竞争管理局可以采取其所认为的必要的临时措施。因此，法院驳回了 Google 的上诉请求。

评　　论：本案关涉欧盟《数字单一市场版权指令》所通过的《邻接权法案》，即《欧洲议会和理事会的指令》第 15 条内容所创设的新闻出版者权。尽管新闻出版者权条款因正当性基础不足曾引发诸多质疑和争议，但如果具有市场支配地位的经营者企图绕开该法案，创设交易障碍和明显的竞争扭曲，竞争执法部门和法院仍需制止。

新闻出版者权出台之初曾被形象地称为"Google 税"。作为欧洲乃至世界范围内最大的搜索引擎和新闻聚合平台，Google 在新闻出版者权通过后面临高额新闻许可费。Google 发布的新显示政策目的就在于规避"Google 税"所带来的巨大成本。从表面上看，出版商自愿、免费授权许可 Google 发布新闻内容，既不违反《邻接权法案》，又能换取更多流量和显示可能性，合法且合理。但实际上，迫于 Google 在搜索引擎市场的市场地位，上游的新闻内容生产者除了提供免费授权，并没有其他防止显示流量流失的有效举措。法国竞争管理局的竞争执法就是为了矫正由于竞争地位不对等带来的谈判地位不平等与竞争扭曲。

在本案的司法论证过程中，Google 曾试图通过限定相关市场的范围来否定其市场支配地位的存在。Google 坚持认为，其在一般在线搜索服务市场上提供的服务是为了以相关结果来回应用户的要求。这种特定服务并不是为新闻出版商而准备的。同时，其补充道，Google 为新闻出版商所带来的利益，只是其为用户提供搜索服务的间接结果，这并不足以证明出版商是 Google 的用户。因此，从出版商的角度出发，相关市场不应为在线搜索服务市场，而应是向出版商提供在线流量的市场，而在这一市场上，Google 表示其并不占优势，因为出版商网站有 60％的流量均来自搜索引擎以外的渠道。对此说法，法院不予认可。法院首先从搜索引擎提供的服务入手，界定了 Google 作为搜索引擎的业务性质和受众范围。紧接着，法院支持法国竞争管理局的观点，认为 Google 是创作受众的平台，Google 在一般在线搜索市场的主导地位与出版商和新闻机构的市场竞争之间存在紧密的联系。

在确定 Google 的市场支配地位之后，法院进一步论证了 Google 的新显示政策是对出版商和新闻机构施加的一种不公平交易行为。这种不公平性既包括差别待遇，也包括不公平的交易条件。Google 作为具有如此声誉和占有如此重要市场份额的运营商，所转发的流量具有不可替代性，出版商和新闻机构事实上无法承受 Google 搜索页面内容缺失或退化所带来的流量损失。因此，Google 的行为将出版商置于一种两难的选择困境面前：要么是可能失去流量和收入，而使选择免费许可的竞争者受益（论证差别待遇将导致不公平的市场竞争）；要么是通过授予免费许可来保留这些流量和收入，这意味着放弃《邻接权法案》赋予它们的新的权利（论证交易条件不公平的原因）。法院的这一番论证不仅清晰认定了 Google 的滥用行为，还在滥用行为和 Google 市场支配地位之间建立了因果联系。最后，在竞争效果分析上，法院同意竞争管理局的判断，认为 Google 的行为扭曲了市场竞争，阻止了有偿许可市场的发展。

本案无疑给 Google 带来了业务整改的巨大压力。就在判决发布前一周，Google 宣布将投资 10 亿美元与新闻出版商建立合作伙伴关系，并会在"Google 新闻展示"三年计划的框架内将投资金额支付给全世界的出版商，而其随后与法国新闻出版商和新闻社协商确定的金额 2 500 万欧元，将作为"Google 新闻展示"计划中的一部分进行落实。

d. 日本 20200722－理光公司案（滥用专利权的认定）

基本信息：平成 29 年（ワ）第 40337 号（东京地方法院，2020 年 7 月 22 日）

案件事实：原告理光（Ricoh）持有墨盒信息记录装置构造的相关专利（专利第 4886084 号、第 5780375 号、第 5780376 号），原告打印机能够读取该装置信息并显示墨粉残量（见图 4－4）。由于原告设置了防止信息改写的限制，被告将使用过的原告墨盒回收后，置换了墨盒上相应的信息记录电子部件，重新填充墨粉并出售墨盒。原告认为被告置换的电子部件属于原告的专利发明技术范围，据此提起专利侵权诉讼。被告则辩称，原告专利权的行使旨在将被告产品排除在市场之外，其行为妨碍了公平竞争，构成权利滥用。法院支持了被告的主张，判定原告的行为违反日本《独占禁止法》，妨碍并限制了竞争，构成专利权的权利滥用。

主要争点： 专利权的行使是否构成权利滥用。

裁判要点： 东京地方法院指出，虽然日本《独占禁止法》第 21 条规定了专利权等的例外，但在专利侵权诉讼中，如果专利权人的权利行使限制了公平竞争，存在不当妨碍交易的风险，综合其相关行为的目的、必要性及合理性、行为方式、对竞争的限制程度等多种情况予以考虑，其权利行使也可能背离专利法的制度意旨，构成权利滥用。本案中原告将墨粉用尽后的信息显示设定为"？"，并且在没有充分必要及合理性的情况下对墨盒的信息记录装置采取了限制改写的措施，导致再生品业者在墨盒市场的竞争中处于明显劣势，不得不通过专利侵权即置换信息记录电子部件的方式生产墨盒，在此情况下，原告行使专利权当属权利滥用。

具体而言：（1）原告墨盒中的墨粉用尽后，将再填充过的墨盒置入打印机中，墨粉残量的信息显示设定为"？"，考虑到消费者对再生品墨盒的品质较为重视，带有该显示的墨盒在市场上难以被消费者接受，该显示设定使得被告在竞争中陷于劣势。（2）对于被告而言，规避专利侵权的同时进行墨盒的再生品生产几乎不可能。一方面，由于本案发明主要涉及的是墨盒信息记录装置的物理结构及部件排列，在原告没有对信息改写设置限制时，被告通过技术手段改写装置中的信息即可，信息改写不会改变装置的物理结构，不会构成专利侵权；另一方面，墨盒上的信息记录装置需要和打印机的凸起部分接合，其结构和形状也必须与原告打印机相对应，设计上的自由度受到相当程度的限制，被告难以通过变更该装置的设计来避免侵权。因此，在信息改写也被限制的情况下，被告想要生产能够正常显示墨粉残量的墨盒，除了将原告装置的电子部件置换为被告电子部件外，别无他法。（3）对于原告采取信息改写限制措施的必要性及合理性，原告从保证墨粉残量显示的准确性以及产品开发和品质管理两方面提出了主张。但法院认为，原告在开发涉及该限制措施的产品时，市场上已经流通着通过改写信息再生产的墨盒，但并没有证据证明改写信息会给产品带来问题；该限制措施和本案专利技术的保护等也并无关联；并且，再生品墨盒有相应的质量认证标准，并不存在不设置该限制措施就会损害原告产品信誉的情况。此外，该限制措施对于使用原告墨盒进行印刷操作并非必要措施，而是在墨盒进入回收再生产阶段才发挥其限制作用，对于专利权人采取的限制墨盒自由流通和使用的措施，其必要性和合理性应考虑到该措施对竞争和商品流通的限制程度。由此，法院认定该限制措施不具有必要性和合理性。

基于前述判断，法院判定，原告的一系列行为从整体上造成了被告在市场上的不利局面，不当地妨碍了被告与其消费者的交易，阻碍公平竞争，违反了日本《独占禁止法》（第 19 条、第 2 条第 9 项第 6 号、一般指定 14 项）。至于权利滥用的判断，法院在综合考虑了本案中信息改写限制措施对竞争的限制程度较大，其必要性和合理性较低，且该措施限制了商品的自由流通和使用等要素后，认定原告通过专利权侵权诉讼要求被告停止销售这一行为偏离了专利法"促进产业发展"的制度意旨，构成权利滥用（《民法》第 1 条第 3 项）。此外，鉴于原告已经获得过墨盒交易对价，考虑到如果原告不采取信息改写限制措施，也不会有本案中被告的侵权行为，故原告的损害赔偿要求也属于权利滥用。

评　　论：近年来，在知识产权侵权诉讼中提起违反《独占禁止法》主张的案件有所增加，但具体讨论其关系的仍较少，通过《独占禁止法》限制专利权的更是少之又少。本案的特殊性就在于，其并没有直接讨论专利权的行使是否违反《独占禁止法》，而是在援用《独占禁止法》的基础上，以权利滥用为主要依据做出了限制专利权行使的判决。专利权人设置信息改写限制等行为本身与专利发明及技术思想的保护无关，也不属于其专利权的权利行使，但是原告的这一系列行为造成了被告不得不在侵权或竞争力下降中二选一的困境，从而违反了《独占禁止法》，在此状况下专利权人的权利行使构成了权利滥用。当然，本案对于权利滥用并没有确立明确的判断标准，采用了"综合考虑"判断的方法，在今后的类似案件中值得进一步讨论。

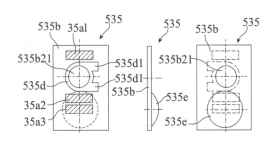

图 4 - 4

e. 韩国 20191204 - 高通公司案（商业模式是否构成滥用市场支配地位的认定）

基本信息：2017NU48（首尔高等法院，2019 年 12 月 4 日）

案件事实：2016 年 12 月，韩国公平贸易委员会（Fair Trade Commission Republic of Korea，KFTC）对高通处以 1.03 万亿韩元（约合 8.73 亿美元）的罚款，原因是高通滥用其在移动通信专利许可市场和调制解调器芯片市场上的支配地位，限制、排除竞争，收取高额专利许可费，强制免费反向许可以及附加不公平交易条件。KFTC 同时提出了多项针对高通垄断行为的矫正措施。2017 年 2 月，高通对此不服并向首尔高等法院提出上诉。

　　2019 年 12 月 4 日，首尔高等法院做出判决，支持了大部分 KFTC 的决定。法院通过论证高通滥用市场支配地位的两项核心行为来认定高通在专利和芯片两个市场的商业模式具有限制、排除竞争的效果，即：（1）不合理地妨碍其他企业的经营活动；（2）强迫进行使交易对方不当受损的商业行为。高通对此判决不服，于 2019 年 12 月 12 日提出上诉，此案目前正在韩国最高法院审理中。

主要争点：高通在移动通信领域专利许可市场和基带芯片市场的商业模式是否构成垄断。

裁判要点：　1. 相关市场和市场支配地位的认定

　　首尔高等法院在本案中将相关商品市场界定为高通持有的移动通信标准必要专利许可市场和调制解调器芯片市场。针对专利许可市场的界定，法院之所以将范围局限于高通的标准必要专利许可市场，是因为其标准必要专利具有高度的不可替代性：第一，在高通的专利技术被标准制定组织纳入行业标准后，调制解调器芯片制造商和手机制造商不得不使用高通持有的标准必要专利技术，否则将无法体现行业标准；第二，为了研发符合特定通信行业标准的产品，芯片和手机制造商前期已经投入了巨大的资金和人力，虽然该标准背后的专利许可费上涨会带来资金压力，但放弃现有标准下的产品制造和销售市场将更加得不偿失；第三，移动通信标准中的每个专利技术都承担着特定功能，彼此之间很难存在替代的可能性。在市场支配地位的认定上，《垄断监管和公平交易法》（下称《公平交易法》）第2章第4条第1项规定企业的市场占有率为50％以上时可推定其为市场支配企业[①]，在本案的标准必要专利许可市场中，高通具有100％的占有率，法院因此推定其拥有市场支配地位。

法院还将相关商品市场界定为调制解调器芯片市场，具体而言是CDMA、WCDMA和LTE三种调制解调器芯片市场，考虑到调制解调器芯片的运输容易性和需求与供应的全球性，将相关地区市场划分为世界市场。2008年至2016年间，高通对本案件各调制解调器芯片组市场的占有率绝大多数为50％以上。即使不到50％，只要包含高通在内的前3位企业的市场占有率合计为75％以上，高通自身的市场占有率为10％以上，这也符合《公平交易法》第2章第4条第2项中规定的市场支配地位条件。

2. 滥用市场支配地位行为一：拒绝向芯片制造商授权专利，妨碍其他企业的经营活动

（1）事实认定。

法院首先对高通拒绝向芯片制造商授权的事实予以认定。2008年以前，高通与芯片制造商签订包含移动通信标准必要专利在内的专利许可合同，收取以芯片价格为基准计算的专利使用费，同时在专利许可合同中附加下列条件：1）将芯片销售对象限定为与高通签订专利许可合同的手机制造公司；2）芯片制造公司向高通报告芯片的销售量、采购方、采购日期、产品型号、价格等经营信息；3）要求不得向高通及采购高通芯片组的客户主张专利权（专利的交叉实施许可）；等等。2008年后，根据专利权用尽原则，芯片制

---

① 韩国国家法律信息中心. 垄断监管和公平交易法. ［2021－03－08］. https://www.law.go.kr/법령/독점규제및공정거래에관한법률.

造商向手机厂商出售体现高通专利的芯片产品时，该专利权得以耗尽，手机厂商无须再与高通签订专利许可合同。为规避专利权用尽原则，高通拒绝再与芯片制造商签订专利许可合同，而是签订了防止专利权在芯片制造商层面用尽的"不起诉协议"。根据该协议，芯片制造商可以使用高通的专利，高通不会对其主张专利权。一系列证据表明，在高通的专利授权政策变更后，联发科（MTK）、威盛（VIA）、博通（Broadcom）、三星电子、英特尔等众多芯片制造商试图与高通签订 CDMA、WCDMA 以及 LTE 标准必要专利许可合同，但要么遭到拒绝，要么签订了非用尽性的"不起诉协议"。

　　韩国《公平交易法》第 2 章第 3-2 条第 1 款第 3 项规定了禁止滥用市场支配地位不正当地妨碍其他企业的经营活动。《市场支配地位滥用行为审查标准》中规定了违背正常的交易惯例，向交易对手提出不具有可行性的条件，使其经营活动变得困难的行为属于滥用市场支配地位[①]。法院认为应当将移动通信标准必要专利权人根据 FRAND 承诺向芯片制造商提供专利许可视为正常的交易惯例，高通的行为违反了正常的交易惯例。第一，高通拒绝在芯片制造商层面授权，违反了在 CDMA、WCDMA、LTE 技术被指定为移动通信标准时，高通向标准组织提交的 FRAND 承诺。第二，移动通信产业链中，在芯片制造商层面进行专利授权一直是惯例，除高通外大部分标准必要专利权人都对芯片制造商进行了专利许可。高通大部分专利都在芯片层面得到体现，很难认定此时仅在手机层面授权的做法是一种行业惯例。第三，芯片公司在无法获得高通完整的专利许可的情况下，生产和销售体现其专利的芯片可能导致专利侵权诉讼的风险，被侵权专利的价格应当通过需求方（愿意实施人）与供应方（专利权人）之间的自由协商结果得到更加合理的反映，而高通的做法回避了这一过程。第四，高通自身在 2008 年以前在芯片层面和手机层面分别签订专利许可合同并收取了专利使用费，表明对芯片制造商的专利授权是充分可能的。第五，高通在非用尽性协议中附加的销售限制条件、经营报告条件、非对称性的专利交

---

　　① 韩国国家法律信息中心．市场支配地位滥用行为审查标准．［2021-03-06］．https://www.law.go.kr/行政规则/市场支配的地位滥用行为审议事基准/（2015-15，20151023）．

叉许可对比正常交易惯例没有合理性。

（2）反竞争性。

法院认为高通的行为对其拥有市场支配地位的专利许可市场和芯片市场具有限制竞争的效果：第一，专利侵权诉讼的风险、非对称性的专利交叉许可引发芯片竞争对手的费用上升；第二，高通对销售附加限制条件，将芯片制造公司的交易对象限制为与原告签订许可合同的手机厂商，封锁了具有竞争关系的芯片公司的业务扩张；第三，拒绝标准必要专利授权或增加不合理条件，不但限制了潜在的芯片制造竞争者进入市场，而且可能导致现有芯片制造公司的业务或项目无果而终，最终既减少了调制解调器芯片的多样性，也减少了手机制造公司和终端消费者的选择机会。

法院还对高通反竞争的目的进行了论证。高通限制竞争的目的体现在两点：首先，法院通过高通的内部文件和邮件，认定高通已经知晓 FRAND 承诺，即权利人需向任何愿意使用标准必要专利的人以 FRAND 条件提供专利许可，故高通在本案中拒绝向芯片制造公司授权标准必要专利的行为违反了自身向各标准化组织做出的 FRAND 承诺；其次，高通仅与手机制造公司签订专利合同并收取专利使用费可获得巨大的收益，进而构筑了不向具有竞争关系的调芯片制造公司提供授权的业务模式，这使得竞争公司的费用增加，限制了芯片组市场的自由竞争，从而进一步巩固了高通的市场支配力。

3. 滥用市场支配行为二：强制进行使手机制造商利益受损的交易行为

（1）事实认定。

韩国《市场支配地位滥用行为审查标准》将"强制进行对交易对方不利的交易"视为滥用市场支配地位的行为。法院列举了高通强制进行的使手机制造商利益受损的交易行为，主要包括：高通分离了芯片销售与专利许可业务，除芯片销售外另行与手机制造商签订了手机专利许可合同，对不与自身签订专利许可合同的手机制造商采用了不供应调制解调器芯片组的经营政策。高通在合同中明确规定了以下条件：1）芯片销售不包含专利授权，手机制造商在无专利授权的情况下不得将采购的芯片与其他零部件结合后进行销售。已采购的芯片仅可根据专利许可合同进行使用或销售，无法免除专利许可合同中的专利使用费支付义务。2）芯片仅可用于手机的开发和生产，在生产手机时，应按照专利许可合同的条件支付专利使用费。3）如手机制造商违反芯片组供应合同或专利许可合同并在一定期间内对此未进行纠正，高通可以中断芯片供应。高通在与 LG 电子、三星电子、HTC、华为等手机制造商的芯片供应合同中规定了上述内容。

（2）反竞争性。

高通的商业模式对其拥有市场支配地位的调制解调器芯片市场具有限制竞争的效果。法院认为：第一，高通没有按照 FRAND 承诺与芯片制造商合理协商，而是强迫签订专利许可合同。高通的做法是将专利许可合同与芯片供应合同结合在一起，在专利许可协商过程中，威胁或实行中断芯片供应，使手机制造商不得不对高通的专利许可和芯片供应合同通通接受，这显然扭曲了正常的协商过程。第二，通过对手机制造商的选择性诉讼排除芯片制造对手。未获得高通授权的手机制造商采购并适用高通竞争对手的芯片时，将会处于高通专利侵权诉讼的危险之中。这种危险的可能性越高，芯片制造商所承担的费用也越多。第三，高通的利润模式优于竞争公司。手机制造公司不仅需要支付芯片价格，而且还要支付体现于芯片中的专利使用费，这使得其负担的总费用上升。上述专利使用费收益立即归属高通，这使得高通的利润创造能力始终强于竞争芯片制造公司。此外，与行为一相同，法院通过高通的内部资料证明了其拥有限制竞争的意图。

4. 滥用市场支配地位的其他行为

高通其他三项被控滥用市场支配地位的行为包括综合性专利授权、手机价格基准专利使用费条件和交叉许可。综合性专利授权是指高通不区分移动通信标准必要专利、移动通信以外标准必要专利、移动通信非标准必要专利，或不区分 CDMA、WCDMA、LTE 等各移动通信标准专利，而是以全部专利为对象，与手机制造商签订综合性专利许可合同。手机价格基准专利使用费条件是指高通规定以手机销售价格的一定比率计算专利使用费。交叉许可是指高通除了向手机制造商收取专利使用费以外，还要求手机制造商就自身各种专利提供用尽性许可，包括移动通信标准和非标准必要专利、移动通信以外标准必要专利。

法院认为该三项行为并不属于滥用市场支配地位行为。理由在于，这些行为的对象属于高通与手机制造商间的专利许可合同中的项目，结果是对行为一和行为二起到了加强作用。不仅很难认定三项行为本身是否会对交易对象造成不利损害，而且反竞争性认定的必要性也并非太大。法院还否定了与该三项行为有关的矫正措施的合理性。

评　　论：过去 10 年，高通在移动通信市场的主要国家和地区遭受了一系列反垄断诉讼或行政处罚，各个地方的竞争执法机构对高通垄断行为认定时的侧重点各不相同，但仅有美国加州地区法院和 KFTC 直击高通商业模式的核心，试图从根本上瓦解其反竞争行为。然而，美国的反垄断诉讼以高通获胜收场，韩国的三审判决虽然尚未做出，但高通扭转局势的可能性已非常之小，故韩国针对高通的反竞争实践具有重要参考价值。

1. 系统化分析垄断行为

早在 2009 年，KFTC 就对高通滥用市场支配地位展开调查，主要包括 3 项行为：（1）收取高额歧视性费用；（2）根据购买芯片的数量给予一定回扣；（3）对到期或无效后的专利仍收取许可费。但取得的效果并不理想。而在 2016 年 KFTC 做出的行政处罚和 2019 年首尔高院的判决中，韩国的行政和司法部门以整体的、联系的眼光审视案情，将高通在标准必要专利市场和调制解调器芯片市场的行为有机联系在一起，试图挖掘出高通反竞争行为的本质。我国在 2015 年对高通做出的行政处罚决定书中，尽管对高通处以巨额罚款，但对高通商业模式的本质并未进行深入的分析和探讨。

从横向和纵向两个维度可以更好地理解高通的商业模式。移动通信产业链横向上分布着专利许可和芯片销售市场，纵向上根据产业链特征可以分为标准必要专利权人、芯片制造商、手机等终端设备制造商三个层面。在芯片制造层面，高通拒绝或者限制向芯片竞争对手许可标准必要专利，并通过非用尽性专利许可协议施加不平等的交易条件，例如要求报告芯片买方的相关信息，这增强了高通在芯片市场的影响力；在手机制造商层面，高通以中断芯片供应为威胁，使手机制造商不得不接受高通的专利许可以及附加的不公平交易条件，例如免费的反向专利许可，这又进一步巩固了高通的专利优势地位。专利和芯片如同高通的左膀右臂，通过在两个市场上的支配力相互传导和强化，形成了一个具有反竞争性的闭合系统，使每一个芯片和手机制造商都难以摆脱其影响。

涉嫌垄断的科技寡头通常具有精心设计的商业模式和强大的应诉能力，在科技创新力和市场支配力相辅相成的情况下，反垄断执法和司法部门如果仅以经营者的单个行为作为研究和规制的对象，很难从根本上破解经营者牢固的反竞争系统。应当建立起系统化思维，以经营者的单项行为为起点，搭建出垄断者的反竞争模型，对维持这套模型的核心行为重点规制。

2. 重视反垄断执法的程序正义

反垄断案件往往涉案金额庞大，牵涉多方利益，具有重大的社会影响力，这要求反垄断执法程序公开透明，程序正义与结果正义同等重要。KFTC 在完成对高通违法行为的调查后，共举行了 7 次听证会，包括两次关于同意令的听证会和一次对案件的深入审查。参与的企业不仅有三星和 LG 等韩国公司，还包括了苹果、英特尔、英伟达、联发科、华为、爱立信等外国公司。此外，高通对 KFTC 裁定的抗辩和之后的两次上诉都体现了程序的公正。

知识产权保护力度不够、违法成本低和维权成本高是我国知识产权领域面临的主要问题，完善知识产权相关的程序制度是解决问题的有效途径之一。无程序则无救济，无论是对遭受知识产权垄断的受侵害人的救济，还是对滥用知识产权之人面临反垄断执法时的救济，都是公平开放的竞争环境的体现。我国应积极借鉴有益经验，以遵循程序正当程序为前提，建立科学性和系统性的反垄断规制体系。

4.3　动态

4.3.1　政策动态

a. 欧盟委员会公布实施新的《知识产权行动计划》以提升其全球技术竞争力

2020 年 11 月 25 日，欧盟委员会通过并公布了一项《知识产权行动计划》[①]

---

① 充分发挥欧盟创新潜力、支持欧盟复苏和恢复能力的知识产权行动计划 . https://eur-lex.europa.eu/legal-content/EN/TXT/PDF/? uri＝CELEX：52020DC0760&from＝EN.

(Intellectual Property Action Plan，下称《行动计划》)。《行动计划》的主要目标在于，通过实施具体的知识产权政策促进欧盟知识产权体系的现代化，加强对中小企业的支持，并通过全面而强大的知识产权框架提升其在全球技术和创新中的竞争优势。

《行动计划》指出知识产权是参与全球竞争的关键性资产。欧盟的知识产权体系在当前，尤其是 COVID-19 暴发的卫生和经济危机时期面临五大挑战：第一，欧盟知识产权体系过于分散、程序复杂、成本高昂且产权不够明晰；第二，欧盟的大部分企业，尤其是中小企业并未充分利用知识产权并从中获益；第三，促进知识产权授权的工具发展不足，比如 SEP 的许可授权常常烦琐且昂贵；第四，假冒和盗版依旧猖獗；第五，全球层面的公平竞争不足导致欧盟企业在海外运营时遭受损失。

为了应对以上五项挑战，欧盟提出了以下具体的行动建议：(1) 全面、系统性升级知识产权保护框架；(2) 鼓励欧盟企业，尤其是中小企业积极利用和部署知识产权；(3) 促进无形资产的获取和共享，同时保证公平的投资回报；(4) 完善知识产权执法并改善全球层面的公平竞争。

围绕上述行动建议，欧盟提出了一些具体举措，比如针对 COVID-19 危机暴露的人民和政府对医药技术创新的依赖，委员会主张完善强制许可制度，以可控和临时的方式迅速汇集相关治疗和疫苗的关键知识产权。在加强中小企业知识产权支持方面，委员会将与欧洲知识产权局联手公布具体的财政支持计划，并通过公共筹资方案使中小企业获得个性化和战略性的知识产权咨询，从而提高竞争力。

《行动计划》还对知识产权领域的全球竞争进行了大幅着墨。该政策文件指出，全球范围内越来越多国家利用知识产权资产促进国家发展和提高国家竞争力，知识产权政策也越来越呈现出地缘政治重要性。欧盟在知识产权领域处于全球标准制定者的独特地位，它能够并且将继续为本土企业在海外竞争提供一个稳定的、全球水平的竞争环境。为此，欧盟将采取以下行动：首先，在自由贸易协定 (FTA) 的背景下，通过雄心勃勃的具体计划继续寻求知识产权的高标准保护，以确保公平竞争的市场环境。其次，加大与主要贸易伙伴如美国、中国、韩国、泰国、土耳其和巴西等其他优先国家的知识产权对话，推动改革并进一步扩大在中国、东南亚和拉丁美洲提供技术合作的知识产权范围。再次，充分发挥其作为全球准则制定者的潜力，加大力度打击滥用知识产权的行为，通过制定最先进的监管方案解决 SEP 许可或数据共享等全球性问题。最后，加快制定与非欧盟国家实体开展国际研究合作的新框架条件，随时准备利用现有限制性措施打击私人和政府当前的旨在获取欧洲尖端知识产权资产的网络间谍活动。这些行动将有利于在公平竞争环境和互惠基础上构建公平和非扭曲的全球创新生态系统。

b. 美国司法部和联邦贸易委员会公布《纵向合并指南（草案）》

2020 年 1 月 10 日，美国司法部（DOJ）与联邦贸易委员会（FTC）联合发布了 2020 年《纵向合并指南（草案）》（征求意见稿）（Draft Vertical Merger Guidelines，下称《草案》），正式公开征求公众意见，并宣布撤销其于 1984 年发布的《非横向合并指南》（Non-Horizontal Merger Guidelines）。《草案》以新的经济学认知和美国反垄断执法机构过去几十年的执法经验为基础，更好地反映了执法机构在评估纵向合并方面的实际做法，旨在通过提高反垄断执法的透明度来帮助企业及反垄断从业者进一步了解反垄断执法机构评估纵向合并交易竞争影响的分析要点和思路，同时亦为法院在审理有关纵向合并交易的案件时提供理解和适用反垄断法的适当框架。

《草案》首先澄清了《横向合并指南》与《纵向合并指南》的关系。对于市场界定、评估市场进入考虑因素的分析框架、收购破产企业或其资产的处理方式，以及收购部分所有权权益等与横向合并存在共性的部分，分析纵向合并时可直接参照适用 2010 年《横向合并指南》针对相关议题的分析框架。对于专门针对纵向合并交易的分析思路与需考量的因素，《草案》进行了有针对性的说明和解读。

1. 市场界定及相关联的产品

在涉及纵向合并的反垄断执法实践中，反垄断执法机构通常会首先界定一个或多个相关市场。在相关市场的界定的一般方法上，《草案》指出可参照适用《横向合并指南》第 4.1 及 4.2 条项下的相关规则。但是，与横向合并中相关市场的界定及分析策略有所不同的是，在纵向合并案件中，反垄断执法机构通常会以相关产品市场为基础，识别一个或多个与相关产品市场相关联的产品（related product），即，合并后实体所提供的、与相关市场内的产品或服务存在纵向关系的另一产品或服务（下称"关联产品"），该等关联产品可以包括原材料、分销渠道或接触客户的途径。

2. 市场参与者、市场份额以及市场集中度

在纵向合并案件中，市场份额及市场集中度同样是反垄断执法机构认定相关合并是否实质性减少竞争的重要因素。在市场份额及市场集中度的计算方法上，可参照适用《横向合并指南》第 5.1、5.2 及 5.3 条项下的相关规则。

除合并各方在相关市场的市场份额外，在纵向合并案件中，反垄断执法机构还特别关注关联产品对相关市场竞争的影响。具体而言，反垄断执法机构通常会考量

相关市场内使用关联产品生产出的特定产品的份额，若关联产品仅用于生产相关市场内较低比例的特定产品，则合并后实体对关联产品的控制可能不会对相关市场内的竞争产生实质影响。

类似于安全港规则，《草案》给出了反垄断执法机构评估上述相关市场份额及关联产品份额的初步指标。具体而言，当合并方在相关市场内的市场份额低于20%，且相关市场内使用合并方控制的关联产品生产的相关产品占全部相关产品的比例亦低于20%时，该等纵向合并一般不会对相关市场内的竞争产生影响。但《草案》同时也强调，上述20%的份额标准并不是区分一项纵向合并交易是否反竞争的硬性标准，而仅是提供了一个初步的评估指标，旨在更有效率地判断哪些交易不太可能产生反竞争影响，哪些交易需要进一步考量其他因素以确定其可能的竞争影响。

3. 单边效应

关于如何评估纵向合并可能产生的竞争损害，《草案》从单边效应（unilateral effects）和协调效应（coordinated effects）两个角度进行了说明。就单边效应而言，《草案》重点介绍了两类常见的单边效应，即市场封锁和提高竞争者成本，以及竞争性敏感信息的获得。

（1）市场封锁和提高竞争者成本。

在纵向合并交易中，合并后实体可能通过拒绝相关市场内的竞争者获得关联产品，或者提高竞争者的交易成本或降低向其提供的产品或服务的质量的方式获利并减少竞争。在评估一项纵向合并交易是否可能通过市场封锁或提高竞争者成本的方式损害竞争时，反垄断执法机构可能会考虑以下因素：合并后实体对竞争者的封锁或提高其成本是否会导致该等竞争者失去市场或削弱其竞争力；合并后实体在相关市场的业务是否因此获利；通过合并获得的利益是否可以使市场封锁或提高竞争者成本变得有利可图；可能的市场封锁或提高竞争者成本是否并非微不足道，以至于将实质性地减少竞争。

（2）竞争性敏感信息的获得。

合并后实体将通过纵向合并获得其在合并前无法获知的上游或下游竞争者的敏感商业信息，导致合并后实体可能利用该等敏感商业信息在市场竞争中调整己方的竞争策略以有效应对相关竞争者的竞争行为，进而使得竞争者处于不利的竞争地位。

4. 协调效应

当案涉相关市场表现出易受协调行为影响的特征时，反垄断执法机构可能基于协调效应质疑一项纵向合并交易。

《草案》指出，纵向合并交易可能通过促进或鼓励相关市场中竞争企业间相互协调来减少竞争。例如，合并后实体能够利用其在特定的关联产品之上的市场力量损害其他竞争者的竞争能力，从而提高合并后实体与其他竞争者共同参与协调行为的可能性。此外，鉴于纵向合并使得合并后的实体可能获知竞争者的敏感信息，这将便利达成默示的垄断协议，以及发现和惩罚背离协议的行为。反垄断执法机构将依据《横向合并指南》第 7 节项下的相关规则对纵向合并交易是否可能产生协调效应进行评估。

5. 消除双重边际化

如前文所述，消除双重边际化长久以来被视为纵向合并天然具有的效率，但近期的理论和实践均更倾向于纵向合并并非总能消除双重边际化的观点。为此，《草案》特别指出了在哪些典型的情形下，一项纵向合并交易并不能带来或不能显著地带来消除双重边际化的效应，例如，在合并前，合并各方已就消除边际化达成协议（如实行两部制定价、不包含或仅包含小幅边际利润的较低的单价），则消除双重边际化的效果可能会有所降低。

《草案》指出，在纵向合并案件中，反垄断执法机构的判断通常依赖于合并各方对相关合并证明交易是否能够及如何消除双重边际化。

6. 效率

纵向合并可能产生可识别的效率从而使竞争和消费者受益。《草案》指出，反垄断执法机构将采用《横向合并指南》第 10 节项下的相关规则对相关纵向合并是否产生了效率进行评估。若可识别的效率达到足以使相关合并不可能产生反竞争效果的程度，则反垄断执法机构将不会质疑该等合并。

《草案》的内容反映了一段时间以来反垄断执法机构对于纵向合并控制的审查尺度由宽松转变为审慎的整体趋势。欧盟在 2007 年即颁布实施了《非横向合并指南》（下称"欧盟指南"），对非横向合并的定义、效率、非协调效应和协调效应等问题做出了体系化的规定。对比《草案》与欧盟指南，二者既有差异，亦有共通之处。在差异方面，欧盟指南与《草案》在结构体例、用途、分析认定的具体方式上有所不同。在结构上，欧盟指南为非横向合并的竞争评估提供了"能力、动机和损害结果"三要件的分析框架，而《草案》相对而言更为灵活，仅提供了需要考察的要点和分析思路，并未提供结构化的分析框架。另外，欧盟指南适用于非横向合并，而《草案》仅适用于纵向合并。在具体分析方式上，二者在相关市场界定和市场份额评估标准上体现了不同的思路。尽管有上述差异，但双方在纵向合并控制的一般标准上是趋同的：均从单边效应（欧盟称非协调效应）和协调效应两个角度来考察一项纵向合并交易是否可能导致竞争损害，并强调同时衡量潜在损害与效率的实效分析。

实践中，认识纵向合并的竞争损害的理论只是分析的起点，最具挑战性的部分则是有效结合案件事实、竞争损害理论及效率抗辩来全面分析一项纵向并购的竞争效果。一方面，就目前《草案》的内容来看，尽管其整体标准与欧盟指南趋同，但《草案》尚未建立起类似欧盟指南的程式化的分析框架，我们理解这在一定程度上是由判例法国家和成文法国家在立法技术上的先天差异所致。另一方面，美国的反垄断实施以法院为中心，在具体案件中更关注证明责任的分配和完成。相应地，经济学理论与模型是否有对应的证据和数据支持，是否与结论有法律上的因果关系显得尤为重要。从完善《草案》内容的角度出发，一些更具"美国特色"的内容有待进一步被归纳、吸收至《草案》之中。例如，反垄断执法机构或者法院对于事实证据材料及经济学分析的应用，以及美国法院在一些典型纵向合并交易案件中对特定竞争损害理论的分析思路。又例如，美国法院在 AT&T 收购时代华纳案中对于"杠杆增强理论"（leverage-enhance theory）的适用要件的分析思路。

总而言之，《草案》体现了美国反垄断执法机构对于纵向合并控制的最新政策与实践，正式指南的出台极可能会继欧盟指南之后再次对世界范围内纵向合并控制的发展产生深远影响，我国反垄断执法机构在纵向合并审查中会在多大程度上借鉴欧美指南的竞争损害分析框架有待进一步观察。我们将继续关注后续的修订意见以及最终版本的指南，并将在后续的文章中结合具体案例对《草案》中的具体议题进行解读和分析。

c. 英国脱欧后不再适用欧盟知识产权海关执法规则

伴随英国脱欧过渡期结束，欧盟关于知识产权海关执法的规则尤其是第 608/2013 号规则将停止在英国适用。欧盟海关执法机构将会控制欧盟与英国之间的货物往来，关于侵权产品的海关扣押申请也将发生变换，因此欧盟委员会于 2020 年 8 月 17 日发布通知①提请利益相关方注意英国和欧盟知识产权海关执法规则的撤销。

具体而言，一方面，过渡期结束后，欧盟知识产权海关执法规则，特别是 2013 年 6 月 12 日欧洲议会和理事会关于知识产权海关执法的第 608/2013 号法规（EU）不再适用于英国。根据第 608/2013 号法规（EU）第 2 章第 1 节，申请人可以向主

---

① 利益相关者须知：英国和欧盟知识产权执法规则的撤销. https://ec. europa. eu/info/sites/info/files/file _ import/intellectual _ property _ enforcement _ by _ customs _ en _ 0. pdf.

管海关部门提交欧盟申请，请求该成员国和一个或多个其他成员国的海关当局对涉嫌侵犯知识产权的货物采取行动。而现在，欧盟的申请不能再提交英国主管海关部门。当然，另一方面，过渡期结束后，英国主管海关部门通过的批准欧盟申请的决定在欧盟不再有效。决定持有人必须在欧盟成员国之一提交新的欧盟申请，以便获得批准申请时选定成员国申请的决定。

该通知还解释了过渡期结束后北爱尔兰适用的规则。过渡期结束后，爱尔兰/北爱尔兰议定书（下称"IE/NI 议定书"）正式适用，初始适用期延长至过渡期结束后的 4 年。在 IE/NI 议定书中，欧盟和英国进一步同意，只要欧盟规则适用于在北爱尔兰并在英国适用于北爱尔兰，北爱尔兰将被视为一个成员国。也即，第 608/2013 号法规（EU）适用于在北爱尔兰受英国法律保护的知识产权和在北爱尔兰受保护的欧盟知识产权。

d. 法德竞争主管机构联合发布《算法与竞争》调研报告

2019 年 11 月，德国联邦卡特尔局与法国竞争管理局共同发布了《算法与竞争》（Algorithms and Competition）调研报告，旨在阐明使用算法的潜在的竞争风险。报告分为引言、算法的概念和类型以及应用领域、算法与共谋、调查算法面临的实际挑战等四个部分。报告最后还对竞争主管机构的执法重点做了初步展望。

报告首先厘清了定价算法、自我学习算法、描述性算法和黑箱算法等算法类型的概念内涵及应用领域。同时指出，该研究特别关注定价算法，致力于探索其对竞争的潜在不利影响，以及其如何影响公司之间的策略互动从而导致横向共谋。

在第三章"算法与共谋"中，报告首先分析了横向共谋的经济原则，指出既有的经济学研究和案例实践揭示了影响共谋稳定性的若干要素，算法可能对这些因素产生作用，从而产生潜在的竞争影响。比如算法可以降低公司之间的协调成本；提高市场进入门槛（即收集大数据、分析工具、雇用数据科学家或数据工程师等）；减少进入壁垒（例如公司更容易找到串通定价策略）；增加意思联络频率；提高市场透明度；等等。同时，报告也指出，算法对市场共谋稳定性的实际影响是先天不确定的，取决于更多市场特征。其次，报告详细阐述了定价算法的三种使用场景及其竞争法意义，分别是：（1）将算法用于支持或促进传统卡特尔的场景；（2）算法帮助促成"轴辐型卡特尔"的场景[①]；（3）单个算法的平行使用引起的共谋场景。

在第四章"调查算法面临的实际挑战"中，报告评估了涉及算法的反垄断调查

---

① 此类场景下第三方可以向竞争对手提供相同算法或以某种方式协同的算法，通过使用算法，双方可以不经直接的意思联络或接触就能保持行动一致性。

面临的实际挑战。报告指出，应对算法本身进行更深入的分析。对于此类分析，报告提出了以下几种方法：（1）分析相关源代码（尤其是描述性算法）；（2）比较过去的实际投入/产出水平；（3）考虑算法使用的输入数据或信息；（4）将算法与其他更容易解释的方法进行比较。此外，在分析算法时，报告指出，对时间跨度的定义非常重要，例如参数化算法需要自动调整参数。其他考虑因素包括数据存储、数据清理过程和处理方法等。鉴于竞争执法机构面临的以上挑战，部分学者建议扩大竞争当局收集信息的职权范围，必要情况下执法机构可以要求公司保存其算法开发和使用的可审计记录。

该研究报告的结论是，没有必要重新审视现有的法律制度和反垄断工具箱。当前的反垄断工具依旧适用于涉及算法的卡特尔案件。此外，算法共谋尚未构成紧迫或重大的威胁。不过报告同时指出，随着数字市场的迅速发展，有关机构应持续关注和监测算法进一步的发展，加深对算法专业知识的了解，并与学术界和其他监管机构保持互动与合作。

e. 法国竞争管理局就数字经济的竞争政策提出若干建议

在 2020 年 2 月 19 日的一份备忘录中，法国竞争管理局参与了关于竞争政策的讨论，以应对数字经济发展带来的新挑战。针对数字市场的反垄断审查和经营者集中控制问题，法国竞争管理局提出了若干思考和建议。

首先，为了更好地识别数字市场中的反竞争行为，法国竞争管理局建议调整某些现有概念，使其更加灵活。例如，调整"必需设施"的定义，将某些数字资产确定为必需设施。

其次，将滥用市场支配地位制度扩展适用至力量强大的市场参与者，尤其是一些结构化数字平台。结构化数字平台是指提供在线中介服务以交换、购买或销售商品、内容或服务，并且其实质市场力量超过其竞争对手、用户和第三方的大型平台企业。法国竞争管理局建议针对这些平台企业专门拟定一份反竞争行为负面清单，以此为基础对相关竞争问题进行规制。

最后，针对经营者集中的反垄断审查和控制，法国竞争管理局指出，应积极利用现有反垄断工具，特别是经营者的行为承诺，以及提交欧盟委员会审查的程序等。管理局还提议，应强制大型数字平台向竞争主管机构汇报企业合并情况，或者应竞争主管机构的要求建立事后通知程序。

法国竞争管理局将根据欧盟委员会和法国议会提出的建议对这份备忘录进行及时更新。

4.3.2　学术动态

a. 创新发展与竞争政策

Richard J. Gilbert 在《创新很重要：高科技经济的竞争政策》[①] 一书中指出，竞争政策和反垄断执法传统上关注的是价格，而不是创新。经济学理论表明价格竞争对消费者、法院、反托拉斯机构有好处，经济学家已开发出定量评估价格影响的工具。反垄断法并不排除为鼓励创新而进行的干预，但随着时间的推移，对法律的解释为创新的执行政策设置了障碍。该书提出从价格为中心向创新为中心的竞争政策的转变。反垄断执法应关注保护创新的动机，为动态竞争而非静态竞争保留机会。该书认为，在高科技经济中，创新至关重要。该书回顾了高科技经济的独特特征，以及为何反垄断执法机构目前使用的分析工具无法胜任评估创新担忧的任务，从创新竞争的角度考察了肯尼斯·阿罗的"替代效应"和熊彼特的"市场权力和占有理论"；分析企业并购对创新和未来价格竞争的影响并回顾了关于竞争、合并和创新的实证文献，描述了美国和欧洲反垄断机构执行并购的例子；审查针对微软、Google 的案件；并讨论互操作性标准的风险和好处。最后，该书对竞争政策提出了建议。

b. 反垄断法分析范式的检讨

Jonathan B. Baker 在《反垄断范式：恢复一个竞争性经济》[②] 一书中提出，美国经济的竞争力正在下降。大型企业越来越多地通过利用它们的客户和供应商获利。这些公司还可以使用复杂的定价算法和客户数据，以确保相对于较小的公司具有实质性和持久的优势。在我们新的"镀金时代"，Google 和亚马逊等公司填补了标准石油和美国钢铁的角色。该书向我们展示了损害竞争的商业行为是如何不受约束地进行下去的。法律落后于技术，但这并不是唯一的问题。受 Robert Bork、Richard Posner 和"芝加哥学派"（Chicago school）的启发，自里根时代以来，联邦最高法院一直在逐步削弱反垄断对市场竞争的保护。反托拉斯范式表明，芝加哥式的改革旨在释放有竞争力的企业，结果却夸大了市场力量，损害了工人和消费者的福利，压制了创新，降低了整体经济增长。该书指出了坚持这一路线的经济学论

---

① Richard J. Gilbert. Innovation matters：competition policy for the high-technology economy. Cambridge：The MIT Press，2020.

② Jonathan B. Baker. The antitrust paradigm：restoring a competitive economy. Cambridge：Harvard University Press，2019.

点中的错误，并主张在放任不管和强制分拆之间走一条中间道路，即复兴有利于竞争的经济监管，而反托拉斯长期以来一直是这一监管的支柱。该书利用最新的实证经济学和理论经济学来捍卫反托拉斯的好处，展示了执法和法理学如何在高科技经济中得到更新。最后，该书开出的药方很简单，即法院和反垄断执法机构越早停止听取芝加哥学派的意见，开始关注现代经济学，美国人就能越早获得竞争的好处。

c. 数字经济与反垄断监管

Nicolas Petit 在《科技巨头与数字经济：多头垄断情景》[①] 一书中提出一个简单的问题：那些科技巨头是垄断企业吗？由于对大型科技公司的权力和影响力的担忧，人们对它们产生了怀疑。在这种环境下，Google、Facebook、亚马逊、苹果、微软或 Netflix 被认为是 19 世纪信托的现代版本，这已成为一种司空见惯的说法。反过来，科技巨头又因垄断对消费者、工人甚至民主进程造成的一系列损害而受到诋毁。在美国和欧盟，反垄断和监管改革正在进行中。该书运用了经济学、商学和管理学以及法律推理，为大型科技公司提供了一个新的视角。它建立了一个"寡头垄断"（moligopoly）理论。该理论认为，科技巨头（至少是其中一些）在一个充满不确定性和经济活力的环境中，以垄断和寡头垄断的形式共存。同时，该书评估了正在进行的反垄断和监管政策的努力，得出在存在技术的不连续性的垄断市场上推行更多竞争的政策会适得其反。侵犯隐私、假新闻或仇恨言论等非经济损害是难以解决的问题，属于监管领域，而非反垄断补救措施。

d. 多边市场的反垄断法分析

David S. Evans 和 Richard Schmalensee 在《平台市场的反垄断分析：为什么说最高法院在美国运通公司案中做出了正确的决定？》[②] 一书中探讨了美国联邦最高法院在俄亥俄州等诉美国运通公司案中的裁决以及之前的诉讼对美国反托拉斯法下处理多边平台的影响。该书基于两位作者（共同或单独）撰写的一系列文章，这些文章在最高法院做出裁决之前和之后都有发表。该书认为，最高法院的裁决为此类市场的反垄断分析提供了有价值的指导，执法者和司法者要充分考虑某些市场所具有的多边市场属性，不仅是在支付服务领域，而且在整个经济领域（包括其他类型的多边平台，这些平台在数字经济中特别常见）。该书虽然认可最高法院的推理，但也对最高法院的裁决提出批评，并基于两位作者（以及其他法律和经济从业者和学

---

① Nicolas Petit. Big tech and the digital economy: the moligopoly scenario. Oxford: OUP Oxford, 2020.

② David S. Evans, Richard Schmalensee. Antitrust analysis of platform markets: why the supreme court got it right in American Express. Competition policy international, 2019.

者）对多边市场的现代经济理论的理解，阐释了这些批评。该书特别强调，决策者在得出任何既定行为造成反垄断损害的结论之前，须考虑到其对多边平台双方参与者的任何所谓反竞争损害和利益。特别重要的是，有必要对多边市场中的行为进行全面的理性分析，这既符合长期的反垄断先例，也符合现代经济理论。一个恰当的评估必须考虑到在反垄断分析的所有步骤中某些市场的多边性，无论其涉及的问题是所谓的单边垄断、协调行为还是合并。考虑到多边平台的盛行，在未来的几年里，类似的反垄断损害指控肯定会一再出现，而且还有许多悬而未决的问题。为了方便起见，作为附录，该书还包含了美国最高法院的裁决文本、28 位反垄断教授共同提交的"法庭之友"摘要、8 位经济学家共同提交的"法庭之友"摘要以及美国代表提交的请愿书摘要。

e. 专利主张实体与欧盟反垄断法

Damien Geradin 在《专利主张实体与欧盟竞争法》[①] 一文中指出，专利主张实体（patent assertion entities，PAEs）在美国发挥着越来越重要的作用，在欧洲亦是如此。它们的活动是有争议的，虽然它们可能是效率的来源，但也可能造成反竞争性损害。鉴于经营性公司向 PAEs 转让专利以增加其许可收入的趋势日益增长，须认真对待 PAEs 活动所造成的反竞争损害风险。在分析专利申请企业活动对竞争的影响时，需区分纯专利申请企业和混合专利申请企业。纯专利申请企业从各种来源获得专利，并通过专利申请产生收入，混合专利申请企业从经营性公司获得专利，并在收购后与这些公司保持关系。尽管纯 PAEs 会造成研发风险，但混合 PAEs 会造成排他性问题，因为经营性公司可能会运用这种 PAEs 在下游产品市场上挫伤其竞争对手。当经营性公司在专利转让后对 PAEs 的活动保持很大程度的控制时，这种排他性担忧就显得更有必要了。当前，还没有出现涉及 PAEs 活动的欧盟竞争法判例，该文试图通过假设表明，根据每个案例的情况，PAEs 活动确有可能引起竞争关注。

---

① Damien Geradin. Patent assertion entities and EU Competition Law. Journal of competition law & economics, 2019, 15 (2-3): 204-236.

图书在版编目（CIP）数据

国际知识产权发展报告 . 2020/张广良主编 . -- 北
京：中国人民大学出版社，2022.6
（中国人民大学研究报告系列）
ISBN 978-7-300-30458-8

Ⅰ.①国… Ⅱ.①张… Ⅲ.①知识产权-研究报告-
世界- 2020 Ⅳ.①D913.404

中国版本图书馆 CIP 数据核字（2022）第 046702 号

中国人民大学研究报告系列
国际知识产权发展报告 2020
主　编　张广良
Guoji Zhishi Chanquan Fazhan Baogao 2020

出版发行　**中国人民大学出版社**
社　　址　北京中关村大街 31 号　　　　　邮政编码　100080
电　　话　010 - 62511242（总编室）　　　010 - 62511770（质管部）
　　　　　010 - 82501766（邮购部）　　　010 - 62514148（门市部）
　　　　　010 - 62515195（发行公司）　　010 - 62515275（盗版举报）
网　　址　http://www.crup.com.cn
经　　销　新华书店
印　　刷　唐山玺诚印务有限公司
规　　格　185 mm×260 mm　16 开本　　版　次　2022 年 6 月第 1 版
印　　张　23 插页 1　　　　　　　　　　印　次　2022 年 6 月第 1 次印刷
字　　数　418 000　　　　　　　　　　　定　价　82.00 元